한국행정연구원 연구총서 | 2017-2

주요국 정부업무평가 및 성과관리 제도 연구

윤수재 · 이광희 편저

法 文 社

“본서의 내용은 연구자의 개인적 의견이며, 한국행정연구원 및 법문사의 공식적인 의견은 아님을 밝힙니다.”

발 간 사

정부업무평가가 본격적으로 시행된 지 10여년이 지났습니다. 시행 초기 다양한 한계를 노출하기도 하였지만, 점진적인 발전 속에 현재는 한국 사회 맥락을 반영한 평가제도가 안착되어가고 있습니다.

성과관리 및 평가는 현대 사회문제를 해결하기 위한 기초 뼈대입니다. 성과관리는 정부가 무엇을 해야하는지를 설명하는 구조물이며, 평가는 구조물이 잘 건설되고 있는지를 검수하는 절차입니다. 성과관리를 체계적으로 이루어낼 때 복잡한 사회문제에 대한 대응과 처방이 올바르게 이루어집니다. 현대 사회의 시민들이 정부에게 문제해결을 더욱 적극적으로 요구한다는 점에서도 정부가 성과 향상을 위해 노력해야하는 점은 분명합니다.

하지만 현대 사회 문제가 과거와는 달리 거시적·다차원적이고 복잡하기 때문에 시민의 요구에 부응하기 점점 어려워지고 있습니다. 정부는 보다 다양한 이해관계자들과 협력하고, 다양한 부처와의 협업을 통해 문제를 풀어나가려 합니다.

사회문제의 복잡성은 비단 한국의 문제만은 아니기 때문에, 주요 국가들은 이를 해결하기 위해 정부의 성과를 더욱 체계적으로 관리하고자 노력하고 있습니다. 현재 정부는 성과관리 및 평가제도를 전면적 또는 일부를 지속적으로 개혁하여, 사회 맥락에 부합하는 성과를 정의하고 제도를 개선하고 있습니다.

본 연구는 주요국의 성과관리제도와 평가제도에 대한 다양한 정보를 전달하는 데 목적이 있습니다. 각국 성과관리제도의 정치체제와 연혁을 정리하였고, 현재 시행하고 있는 성과관리제도와 평가제도의 운영에 관해서 기술하고 있습니다. 각국은 지속적으로 제도를 개선하고 있었으며, 성과관리 거버넌스에서부터 타당하고 대표성 있는 성과지표의 구성, 성과정보의 체계적인 생산과 그 활용에 이르기까지 정부 성과관리 전반에 대한 변화를 시도하고 있었습니다.

한국 정부업무평가제도는 시행 이후 점증적인 변화는 거쳐왔으나, 전면적인 변화가 없었습니다. 제도 상의 문제, 운영 상의 어려움 등으로 인하여 평가와 관련된 이슈들이 제기되고 있는 것이 현실입니다. 이와 같은 현 상황에서 주요국의 성과관리 및 평가제도 연구가 새로운 해결책을 제시할 수 있는 단초를 제공할 수 있을 것이라 기대하고 있습니다.

이 연구를 책임지고 수행한 본 연구원의 윤수재 박사, 이광희 박사, 이은종 연구원의 노고를 치하합니다. 또한 연구집필에 참여해 주신 학계 인사들과 연구 관련 자문을 수행해 주신 여러 선생님들의 노고에 감사드립니다.

2017년 12월

한국행정연구원 원장 정윤수

차 례

제3장 미국의 정부업무 성과관리 및 평가제도 (이광훈)

제4장 영국의 정부업무 성과관리 및 평가제도 (이창길)

제5장 프랑스의 정부업무 성과관리 및 평가제도 (손영우)

제6장 캐나다의 정부업무 성과관리 및 평가제도 (도명록)

제7장 호주의 정부업무 성과관리 및 평가제도 (서재호)

제8장 뉴질랜드의 정부업무 성과관리 및 평가제도 (이현국)

제1장

서 론

제1장

서 론

제1절 연구의 배경 · 목적 및 내용 · 방법

오늘날 주요국에서는 체계적인 정책평가 및 성과관리 시스템 구축을 통해 정부 정책 · 사업의 효율성 및 국민에 대한 책임성 · 대응성을 제고하려는 다각적인 노력을 기울이고 있다. 또한 정부 정책에 대한 성과 · 효과를 효율적으로 검증하고 이를 제도 개선에 적극적으로 환류하고자 하는 등 그 중요성이 점차 증대되고 있다. 결국 이러한 전 세계적인 정부 환경 · 상황은 각국의 정부개혁과 밀접하게 연계되어 있으며, 공공부문의 효율성 · 효과성 및 책무성을 확보하기 위해 평가 및 성과관리 체계가 중요한 기제로 작용하고 있는 추세이다.

현재 한국에서도 정부 정책이 더욱 복잡해지고 있으며, 정책 입안 · 집행과정 및 성과(효과) 창출 과정에 대한 국민들의 관심이 지속적으로 늘어나고 있는 실정이다. 이러한 공공부문 정책평가 및 성과관리의 경우 그 중요성 · 필요성이 있음에도 불구하고 현실적으로 해외 주요국의 심층적인 평가 · 성과관리제도 연구는 제한적으로 진행되고 있으며, 이로 인해 효율적인 정부 정책평가 및 성과관리 시스템 구축 · 운영에 대한 국민 · 이해관계자들의 수요와 관심이 날로 증가하고 있다.

이에 본 연구는 이러한 상황들의 문제 해결을 위해 연구기획되었다. 특히 정부 정책 · 사업과 이에 대한 평가 · 성과관리 시스템의 중요성을 세계 각국의 행정학 전공자나 공무원, 일반 국민들이 널리 인식하고 공감대를 형성하고 있는 상황이다. 따라서 이에 맞는 주요국의 체계적인 정책평가 및 성과관리제도를 분석하여 국가별 관련 운영제도를 살펴보고, 이를 통해 정책적 시사점을 제시하는 목적의 연구는 매우 시의적절한 주제·연구라고 할 수 있다.

해외에서는 다양하고 체계적인 사례연구가 활발히 진행되고 있는 상황이며, 국내에서도 보다 심도 있는 정책평가 및 성과관리제도 연구를 수행하는 것이 필요한 실정이다. 이를 위해 강의, 교육훈련, 정부제도 개선·활용 차원에서 국내학자와 연계하여 주요국의 평가·성과관리제도를 체계적으로 분석하는 것은 중요한 함의를 담고 있다.

한편 본 연구는 주요국의 정책평가 및 성과관리제도를 심층적으로 분석·연구하고 있으며, 그 연구내용을 살펴보면 다음과 같다. 먼저 세계 각국의 정책평가 및 성과관리제도를 분석·진단하는 것으로, 국내 관련 학자들과의 전문가회의 등을 통한 의견수렴 과정을 거쳤다. 그리고 국가별 정책평가·성과관리 내용 조사·분석 결과와 우리나라 제도를 비교하여 정부에 유용한 정책적 시사점을 도출·제공하고자 하였다.

연구방법으로는 먼저 문헌연구(검토)로, 기존 진행되어 온 정책평가 및 성과관리에 관한 주요국의 정부자료, 실태조사자료, 연구자료 등을 정리함으로써 세계 각국의 정책평가 및 성과관리 현황 등을 고찰하고, 평가·성과관리에 관한 전반적인 사안·내용을 검토하며, 관련 자료 및 제도를 심도 있게 분석·연구하였다.

제2절 연구의 구성

본 연구는 전 세계적으로 정책평가·성과관리제도가 상대적으로 잘 갖춰지고 국가별 고유의 제도 특성을 지닌 미국·영국·프랑스·캐나다·호주·뉴질랜드를 선정하여 연구구성을 하였다. 각 주요국의 정책평가 및 성과관리제도 연구의 핵심내용을 살펴보면 다음과 같이 요약할 수 있다.

먼저 '정부업무평가의 개념적 · 이론적 논의'에서는 성과관리의 개념 및 성과관리 프레임워크를 정리하고, 평가를 사업평가(정책평가)와 조직평가(기관평가)로 구분하여 사업평가의 유형 · 대상과 모형 · 방법, 조직평가의 유형 · 대상과 다차원 성과모형(유럽연합의 공통평가프레임워크 등) · 방법 · 결과활용을 소개 · 설명하고 있다. 또한 한국 정부업무평가제도의 성과관리부문을 정부업무 성과관리와 재정사업 성과관리로 분류하여 내용 설명하고, 정부업무평가를 자체평가와 특정평가로 구분하여 그 핵심을 기술하고 있다. 그리고 사업평가와 성과관리의 관계를 체계적으로 제시하고 있다.

'미국의 정부업무 성과관리 및 평가제도'에서는 미국의 정치행정 환경을 서술하고, 정부업무 성과관리 및 평가제도의 연혁에 대해 각 정부별로 도입시기 및 관련법령, 주요내용, 특징 차원으로 분류하여 설명하고 있다. 또한 미국 정부업무 성과관리제도의 형성 배경 및 의의 부문에서 「정부성과결과법(GPRA)」이 규정하는 성과관리체계(전략계획서, 성과계획서, 성과보고서)를 소개하고 있으며, 「정부성과결과현대화법(GPRAMA)」의 통합성과관리제도와 관련해 분석틀 → 성과관리 거버넌스 구조(관리예산처[OMB], 의회 등) → 성과관리체계의 구성내용(범정부 우선순위목표[CAPs], 기관 우선순위목표[APGs], 기관 전략계획서[ASP] 등) → 성과관리과정(성과계획단계, 성과측정 및 평가단계, 평가결과의 공개 및 활용 · 환류단계)의 순으로 제도를 체계적으로 설명하고 있다. 그리고 미국 연방정부의 평가제도와 관련해 대통령관리과제(PMA) 관련 범부처 국정과제평가와 사업 단위별 평가인 사업성과평가도구(PART)를 기술하고 있다. 이를 통해 미국 정부업무 성과관리 및 평가제도와 관련한 성과목표체계 · 성과관리주체 · 성과관리단계 · 성과관리운영 차원에서의 다각적인 정책적 시사점을 도출 · 제시하고 있으며, 우리나라 정부업무평가와의 종합적인 비교를 통해 정책 제언을 제시하고 있다.

'영국의 정부업무 성과관리 및 평가제도'에서는 영국의 정치행정 환경을 설명하고, 정부 성과관리 연혁에 대해 각 정부별로 주요시기 및 주요제도 차원에서 기술하고 정권별 성과관리 주요변화에 대해 평가하고 있다. 또한 관련 법령을 정리하고 있으며, 영국 정부업무 성과관리제도와 관련해 성과관리 운영체계 → 성과관리 거버넌스 구조 → 성과지표 및 측정의 순으로 공공서비스협약(PSA) 및 비즈니스 플랜 제도를 설명하고 있다. 특히 성과지표 및 측정 관련 비즈니스 플랜 부문에서는 영국 중앙정부(환경농림식품부, 기업혁신기술부) 사례를 중심으로 부처 평가의 중점사항(부처의 전략목표 부문 평가, 부처 활동의 적합성 평가, 자원의 효율적 활용 평가 등) 및 부처 정책 우선순위에 따른 세부 활동, 실제 부처 성과지표 등에 대해 체계적으로 설명하고 있다. 그리고 성과관리과정 → 성과정보 공개 및 활용 → 성과관리 가이드 순으로 영국 성과관리제도를 기술하고 있다. 또한 영국 정부업무평가제도 차원에서 국가정책 집행평가(Implemental Review) 및 지방정부 성과평가제도(Best Value, CPA, CAA), 개별평가제도(국가위험평가 등)에 대해 체계적으로 설명하고 있다. 이를 통해 영국 정부 성과관리와 관련한 정책적 시사점을 제시하고 있으며, 평가목적 · 평가주체 · 평가체계 및 내용 · 정성평가 · 평가활용 차원에서 우리나라 성과관리제도와의 종합비교를 하고 있다.

'프랑스의 정부업무 성과관리 및 평가제도'에서는 프랑스의 정치행정 환경을 기술하고, 정부업무평가 연혁 및 관련 법령에 대해 설명하고 있다. 프랑스 정부업무 성과관리와 관련해 성과관리체계(관련법, 성과관리 주체 · 역할[의회 · 정부 · 연구소 등]) → 성과관리 구성 내용(정부와 의회 결정과정, 정책목표체계[미션 · 프로그램 · 활동 등], 평가관점에 따른 목표와 성과지표 예시) → 성과관리의 구현 및 성과정보 공개 · 활용 → 성과관리 가이드 → 범정부 수준에서의 성과관리(프로그램별 성과계획서 내용, 성과지표 사례 등)의 순으로 제도를 설명하고 있다. 그리고 정부 공공정책평가제도와 관련해 공공활동현대화 사업을 중심으로 평가진행과정 및 평가주체를 설명하고, '선거관리의 현대화' 사업의 평가사례 등을 체계적으로 기술하고 있다. 이를 통해 프랑스 공공정책평가 및 성과관리제도의 특징과 시사점을 제시하고 있으며, 평가주체 · 평가대상 · 성과지표 · 결과활용 · 중장기 성과관리 · 성과관리와 평가의 관계 · 부처 간 협력 차원에서 우리나라 성과관리 및 정부업무평가제도와의 종합비교를 하고 있다.

'캐나다의 정부업무 성과관리 및 평가제도'에서는 캐나다의 정치행정 환경을 기술하고, 성과관리제도 연혁 및 관련 법령에 대해 구체적으로 설명하고 있다. 캐나다 정부업무 성과관리와 관련해 성과관리 운영체계(지출관리시스템[EMS], 관리책임프레임워크[MAF], 결과기반정책) → 성과관리 거버넌스 구조(주관·관련기관, 부처 내 거버넌스 구조) → 성과관리과정(성과계획서, 성과보고서) → 성과정보 공개 및 활용(지출계획 및 세출예산안, TBS Infobase)의 순으로 제도를 설명하고 있다. 또한 캐나다 정부업무평가와 관련해 이를 결과기반정책에 기반한 성과평가와 관리책임프레임워크에 기반한 기관평가로 구분하여 핵심 내용을 설명하고 있다. 한편 성과평가제도와 기관평가제도를 평가주체·평가모형·평가방법·평가결과 차원으로 분류하여 그 내용을 구체적으로 기술하고 있다. 이를 통해 캐나다 정부업무 성과관리제도의 변화 방향 및 시사점을 도출·제시하고 있으며, 우리나라 정부업무 성과관리제도와의 종합적인 비교를 하고 있다.

'호주의 정부업무 성과관리 및 평가제도'에서는 호주의 정치행정 환경을 설명하고, 정부업무 성과관리제도 연혁 및 관련 법령에 대해 체계적으로 기술하고 있다. 호주 정부업무 성과관리와 관련해 성과관리 운영체계(사업계획서, 포트폴리오 예산보고서, 연간성과보고서, 부처 성과관리의 기술적 기반[성과참조모형]) → 성과관리 거버넌스 구조(성과관리 주체별 역할·관계, 재무부 성과지표 체계 사례) → 성과관리과정(연차별 성과관리 보고의 흐름) → 성과정보 공개 및 활용(결과-산출[outcomes and outputs] 체계에서 성과정보 흐름) → 성과관리 가이드의 순으로 제도를 설명하고 있다. 또한 호주 정부업무평가와 관련해 정부 성과평가를 성과평가 개요, 성과평가 결과, 성과평가 결과에 대한 분석으로 구분하여 정리·기술하고 있다. 그리고 사업평가제도와 관련해 규제개혁 성과평가 사례를 소개하고 있다. 이를 통해 호주 정부업무 성과관리제도에 대한 정책적 시사점을 제시하고 있으며, 우리나라 정부업무 성과관리제도와의 종합비교를 하고 있다.

'뉴질랜드의 정부업무 성과관리 및 평가제도'에서는 뉴질랜드의 정치행정 환경을 기술하고, 정부업무 성과관리제도 연혁 및 관련 법령에 대해 설명하고 있고 있다. 뉴질랜드 정부업무 성과관리와 관련해 성과관리 운영체계(4년 계획, 성과계획, 성과보고 등) → 성과관리 거버넌스 구조(재무부, 국가서비스위원회, 수상내각부 등) → 성과지표 및 측정 → 성과관리과정(성과계획, 산출계획, 성과보고) → 성과정보 공개 및 활용(성과보고서) → 성과관리 가이드의 순으로 제도를 설명하고 있다. 또한 뉴질랜드 정부업무평가와 관련해 평가를 성과평가·기관평가·사업평가로 구분하여 정리하고 있으며, 특히 기관평가 관련 제도인 성과향상체계(performance improvement framework)에 대해 체계적으로 설명하고 있다. 이를 통해 뉴질랜드 정부업무 성과관리제도가 우리나라의 성과관리 및 평가제도에 주는 시사점을 도출·제시하고 있다.

그림 1-1 연구의 구성

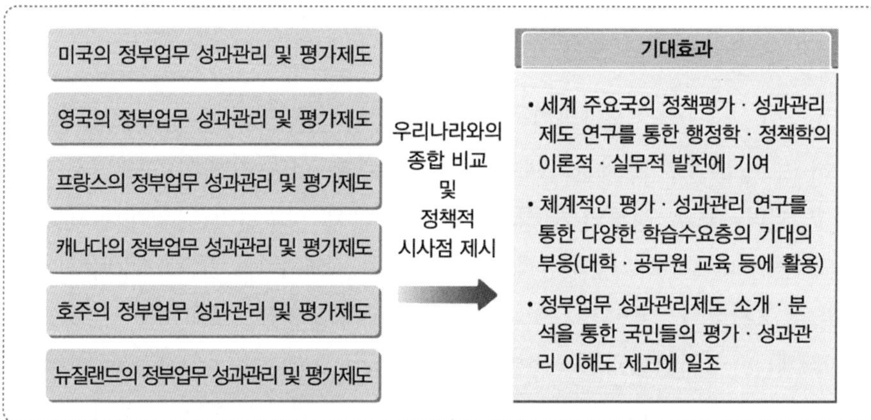

제3절 연구의 기대효과

본 연구를 통한 기대효과를 살펴보면 다음과 같다.

첫째, 세계 주요국의 정책평가 및 성과관리제도 연구를 수행함으로써 우리나라 행정학, 정책학의 실무적·이론적 발전에 조금이나마 기여하고자 한다. 이러한 평가·성과관리제도 연구들이 우리나라 평가 및 성과관리 이론의 발전에 더욱 기여하고, 학생·대학원생들이 이 분야에 좀 더 관심을 가지고 정책평가 · 성과관리에 대한 지식 및 이해를 넓히는데 도움이 될 수 있다.

둘째, 체계적인 정책평가 및 성과관리제도 연구를 통해 다양한 학습수요층의 기대에 부응하고자 한다. 즉 공무원 강의교재 등으로 활용하고자 한다. 세계 각국의 다양하고 특성 있는 평가 · 성과관리제도를 체계적으로 접하고 간접적으로 평가 · 성과관리제도의 분석 · 해결과 연계된 교육을 통해 일선행정업무로 복귀시 현장 대응성 및 활용성을 높일 수 있을 것으로 기대된다.

셋째, 정책평가 · 성과관리 연구를 대학 · 대학원, 공무원 교재로 활용함으로써 제도의 응용력 및 문제분석역량을 키우고, 나아가 학생 · 공무원들에게 실무적 지식을 갖출 수 있는 능력을 배양할 수 있는 기회를 제공할 것으로 기대된다. 또한 일반 국민들의 정부 정책평가 및 성과관리에 대한 이해도를 제고하는 데에도 일조할 수 있을 것으로 기대된다.

제2장

정부업무평가의 개념적 · 이론적 논의

제2장

정부업무평가의 개념적·이론적 논의

제1절 개념적 · 이론적 논의

1. 성과관리

많은 선행연구들에 따르면, 성과관리는 '성과'라는 개념과 '관리'라는 개념이 합쳐진 것으로 이해되는데, 우리나라의 경우 성과측정, 성과주의 예산, 직무성과계약, 성과급 보수 등 '성과'라는 용어가 포함되어 행정관리에 활용되는 제도들은 모두 성과관리로 이해되고 있다. 하지만 성과관리를 폭넓게 사용할 경우 정부업무평가제도에서는 다소 오해를 일으킬 수 있으므로 성과관리의 개념을 조직 수준에서의 성과관리로 접근할 필요가 있다(이광희 외 2012). 조직 수준에서의 성과관리는 조직성공을 위한 계획, 목표달성을 위한 성과측정과 점검, 이해관계자들의 참여 및 소통 제고 등을 강조하는데, 학자에 따라 3단계(plan-do-see)로 나뉘기도 하고 4단계(plan-implementation-evaluation-feedback)로 나뉘기도 한다.

[그림 2-1]은 성과관리 프레임워크를 보여주고 있는데, 계획 단계에서는 이해관계자의 참여 하에 기관의 미션과 비전, 전략 및 성과목표를 명확히 제시하고 이에 따른 사업 및 서비스전달 시스템을 계획하는 것이다. 예산 단계에서는 효율성과 비용-효과성을 제고할 방법을 마련하여 자원을 배분하도록 하는 것이다. 관리단계에서는 인적 자원과 물적 자원의 관리, 사업성과에 대한 관리, 협력을 통한 성과제고, 성과관리 문화의 개발 등이 이루어져야 한

그림 2-1 성과관리 프레임워크

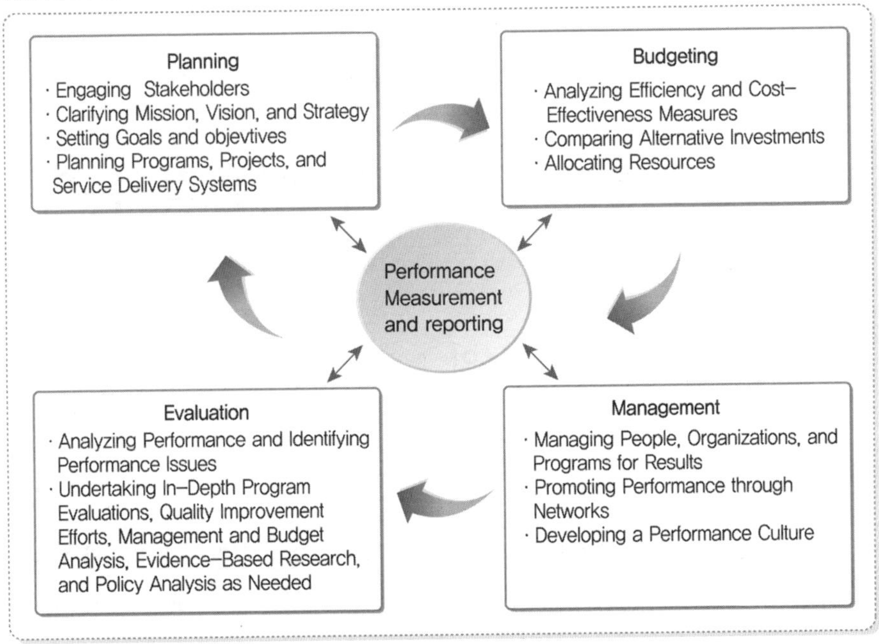

* 출처: Poister et al.(2015: 7)

다. 평가단계에서는 달성한 성과를 분석하고 향후 성과이슈를 발굴해야 하는데, 이를 위해 심층 사업평가, 질적인 개선노력, 관리와 예산에 대한 분석, 증거기반 연구, 수요분석 등이 이루어져야 한다. 성과관리의 각 단계에서 성과관리 측정 및 보고는 매우 핵심적인 역할을 한다. 계획단계에서는 목표 달성을 측정하기 위한 성과지표가 설정되어야 하며, 성과지표에 따른 주기적 측정을 통해 예산 집행의 효율성과 성과 달성 정도가 모니터링되어야 하고, 축적된 성과정보에 근거해 심층적인 평가 및 분석 작업이 수행되어야 한다 (Poister et al. 2015).

2. 평가

평가는 크게 정책 및 사업을 대상으로 이루어지는 사업평가(정책평가)와 조직을 대상으로 이루어지는 조직평가(기관평가)로 나눌 수 있다. 평가대상이 다른 만큼 사용되는 평가모델, 평가방법 등이 다르므로 각각 살펴보도록 한다.

1) 사업평가

사업평가는 1960-70년대 복지와 교육 등 정부의 대규모 사회사업이 추진되면서 다양한 사회프로그램이 잘 작동하는지를 체계적으로 연구하기 위한 목적으로 발전하기 시작하였으며, 프로그램 개선을 위한 정보 도출을 위해 사업의 효과나 영향을 파악하고, 이러한 성과에 영향을 미치는 요인이 무엇인지를 분석하는 방식으로 이루어졌다(이광희 외, 2012: 41).

사업평가는 평가 주체에 따라 두 유형으로 나뉜다. 사업추진 주체가 스스로 수행하는 평가를 자체평가라 하고, 사업추진 주체가 아닌 제3자가 수행하는 평가를 외부평가라고 한다. 외부평가는 말할 것도 없고, 자체평가라 하더라도, 적절한 평가모형 설계, 체계적인 자료 수집과 심층적인 분석, 객관적이고 공정한 평가결과 도출 등을 위해 평가 전문가들이 참여하는 것이 일반적이다.

사업평가 대상은 말 그대로 사업(program)에 대한 평가이다. 다만 우리나라에서는 일반적으로 정책과 사업을 구분하여 사용하기도 하고, 정부업무평가에서도 주요정책과 재정사업으로 구분되고 있으나, 사업평가의 대상 차원에서는 구분의 실익이 없다. 나라별로 정책과 사업 체계가 차이가 있는데 대체로 사업(program)은 부처의 전략목표를 실현하기 위한 도구라고 할 수 있다. 미국의 경우 전략목표(strategic goal)-성과목표(performance goal)-활동(activity)이라는 사업체계를 가지며, 캐나다의 경우 전략목표(strategic outcome)-사업(program)-활동(activity)이라는 체계로 표현된다. 즉 미국의 성과목표는 캐나다의 사업에 해당되는 셈이다.

사업평가의 모형과 방법은 다양하게 분류할 수 있다. 과정에 초점에 두느냐 결과에 초점을 두느냐에 따라 과정평가와 결과평가로 나뉘기도 하고, 사업의 계획 등에 초점을 맞춘 형성평가와 과정 및 결과를 종합적으로 평가하는 총합평가로 나뉘기도 한다. 또 결과평가 또는 총합평가를 수행하더라도 목표달성에 초점을 맞춘 평가와 영향평가로 구분하기도 한다. 그리고 효율성(efficiency)과 효과성(effectiveness) 평가 등 사업수행과정에서 추구해야 할 가치에 따라 평가를 분류하기도 한다.

평가방법은 성과지표와 자료수집 방법에 따라 세분화할 수 있다. 사업의 성과를 측정하는 성과지표의 경우 정량지표와 정성지표로 구분하는데, 4가지 측정 도구 중 순서척도(ordinal scale)는 정성지표에 해당하고, 등간척도(interval scale)와 비율척도(ratio scale)는 정량지표에 해당한다. 고객만족도, 규제개혁 수준에 대한 전문가 평정 등은 정성지표에 해당하고, 수출증가율, 인구 10만 명 당 범죄율 등은 정량지표에 해당한다(<표 2-1> 참조).

표 2-1 측정이론에서의 척도와 성과지표의 관계

구분	명목척도	순서척도	등간척도	비율척도
경험체계 내의 관계	사물의 구분	속성수준에서 대소의 순서	속성수준 차이 비율이 일정	속성수준의 비율이 일정함
사례	축구선수 등번호	광석의 경도체계 가죽의 등급	시간(달력), 온도(섭씨, 화씨)	길이, 시간, 무게, 비중
대표치	최빈값	중앙값	산술평균	기하평균/ 조화평균
수량화 여부	비수량 척도 (질적 측정)		수량척도 (양적 측정)	

⇩ ⇩

성과지표 유형	정성지표 (비계량지표)	정량지표 (계량지표)
	양적 수치로 측정 불가능	구체화된 양적 수치로 측정 가능
	평가자의 주관 개입 가능성	평가자의 주관이 개입될 수 없음 반복 측정 시 동일한 결과 도출
	- 민원인 만족도 - 주요 국정과제 대국민 인지도 - 정보관리 시스템 구축 정도 - 제도개선 과제 이행도	- 우량농지조성면적 - 해외건설 수주액 - 관광수입액 증가율 - 인구10만 명당 범죄 발생률

* 출처: 이순묵(2002: 5), 이광희(2015: 53)에서 재인용

목표달성도 평가나 영향평가의 경우 성과지표를 활용하여 해당 사업의 목표 달성 여부 및 효과를 판단하게 되는데, 특히 영향평가의 경우 프로그램 수행 전후의 자료 유무, 정책집단(실험집단)과 통제집단의 활용 유무에 따라 4가지 유형 분류가 가능하다(<표 2-2> 참조).

표 2-2 영향평가 모형

유형	복잡성	비용
① 통제집단 없는 사후변화연구	**매우 간단**	**낮음**
② 통제집단 없는 전후 비교	간단	약간 높음
③ 통제집단 있는 사후변화연구	간단	약간 높음
④ 통제집단 있는 전후 비교	**복잡**	**높음**

* 출처: 한국국제협력단(KOICA 2008: 60; KOICA 2015: 160)

통제집단이 있는 전후 비교 모형(④ 유형)이 가장 복잡하고 비용이 많이 소요되는 반면, 통제집단 없는 사후 변화 모형(① 유형)이 가장 간단하고 비용도 적게 소요된다. 그리고 각 모형을 설계 수준과 설명력으로 구분하면 <표 2-3>과 같다.

표 2-3 영향평가 모형의 설명력

	약한 설계	강력한 설계
약한 설명력 적은 관찰횟수 노이즈 대비 적은 정책효과	① 모형 - 시간에 따라 집단 간 차이를 감지하기 어려움 - 감지한다 해도, 그것이 정책에 기인한다는 확신이 없음	③ 모형 - 집단 간 차이를 감지하기 어려움 - 그러나 감지한다면, 그것이 정책에 기인한다고 확신할 수 있음
강한 설명력 많은 관찰횟수 노이즈 대비 높은 정책효과	② 모형 - 집단 간 유의미한 차이를 발견하기는 매우 쉽지만, 이것이 정책에 기인한다는 의미는 **아님**	④ 모형 - 실제 정책효과가 존재한다면, 유의미한 차이점을 발견하기 매우 쉬움 - 그 차이가 정책에 기인한다고 확신할 수 있음

* 출처: 한국국제협력단(KOICA 2015: 160)

한편 성과지표와 설계모형에 입각해 영향평가를 하는 경우 양적인 평가 방법이라고 일컬어지는 반면, 프로그램 수행과정에서의 문제점이나 우수 사례 발굴, 프로그램의 효과성에 대한 계량적 평가의 근거에 대한 보완, 프로그램이 미친 의도하지 않은 영향 파악 등이 필요할 때 주로 질적인 방법이 활용된다. 질적 방법의 대표적인 사례로 참여 관찰(observation), 심층 면접(in-depth interview), 초점집단 토론(focus group discussion) 등이 활용된다.

사업평가 결과의 활용에 대한 연구는 지속되고 있는데, 로시와 프리만(Rossi & Freeman 1985: 387-391)에 따르면 활용 유형은 크게 세 가지로 구분된다. 첫째, 도구적 사용(instrumental use) 또는 직접 활용으로써, 정책결정자 또는 이해관계자에 의해 평가결과가 구체적으로 활용되는 방식이다. 둘째, 개념적 활용(conceptual use) 또는 간접 활용으로써, 평가결과가 관련 이슈에 대하여 인지적으로 영향을 미치는 것인데, 특히 장기적으로 영향을 미치는 평가와 관련된다. 셋째, 설득적 활용(persuasive use)으로써 정치적 활용이라고 볼 수 있으며 평가결과를 현 상태의 지지 혹은 반대를 위해 사용하는 것이다. 학자에 따라서는 개념적 활용과 설득적 활용을 비도구적 활용, 즉 소통적 활용이라는 하나의 범주로 간주되기도 한다.

2) 조직평가

조직효과성에 대한 연구는 민간부문에서 일찍 활성화되었으나, 1990년대 NPM이 확산되면서 공공부문에 도입되기 시작하였다. 초기에 도입된 공공부문의 조직평가는 볼드리지우수상모형, 유럽품질우수상모형(EFQM) 등 품질모형에 초점을 둔 평가모델과 미국 및 영국 등의 공공서비스 전반에 확산된 BSC 모형이었다. 이후 조직평가 모형 개발 시 공공부문의 특성을 반영하기 위한 노력이 경주되면서 유럽연합의 공통평가 프레임워크(Common Assessment Framework: CAF), 유럽 공공서비스 우수성 모형(Public Service Excellence Model: PSEM), 캐나다의 관리 책임성 프레임워크(Management Accountability Framework: MAF) 등이 등장하였다. 그리고 민간부문과 달리 정부부문의 조직평가로서의 혁신을 이루어낸 모델로 미국의 사업성과평가도구(PART), 영국 지방정부의 종합성과평가(CPA) 등이 거론되고 있다(Talbot, 2010).

조직평가도 사업평가처럼 평가 주체에 따라 두 유형으로 나뉜다. 조직 스스로 수행하는 평가를 자체평가라 하고, 제3자가 수행하는 평가를 외부평가라고 하는데 대체로 상급기관이 하급기관을 평가하는 경우가 많다. 조직평가의 경우에도 사업평가처럼 적절한 평가모형 설계, 체계적인 자료 수집과 심층적인 분석, 객관적이고 공정한 평가결과 도출 등을 위해 평가 전문가들이 참여하는 것이 일반적이다.

조직평가의 대상은 전통적으로 조직이 수행한 사업의 성과에 초점을 맞추어 왔으나, 조직의 성과가 다양한 차원으로 구성되어 있다는 점, 조직의 성과에 영향을 미치는 요인, 기준 등이 복잡하다는 점 등을 고려하여, 다차원적인 성과측정 모형이 개발되어 왔다. 이러한 다차원 성과모형은 조직성과의 여러 차원을 제시함으로써 성과측정을 위한 자료 축소 및 성과기준의 효

그림 2-2 공통평가 프레임워크(CAF)

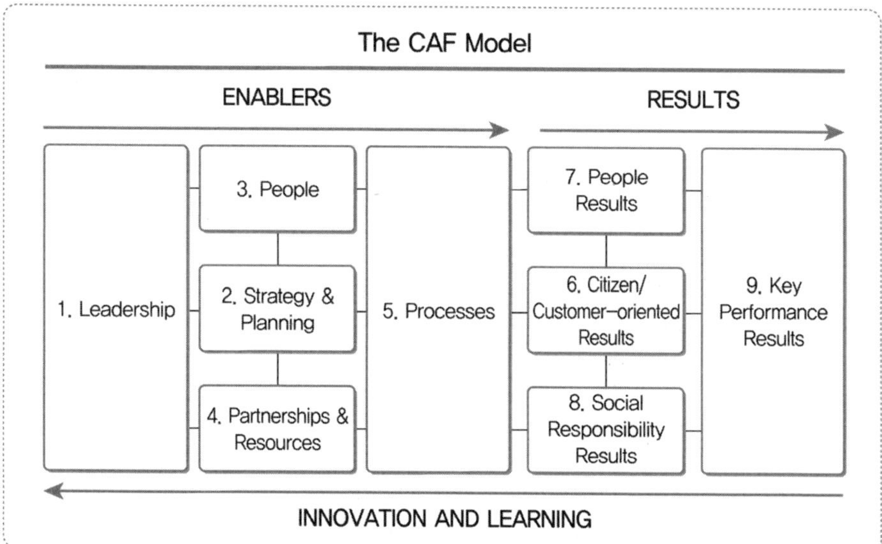

* 출처: EIPA(2013: 9), 이광희(2014: 49) 재인용

그림 2-3 공공서비스 우수성 모형(Public Service Excellence Model: PSEM)

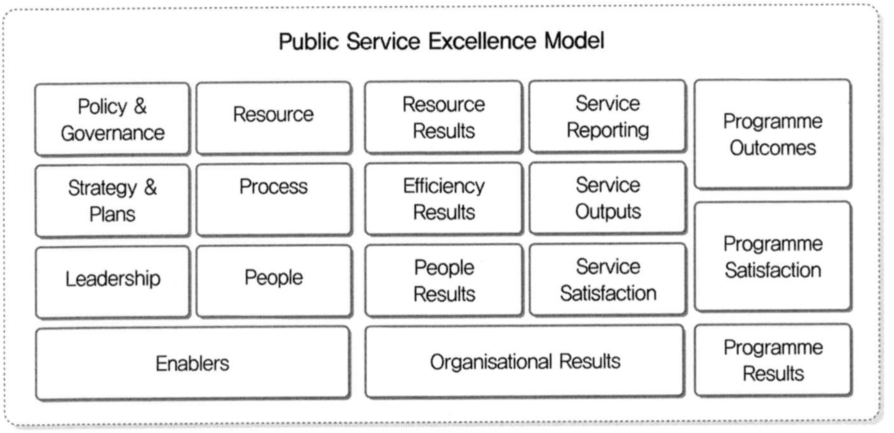

* 출처: Talbot(2010: 175), 이광희(2014: 54) 재인용

율적 관리, 동인(enablers)과 결과(results)라는 인과관계 모형의 구축 등을 가능하게 한 것으로 평가받는다(Talbot, 2010: 163-164).

다차원 성과모형의 대표적인 사례로 유럽연합의 공통평가 프레임워크(Common Assessment Framework: CAF), 캐나다의 관리 책임성 프레임워크(Management Accountability Framework: MAF), 유럽의 공공서비스 우수성 모형(Public Service Excellence Model: PSEM) 등이 있다([그림 2-2], [그림 2-3] 참조).

조직평가의 방법은 평가기준에 따라 정량적인 성과측정 및 질적인 평가방법을 혼합하여 사용하는 것이 일반적이다. 사업평가에서 사용되는 설계모형을 적용하기는 어렵고, 앞서 살펴본 다차원적 성과모형에 따른 평가기준, 세부착안사항 등에 따라 관련 실적자료 및 설문조사, 인터뷰 등을 통해 수집된 자료 등을 활용하여 평가하도록 되어 있다.

조직평가결과의 활용은 사업평가와 달리 조직에 대한 통제, 사회적 책임성 등이 강조되는 경향이 있다. 즉 전통적인 도구적 모형과 소통적 모형의 구분보다는 통제 위주의 활용(Hard use)과 역량 강화를 위한 활용(Soft use)으로 구분할 수 있다(Van Dooren 외, 2010: 101-103).

제2절 한국의 정부업무평가제도

1. 성과관리

1) 정부업무 성과관리

정부업무평가기본법 제2조에 따르면, 성과관리란 “정부업무를 추진함에 있어서 기관의 임무, 중 · 장기 목표, 연도별 목표 및 성과지표를 수립하고 그 집행과정 및 결과를 경제성 · 능률성 · 효과성 등의 관점에서 관리하는 일련의 활동을 말한다.”라고 규정하고 있다. 그리고 동법 제4조에서 성과관리의 원칙으로 “성과관리는 정책 등의 계획 수립과 집행과정에 대하여는 자율성을 부여하고 그 결과에 대하여는 책임이 확보될 수 있도록 실시한다.”(제1항), “성과관리는 정부업무의 성과 · 정책품질 및 국민의 만족도가 제고될 수 있도록 실시한다.”(제2항)를 제시하고 있다. 즉 자율성과 책임성, 정책품질과 국민만족도 제고를 정부업무 성과관리 운영의 핵심원칙으로 제시하고 있다.

그리고 동법 제5조와 제6조에서 성과관리 전략계획과 성과관리 시행계획의 내용과 수립 방법을 제시하고 있다. 성과관리 전략계획이란 기관의 전략목표를 달성하기 위한 중 · 장기 계획을 말하며, 각 기관은 최소한 3년마다 그 계획의 타당성을 검토하여 수정 보완하도록 하되, 중 · 장기 재정운용계획의 내용을 반영하도록 되어 있다. 성과관리 시행계획이란 성과관리 전략계획에 기초하여 당해 연도의 성과목표를 달성하기 위해 수립하는 연도별 시행계획을 뜻하며, 성과관리 시행계획에는 기관의 임무, 전략목표, 당해 연도의 성과목표와 성과지표 등을 제시해야 한다. 성과관리 전략계획과 성과관리 시행계획을 수립한 경우에는 국회 소관 상임위원회에 보고해야 하며, 각 기관은 성과관리 시행계획에 따른 이행상황을 반기별로 점검해야 하며, 국무총리는 중앙행정기관의 성과관리 실태 및 그 결과가 자체평가 및 특정평가에 반영되도록 해야 한다. 그리고 지방자치단체와 공공기관도 성과관리 전략계획과 시행계획을 수립 · 시행할 수 있도록 하고 있다.

정부업무평가기본법에 따라 시행되고 있는 정부업무의 성과관리 체계를 요약적으로 보여주고 있는 것이 [그림 2-4]이다. 즉 계획 단계에서 성과관리 전략계획과 시행계획을 수립하고, 예산 및 인력 등을 투입하여 계획을 집행하며 이를 주기적으로 점검하도록 한다. 그리고 자체평가 및 특정평가를 통해 그 결과를 예산 배분 등에 활용하는 환류 단계를 거치도록 되어 있다.

그림 2-4 정부업무 성과관리 체계

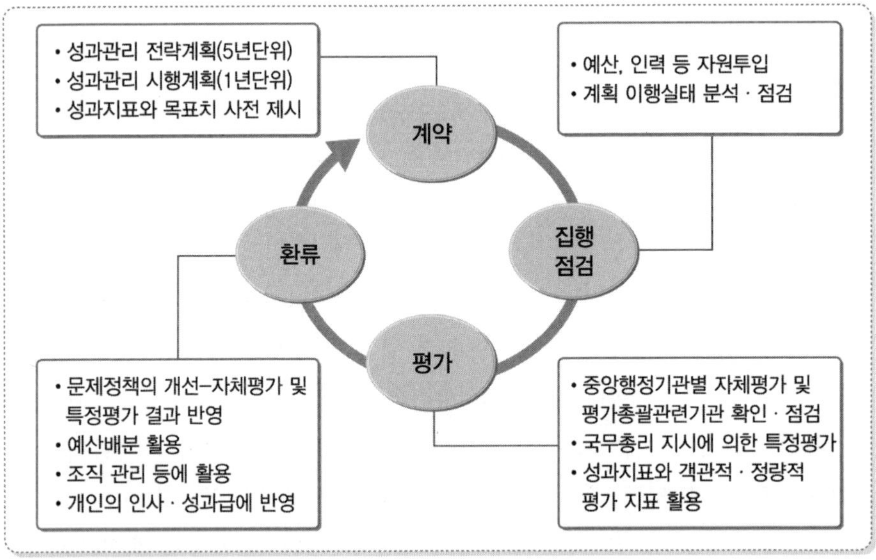

* 출처: 국무조정실(2017a: 1)

한편 [그림 2-5]는 성과관리 시행계획 수립 시 포함되어야 하는 목표체계를 보여주고 있는데, 성과관리 전략계획에서 수립된 '임무-비전-전략목표'를 가져와서, 전략목표별로 성과목표와 관리과제, 그리고 성과목표의 성과지표와 관리과제의 성과지표를 작성하도록 되어 있다. 여기서 중앙행정기관의 주요 정책은 3가지 수준(전략목표, 성과목표, 관리과제)으로 설정된다고 볼 수 있으며, 각 중앙행정기관은 가장 낮은 단계인 관리과제를 대상으로 자체평가를 실시하도록 되어 있다.

그림 2-5 성과관리 시행계획 수립 시 포함되어야 하는 목표체계

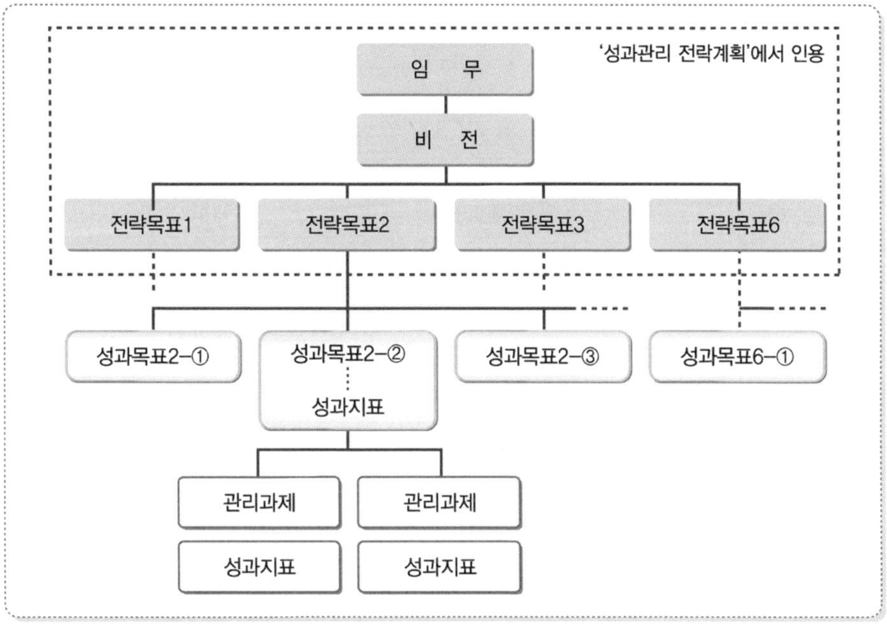

* 출처: 국무조정실(2017a: 16)

2) 재정사업 성과관리

정부업무 성과관리와 별도로 국가재정법 및 국가회계법에 의한 재정사업 성과관리제도가 운영되고 있다. 국가재정법 제8조에 따르면, 각 중앙관서는 재정활동에 대한 성과관리체계를 구축해야 하며, 이를 위해 성과계획서 및 성과보고서 작성, 재정사업에 대한 자율평가 및 심층평가를 실시하도록 되어 있다(<표 2-4> 참조).

국가재정법 등에서 제시한 재정사업에 대한 성과관리제도는 크게 재정성과목표관리제도, 재정사업자율평가, 재정사업심층평가로 분류하기도 한다. 재정성과목표관리제도란 모든 중앙부처가 내년 성과계획서와 성과보고서를 작성하여 기획재정부의 확인 점검을 거친 후 국회에 재출하는 제도로써, 성과계획서에는 비전-미션-전략목표-프로그램목표-단위사업으로 이어지는 성과관리체계를 제시하고 성과보고서를 통해 재정사업을 성과를 보고하는 것이

표 2-4 재정사업 성과관리 내용 및 관련 법령

구분	관련 법 조문 및 주요 내용
성과관리 일반	국가재정법 제8조 제1항 - 각 중앙관서의 장과 법률에 따라 기금을 관리·운용하는 자는 재정활동의 성과관리체계를 구축하도록 의무화
성과계획서	국가재정법 제8조 제2항, 제34조 - 예산안 요구서 제출 시 차년도 예산의 성과계획서 및 전년도 예산의 성과보고서 제출 의무화
성과보고서	국가재정법 제8조 제2항, 제3항 - 예산안 요구서 제출 시 차년도 예산의 성과계획서 및 전년도 예산의 성과보고서 제출 의무화 국가회계법 제14조, 제15조 - 결산보고서의 구성요소로서 성과보고서 규정, 성과계획서에서 정한 성과목표와 그에 대한 실적을 대비하여 작성하도록 규정
재정사업자율평가	국가재정법 제8조 제6항, 국가재정법 시행령 제3조 - 재정사업자율평가 실시 규정
재정사업심층평가	국가재정법 제8조 제6항, 국가재정법 시행령 제3조 및 각 호 - 재정사업심층평가 실시 및 대상사업 규정

* 출처: 국회예산정책처(2014: 18)에서 수정·보완

다. 2014년부터 성과계획서의 성과목표와 관리과제를 예산분류체계인 프로그램과 단위사업에 각각 일대일로 매칭시키고 있으며, 2016년부터 성과관리 실익이 적은 신규사업, 지원사업, 소규모 사업, 평가중복사업 등을 성과관리대상에서 제외하였고, 부처의 평가부담 완화를 위하여 재정사업통합평가서를 성과보고서로 통합하여 발간하도록 하고 있다(오영민, 2017).

2. 정부업무평가

정부업무평가기본법에 따르면 정부업무평가는 중앙행정기관평가, 지방자치단체평가, 공공기관평가로 나눌 수 있는데([그림 2-6] 참조), 여기서는 중앙행정기관평가를 중심으로 살펴보고자 한다. 중앙행정기관평가는 부처 스스로 수행하는 자체평가와 국무총리가 수행하는 특정평가로 나누어진다.

그림 2-6 정부업무평가 체계

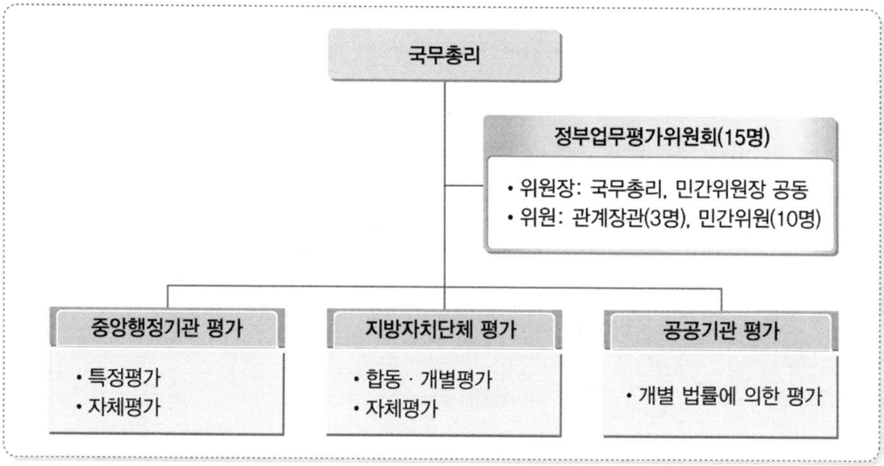

* 출처: 국무조정실(2017b: 3)

1) 자체평가

중앙행정기관의 자체평가는 주요 정책 및 재정사업에 대한 평가라고 할 수 있으며, 조직, 인사, 정보화 분야에 대한 행정관리역량평가도 포함되어 있다. 즉 자체평가는 국무조정실 주관의 주요정책평가, 기획재정부 주관의 재정사업평가, 행정안전부 및 인사처의 행정관리역량평가로 구성된다. 평가대상과제는 주요정책의 경우 성과관리시행계획의 관리과제이며, 재정사업평가의 경우 성과계획서의 단위사업이다. 평가방법은 계획-집행-성과로 이어지는 단계별 체크리스트 리뷰 방식이며, 관리과제나 단위사업별로 설정된 성과지표의 목표치를 달성했는가를 판단하는 목표달성도 중심으로 평가가 이루어진다. 평가결과는 등급화된 평정결과를 도출하도록 되어 있으며, 외부평가위원이 작성한 분석 정보가 포함되어 있다. 주요정책의 경우 평정결과는 과제 담당 부서 및 담당자의 성과급에 반영되며, 재정사업의 경우 미흡사업에 대한 지출 구조조정 등 차년도 예산에 반영하도록 되어 있다.

2) 특정평가

특정평가는 기관/조직에 대한 평가라고 할 수 있다. 현 정부는 국정과제 중심의 평가부문을 유지하면서도, 일자리창출, 규제개혁, 정책소통, 국민만족도, 갈등관리, 인권개선 등을 특정평가에 포함시키고 있다([그림 2-7] 참조). 각 부문별로 도출된 기관별 평가점수를 종합하여 최종적으로 등급화된 기관 평정결과를 도출하도록 되어 있다. 그런데 특정평가의 세부 평가부문은 국정과제, 일자리창출과 같이 정책에 대한 평가부문과 소통, 갈등관리와 같이 기관의 역량에 대한 평가부문으로 나눌 수 있다. 이는 앞서 살펴본 CAF, MAF 등 조직평가의 다차원모델과 유사하다고 하겠다. 구체적인 평가방식은 자체평가와 유사하게 체크리스트 리뷰방식을 취하고 있으며, 국정과제평가의 경우 추진노력, 성과지표달성도, 정책효과라는 세 개 지표별로 리뷰평가에 의한 평정결과가 도출된다. 각 평가부문별로 3~5등급 평정결과가 도출되며, 평가결과에 따라 포상 등 인센티브가 부여되고 있다.

그림 2-7 특정평가 변화

2016년 평가	
① 국정과제	50
• 핵심개혁과제(과제별 최대 ±2)	
• 협 업(기관별 최대 ±1)	
② 규제개혁	20
③ 정책홍보	20
④ 정상화과제	10
⑤ 기관공통사항	±10
(정부3.0 ±5, 성과관리 ±3, 특정시책 ±2)	

→

2017년 평가(안)	
① 국정과제	50
• 혁신관리 및 협업(기관별 최대 ±2)	
② 일자리 창출	20
③ 규제개혁	10
④ 정책소통	10
⑤ 국민만족도	10
⑥ 기관공통사항	±10
(현안관리 ±3, 갈등관리 ±3, 인권개선 ±2, 특정시책 ±2)	

* 출처: 국무조정실(2017b: 6)

3. 성과관리와 정부업무평가의 관계

<표 2-5>는 사업평가와 성과관리의 관계를 보여주고 있다. 과학적인 설계모형의 적용 및 체계적인 자료 수집을 통한 심층적인 분석이 이루어지는 사업평가의 경우 다양한 성과정보를 도출할 수 있지만 비용이 많이 들고 적시에 활용하기 어렵다는 단점이 있다. 이러한 문제점을 극복하기 위해 성과관리 시스템이 도입되었다고 볼 수 있다.

표 2-5 사업평가와 성과관리의 관계

	사업평가	성과관리
행위빈도	일회성(one-shot)	지속성
문제의 속성	이유와 방법(why and how)	대상(what)
비용	높음	낮음
보고서	서술적	계량적
환류 시기	늦음(out of date)	적절함(timely)
단위	사업 or 정책	조직 or 기관
인과성	분석 대상	전제

* 출처: 이광희 · 윤수재(2012: 43)

그러나 성과관리는 사업평가를 대체하기보다는 보완하는 역할을 한다고 보아야 한다. 즉 성과관리의 핵심요소인 성과정보 도출을 위한 성과지표의 개발, 프로그램의 효과 및 대안에 대한 탐색을 위해, 성과측정이 잘 이루어진 포괄적인 사업평가를 보완적으로 활용해야 한다는 것이다(Davies, 1999; Perrin, 1999; GAO, 2000; 이광희 · 윤수재, 2012: 43).

이처럼 사업평가와 성과관리의 관계가 상보적이라고 할 수 있는 반면, 한국에서는 이 관계가 명확하지 않다. 무엇보다도 정부업무평가가 기관평가 중심으로 운영되고 있는데, 정부업무평가 모델이 사업평가 방식을 띠고 있지 않다. 또 주요정책 및 재정사업평가를 포함하고 있는 자체평가의 경우 정책/사업을 대상으로 하고 있지만, 설계모형에 입각한 전형적인 사업평가 방식보다는 평정정보 도출을 위한 체크리스트 리뷰 방식을 취하고 있어 다소 차이가 있다고 하겠다. 그리고 정부업무 성과관리의 한 단계로 평가를 설정하고 여기에 자체평가와 특정평가를 제시하고 있다.

따라서 다소 명확하지 않은 한국에서의 시사점 도출을 위해 주요국의 사례를 살펴볼 때 성과관리와 평가를 구분해서 보고자 한다. 즉 정부업무에 대한 성과관리시스템과 정책/사업이나 기관을 대상으로 이루어지고 있는 평가체계를 구분하여 그 특징을 살펴보는 것이다. 나라마다 양자의 관계 및 수준이 천차만별이기 때문에 이러한 구분을 통한 사례조사가 많은 시사점을 도출하는 데 기여할 것으로 생각된다.

참고문헌

국무조정실. (2017a). 2017년도 정부업무 성과관리 지침.

국무조정실. (2017b). 2017년도 정부업무평가 시행계획.

국회예산정책처. (2014). 2013회계연도 재정사업 성과평가 (총괄 · 다부처).

이순묵. (2002). 사회과학을 위한 측정의 원리. 서울: 학지사.

오영민. (2017). 우리나라 재정성과 평가제도 현황과 개선방향. 우리나라 정부성과평가제도 현황과 정책과제에 관한 공청회 자료집. 서울: 한국조세재정연구원.

이광희. (2015). 평가의 타당성 제고를 위한 성과측정 매뉴얼 개발 연구. 서울: 한국행정연구원.

이광희. (2014). 행정관리역량평가 실태 분석 및 개선방안 연구. 서울: 한국행정연구원.

이광희 · 윤수재. (2012). 성과관리와 평가체계의 관계에 대한 비교 연구: 캐나다와 한국 사례를 중심으로. 행정논총 50(1): 37-65.

한국국제협력단. (2015). KOICA 평가체계 개선방안 보고서.

한국국제협력단. (2015). 개발협력사업평가 가이드라인.

Davies, I. C. (1999). Evaluation and Performance Management in Government. *Evaluation* 5(2): 150-159.

EIPA. (2013). CAF 2013. Improving Public Organizations through Self-Assessment. (http://ec.europa.eu/eurostat/ramon/statmanuals/files/CAF_2013.pdf.)

GAO. (2000). *Studies Helped Agencies Measures of Explain Program Performance.* US GAO Report to Congressional Committees.

Perrin, B. (1999). Effective Use and Misues of Performance Management. *OECD Journal of Budgeting* 1(2): 7-37.

Poister, T. H., Aristiguesta, M. P., & Hall, J. L. (2015). *Managing and Measuring Performance in Public and Nonprofit Organizations-An Integrated Approach.* San Francisco, CA: Jossey-Bass.

Rossi, P. H. and Freeman, H. E. (1985). *Evaluation-A Systematic Approach.* London: SAGE.

Talbot, C. (2010). *Theories of Performance-Organizational and Service Improvement in the Pubic Domain.* Oxford University Press.

Van Doore, W., Bouckaert, G. and Halligan, J. (2010). *Performance Management in the Public Sector*. London: Routledge.

제3장

미국의 정부업무 성과관리 및 평가제도

제1절 개　　요
제2절 정부업무 성과관리제도
제3절 정부업무평가제도
제4절 정부업무 성과관리 및 평가제도의 시사점

제3장

미국의 정부업무 성과관리 및 평가제도

제1절 개요

1. 정치행정 환경

미국은 주정부들이 각각 독자적인 헌법에 근거하여 행정, 입법, 사법부를 보유하면서 연방정부로 통합되어 있는 연방주의(federalism) 국가이다. 행정부의 수반인 대통령은 선거로 선출되어 4년 임기 동안 군대 통수권, 각료 임명권, 조약 비준권 등을 행사하며 행정부를 운영한다. 대통령이 임명한 각 부처의 장관은 의회의 인준을 받아 행정부를 구성한다. 양원제(bicameralism)를 취하고 있는 입법부는 상원과 하원이 각각 6년과 2년의 임기로 의회를 구성한다. 1787년 미국 연방 헌법은 대통령이 제안하는 연방정부 예산안을 승인할 권리를 의회에 부여하였으며, 헌법 1조 7항에서 "세금인상과 관련한 모든 법안은 오직 하원을 통해서 발의될 수 있다."고 명시함으로써 하원은 연방정부 예산 심의에 대한 독보적인 권한을 갖고 있다.

2. 정부업무 성과관리 및 평가제도의 연혁

미국 정부업무의 성과관리 및 평가제도는 예산과 정부성과를 연계하려는 예산제도 개혁 과정에서 나타난 산물로서, 개혁의 근본 동기는 성과 중심의 효율적 국정관리라고 할 수 있다(유금록 외, 2012).[1] 특별히 성과관리제도의 체계적인 기본틀을 마련하게 된 계기는 1993년 민주당 소속 클린턴(Clinton) 대통령 취임 당시 「정부성과결과법」(Government Performance and Result Act: GPRA)이 제정·시행되면서부터라고 할 수 있다(공동성 외, 2013). 당시 연방정부가 제공하는 공공서비스의 질이 납부하는 세금에 비해 만족스럽지 못하다는 시민들의 불신이 팽배한 상황을 개선하기 위하여 GPRA는 기존에 행정부 주도로 행정의 효율성 차원에서 운영되던 예산 중심 평가에서 탈피하여 기관 단위의 성과관리체계로 전환시켰다. 또한 성과기획에서부터 성과보고 단계에 이르는 일련의 연방정부 성과관리 과정을 의회에 의무적으로 보고하도록 함으로써, 궁극적으로는 납세자인 시민에 대한 책무성 제고에 기여함을 목적으로 하였다[2](이광희·김주환, 2013). GPRA 하에서 행정부 예산당국인 관리예산처[3](Office of Management and Budget: OMB)가 제공하는 가이드라인에 따라, 각 부처는 전략기획에서 성과기획, 성과측정 및 성과보고 단계에 이르기까지 성과관리의 전 과정을 수행하게 되었으며, 이에 대하여 회계감사원[4](Government Accountability Office: GAO)은 점검·감독을 실시하고 그 결과를

1) 예를 들면, 1949년 후버위원회(Hoover Commission)에서 성과주의 예산제도를 권고한 이래, 1965년 존슨 대통령의 계획예산제도(Programming, Planning, and Budgeting System: PPBS), 1973년 닉슨 대통령의 목표관리제도(Management by Objective: MBO), 1977년 카터대통령의 영기준예산(Zero-Base Budgeting: ZBB) 등 다양한 예산제도 개혁이 시도되어 왔다.

2) 이전까지 미국의 정부업무 성과관리제도들은 대통령령 수준에서 제정되어 대통령의 임기 후에 효력을 다했던 것에 비해, GPRA는 의회의 법률로서 제도화되었다는 점에서 강제성의 정도가 보다 높아졌고, 대통령만의 노력이 아니라 대통령과 의회가 합의하였으며 특히 공화당과 민주당이 함께 통과시킨 법이기 때문에 광범위한 정치적 지지기반을 가진 것으로 평가된다(이근주, 2001: 21).

3) 행정부가 예산편성권을 갖는 의회를 견제하게 위해 설립된 관리예산처(OMB)는 미국 헌법에 의해 설치된 대통령실 직속기관으로서, 대통령 예산의 편성, 집행 및 재정운영의 총괄기능을 수행한다.

4) 회계감사원(GAO)은 의회의 요구 및 위임에 의해 성과감사, 재무감사, 회계감사, 절차감사, 경제성 및 효율성 점검, 사업평가, 정책분석 등을 담당하고, 모든 정부문서에 접근이 가능하며, 감사원장은 의회와 대통령에 의하여 선정·임명되어 15년의 임기를 가진다(박노욱 외, 2008: 78).

의회에 보고하였다.

클린턴 행정부의 GPRA가 연방정부 각 기관 및 조직 단위의 성과관리에 초점을 둔 것에 비해, 공화당 소속 부시(Bush) 대통령은 2002년에 대통령관리과제(President Management Agenda: PMA)를 도입함으로써 개별 부처와 기관들 간 협력을 필요로 하는 범정부적 과제의 관리를 시도하였다. 특별히 부시 행정부는 사업성과와 예산의 연계를 위해 사업성과평가도구(Program Assessment Rating Tool: PART)를 도입·활용하여, 개별사업 단위의 성과분석을 실시하였다. 2002년 OMB에 의해서 개발된 PART는 질문지 형식의 측정도구로서, 각 기관의 사업 진행과정을 분기별로 의무적으로 보고하도록 하였으며, 평가 결과의 공개를 통해 연방정부 사업들의 성과정보를 관리하도록 설계되었다.

한편, 2009년 민주당 소속 오바마(Obama) 대통령이 집권한 이후 부시행정부의 PMA와 PART는 폐지되었고, 대신에 오바마 행정부에서는 기존의 사업 단위 중심의 평가를 확대시키고 이를 연방정부 기관들의 성과와 연계하기 위하여 정부성과결과현대화법(GPRA Modernization Act of 2010: GPRAMA)을 제·개정하였다. GPRAMA는 GPRA의 운영 경험을 바탕으로 연방정부 기관의 계획, 사업, 성과정보 간의 연계성을 높임으로써 범정부적인 통합성과관리제도의 구축을 시도하였다(공동성 외, 2013).

다음 <표 3-1>에 정리되어 있는 각각의 성과관리 및 평가제도의 주요 내용을 이하 절에서는 보다 구체적으로 살펴보고자 한다.

표 3-1 미국 정부업무 성과관리 및 평가제도의 연혁

도입 시기 및 관련 법령	주요 내용	특징
클린턴 행정부 「정부성과결과법」 (GPRA)	- 기존 대통령령 수준의 성과관리제도를 법률적 수준으로 제도화 - 장기적 목표와 이를 구조화하기 위한 5년간의 전략계획 설정 - 장기 전략목표 수립 시 의회와 협의, 이해당사자 의견을 목표수립과정에 반영 - 일부 규모가 작은 기관을 제외한 대부분의 모든 연방행정기관에 적용	기관 차원 성과관리

<table>
<tr><td></td><td></td><td>- 기관은 성과계획서, 전략계획서, 성과보고서의 작성 후 의회와 OMB에 보고 의무
- 기관에 평가모형, 평가지표 및 수행방법에 있어서 자율성을 부여
- 성과보고서는 의회와 대통령에게 보고됨은 물론 모든 국민에게도 공개
- GPRA의 결과가 의회의 의사결정에 적극적으로 활용되지 못함
- 성과측정 지표 개발의 어려움으로 인해 평가가 용이하지 않음</td><td></td></tr>
<tr><td rowspan="2">부시 행정부</td><td>「대통령 관리과제」 (PMA)</td><td>- 범정부 관리과제 5개 및 기관별 관리과제 9개
- 녹색, 노란색, 빨간색의 신호등 체계로서, 빨간색 평가를 받을 경우 개선 계획(corrective action plans) 제출
- 분기별 평가(scorecard): 범정부적 관리과제는 Executive Branch Management Scorecard, 기관별 관리과제는 Program Initiatives Scorecard
- 현재상황(status)은 목표달성을 기준으로 평가하고 진행상황(progress)은 기관 자체 설정 기준으로 평가
- 매년 11월 성과 및 책임 보고서(Performance and Accountability Report: PAR) 제출
- 각종 정부기관 웹사이트에 분기별 평가결과 공개
- 평가기준의 모호성 등 신뢰성 문제 제기</td><td>범부처 국정과제 중심 평가</td></tr>
<tr><td>「사업성과 평가도구」 (PART)</td><td>- PMA의 과제 중 연방정부 업무성과와 예산의 통합을 구체화하는 방안으로 PART 도입
- 행정부인 OMB 중심 하향식(bottom-up) 접근방식의 평가로서 성과측정 그 자체에 집중
- 4개 평가부문(사업의 목적 및 설계, 전략적 기획, 사업관리, 사업성과 및 책무성)에 걸쳐 25개 질문으로 평가
- 기관의 자율적 평가 이후 평가보고서를 OMB에 제출하면, OMB의 검토 및 점수 재조정을 거쳐 최종적인 평가 결과를 산출
- 1장 분량의 PART결과 요약표를 의회에 제출
- PART는 GPRA와 잘 연계되지 않고, 예산배정에 활용 정도가 낮음</td><td>개별사업 단위 평가</td></tr>
<tr><td></td><td></td><td>- 기존 GPRA에서 명칭을 기관전략계획서, 기관성과계획서, 기관성과보고서로 변경</td><td></td></tr>
</table>

오바마 행정부 「정부성과결과 현대화법」 (GPRAMA)	- GPRAMA는 4년 단위 전략계획 수립으로 대통령 임기와 일치, 2년 단위 연간성과목표와 전략목표간의 연계성 확보, 연 1회 이상 성과 갱신 주기 설정 - 중장기 전략과 연간 성과계획 간의 연계성 강화를 위한 범정부적 차원의 우선순위 목표와 이에 따른 기관별 우선순위 목표를 설정하고, 성과계획 작성 후 성과목표에 대한 분기별 측정 및 검토를 수행 - 예산감축을 위한 항목별 검토 및 사업평가 지원체계의 구축 - 성과 향상을 위한 기관별 최고운영담당관(Chief Operation Officer: COO), 성과향상위원회(Performance Improvement Council: PIC) 및 성과향상담당관(Performance Improvement Officer: PIO) 설치・운영 - 성과웹사이트(Performance.gov)를 활용하여 성과보고 및 성과정보 공개함으로써 성과정보의 투명성 확보	통합적 성과관리

* 출처: 황혜신(2013: 77-164)의 내용을 바탕으로 수정・보완

제2절 정부업무 성과관리제도

1. 성과관리제도의 형성 배경 및 의의

1) 정부성과결과법(GPRA)의 성과관리와 한계

1993년 도입된 정부성과결과법(GPRA of 1993)은 연방정부 기관의 사업성과에 대한 책임성 확보, 사업성과 개혁, 사업의 효과성 및 책임성 증진, 공공서비스 전달의 향상, 의회의 의사결정 제고, 연방정부의 내부관리 향상 등의 목적 달성을 위하여, 연방정부 기관들이 수행하는 사업을 대상으로 성과계획-집행-측정 및 평가 단계를 거쳐 성과정보를 산출하고 이를 의회에 보고하는 절차를 의무화하는 성과관리 체계를 규정하였다.

표 3-2 GPRA의 목적

① 연방정부가 사업결과물에 대하여 체계적으로 책임을 지게 함으로써, 연방정부의 역량(capability) 에 대한 국민의 신뢰를 높인다.
② 사업 목표설정, 목표 대비 사업성과 측정, 사업 진행에 대한 공개보고 등 일련의 실험과제(pilot projects)를 통해 사업성과 개혁을 시작한다.
③ 사업 결과, 서비스의 질, 고객만족도에 새로 초점을 맞춤으로써, 연방정부 사업의 효과성 및 공공 책임성을 증진시킨다.
④ 연방정부 관리자에게 사업 목표에 적합한 계획을 작성하도록 요구하고, 사업결과와 서비스의 질에 관한 정보를 제공함으로써, 그들이 서비스 전달을 향상시키는 데에 도움을 준다.
⑤ 입법목적 달성 여부 및 연방정부 사업과 지출의 상대적 효율성과 효과성에 관한 보다 객관적인 정보를 제공함으로써, 의회의 의사결정을 제고시킨다.
⑥ 연방정부의 내부 관리를 향상시킨다.

* 출처: GPRA of 1993 Sec.2(b); 이환성(2015) 재인용

GPRA가 규정하는 성과관리 체계는 전략계획서, 성과계획서, 성과보고서로 구성되었다(한국조세연구원, 2011).

첫째, 전략계획서(Strategic Plan)는 연방정부 각 기관들의 사업에 대한 최소 향후 5년간의 계획으로서 OMB 및 의회에 제출되며, 최소 3년마다 갱신되어야 한다. 전략계획서는 연방 기관들이 이해당사자들의 의견을 수렴하여 의회와 협의를 거쳐 작성하며, 해당 기관의 핵심 기능과 운영에 대한 포괄적 임무(mission), 일반적 목적(goals)과 구체적 하위 목표(objectives) 및 이들을 달성할 수 있는 방법, 추진 과정, 외부 요인 등을 포함한다.

둘째, 성과계획서(Annual Performance Plan)는 향후 1년간의 성과계획을 보고하기 위하여 매년 작성된다. 성과계획서에는 각 기관의 예산에 포함된 모든 사업들의 성과목표가 객관적이고 측정 가능한 형태로 설정되고, 이러한 성과목표를 달성하기 위하여 요구되는 인적·물적 자원 등이 기술되며, 설정된 성과목표와 사업의 실제 운영 결과 간에 비교가능한 성과지표가 포함되어야 한다.[5)]

5) 하지만 정부 업무별, 각 조직별 특성 차이로 인해 모든 기관에 일괄적으로 적용될 수 있는 성과지표 개발은 현실적으로 불가능하므로, GPRA는 성과지표의 내용을 엄격하게 규정하기보다는 개별 기관이 자체적인 특성에 맞게 자율적으로 운영할 수 있게 하였으며, OMB는 각

표 3-3 GPRA의 구성요소

	전략계획서	성과계획서	성과보고서
주기	최소한 향후 5년을 대상으로 작성되며 최소한 3년에 한 번씩 갱신	매년 향후 1년간의 성과계획을 보고	매년 과거 3년간의 실적을 보고
주요 내용	- 부처의 주요 기능과 업무를 포괄하는 종합적인 임무선언 - 전략목표 - 목표달성 방법·업무추진과정·소요지원에 대한 설명 - 전략목표와 성과계획서상의 목표 간의 관계에 대한 설명 - 목표달성에 큰 영향을 미치는 통제 불가능한 외부적 요인에 대한 설명 - 전략목표의 설정 및 수정에 참고한 사업평가 설명 및 향후 사업평가 계획	- 사업의 성과목표 설정 - 객관적·정량적이며 측정 가능한 형태로 성과목표를 정의 - 산출·서비스수준·결과를 측정하고 평가하기 위한 성과지표를 설정 - 실제의 사업결과와 설정된 목표 사이의 비교근거를 제시 - 측정된 수치의 타당성을 점검하기 위한 방법을 설명	- 성과목표의 달성 여부를 설명 - 과거 실적을 바탕으로 금년도 성과계획을 평가 - 목표를 달성하지 못한 경우 그 이유와 향후의 목표달성 계획을 설명하고, 목표달성이 비현실적이거나 불가능할 경우 그 이유와 정책대안을 설명 - 자율권 확대조치의 활용 현황을 설명하고 그 효과성에 대해 평가 - 당해연도에 실시된 사업평가의 결과를 요약·설명

셋째, 성과보고서(Annual Program Performance Report)는 이전 회계연도의 성과 측정과 사업평가 결과를 보고하기 위하여 연방정부 기관의 장에 의해 매년 3월 말까지 대통령과 의회에 제출된다. 성과보고서는 성과계획서에서 설정된 사업의 목표 수준(target level)과 실제 달성된 수준(actual level)을 성과지표를 활용하여 비교하고, 성과목표의 달성 및 성공여부 및 성과목표의 미달성 시 그 원인과 향후 목표달성 계획 등을 제시해야 한다.

GPRA의 성과관리 단계는 [그림 3-1]과 같은 절차를 거쳐 이루어졌다. 이를 구체적으로 살펴보면, 매년 행정부가 의회에 예산 요구를 하기 위하여 각 기관의 사업담당 부서에서 GPRA에 근거한 예산요구서 및 성과계획서를

기관의 성과지표가 객관화·정량화되기 어려운 경우 사용할 수 있는 대안 양식(alternative form)의 방향을 설정하거나 간략한 가이드라인만을 제시하였다(황혜신, 2013).

작성하면, 해당 기관의 재정담당 부서에서는 이를 토대로 예산을 배정하고, 의회는 행정부에서 제출한 대통령 예산안(The President's Budget)을 토대로 예산안을 편성, 의결하였다. 이렇게 의회에서 승인된 예산에 따라 행정부의 사업담당 부서는 사업을 수행하고 사업연도가 종료되면 결산 및 성과보고를 한 다음, 전체 사업 중 일부에 대하여 OMB가 PART 평가를 실시하며 그 결과를 차년도 예산 편성에 활용하고 외부에 공개하였다.

그림 3-1 GPRA의 성과관리 단계

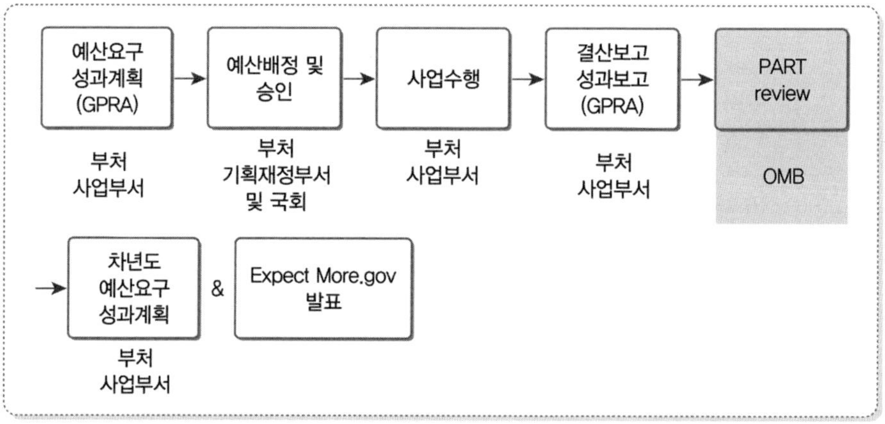

* 출처: 한국조세연구원(2011: 20)

실제 GPRA는 1994년에서 1996년까지 시범운영을 거친 후에 원칙적으로 모든 연방정부기관으로 하여금 1997년부터 1999년 초까지 성과계획서를, 1999년에는 성과보고서를 OMB에 제출토록 하였다. 특별히 GPRA는 연방기관들이 전략계획서 및 성과계획서 작성 시 의회와 협의를 거치고 성과보고서를 의회에 제출하게 함으로써, 의회가 행정부의 정책결정 및 예산편성에 대한 감독에 필요한 정보를 획득할 수 있도록 하였다.

하지만 GPRA의 성과관리 체계를 통해 기관의 성과와 관련한 목표 및 달성 계획을 설정하고 그 결과를 보고하는 형식적인 절차는 갖추게 되었으나, 가시적인 성과를 내지 못했다는 비판에 직면하였다. 즉, 미국 연방정부의 예산 효율성 제고를 위한 지속적이고 효과적인 성과관리 체계를 구축하는 데는 미흡하였으며, GPRA가 요구하는 보고서들은 재무 및 성과 관련 보고 의무가 지나치게 많고 자료 제출이 통합되지 않아 업무 중복이 발생하는 등의 비효율성이 지적되었다. 또한 GPRA의 성과정보는 성과측정이나 성과목표 설정과 같은 제한적인 수준에서 활용되었으며, 사업절차개선, 우선순위결정, 자원배분, 보수 및 승진과의 연계와 같은 적극적인 수준에서는 거의 활용되지 못하였다(Moynihan & Stephane, 2012). 나아가 부처 단위에서 작성된 전략계획서에는 범부처 이슈들(cross-cutting issues)에 대한 성과 계획의 수립이나 부처 간의 협력 방안이나 목표들 간 우선순위 설정 등이 포함되지 못하였고, 5년이라는 전략계획의 작성 주기가 대통령의 4년 임기와 일치하지 않아서 대통령이 바뀔 때마다 5년 주기와 상관없이 전략계획이 변경될 수 있다는 한계가 있었다(이광희, 2012).

2) 정부성과결과현대화법(GPRAMA)의 통합성과관리제도

2011년 1월 4일 발효된 GPRA현대화 법안(Government Performance Results Act of 2010, GPRAMA)은 기존 GPRA의 제도적 분절성의 문제를 해결하고, 성과정보의 이용가능성을 제고하기 위한 목적으로 정부 전반에 걸쳐 일원화된 통합성과관리제도를 구축하려는 시도로 볼 수 있다(Joyce, 2011). 이는 앞에서 살펴본 것처럼 기존의 GPRA에서는 개별 기관이 추진하는 사업과 성과정보 및 예산 간의 연계성을 확보함으로써 범정부적 목표를 달성하기에는 한계가 있었기 때문이다. 이러한 한계를 보완하기 위하여 오바마 행정부에서는 연방정부 사업 운영 상의 개선에 초점을 두고 성과관리 과정의 지속적인 모니터링과 함께 그 결과를 신속히 반영할 수 있는 통합성과관리제도로의 개혁을 추진하였다.[6] 특히 GPRAMA는 범정부적 성과목표를 달성하고 성과평가 결

6) GPRA와 PART 시스템이 연방정부기관과 OMB로 하여금 방대한 성과정보를 도출하도록 요구하였다면, GPRAMA하에서는 연방정부의 우선순위목표와 연계된 핵심적인 성과목표 중심으로 기관들이 이전보다 자주 평가를 실시하고, 달성한 성과를 보고함으로써 정부업무 성과가 향상될 수 있다고 보았다(GAO, 2013: 1-2).

과를 예산과정과 연계시키기 위하여, 우선순위 목표의 설정, 성과관리 거버넌스 구조 개편 및 부처별 책임성 강화, 부처별 성과 계획과 대통령 및 의회 임기의 일치를 통한 정책 일관성 확보, 목표 미달성에 따른 단계별 조치 시행, 성과 계획과 전략 계획 간의 연계성 강화, 성과보고 주기 축소 및 성과정보 활용 강화 등 다양한 개선을 시도하였다(이환성, 2013).

GPRAMA는 GPRA가 제정·운영된 이후 축적된 정부 성과관리 경험을 바탕으로 연방정부 기관들의 성과관리체계가 잘 연계된 범정부적 성과체계를 구축하는데 목적이 있다(Licht, 2011; GAO, 2011; 공동성 외, 2013: 37-38). 즉, 보다 범정부적인 다부처 관련 공동목표와 성과측정에 관심을 두고, 기관의 사업계획, 사업수행, 사업성과 및 성과관리 과정에서 생성되는 성과정보를 활용하여 상호 연계시켰으며, 범정부 차원의 우선순위목표 설정을 통하여 각 기관 차원의 핵심목표를 연방정부 차원의 우선순위목표와 연계시키도록 하였다(Zients, 2010; 이정욱·조문석, 2013).

특별히 사업평가 체계를 강화하기 위하여 여러 부서가 연계된 사업을 담당할 짜르(Czar)를 임명하고, 130개 기관 수준에서의 성과우선순위를 정하고 분기별로 각 부처와 OMB가 이를 점검하기로 하는 등 이전보다 집행과정에서의 목표와 성과측정을 강조함으로써 정부사업이 의도했던 목표의 실질적인 달성여부를 확인하였다(OMB, 2010: 74; Kamensky, 2011). 이와 함께 기관별 의사결정 과정에서 성과정보의 활용 빈도를 높일 것을 요구함으로써, 성과평가를 적극적으로 활용하는 조직문화를 확산시키고자 하였다(Zients, 2010; Kamensky, 2011). 나아가 GPRAMA는 기관의 성과목표설정과 전략목표설정 과정에서 의회와의 협의를 의무화하였으며, 이를 통해 의회가 지속적으로 연방정부 활동과 성과에 관심을 가지도록 하여 연방정부의 책무성을 제고하는데 기여하도록 하였다(GAO, 2011; 이정욱·조문석, 2013).

이상과 같은 오바마 행정부의 통합성과관리제도를 종합적으로 분석하기 위하여 성과관리체계의 주요 요소를 중심으로 <표 3-4>와 같은 분석틀을 설정하였다. 이하에서는 통합성과관리제도를 구조적 측면의 성과관리 체계[7] 및 과정적 측면의 성과관리 단계[8]로 구분하여 구체적으로 설명한다.

표 3-4 GPRAMA의 통합성과관리제도 분석틀

구분	분석요소	세부 내용
구조적 측면	성과관리 체계	- 성과목표 체계: 임무(미션), 비전, 전략목표, 성과목표 등 - 성과관리 거버넌스 구조: 주체: 성과관리 관련 주체, 즉 행정부 기관 및 위원회 조직, 입법부 등의 기능, 역할 및 운영 관련 사항 - 성과관리 구성요소: 제도적 기반(근거 법령, 계획 및 지침 등), 성과관리 적용범위 및 대상, 성과관리 분야 및 과제, 성과관리계획 및 성과보고서 등
과정적 측면	성과관리 단계	- 시기 및 주기, 절차, 과정, 성과계획 수립, 집행 및 점검, 성과측정 및 성과평가, 평가결과의 활용(환류) - 각종 평가결과 보고서, 환류 실적 등

2. GPRAMA의 성과관리 체계

1) 성과목표 체계

GPRAMA는 범정부 수준의 '국정과제', 기관 수준의 '조직운영과제' 및 사

7) 일반적으로 성과관리 체계의 구성요소는 임무 → 비전 → 전략목표 → 성과목표 → 성과지표로서 각 요소들의 정의는 다음과 같다(국무조정실, 2006: 6-7). ① 임무(미션, Mission)는 기관 고유의 역할과 사명을 의미하는 조직의 기능으로서, 기관의 존립이유가 됨. ② 비전(Vision)은 기관이 추구하는 장기적인 목표와 바람직한 미래상으로서, 기관의 전략 방향을 설정하는 기능을 함. ③ 전략목표(Strategic Goal)는 조직의 궁극적인 비전과 목적을 실현하기 위해 조직이 추진하는 여러 사업을 큰 영역으로 구분하여 각 영역별로 목표를 제시하는 것으로서, 기관의 목표·가치·기능 등을 포함하는 기관임무 수행을 위해 중·장기적으로 추진하는 중점적인 정책방향을 의미함. ④ 성과목표(Objectives)는 전략목표를 구성하는 하위목표로서, 주요 사업성과의 실제 달성 여부를 측정하기 위한 단기적이고 구체화된 목표를 말함. ⑤ 성과지표(performance measures or indicators)는 성과목표의 달성정도를 양적·질적으로 판별하기 위한 척도로서, 성과목표의 달성도를 측정하고 측정된 결과를 여하히 관리할 것인가를 제시하는 역할을 하며, 임무-전략목표-성과목표-성과지표로 이어지는 성과관리의 기본체계 가운데 가장 하위 단계에 해당한다.

8) 성과관리 과정은 보통 계획-점검-측정 및 보고의 3단계를 포함하며, 우리나라의 공공부문 성과관리 과정은 크게 성과계획, 집행 및 점검, 성과평가, 평가결과의 활용(환류)라는 4가지 단계로 이루어져 있는데, 첫째, 성과목표의 계획단계에서는 5년 단위의 성과관리 전략계획과 1년 단위의 성과관리 시행계획을 수립하고, 둘째, 집행·점검 단계에서는 예산, 인력 등의 자원을 투입하며 계획추진실태를 점검하며, 셋째, 평가단계를 통하여 각 부처별 자체평가가 이루어진 후 이 결과를 평과총괄 관련기관이 다시 확인·점검하고, 마지막으로 환류단계에서는 평가 결과를 정책 및 조직 개선에 반영하는 과정을 거쳐 다시 새로운 성과관리 전략과 시행계획을 수립하게 된다.

업 수준의 '관리과제'라는 3가지 차원 간의 상호연계 속에서 통합적 성과관리 체계를 구축 · 운영함을 목적으로 한다.[9]

GPRAMA의 성과목표 체계의 주요 특징으로는 첫째, GPRA에서 활용된 부처 수준의 세 가지 요소인 전략계획서, 성과계획서, 성과보고서를 기반으로 하여 기존 계획서의 명칭을 변경하되 추가 요구사항을 포함되었다[10](Brass, 2012a: 4). 둘째, 연방정부 사업과 관련한 의사결정에서 성과정보의 사용 빈도를 높이기 위하여 성과지표 달성 여부에 대한 검토를 기존의 연차별이 아닌 분기별로 실시하도록 규정하였다(GAO 2011: 2). 셋째, GPRAMA는 집행 단계에서 관리적 결정(management decision)에 대한 정보를 제공하고 문제를 초기에 발견하기 위하여 대시보드(dashboard)를 활용하고, 정부의 성과포털(performance.gov)을 만들어 이를 대시보드와 연계함으로써 성과결과를 체계적으로 점검하였다(OMB, 2010: 322).

[그림 3-2]에 제시된 GPRAMA의 성과목표 체계를 살펴보면, 성과목표를 중심으로 하여, 그 위로는 미션-전략적 목적-전략적 목표와 상하관계를 이루고 있으며, 동시에 그 아래에는 성과지표 및 기타지표들(결과, 산출, 투입, 맥락 및 효율성 지표)과 상하관계를 이루고 있다.[11] 특히 단순히 기관별로 성

---

9) OMB(2011)에 의하면, 오바마 행정부는 2011회계연도 예산안에서 새로운 성과관리 체계의 네 가지 특징으로 ① 보다 높은 수준의 성과달성을 위한 핵심성과목표(High Priority Performance Goals: HPPG) 설정 및 관리체계로의 전환, ② 프로그램별 심층평가를 토대로 현재 진행 중인 사업 및 부처 간 협력 사업에 대한 평가결과를 지출구조조정에 활용, ③ 각 부처별로 비용-편익 분석을 통해 프로그램 및 정책의 효과성과 비용효율성을 점검하여 부처 예산배정에 활용, ④ 정부가 높은 성과를 달성할 수 있도록 공무원들의 성과관리 역량 강화를 제시하였다.

10) 범정부 차원의 성과계획서인 범정부 우선순위목표(Cross-Agency Priority Goals: CAPs)를 OMB가 작성하기로 하면서, 이를 기관의 성과계획서와 구분하기 위하여 기존의 전략계획서를 기관전략계획서(Agency Strategic Plan), 기존의 성과계획서를 기관성과계획서(Agency Performance Plan), 기존의 성과보고서를 기관성과보고서(Agency Performance Report)로 명칭을 변경하였다(Brass, 2012b: 4).

11) 기관별 성과목표체계는 Strategic Goals, Strategic Objectives, Performance Goals 순의 상하관계로 구성되며, 여기서 Performance Goals 중 우선적으로 관리하고 달성하고자 하는 목표를 APGs로 설정하고, Performance Goals은 그 달성 여부를 확인할 수 있도록 Performance Indicators 및 Target을 설정하게 된다. 그리고 Performance Goals과 APGs의 성과지표는 아니지만 사업에 영향을 주는 외부요인을 찾고 사업의 성과를 설명하기 위하여 기타 지표(Other Indicators)를 설정하며, 이는 결과 지표, 산출 지표, 과정 지표, 투

과 목표를 설정하는 것을 넘어 성과 목표 내에서 동시에 기관 우선순위목표(Agency Priority Goals: APGs)를 설정한다. 즉, 기관의 계획-사업-성과정보를 연계시킴과 동시에, 연방정부 차원의 우선순위목표를 설정하여 기관 수준의 목표와 연계함으로써, 기관의 예산주기와 성과계획 주기를 일치시키고 있다(Kamensky, 2011).

그림 3-2 GPRAMA의 성과목표 체계 개념도

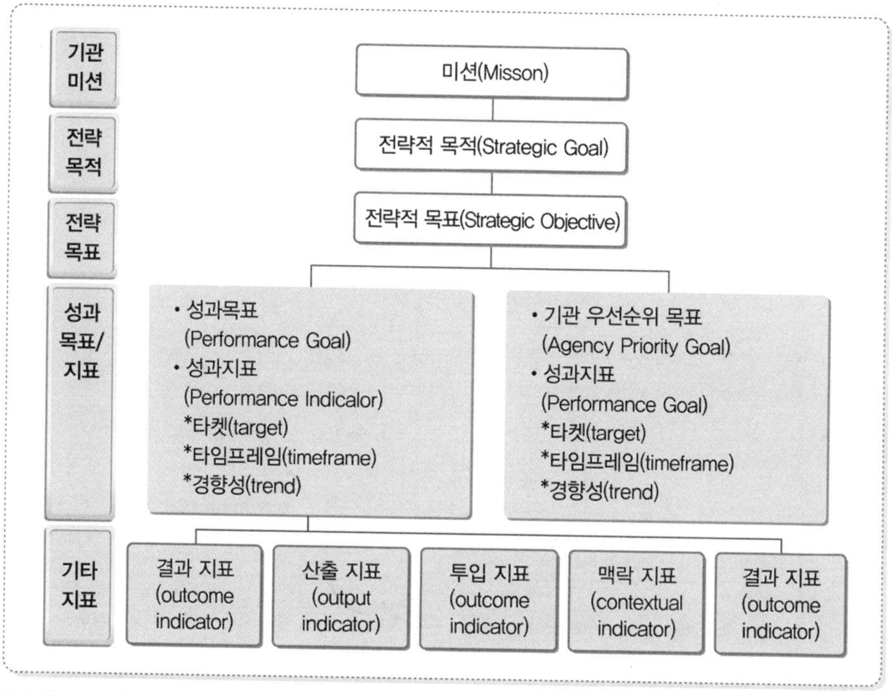

* 출처: OMB(2013: 200Sec. 13)

이상과 같은 GPRAMA의 성과목표 체계 하에서 각 기관은 기관의 임무(mission) 수행을 위해 4년마다 장기적인 전략계획(Strategic Plan)을 수립하고, 이에 근거하여 연간 성과계획(Annual Performance Plan)을 세우게 된다. 이와 같은 성과목표 체계를 보다 알기 쉽도록 가상의 기관을 대상으로 한 예시가

입 지표, 효율성 지표, 고객만족도 지표, 환경적 맥락(Contextual) 지표 등을 포함한다.

아래 [그림 3-3]에 나타나 있다(OMB, 2013).

그림 3-3 GPRAMA의 성과목표 및 지표 체계 예시

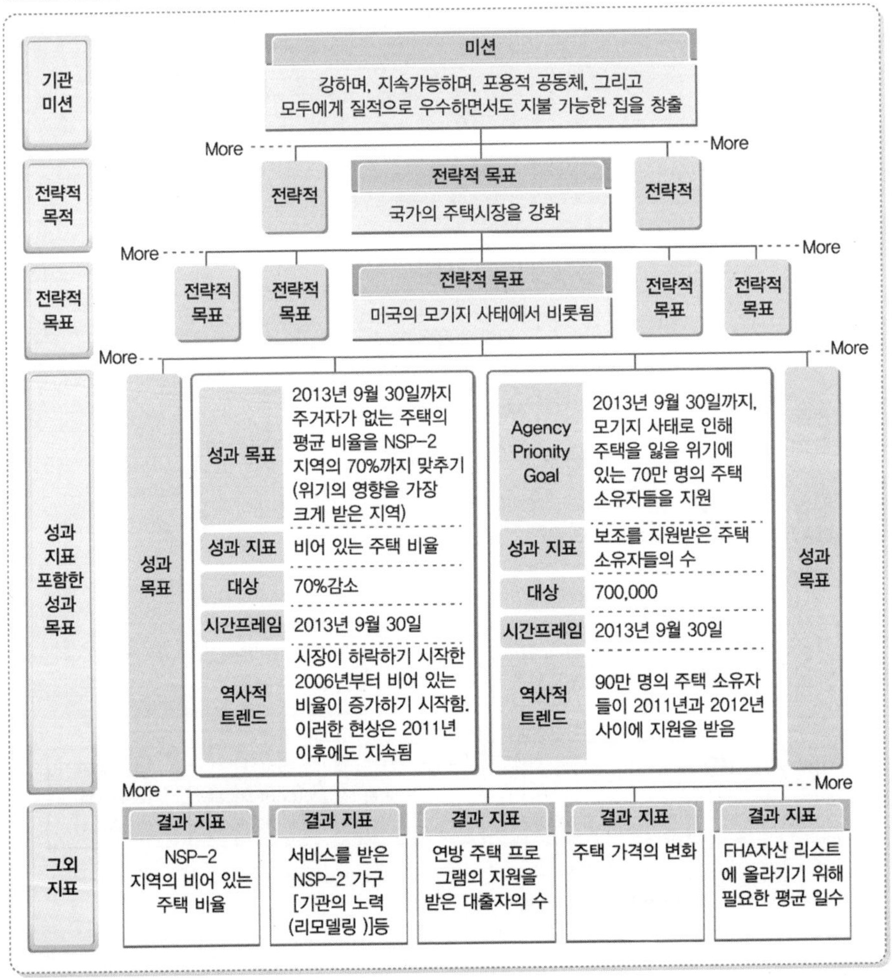

* 출처: OMB(2013)

2) 성과관리 거버넌스 구조

GPRAMA는 성과정보의 활용도 제고를 위하여 성과관리 거버넌스 구조를 개편하여 부처별 책임성을 강화하고자 하였다. 특별히 오바마 행정부는 GPRAMA의 효과적인 운영을 위하여 정부 내·외부 및 영리·비영리 기관을 포함하는 기존의 성과관리 관련 네트워크를 한층 강화함으로써, 전정부적 수준에서 전문가의 역량을 발휘할 수 있는 환경을 조성하는 데 노력을 기울였다. <표 3-5>에 제시된 GPRAMA의 성과관리 거버넌스 구조를 살펴보면, 행정부의 OMB, 최고운영담당관(Chief Operating Officers: COO), 성과관리총괄담당관(Chief Performance Officer: CPO), 성과향상담당관(Performance Improvement Officers: PIO), 성과향상위원회(Performance Improvement Council: PIC) 및 의회 등은 연방정부 내외부에서 네트워크를 구축하고 있다. 이하에서는 성과관리 관련 주체, 즉 행정부 기관과 위원회 조직 및 입법부 등의 기능과 역할을 중심으로 구체적으로 살펴본다.

(1) 관리예산처(Office of Management and Budget: OMB)

GPRAMA 하에서 미국 대통령 직속기구인 OMB는 단순히 성과자료를 수집·분석하는 것을 넘어 행정 부처에 대한 자문, 협의, 교육, 평가 등의 핵심적 역할을 담당한다. 이에 OMB 행정지침[12]을 근거로 각 기관들은 기관장이 검토한 해당 기관들의 우선순위를 반영하여 매 2년마다 제한된 개수의 APGs를 설정하고, 기관 내외부적으로 개별적인 목표 달성에 기여할 수 있는 다양한 연방 기관, 프로그램 및 활동 등을 파악하여 분기별로 진행 사항을 검토하게 된다.

OMB의 행정지침 A-11(OMB Circular A-11)은 GPRAMA의 시행 및 성과관련 세부 사항과 함께, 다른 법률들의 규정을 종합적으로 반영[13]하여 연방

12) OMB 행정지침(OMB Circular)은 연방 기관들에게 제시하는 OMB가 작성한 지침 또는 정보로서, 2년 또는 그 이상의 지속적인 효력이 있다.

13) 구체적으로 OMB 행정지침 A-11에 반영된 법률들로는 The Chief Financial Officers(CFO) Act of 1990, The Chief Human Capital Officers Act of 2002, Clinger-Cohen Act, The

표 3-5 GPRAMA 성과관리 거버넌스 구조

주체	기능 및 역할
OMB	• 기관전략계획서(ASP), 기관성과계획서(APP), 연방 및 기관의 우선순위목표에 대한 분기별 점검을 함으로써, 성과목표 미달성의 원인과 개선점을 찾고 부처의 성과 제고 독려 • 목표 미달성 사업에 대해 연방정부기관 기관장, 상원 국토안보 및 정부업무 위원회와 하원의 감독 및 정부개혁위원회, 그리고 GAO에 보고 • 정부성과포털(http://performance.gov/) 운영, 연방정부 전략계획, 성과계획 및 성과갱신사항을 모두 공개
Chief Operating Officers(COO)	• 각 기관은 기관의 운영 및 성과개선에 책임을 지며, 장관을 보조하는 deputy head of agency(차관급)의 COO를 둠 • COO는 기관의 CFO(Chief Financial Officer), CAO(Chief Acquisition Officer), CIO(Chief Information Officer) 등과 함께 협력하여 각 부서의 업무분담과 예산을 연계시키고, 기관의 임무와 목표를 달성할 수 있도록 노력함
Chief Performance Officer(CPO)	• CPO를 백안관 내에 임명하여 정부프로그램의 성과관리에 대한 문제를 대통령에게 바로 보고할 수 있는 체제 구축 • OMB의 관리 부회장(The Deputy Director for Management)이 CPO의 역할을 겸하면서 정부 전반의 성과관리 어젠다를 발굴하고 집행
Performance Improvement Officers(PIO)	• 기관장은 COO와 협의하여 senior executive of the agency인 PIO를 지명 • PIO는 COO에게 직접 보고를 하며 COO와 부처장관을 지원하여 기관의 임무와 목표를 달성하도록 함
Performance Improvement Council(PIC)	• 각 부처의 PIO로 구성되며, OMB의 Deputy Director가 의장이 됨 • 의장은 PIO를 승인하고 외부 인사를 구성원으로 둘 수 있음 • PIC는 OMB의 Director를 도와 연방정부의 성과를 개선하고 우선순위목표를 달성할 수 있도록 지원하고 범부처 성과 문제를 논의하며, 타 위원회와 협력함 • 대통령에게 성과개선을 위한 제안을 할 수 있음
의회	• 성과계획서와 전략계획서를 작성할 때 의회와 협의 • 기관이 전략계획을 만들거나 변경할 경우 반드시 의회와 상의하여야 하고 자문받은 내용을 기관의 목표와 목적에 어떻게 반영하였는지를 계획서에 기술해야 함

* 출처: 한국조세연구원(2014)를 수정

Reports Consolidation Act of 2000 등이 있으며, 이러한 법률들이 행정지침에 반영되어, 평가담당자, 평가절차, 평가보고 등의 세부사항이 정해진다(OMB, 2013: 572).

표 3-6 OMB 행정지침 A-11에 반영된 GPRAMA 이외의 관련 법률

법률	내 용
The Chief Financial Officers(CFO) Act of 1990	• 24개 집행 기관의 기관장들은 회계 감사 재무재표(audited financial statements)를 준비하고 OMB에 제출해야 함 • 이 법에서 명시된 기관들은 GPRAMA 또는 OMB의 규정에 따라 APGs를 발전시켜야 함
The Chief Human Capital Officers Act of 2002	• GPRAMA는 기관 성과 계획에서 최고 인사 담당 책임자(CHCO)의 역할이 강화함
Clinger-Cohen Act	• OMB 지휘아래 있는 기관장들은 “집행 기관의 미션을 분석하고, 미션 수행을 지원하는 정보기술에 대한 상당한 투자가 이루어지기 전에 앞선 분석을 토대로 집행 기관의 미션과 관련된 절차 및 행정 절차를 적절히 수정”하여야 함
The Reports Consolidation Act of 2000	• 실적 보고서(Performance and Accountability Report: PAR)에 해당하는 재정 및 성과 정보의 출판을 공고히 하도록 함 • GPRAMA와 연계하여 중앙 웹사이트에 성과를 보고하여야 하는 시기를 조정

* 출처: OMB(2013: 572), 이환성(2014: 86)에서 재인용

정부의 성과평가를 위해 연방 기관들이 준수할 필수 조건들을 명시하고 있다.

OMB는 각 부처의 우선순위목표 및 모든 부처에 공통적으로 적용되는 우선순위목표에 대한 모니터링 및 관리를 수행한다(박노욱, 2012). 첫째, OMB는 정부 관리역량의 효과성을 높이기 위하여, ‘재정관리(financial management), 인적자본관리(human capital management), 정보기술관리(information technology management), 공공구매 및 물품조달관리(procurement and acquisition management), 부동산 관리(real property management)’ 분야 등의 범부처(cross-agency) 정책 영역에 대한 장기목표의 설정과 성과 측정에 집중하여 책임을 진다(GAO, 2011: 1).

둘째, OMB는 기관전략계획서(ASP)와 기관성과계획서(APP), 기관우선순위목표(APG)를 검토하고, 의회의 대표와 함께 의회 예산타당성조사보고서에 포함될 성과계획의 형식과 내용을 협의하는 역할을 한다. 동시에 OMB는 각 기관의 사업 및 활동을 통한 성과목표 달성 여부를 판단하여 목표 미달성 사업에 대해서는 연방정부 기관의 장, 상원 국토안보·정부업무 위원회와 하원

의 감독·정부개혁위원회, 그리고 GAO에 보고한다(GAO, 2011a; 2011b).

셋째, OMB는 정부성과포털(performance.gov)을 운영하면서 기관의 우선순위목표와 연방정부의 우선순위목표 및 관련 의회의 검토의견과 제안사항 등을 동 포털에 공개하고 있다. 이와 함께 대통령의 예산안 제출과 함께 전략계획과 성과계획 및 성과갱신사항 등 연방정부 성과계획에 대한 자료를 공개하고 있다(Committee on Homeland Security and Governmental Affairs, 2010: 9).

(2) 행정부의 주요 성과관리 주체

GPRAMA는 범정부적 책무성 강화를 위해 성과관리 관련 조직 및 기관장에 다음과 같은 역할를 부여하고 있다. 구체적으로 OMB의 장은 GPRAMA 운영 관련하여 전반적인 책임을 지며, OMB의 관리 부처장(The Deputy Director for Management)은 성과향상위원회(Performance Improvement Council: PIC)의 의장을 맡는다. PIC는 성과관리와 관련하여 OMB 처장과 대통령에게 자문을 제공하는 역할을 하며, GPRAMA가 요구하는 연방정부의 관리 및 성과향상, 범정부계획의 작성, 집행, 보고 등의 책임을 진다(Brass, 2012a: 12). 특별히 Obama 대통령은 선거공약 중의 하나였던 성과관리총괄담당관(Chief Performance Officer: CPO)을 백악관 내에 임명함으로써, 대통령에게 정부 성과관리 관련 문제를 직보할 수 있는 체계를 마련하였다. CPO는 OMB의 관리 부처장이 겸하면서 정부 전반의 성과관리 현안(agenda)을 발굴하고 집행하는 역할을 한다.

OMB는 각 부처가 제출한 우선순위 목표 관련 성과계획을 제출받아 그 진행상황에 대한 점검 회의를 분기별로 CPO의 주재 하에 시행하는데, 이러한 분기회의는 CPO 및 각 부처의 차관으로 구성·운영된다. 여기서 OMB는 문제의 소지가 있는 성과목표에 대하여 CPO 주재의 분기회의에서 실행계획의 변경, 인사조치, 대통령 직권명령, 예산변경 권고, 입법안 도출, 심층평가 수행 등의 후속 조치를 취하고 있다.

한편, 각 정부부처 기관장은 GPRAMA가 제시하는 여러 의무사항을 준수

할 책임을 지며, 각 기관의 부기관장이 맡게 되는 최고운영담당관(Chief Operating Officer: COO)의 경우 소관 기관의 미션을 지원하는 기능을 점검하는 역할과 함께 기관의 성과 관리 및 향상을 위해 기관목표에 대한 분기별 평가를 수행한다(Brass, 2012a: 11; 공동성 외, 2011). 또한 각 기관 목표담당관(Agency Goal Leader)은 기관의 성과목표 달성에 책임을 진다.

각 기관별 성과향상담당관(Performance Improvement Officer: PIOs)은 기관장이나 부기관장이 임명한 기관의 선임 행정관이 담당하며, 이들은 성과향상과 관련한 임무를 수행하기 위해 각 기관장으로부터 성과계획 및 성과정보 활용, 성과측정 등과 관련한 권한을 위임받아 해당 기관의 성과목표 달성을 조율하는 역할을 한다(한국조세연구원, 2011).[14] 또한 개별 기관들은 자율적으로 성과관리공동체(Performance Community)를 구성・운영한다.[15]

특별히 GPRAMA는 성과향상위원회(Performance Improvement Council: PIC)를 설립하도록 법 규정에 명문화하였다. PIOs로 구성된 PIC는 성과관리 네트워크로서 OMB의 GPRAMA 관련 활동을 지원하며, 사업성과 표준(standard) 및 평가기준(criteria)의 확립, 기관 간 정보교환, 성과평가의 조율 및 점검, 정보공개, 이해관계자로부터의 정보수집, 정책제안, 다부처 관련 성과에 대한 업무들을 다루도록 되어 있다(Brass, 2012a: 12). 각 부처의 PIOs는 정기적으로 PIC를 통해 서로의 의견을 교환하고 현안 발생 시 working group을 만들어서 활동하며, OMB는 PIC와 함께 새로운 성과관리원칙을 발전시키고 범정부적인 성과관리 집행 계획을 정교화한다(OMB, 2010: 75). 이와 같이 PIC를 통해 정보 및 의견 교환을 유도함으로써, 성과향상을 위한 구체적이며 실효성 있는 내용을 도출하도록 하고 있다.

---

14) OMB, 2007, "Implementing Executive Order 13450: Improving Government Program Performance", December 7, 2007을 참조하였다.

15) 예컨대 Department of Homeland Security(DHS)에서는 최고운영담당관(COO)과 성과향상담당관(PIO)이 이끄는 성과관리 공동체가 존재한다(DHS, 2013: 8).

(3) 의회

기존의 GPRA를 개혁하여 만든 GPRAMA는 행정부가 주도하였던 부시행정부에 비하여 성과관리에서 의회의 역할을 강조하는데, 그 이유는 GPRAMA에서는 여러 기관이 연계된 정책의 목표 설정과 성과 측정을 위하여 목표 설정 과정에서부터 의회 및 이해관계자와 협의를 중시하기 때문이다. 예컨대, 기관이 성과계획서와 전략계획서를 작성하거나 변경할 경우에는 반드시 의회와 협의해야 하며, 협의 내용을 기관의 기존 목표체계에 어떻게 반영했는지를 계획서에 기술해야 한다(Committee on Homeland Security and Governmental Affairs, 2010: 15).

3) 성과관리 체계의 구성내용

GPRAMA의 통합성과관리체계는 범부처 수준, 기관 수준 및 사업 단위별 성과관리가 상호 유기적으로 연계될 수 있도록 다음과 같이 구성되어 있다. 즉, 기관 수준의 성과는 기관 우선순위목표(Agency Priority Goals), 기관 전략계획서(Agency Strategic Plan), 기관 성과계획서(Agency Performance Plan), 기관 성과보고서(Agency Performance Report)를 통해 관리되고 있으며, 동시에 범정부 우선순위목표(Cross-Agency Priority Goals)를 통해서는 범부처 수준의 성과관리가, 그리고 기관성과갱신(Agency Performance Update)을 통해서는 사업 단위별 성과관리가 이루어진다. 이와 같은 GPRAMA의 통합성과관리체계의 구성내용을 구체적으로 살펴보면 다음과 같다.

(1) 범정부 우선순위목표(Cross-Agency Priority Goals: CAPs)

범정부 우선순위목표(Cross-Agency Priority Goals: CAPs)[16]란 범정부적 업

16) GPRAMA는 범정부적인 차원에서 여러 연방기관이 참여하는 사업에 대한 장기적 성과목표인 범정부적인 연방정부 중점 목표(Federal Government Priority Goals: FGPGs)를 도출하고 이에 대한 평가를 수행할 것을 규정하였다. GPRAMA에서는 연방정부 중점 목표(FGPGs)로 명시되어 있으나 2013 회계연도부터는 FGPGs 대신 Cross-Agency Priority Goals: CAPs라는 표현을 사용하고 있다(황혜신, 2013: 149).

무 성과의 장기적인 향상 목표에 관한 진술서(statements of the long-term level of desired performance improvement for Government-wide efforts)이다. 4년 주기로 설정·갱신되는 이러한 목표는 여러 부처에 걸친 정책 분야에 관련된 한정된 수의 '결과지향적 목표들'(outcome-oriented goals that cover a limited number of cross-cutting policy areas)과 함께 재정관리, 전략적 인적 자원관리, 정보기술관리, 조달(procurement and acquisition)관리, 부동산(real property)관리 등 다양한 차원의 '관리적 목표들'을 포함한다.[17]

CAPs는 한정된 수의 대통령 우선순위 과제들(Presidential priority areas)의 추진을 가속화하기 위하여 리더들이 활용하는 수단(a tool used by leadership)으로 활용된다. 대통령 우선순위 과제들은 그 집행에 있어 다부처간 적극적인 협력(active collaboration between multiple agencies)이 요구되지만, 일반적으로 기관별로 목표가 분절화되어 다부처간 협력을 요하는 문제를 해결하는 데에는 한계가 있기 때문이다.

일차적으로 각 기관에게 구체적인 성과목표 설정의 자율권이 주어지며, 이에 대한 관리·책임은 OMB가 담당한다. 즉, OMB는 부처가 제출한 내용을 바탕으로 검토·조정하고, 최종 결정 내용은 대통령에게 보고한다. CAPs는 대통령 임기가 시작된 이후 회계연도 시작점에서 대통령 예산(the President's Budget)의 제출과 동시에 공개되어야 하며,[18] 성과목표는 매년 검토되고 업데이트가 가능하다(OMB, 2013: 606). CAPs는 4년마다 설정되지만 더 장기의 CAPs가 될 수도 있다.

연방정부 차원의 효과적인 리더십과 책임성 확보 차원에서 각각의 성과목표 달성을 위해 대통령 집행국(the Executive Office of the President)과 주요 집행기관들(key delivery agencies)의 고위직 관료들이 목표담당관(Goal Leader)

17) 이는 수직적 부처조직에 걸쳐 있는 수평적 문제(horizontal problems across vertical organizational silos)에 대한 범정부적인 협력을 위해 부처별 자율성을 인정하되 범정부적인 추진 과제를 설정하기 위한 것으로서, 부시 행정부의 대통령관리과제(PMA)가 폐지됨으로써 동 제도를 대체할 만한 기능이 GPRAMA에 도입된 측면이 있다.

18) 2015년 대통령예산(FY 2015 President's Budget)에 맞춰 CAPs가 수정되었으며, 2014년 2월 공개되었다.

이 되어 공동 책임을 진다.[19] 목표담당관은 주어진 목표의 진행도를 점검하기 위한 구체적인 지표와 이정표(specific metrics and milestones)를 포함하는 세부 추진계획(action plans)을 수립한다. OMB는 이러한 목표의 진행 상황에 대하여 매분기별 점검하고 그 결과를 성과포털(performance.gov)에 공개하고 있다.

표 3-7 2015년의 15개 Cross-Agency Priority Goals

<table>
<tr><th></th><th colspan="2">분 류</th></tr>
<tr><td rowspan="7">미션 중심 목표
(Mission-oriented goals)</td><td colspan="2">① 사이버안보(Cybersecurity)</td></tr>
<tr><td colspan="2">② 기후변화(연방 차원)</td></tr>
<tr><td colspan="2">③ 내부자 위협 및 신원조사(Security Clearance)</td></tr>
<tr><td colspan="2">④ 일자리 창출 투자</td></tr>
<tr><td colspan="2">⑤ 사회 기반 시설 허가 현대화</td></tr>
<tr><td colspan="2">⑥ STEM 교육</td></tr>
<tr><td colspan="2">⑦ 군인 및 퇴직 군인 정신 건강</td></tr>
<tr><td rowspan="8">관리 중점 목표
(Management-focused goals)</td><td rowspan="2">효과성(2)</td><td>① 고객 서비스</td></tr>
<tr><td>② 향상된 IT 전달(Smarter IT Delivery)</td></tr>
<tr><td rowspan="3">효율성(3)</td><td>① 전략적 조달</td></tr>
<tr><td>② 공유 서비스(Shared Services)</td></tr>
<tr><td>③ 벤치마킹 및 목표 지원 운영 증대(Benchmark and Improve Mission-Support Operations)</td></tr>
<tr><td rowspan="2">경제 성장(2)</td><td>① 공개 데이터(Open Data)</td></tr>
<tr><td>② 사업화지원(Lab-To-Market)</td></tr>
<tr><td>인간과 문화(1)</td><td>① 인간과 문화</td></tr>
</table>

* 출처: performance.gov 내용을 재편집함

19) 예를 들면, 국가경제위원회(the National Economic Council)는 상무부(the Department of Commerce) 및 국무부(the U.S. Department of State)의 부장관들(the Deputy Secretaries)과 함께, 기관간 협력 및 연방 투자 증대를 통한 외국인직접투자 활성화 및 일자리 창출이라는 목표 달성을 위해 노력한다. 또 다른 예로는 대통령 인사국(the Presidential Personnel Office)과 인사관리국(Office of Personnel Management)이 협력하여, 데이터에 근거한 인사혁신 노력(data-driven efforts to improve employee engagement, hiring reform, and improving our management cadre)을 통해 연방공무원 역량강화에 힘쓰는 것을 들 수 있다.

2015년 예산(2015 Budget)의 경우 15개의 Cross-Agency Priority Goals이 발표되었는데, 이는 4개년 동안의 임무 지향적인(mission-oriented) 7개의 목표와 관리(management)에 초점을 맞춘 8개의 목표들로 구성되어 있다.[20)]

(2) 기관우선순위목표(Agency Priority Goals: APGs)

기관우선순위목표(Agency Priority Goals: APGs)란 장기적인 결과(longer-term outcomes)인 전략계획(Strategic Plans)을 달성하는 과정에서 필요한 한정된 수의 구체적인 성과지표(performance targets)를 말한다. 연방정부의 각 부처 및 기관은 성과계획 내에 전략목표(Strategic Goals)와 하위목표(Objectives)를 설정하며, 하위목표 중에서 우선적인 관리가 요구되는 목표들을 APGs로 설정한다.

APGs는 부처의 규모와 범위에 따라 2개에서 8개 정도로서, 비교적 단기간(고위직의 평균적인 임기인 2년 이내) 동안에 달성 가능한 목표들로 설정하는데, 이는 예산 혹은 입법의 성과가 아닌 기관의 집행 결과에 따라 달라질 수 있는 목표들로서, 단순히 목표 달성이라는 결과만이 아니라 주기적이고 지속적인 관리에 의의가 있다.

특별히 각 기관은 우선순위목표를 설정하면서 관련 목표담당관들(goal leaders)을 임명해야 한다(Brass, 2012a: 7). 이를 통해 각 부처 장·차관급이 기관우선순위목표의 선정 및 성과점검 과정에 관심을 갖도록 유도함으로써, 하위 프로그램들의 성과목표 달성까지 자연스럽게 이어지도록 하였다.[21)]

---

20) 미션 지향적인 목표(Mission-oriented goals)는 일부 핵심적인 다부처 정책에 대한 결과지향적 목표로서 연방 기관이 추진하고 있는 사업 목표를 연계하기 위해 제한된 수의 포괄적인 정책영역을 포괄하는 목표들을 의미하며, 관리 중점 목표(Management-focused goals)는 각 사업별 기능을 중심으로 정보기술, 재정 관리, 인적자원 관리 및 조달 등 연방 정부의 관리 향상 기능과 연계된 목표들이다(Brass, 2012a).

21) 기존 PART에서는 프로그램 단위의 평가에 치중함으로 인해 사업담당자들은 관심을 가졌으나 정작 장·차관 등 상위보직자들은 무관심했으며, 프로그램 단위에 초점을 맞추다보니 정작 부처가 무엇을 목표로 일하고 있는지 모호하며 부처의 임무를 성공적으로 수행했는지 판단하기 어려운 실정이었고, 너무 많은 성과목표를 설정했기 때문에 상위 목표에 대한 관심을 유도하기에 효과적이지 못하였다(한국조세연구원, 2014).

OMB는 각 기관의 APGs 설정 시 우선순위목표와 일반목표의 개수를 결정하고, 일정을 정하여 일부 APGs를 구체화하도록 요구할 수 있다. APGs는 OMB가 개발할 수도 있고 기관의 장이나 각 기관이 OMB와 협의과정에서 결정한 우선순위를 반영할 수도 있으나, 이때 의회나 이해관계자와 협의가 필수적인 것은 아니다(Brass, 2012a: 7). 이와 같은 APGs의 설정 및 관리 절차는 [그림 3-4]에 제시되어 있다.

그림 3-4 기관우선순위목표(APGs)의 설정 및 관리 절차

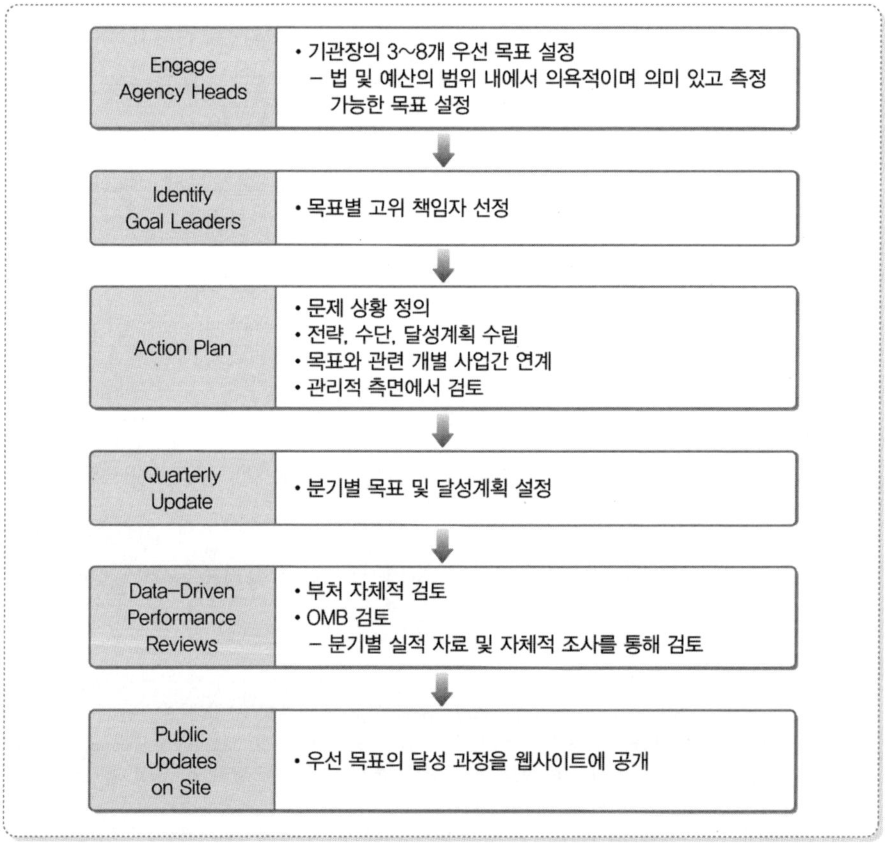

* 출처: OMB. Strategic Management of the State: A perspective from the United States

한편, 부처의 전략계획서와 성과계획서에는 APGs 관련 활동계획이 포함된다(OMB, 2013: 200Sec. 13). GPRAMA는 Chief Financial Officers Act 1990에서 정의된 24개 연방정부 기관들이 APGs와 관련된 정보를 OMB에 제출하고, 최소 분기별로 APGs 진행사항을 검토하도록 하고 있다(OMB, 2013: 625-626). APGs의 추진상황은 범정부의 우선순위 목표(Cross-Agency Priority Goals)와 함께 분기별로 성과갱신서(Quarterly Performance Updates: QPU)를 통해 검토된다(OMB, 2013: 200Sec. 13). GPRAMA 또는 OMB의 지침에 따라 연방 기관들은 성과포털(Performance.gov)이나 해당 기관의 전략계획 또는 성과계획에 APGs 관련 다음과 같은 3가지 필수사항들을 공개해야 한다(GAO, 2013: 6). 구체적으로 2년 내에 달성이 요구되는 성과수준을 명시한 성과목표와 함께 성과목표가 기관의 전략목표에 어떻게 기여할 것인지에 대한 설명 및 목표달성에 책임이 있는 목표담당관인 담당 공무원 등에 관한 내용을 포함해야 한다. 참고로 기관들이 APGs를 설정하는데 필수적인 기준은 <표 3-8>과 같다.

표 3-8 APGs의 설정 기준

1. 기관의 리더십 및 행정을 위한 우선순위를 발전시켜야 하며,
2. 새로운 법안이나 추가 예산에 의존하기보다는 달성하고자 하는 기관의 강한 실천력을 기반으로 하여야 하며,
   - 대통령 예산(President's Budget)에 제시한 수준의 자원에 맞추어(또는 국회가 할당한 수준에 맞추어) 조정
3. 단기적인 성과, 고객 서비스 또는 효율성을 지원하고, 기관의 전략적 계획에서 장기적인 성과 중심의 목표를 발전시켜야 하며,
   - 기관의 전략적 계획에서 APGs가 어떻게 전략적 목표를 지원하는지를 OMB에 제출
   - 목표 진술문(goal statement)은 기관이 다루고자 하는 문제 및 기회 등을 대중들이 쉽게 이해할 수 있도록 명확히 서술
4. 목표가 24개월 안에 달성 가능할지를 파악할 수 있어야 하며,
   - APGs는 진행사항을 추적할 수 있도록 지표 및 분기별 일정(milestones)을 포함
   - 목표 진술문은 명확한 완료 시기, 목표 및 지표를 제시
5. 24개월 기간 내에 달성할 수 있도록 해야 함.
   - 이 외에도 추가적인 기준으로는 국회 및 기타 이해관계자들의 관점 및 우선순위, 효율성을 증대시킬 수 있는 잠재적 요인, 최소 비용으로 성과 수준 달성, 불필요한 중복을 줄이는 요인 등이 있음.

* 출처: OMB(2013: 626-627), 이환성(2014) 재인용

(3) 기관 전략계획서(Agency Strategic Plan: ASP)

기관 전략계획서(Agency Strategic Plan: ASP)는 기존 GPRA의 전략계획서(Strategic Plan: SP)를 보완한 것으로서, 우리나라의 성과관리전략계획에 해당한다고 볼 수 있다. ASP는 전략목표(goals)와 세부목표(objectives)를 포함하는 성과계획서로서, 기관의 주요 기능 및 운영 관련 일반적인 목적과 목표를 기술하는 전략계획을 제시한다. GPRAMA는 기관의 임무와 중장기 전략목표 및 연간 성과계획의 성과목표 간에 연계성을 명확화하기 위하여, 연방정부 기관들로 하여금 전략계획에서 제시된 성과목표들이 기관의 연간 성과계획에 제

표 3-9 기관 전략계획서 의무포함 내용

기관전략계획서 의무포함 내용	개정전 내용
기관의 주요 기능과 운영을 관장하는 포괄적인 미션	동일
결과지향적 목표를 포함하여, 기관의 주요 기능과 운영을 위한 일반적인 목표와 목적	결과지향적(outcome-oriented) → 결과와 관련된(outcome-related)
기관의 목표와 목적이 연방정부의 우선목표에 어떻게 기여하는지	없음
• 목표와 목적을 달성하는 방법 • 목표와 목적달성을 위해 요구되는 운영과정, 기술, 인력, 자본, 정보, 기타 자원 • 기관이 자체 목표와 목적뿐만 아니라 관련된 연방정부의 우선목표를 달성하기 위하여 다른 기관과 어떻게 협력하는지	목적과 목표를 달성하는 방법 목표와 목적달성을 위해 요구되는 운영과정, 기술, 인력, 자본, 정보, 기타 자원
의회 자문을 통해 획득한 관점과 제안이 목표와 목적에 어떻게 포함되어 있는지	없음
성과계획서상 제시된 성과목표가 전략계획상의 일반적인 목표와 목적 달성에 어떻게 기여하는지	동일
일반적인 목표와 목적 달성에 중대한 영향을 줄 수 있는 기관 외부에 존재하고 기관이 통제할 수 없는 주요 요소	동일
일반적인 목표와 목적을 만들거나 수정할 경우 사용되는 사업평가와 향후 사업평가 계획	동일

* 출처: GPRAMA, Sec.2. §306(a)

시된 목표들 및 연방정부의 범정부적 성과목표들에 어떻게 기여했는지에 대해 기술하도록 요구한다. GPRAMA, Sec.2. §306(a)의 규정에 따라 연방정부 기관은 기관 전략계획서 작성 시 <표 3-9>와 같은 내용을 반드시 포함하여야 한다.

대통령 임기가 시작된 다음 해부터 매년, 연방정부 기관이 ASP를 6월 초순경 작성하여 OMB에 제출하면, 이를 OMB에서 검토하여 최종안을 확정한다. 각 기관들은 차년도 2월에 확정된 ASP를 성과포털(Performance.gov)과 기관 홈페이지에 공개하고, 대통령과 의회에 이용가능성(availability)을 공지해야 한다(GPRAMA, Sec.2. §306(a); Brass, 2012a: 5).

GPRAMA는 기관의 전략계획을 대통령의 임기 및 예산제안서와 함께 갱신하도록 시기 요건을 규정한다. 즉, 각 기관들은 대통령의 임기 첫 해에 개정된 전략계획서를 제출해야 하며, 전략계획서는 최소한 4년간의 회계연도를 포괄하는 전략목적과 세부목표를 제시하고 이는 매 4년마다 갱신되어야 한다(GPRAMA, Sec.2. §306(b)).

특히 GPRAMA에서는 연방정부 기관의 성과관리 전략계획이 의회 및 비연방정부(non-federal) 이해관계자들의 검토를 거칠 수 있도록 하였고, 최소 2년마다 의회의 관련 위원회와 협의하도록 하였다. 구체적으로 각 기관이 전략계획에서 제시한 목표들이 의회의 자문을 어떻게 반영할지를 기술하도록 되어 있으며, 의회의 세출위원회 등 관련 위원회와 함께 2년 주기로 ASP의 갱신여부와 상관없이 자문을 구하도록 규정하고 있다.[22)]

(4) 기관 성과계획서(Agency Performance Plan: APP)

기관 성과계획서(Agency Performance Plan: APP)는 GPRA의 연차별 성과계획서(Annual Performance Plan)에 해당한다. 연방정부 기관은 전략계획에 의거

22) 연방정부 기관은 조직환경에 중대한 변화가 있는 등 필요시에는 기관 전략계획서 변경할 수 있으며(GPRAMA, Sec.2. §306(b)와(c)), 이 경우 의회에 통보하고 의회와 주기적으로 상의(consult)해야 한다. 또한 세출위원회와 기관감독 위원회 등 적절한 권한을 가진 의회 내 조직으로부터 다수당과 소수당 모두의 견해를 구해야 하며, 동 계획으로 인해 영향을 받거나 계획에 대하여 이해관계를 가지는 주체들의 견해와 제안 역시 고려하여야 한다.

하여 자체적인 성과계획서를 작성하여 이를 홈페이지에 공개해야 한다. APP는 차년도의 성과계획을 1년 단위로 작성하지만 당해 연도의 성과계획까지 포함해서 작성하기 때문에 총 2년 간의 성과계획을 포함하고 있다(Brass, 2012a: 5-6).[23)]

GPRAMA에서 APP는 우선순위별로 사업 활동을 구체화해야 하고, 낮은 우선순위 활동에 배정한 자원에 대해서는 증거기반의 정당화를 해야 한다(이환성, 2013). 이를 위해 APP는 각 사업 활동과 예산의 비중을 포함하며, 성과지표를 설정하여 성과목표에 대한 발전상황을 측정·평가하는 데 이용하게 된다. 여기서 성과목표는 객관적이고 계량화와 측정이 가능하도록 설정되며, 측정지표들의 경우 확인·검증이 가능한 방식을 기술해야 한다. 기관 성과계획은 사업 활동을 통해 성취될 수 있는 성과의 수준과 함께 성과목표 달성을 위해 필요한 기술, 인력, 정보 등을 포함한 자원, 산출, 서비스 수준, 사업 활동 및 운영과정 등을 비교할 수 있는 근거를 밝혀야 한다.

이와 함께 연방정부 기관은 성과계획 시 자체적인 성과목표의 우선순위를 설정하고 분기별로 달성해야 할 목표치와 달성계획을 만들어야 하며, 이렇게 수립된 성과계획을 바탕으로 각 기관은 자체적으로 분기별 성과에 대한 모니터링을 실시하여야 한다. 또한 기관 별로 각 성과목표 달성에 책임을 지는 목표담당관(goal leader)을 명시하도록 되어 있다(Brass, 2012a: 5-6).

APP는 차기 회계연도와 당해 회계연도를 포괄하여 작성되며, 중복을 줄이고 과거 경향성을 토대로 미래 계획을 만들기 위해 OMB와 의회에 제출하는 예산요구서(budget request)[24)]는 APP를 포함한다(이환성, 2013). 각 기관은 APP를 기관 성과보고서(Agency Performance Report)와 통합하고, 이를 의회예산타당성조사보고서(Congressional Budget Justification)에도 포함시키며, 성과포

23) 기존의 GPRA는 차년도 계획만을 요구하였으나 GPRAMA에서는 향후 2년 간 기관이 달성해야 할 성과목표를 제시하도록 요구함에 따라, 이전 연도 APP에 포함되었던 현 연도의 정보와 갱신사항을 성과계획서에 포함시켜야 한다.

24) GPRAMA에 의하면 기관의 예산서는 성과계획서와 같은 구조로 만드는데, 여기서 예산서는 모든 프로그램을 담고 있어야 하고 APP가 요구하는 모든 법적인 내용을 다뤄야 한다(OMB, 2013: 240Sec. 2).

털에 전략적 목표로 보고해야 한다. 각 부처는 APP에 변경이 있을 경우 예산요구서 내의 프로그램 활동(program activities)도 수정해야 하며, 만약 의회예산타당성조사보고서의 형식을 수정(modifications)할 경우에는 의회의 예산배정 관련 위원회들과 협의해야 한다(OMB, 2013: 240Sec. 2). 따라서 의회예산타당성조사보고서는 성과계획서 관련 자료(Materials for performance plan submission to the Congress)를 포함하여 성과계획서와 같은 구조로 제출된다(이환성, 2013). 의회예산타당성조사보고서를 제출하기 전에 성과계획서의 형식에 대해 의회 및 OMB의 대표와 함께 협의해야 한다(OMB, 2013: 22Sec. 3). 차기 회계연도 APP는 전기 1월경 OMB의 검토를 거쳐 완성하며, 이 내용은 당해 9월 예산안에 반영된다(OMB, 2013: 200Sec. 18-20).

(5) 기관 성과보고서(Agency Performance Report: APR)

기관 성과보고서(Agency Performance Report: APR)는 ASP와 APP에 명시된 목적과 목표 달성 정도에 대한 정보를 제공하며, 구체적인 APR의 내용은 기관의 임무에 대한 정보, 그리고 전략목적(strategic goals), 세부 전략목표(strategic objectives), 기관 우선순위목표(APGs), 성과목표 관련 지표의 달성 상황 및 평가, 데이터의 질 등과 같은 다양한 정보를 포함한다.[25)]

APR은 매년 11월 연방정부 기관이 보고하는 성과 및 책무성 보고서(Performance and Accountability Report: PAR)의 성과 부분을 구성한다(OMB, 2013: 260Sec. 2).[26)] 구체적으로 APR은 OMB가 11월 초에 검토하고 11월 중순 경에 각 기관의 홈페이지에 게시하며, 이와 같은 정보를 종합한 연차 성과보고서는 차년도 1월에 완성되어, 매년 2월에 다음 회계연도 예산타당성조사보고서와 함께 혹은 통합하여 제출되며 동시에 성과포털과 각 기관의 홈페이지에 게시된다(OMB. 2013: 200Sec. 18-20; 260Sec. 2).

---

25) APR은 성과계획서와 구성은 비슷하지만 달성정도에 대한 정보를 담고 있고 또한 범부처 성과계획과 관련 정보는 포함하지 않는다는 점에서 다르다고 할 수 있다.

26) APR은 기관의 재무보고서(Agency Financial Rerpo: AFR)와 함께 당해 회계연도 기관의 회계정보와 성과정보를 제공하는데, AFR과 APR은 회계연도가 끝나면 PAR로 보고된다.

(6) 기관 성과갱신(Agency Performance Update: APU)

부시 행정부의 PART 하에서 이루어진 연방정부 전체 사업에 대한 포괄적·사후적 평가와는 달리, GPRAMA의 통합성과관리체계에서는 사업 추진 과정상에서의 운영 개선에 초점을 두고 기관의 사업에 대한 선별적·사전적 성과관리를 위하여 우선순위목표에 집중하는 분기별 모니터링을 기관성과갱신(Agency Performance Update: APU)이라는 이름으로 도입하였다.[27)]

APU는 기존 GPRA의 프로그램 성과보고서(program performance report)에 해당하는 것으로서, GPRAMA는 회계 연도 내에 기관장과 부기관장이 분기별 우선순위 목표의 진행 사항을 검토하도록 하였다.[28)] GPRA과 같이 GPRAMA는 각 기관에게 사전에 설정된 성과계획 및 성과지표를 실제 달성된 성과와 비교하고, 만약 성과목표 및 지표가 달성되지 못하였거나 실현가능하지 않다면 그 이유를 설명하도록 한다(이환성, 2013). 이와 같이 기관이 제공하는 정보를 바탕으로 OMB는 매년 '달성되지 않은 목표(unmet goal)'를 포함하여 기관의 목표 달성 여부를 보고하며, 달성되지 못한 목표에 대해서는 해당 기관이 향후 달성 계획을 수립한다(Brass, 2012a: 8).

특별히 2014년부터는 연방정부 사업에 대한 전략적 검토(Strategic Reveiw)를 도입하여 매년 부처 예산배분을 위한 정치적 의사결정에 유용한 정보를 제공하였다. 전략적 검토는 PART와 같은 개별 사업단위의 상세한 평가도구의 제공보다는 상위 목표의 설정과 달성을 위한 우선순위 제공 및 리더십과의 연계에 중점을 둔다. 즉, 기존 PART 평가체계가 사업완료 후 집행 및 성과에 대한 책임성을 점검하는 과거 지향적(backward looking) 성격을 갖는 데 비해, 전략적 리뷰는 사업추진 상의 위험요소, 장애요인 등을 파악하고 부처 간 협력을 통한 성과 개선을 유도한다는 측면에서 미래 지향적(forward lookiong)

---

27) 하지만 GPRAMA에서 사후적 평가를 전혀 하지 않는 것은 아니며, 부처의 우선순위목표에 대해서는 주기적으로 점검하고, 성과목표 체계 중 전략적 목표(Strategic Objectives)에 대해서는 사후적 점검 및 프로그램 평가(Program Evaluations)를 실시하고 있다.

28) 오바마 행정부의 '우선순위성과목표(high-priority performance goal: HPPGs)' 이니셔티브를 모델로 하는 APU의 분기별 우선순위 검토는 대통령이 제출하는 예산안의 HPPGs에 근거하여 해당 회계 연도 3분기에 시작된다(이환성, 2013).

성과관리체계로 볼 수 있다.

연방정부 기관은 성과에 관한 업데이트 정보를 OMB에 보고하고 기관의 웹사이트에서 이용가능하게 공개해야 한다(이환성, 2015). 성과에 관한 업데이트를 할 때마다, 기관은 달성된 실제 성과와 기관 성과계획서에 설정된 성과목표를 상호 비교하여야 하는데, GPRAMA는 각 회계연도 종료 시점 150일 전에 APU를 완료하도록 규정하고 있다. 정부, 의회 및 사업파트너에게 중요한 가치가 있는 데이터를 제공하는 지표에 관한 실질적인 성과는 기관에 과중한 부담이 가지 않는 수준에서 APU를 통해 연차보고서보다는 빈번하게 발표할 것을 요구하고 있다(Brass, 2012a: 6). APU의 업데이트는 다음 <표 3-10>의 내용을 반드시 포함하여야 한다.

표 3-10 성과보고 필수 업데이트 내용

- 성과목표 달성에 성공했는지 여부 검토
- 회계연도로 이전 5개년 동안의 실질적인 산출
- 업데이트에서 다뤄지는 기간 동안 성과목표 대비 달성된 성과와 비교하여 현재의 회계연도에 대한 성과계획 평가
- 성과목표가 달성되지 못한 지점에 대한 설명
- 왜 목표가 달성되지 못하였는지
- 수립된 성과목표 달성을 위한 계획과 스케줄
- 목표달성이 불가능하다면, 그 이유와 향후 조치사항
- 규정상 면제사항의 사용에 대한 설명 및 성과목표 달성에 있어 효과성 평가

* 출처: GPRAMA, Sec.4. §1116(c)

이와 같이 GPRAMA 하에서 사업(program)별 성과관리는 성과목표 체계와 밀접히 연계되어 있다. PART에서 예산에 중점을 두고 기관의 사업에 성과목표를 연계하였다면, GPRAMA는 성과목표체계에 중점을 두고 성과목표에 개별 프로그램을 연계시키고 있다.[29] 특별히 모든 연방정부 사업(program)에 대한 정보를 모아 부처별로 연방프로그램목록(The Federal Program Inventory)

29) 즉, 부처 임무와 전략목표를 설정하고 그에 따른 성과목표를 설정하여, 성과목표 달성에 기여하는 개별 프로그램을 연계하고, 단일 성과목표에 여러 프로그램이 연계되는 경우 협업이 강조되며, 여러 권한을 갖는 목표담당관이 성과달성을 독려하고 있다(조세연구원, 2014: 11).

에 축적하도록 함으로써, 의회와 이해관계자들에게 관련 정보를 공개하고, 프로그램 간 분절화와 중복을 방지하고 있다.[30]

3. GPRAMA의 성과관리 과정

GPRAMA는 연방정부 기관의 자체적인 성과관리를 위한 계획 및 보고 체계를 규정하고 있다. 구체적으로 대통령의 임기와 연방정부 성과관리 주기(Federal Performance Management Cycle)를 일치시키고, 범정부 우선순위목표(Cross-Agency Priority Goals)를 신설하여 범정부 수준의 목표와 개별 기관 수준의 목표 간 연계를 강화하였다(황혜신, 2013: 160).

그림 3-5 GPRAMA 성과관리 주기

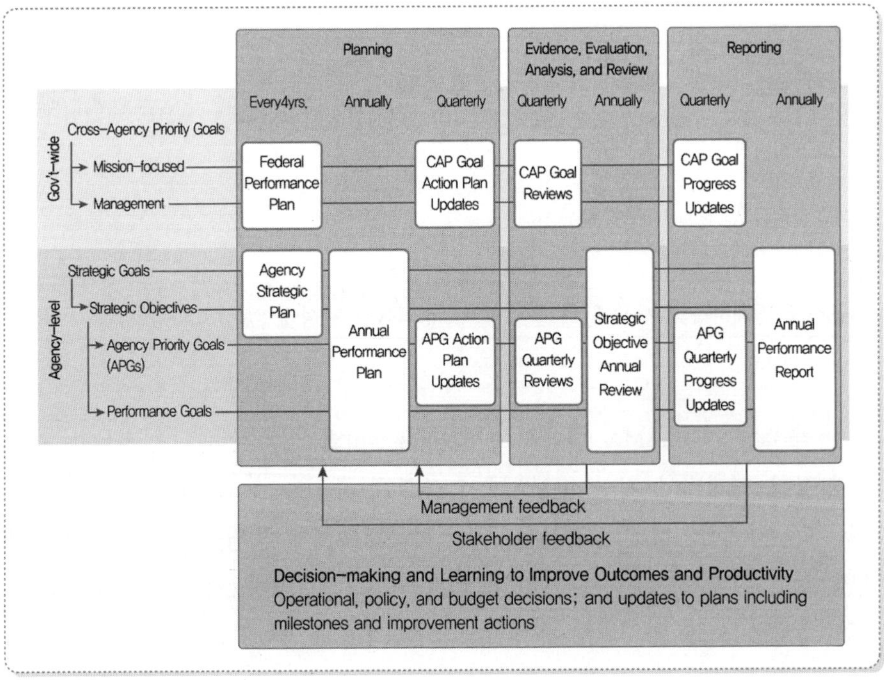

* 출처: OMB(2013)

30) http://www.performance.gov/sites/default/files/files/Federal_Program_Inventory_Fact_Sheet_.pdf

[그림 3-5]에 제시되어 있는 GPRAMA의 성과관리 주기 및 과정을 보다 구체적으로 단계별로 구분하여 살펴보면 아래와 같다.

1) 성과계획 단계

GPRAMA의 성과계획 단계에서 연방정부 기관은 기관 전략계획서(agency strategic plan), 기관 성과계획서(agency performance plan), 기관 성과보고서(agency performance reporting)를 순차적으로 작성하여야 한다.[31] 계획 단계에서는 4년 주기를 기본으로 하여 전략계획을 작성하도록 하고, 이에 대한 액션플랜(Action Plan)을 분기별로 갱신하게 된다.[32]

기본적으로 GPRAMA는 기관 목표와 전략계획을 연계하도록 요구하는데, 이를 위해 현재와 차기의 회계연도를 모두 포괄하는 성과계획을 수립하고, 기관 전략목표, 기관 우선순위목표, 범정부 우선순위목표(Cross-Agency Priority Goals) 간의 연계성을 확립하도록 하였다. 기관들은 전략계획(Strategic Plan)에서 전략 목표와 목적, 성과 목표 및 기관 우선순위목표(Agency Priority Goals) 등을 설정하고 이를 모니터링하는 연간 절차(annual process)를 수립하며 이는 연간 성과계획을 통해 구체화된다. 나아가 기관들은 연간 성과보고서(Annual Performance Reports)에 지난 1년간의 성과를 제시하고, 외부 이해관계자들과 진행 과정에 대해 공개적으로 소통함으로써 이후의 전략목표 및 연간 성과계획을 개선한다.

한편, GPRAMA는 모든 기관에 적용되는 성과지표를 고안하는 것은 현실적으로 불가능하다는 점을 고려하여 일괄적인 성과지표를 제시하고 있지는 않기 때문에, 각 기관은 자체적으로 지표를 개발하여 적합한 지표들을 성과평가에 사용할 수 있도록 <표 3-11>과 같은 기본적인 지표유형 예시를 제

31) 이전의 GPRA 하에서 작성하던 전략계획서, 성과계획서, 성과보고서를 기관 전략계획서, 기관 성과계획서, 기관 성과보고서로 대체하면서 그 절차와 주기도 변화시켰다.

32) GPRAMA는 일관성을 지녀야 할 부처의 중장기 목표가 대통령의 국정방향에 따라 빈번하게 변경되는 것을 방지하기 위하여, 부처의 전략계획(전략계획 수립, 전략목표 설정, 성과측정 및 보고 등) 주기를 대통령 임기(4년)에 맞춤으로써 양자 간 상호 일관성을 유지할 수 있도록 하였다.

시하고 있다(OMB, 2013: 584; 황혜신, 2013: 156-157에서 재인용). 성과관리 지표는 크게 성과지표(performance indicator)와 기타지표(other indicator)로 구분되는데, 여기서 기타지표란 기관 우선순위목표(APGs) 혹은 성과목표(performance goals)의 측정을 위해 직접 사용되는 것은 아니지만, 사업의 진척상황을 알리거나 진척상황에 영향을 미칠 수 있는 외부 요인을 측정하는 데 사용되는 지표이다. 각 기관은 필요에 따라 적합한 상이한 성과지표들을 사용할 수 있으나, 가급적이면 결과지표(outcome indicators)를 활용하도록 권장된다(OMB 2013: 580).

표 3-11 GPRAMA 지표 유형 예시

지표의 유형	내 용
맥락지표 (Contextual Indicator)	목표(Goal)나 프로그램과 관련된 상황의 정보에 대한 현황이나 기타 정보에 대한 자료를 제공하는 지표
고객서비스지표 (Customer Service Indicator)	고객에 대한 편의제공과 규제와 관련한 정부의 상호작용이 진전된 것인지와 관련된 정보를 제공하는 지표
효율성지표 (Efficiency Indicator)	프로그램의 산출 혹은 결과에 대한 투입(직원의 근무시간 혹은 프로그램의 지출)의 비율을 알리는 지표
투입지표 (Input Indicator)	자원, 특히 시간 혹은 자본이 얼마나 투입되었는지를 알려주는 지표
중간결과지표 (Intermediate Outcome Indicator)	궁극적인 결과에 대해 공헌할 프로그램 진행 도중의 결과가 얼마나 진행되었는지를 알려주는 지표
과정지표 (Process Indicator)	절차, 경과, 운영 등이 얼마나 잘 작동하고 있는지를 알려주는 지표(적시성, 정확성, 완비성 등)
결과지표 (Outcome Indicator)	프로그램의 의도된 바가 어느 정도 성취되었는지에 관한 경과를 알려주는 지표
산출지표 (Output Indicator)	활동 혹은 노력을 계산, 집계, 기록하여 정량적으로 표현하여 알려주는 지표

* 출처: OMB(2013: 583-584), 황혜신(2013: 157)에서 재인용

2) 성과측정 및 평가 단계

성과측정 및 평가 단계에서는 연간 성과 보고 및 우선목표에 대한 분기별 점검을 통하여, 목표 달성 여부 및 개선 필요 사항을 확인하고 향후 계획 수립에 활용하게 된다. 이를 위해 분기별로 선별된(targeted) 단기적 목표 진행에 중점을 두고 데이터 중심의 검토(Data-Driven Reviews)를 실시하며, 장기 목표들을 위한 진행과정을 평가하도록 매년 전략적 검토(Strategic Reviews)를 실시한다(OMB, 2013: 640).

GPRAMA의 평가등급 체계는 특정한 형식이 강제되어 있지 않으며, 각 기관별로 평가의 구체적인 부분에 대해 일정 정도의 자율성이 주어져 있다. 즉, GPRAMA 하에서는 평가등급 부여에 관한 OMB의 지침을 성과목표, 우선순위목표 등 항목별로 세세히 정하지는 않기 때문에, 성과목표의 성취도를 나타내는 형식 혹은 등급은 기관별로 차이를 보이고 있다(황혜신, 2013).

특별히 GPRAMA는 성과관리체계를 강화하기 위해 연차별로 이루어지던 성과측정 및 검토 과정을 분기별로 시행되도록 하였다(박중훈 · 이정욱, 2012: 148). GPRAMA에서 성과정보를 상시적으로 점검할 수 있게 됨에 따라 OMB는 기관들이 설정한 성과지표를 명확성 및 연관성 측면에서 점검한다. 이 과정에서 OMB는 각 기관의 보고서를 검토하여 달성되지 않은 목표(unmet)를 발견하고 협의를 통해 대응방안을 논의하는 등 기관의 성과관리 활동을 지원한다. 구체적으로 분기별로 OMB 국장과 성과향상위원회(Performance Improvement Council)는 범부처 우선순위목표를 점검하고 있으며, 기관장과 OMB는 전략적 검토(strategic review)를 실시하고 있다.

특별히 기관의 최고운영관리자(Chief Operating Officer: COO)는 적어도 분기별(혹은 6주 또는 월별)로 기관 내 · 외부의 담당자들 및 목표담당관들(goal leaders)과 함께, 기관의 우선순위목표에 대한 데이터 중심 검토(Data-Driven Reviews)를 실시해야 한다. 이를 통해 기관의 우선순위 목표의 장애물이 무엇인지 확인하고, 목표 설정 이후에 상황의 변화나 비용의 변화에 미치는 요소가 무엇인지를 데이터를 통해 검토한다(OMB, 2013).

한편, 집행계획의 이행 상황 관련 위험분석 등은 개별 기관에서 전략적 검토(strategic review) 과정을 통해 이루어지는데, 이는 각 기관이 OMB와 협의하여 전략목표의 적절성을 검토하고 목표달성의 장애요인 및 발전방향 등에 대하여 논의하는 과정이다. 전략적 검토는 과정, 시기, 역할, 책임, 증거의 출처 및 기관의 문제 상황과 발전상황 등을 포함해야 하며, 이를 통해 매년 기관장들은 기관 전략 계획에서 수립되고 연간 성과에서 갱신되는 개별적인 전략적 목표들의 진행상황을 평가해야 한다(이환성, 2013). 이러한 평가들은 전략적 의사결정, 예산 형성, 단기의 기관 활동, 연간 성과 계획 및 연간 성과 보고서 준비 등에 반영된다(OMB, 2013: 640). 여기서 각 기관의 성과향상 담당관(PIO), 최고운영관리자(COO), 사업 관리자 등 성과관리 관련 담당자들은 매년 OMB와 상의하여 전략적 검토를 위한 적절한 접근 방법을 결정한다(OMB, 2013: 270Sec. 7-8). 전략적 검토에서 파악해야할 주요 문제 및 발전상황은 <표 3-12>에 제시되어 있다.[33]

전략적 검토를 통해 OMB는 기관들이 제시한 결과 요약(summary of findings) 문서와 관련 문서들을 평가하고, 기관의 예산과 행정적·법적 조치들이 적절한지를 논의한다. 매년 봄에는 이와 같은 전략적 검토 결과에 대해 OMB와 각 기관들이 기관의 임무와 우선순위 분석 등을 통해 재검토한다. OMB는 연간 성과보고서(Annual Performance Reports) 완성 전에 각 기관별 진척상황을 검토하고, 연방정부의 정책 및 예산안과 연계된 성과의 향상을 위해 노력한다(OMB, 2013: 270Sec. 9).

한편, GPRAMA에서는 분기별로 우선순위 목표 진행사항을 검토하도록 하고 있으며, 목표의 범위와 수준의 차이에 따라 범정부 우선순위목표(Cross-Agency Priority Goals: CAPs)와 기관 우선순위 목표(Agency Priority Goals: APGs)를 평가 및 관리하는 주체가 상이하다.

---

33) 각 기관은 <표 3-12>의 두 가지 범주 당 적어도 각각 10%에서 20%의 전략목표를 배치해야 하며, 10개 이하의 전략목표를 가진 기관은 각 범주별 적어도 하나의 전략목표를 배치할 것을 요구 받는데, 이 과정에서 기관들은 과거의 경향성(trend) 데이터와 평가정보 그리고 연구결과 등을 이용하고 미래의 기회나 위험분석을 통해 전략목표에 영향을 미치는 요인이 무엇인지를 기관의 역량을 고려하여 분석한다(OMB, 2013: 270Sec. 8; 이환성, 2013).

표 3-12 전략적 검토의 주요 내용

중요한 문제 상황	특징적인 발전 상황
• 프로그램의 실행 중에 문제 상황이 프로그램의 결과에 부정적인 영향을 미쳤다. • 전략목표가 다루고자 하는 궁극적인 문제가 예상한 수준보다 더 빨리 악화되고 있거나, 기관의 활동(action)이 영향력을 행사할 정도로 충분하지 않았다. • 현재 설정된 전략은 결과(outcome)에 대해 의도된 영향력(intended impact)을 가지고 있지 않다. • 기관의 활동은 효과적이었지만 비용이 편익을 넘어섰다. • 중요한 위험이 프로그램 전달이나 결과에 영향을 미칠 것으로 예상된다. • 정책문제의 본질을 파악하고 향상된 결과를 위해 추가적으로 데이터 수집, 분석 평가가 필요하다.	• 기관의 활동결과로 의도된 결과가 달성되었고, 국가적복지(national welfare)에 중요한 발전이 야기 되었다. • 전략적 프로그램 설계 또는 운영에 있어 혁신이 프로그램 결과와 비용감소, 영향력에 있어 긍정적인 영향을 미쳤다. • 기관의 전력과 운영이 결과와 비용감소, 영향력에 있어 예상한 것 보다(projected) 더 좋은 결과를 산출하였다. • 외부적 요인이 문제 해결에 있어서 부정적인 결과를 야기했음에도 불구하고 국가적 복지(national welfare)에 중대한 발전이 있었다.

* 출처: OMB(2013: 270Sec. 8)

우선, CAPs의 경우 OMB 국장(the director of OMB), 성과향상위원회(Performance Improvement Council: PIC), CAPs 목표담당관(goal leaders)이 CAP의 평가를 담당한다. 개별 CAPs는 목표담당관과 목표부담당관(deputy goal leader)이 관리하게 된다(OMB, 2013: 607). CAPs 목표담당관은 성과향상위원회(PIC), 상응하는 범정부적 관리(corresponding government-wide management) 위원회, OMB 및 연방 기관들이 전반적인 계획에 대한 개별 기관의 기여를 결정할 수 있도록 돕는다(OMB, 2013: 606). 개별 연방기관은 연간 성과계획서(Annual Performance Plan) 및 연간 성과보고서(Annual Performance Reports)에서 CAPs에 대한 기여도 및 관련 계획을 제시한다. 또한 OMB가 발행하는 분기별 범정부 우선순위목표(CAPs) 보고서에서는 CAPs 달성을 위한 전략, 행동 계획(Action plan), 분기별 비교, 범정부적(Government wide) 성과, 해당 기관별 목표 대비 성과 등이 포함되어 있다.

OMB는 최소 분기별 1회 이상 CAPs 중간 진행 과정에 대해 평가를 실시하며, 구체적으로 GPRAMA에 따라 CAPs의 중간 목표를 설정하고 발전시키고자 할 때 OMB는 의회의 관련 위원회들과 상의해야 한다.[34] 그리고 OMB는 대통령 관리위원회(President's Management Council: PMC), 성과향상위원회(Performance Improvement Council: PIC), 범정부 관리위원회(government-wide councils), 그 외에도 대통령실(Executive Office of the President) 내부의 다른 부서 및 집행기관들과 긴밀히 협조하여 기관들 사이의 협력이 성과를 향상시킬 수는 곳을 파악하고자 한다(OMB, 2013: 606).

OMB와 성과향상위원회(PIC)는 개별 CAPs를 위한 과정 평가를 개선하기 위해 CAPs 목표담당관과 협업하면서 필요에 따라 목표별로 연방 기관들과도 협력하고 있다(OMB, 2013: 607, 640). PIC는 연방 기관 및 부처의 성과향상담당관(PIOs)과 OMB의 고위공무원들로 구성되어 있으며, 이들은 연방 프로그램의 성과 향상을 위해 협력관계를 유지한다.

다음으로 APGs에 대한 평가는 기관장, 최고운영담당관(Chief Operating Officers: COOs), 성과향상담당관(Performance Improvement Officers: PIOs)이 담당한다. GPRAMA에서 최고운영담당관(COOs)의 역할은 전략 및 성과 계획에 대한 측정, 분석, 정기적 평가 및 평가 자료의 활용 등을 통해 기관의 성과를 향상시키고, 기관의 미션과 목표를 달성하기 위한 전반적인 조직 관리 및 매 분기별 데이터 중심의 평가(data-driven reviews)를 실시하는 것이다(이환성, 2014). 또한 COOs은 Executive Order 1357621과 GPRAMA에서 요구하는 분기별 성과평가가 기관에 유용하게 활용되고 기관의 분석능력을 강화하는 방향으로 이루어지도록 하는 책임을 지고 있다(OMB, 2013: 575). 한편, 성과향상담당관(PIOs)은 최고운영담당관(COOs)과 협의하여 기관장이 정하며, 이들은 직접적으로 최고운영담당관(COOs)에게 보고하는 고위집행관으로서, 이

34) 주요 위원회로는 상・하원의 세출위원회(Appropriations of the Senate and the House of Representatives), 상・하원의 예산위원회(Budget of the Senate and the House of Representatives), 상원 국토안보 정부위원회(Homeland Security and Governmental Affairs of the Senate), 하원 감시 정부개혁위원회(Oversight and Government Reform of the House of Representatives), 상원 재무위원회(Finance of the Senate), 하원 세입위원회(Ways and Means of the House of Representatives) 등이 있다(이환성, 2014).

들은 전략 계획 및 분석, 평가 등을 통해 기관의 미션과 목표가 달성될 수 있도록 조언 및 지원을 담당한다(OMB, 2013: 577).

3) 평가 결과의 공개 및 활용 · 환류 단계

GPRAMA는 기존의 GPRA보다 더욱 범정부적인 목표 달성 및 성과 향상에 중점을 두고 평가결과 공개의 주기 및 공개의 범위를 확대하였다.[35] 이에 GPRAMA는 연방정부 기관의 성과보고를 기존 연 1회에서 중요사항을 수시로 보고하도록 하였으며, OMB는 목표 달성을 하지 못한 사업들을 연방정부 기관의 장과 GAO 등에게 보고하도록 요구하였다[36](GAO, 2011a; 2011b; 박중훈 · 이정욱, 2012: 148에서 재인용).

성과보고의 강화 외에도 오바마 행정부는 '열린 정부'(Open Government)를 강조하면서 GPRAMA의 성과정보 결과를 의회와 국민에게 대외적으로 공개하고자 노력하였다. 또한 평가과정에 관한 정보만을 공개했던 부시 행정부와 달리, 오바마 행정부는 연방정부사업 관련 원자료와 함께 평가과정 전반에 관련된 성과자료까지 공개하였다. 나아가 성과달성 정도에 대한 점검을 위해 성과포털(Performance.gov)에 각 부처 담당자들이 최신 성과정보를 상시 게재하고, OMB 국장은 모든 연방정부 사업에 관한 통계 및 기관의 성과를 제시하는 방법에 대한 일관성 있는 지침을 제공함으로써, 대중과 의회의 구성원 및 위원회 등이 접근하는데 용이하도록 하였다.

특별히 OMB는 연간 성과계획 및 대통령 예산(President's Budget)에 주요 개혁, 법률 제안, 프로그램 축소 또는 폐지, 필요 조치 등의 적절한 내용이

---

35) 이를 위해 GPRAMA는 제7조 연방정부 프로그램, 우선순위 목표 및 결과의 투명성(Section 7 TRANSPARENCY OF FEDERAL GOVERNMENT PROGRAMS, PRIORITY GOALS, AND RESULTS)을 신설하였다(황혜신, 2013: 145).

36) GPRAMA 시행 이후 각 기관은 각기 다양한 방식으로 성과보고서를 작성하고 있다. 일부 기관은 연간 성과보고서(Annual Performance Report)를 작성하고 있으며, 다른 기관은 성과와 책임성에 대한 보고서(Performance and Accountability Report)를 작성한다. 이외에도 의회에 제출하는 예산 요구 설명서(Congressional Budget Justification)에 성과보고서를 첨부하는 방식도 사용하고 있으며, 연간 성과와 계획에 대한 보고서(Annual Performance and plan Report)를 작성하기도 한다.

포함될 수 있도록 각 기관들과 긴밀히 협력하고 있다. 기관과 OMB가 다년에 걸쳐 전략적 목표 달성이 어렵다고 판단한 경우에는 성과 향상을 위한 연간 활동을 정할 수 있으며, 진전을 보이고 있는 전략적 목표들에 대해서도 기관들의 성과를 향상시킬 수 있도록 OMB는 국회에 권고사항을 지속적으로 제안할 수 있다(OMB, 2013: 649). 또한 계획한 수준의 성과를 달성하지 못한 목표에 대해서는 의회가 개입할 수 있도록 하였다(GPRAMA Sections 1116(g－i)).

한편, GPRAMA는 범정부적 성과목표의 달성을 위하여 성과목표 우선순위를 설정하고, 평가 결과와 예산 과정을 상호 연계시키고자 하였다.[37] 이를 위해 각 기관들이 연차 성과계획서와 연차 성과보고서를 정부예산안에 통합하여 의회에 제출하도록 하였다[38](OMB 2013, 240Sec. 2; 공동성 외, 2011).

요컨대 미국의 GPRAMA는 범정부차원의 성과계획을 바탕으로 각 기관의 성과계획을 수립하여 이를 관리하도록 하는 등 목표-성과정보 획득-활용이라는 수평적인 수준의 성과관리 단계를 수직적인 수준의 목표관리체계를 연계하도록 하고 있다(이정욱 외, 2014: 280).

---

37) 평가 결과와 예산 과정의 연계를 위하여 부시 행정부에서는 매년 예산요구 시 각 부처의 사업담당부서가 예산요구서와 성과계획서를 작성하고 이를 토대로 각 부처 내 재정 담당부서가 예산을 배정하는 방식으로 이루어져 있었다(한국조세연구원, 2011). 즉, 사업을 담당하는 개별부처는 승인된 예산을 바탕으로 사업을 수행하는데, 사업 연도가 종료되면 전체 사업 중 일부에 대해 PART를 이용한 평가를 실시하고 그 결과를 차년도 예산편성 결과에 반영하였다(한국조세연구원, 2011).

38) 구체적으로 성과계획서(APP)의 각 항목 구성은 정부예산안과 일치하기 때문에 예산안 제출 시 성과계획서를 따로 제출할 필요(형식이 예산안과 다를 경우 따로 제출)가 없다는 점에서 성과계획서와 예산안의 연계가 높다고 할 수 있으며, 성과보고서(APR)의 경우에도 예산안과 함께 제출되며 전략목표와 성과목표의 달성 정도에 대한 정보를 포함(범부처 우선순위목표 관련 내용은 제외)한다는 점에서 성과계획서와 연계가 높다고 할 수 있다(이환성, 2013).

제3절 정부업무평가제도

1. 대통령관리과제(PMA): 범부처 국정과제 평가

부시(George W. Bush) 행정부가 범부처 국정과제의 평가를 위하여 2001년 발표하고 회계연도 2002년부터 시행한 PMA(President Management Agenda)는 결과지향적 정부로의 경영혁신 및 정부사업의 성과개선을 위한 5개의 '범정부적 관리과제(government-wide initiatives)[39]'와 9개의 '기관(부처)별 관리과제(program initiatives)[40]'로 구성되었다.[41]

PMA를 추진하기 위해 OMB는 민간 부문에 비하여 재량이 부족한 공공부문에 다음과 같은 3단계의 관리 재량(Freedom to Manage)을 부여하였다(OMB, 2002: 5-6). 즉, 각 부처로 하여금 성과지향 관리에 방해가 되는 법령을 확인하도록 하고(Statutory Cleanup), 의회가 관리에 장애가 되는 법규를 신속히 제거하도록 하는 절차를 수립하며(Fast-Track Authority), 기관의 관리자에게 인사, 예산, 자산처분의 재량을 부여하는 것(Managerial Flexibility and Authority)이다(OMB, 2002: 5-6).

---

39) 5가지 범정부적 관리과제는 ① 인적자원의 전략적 관리(Strategic Management of Human Capital), ② 경쟁체제 도입(Competitive Sourcing), ③ 재정성과 향상(Improved Financial Performance), ④ 전자정부 확대(Expanded Electronic Government), ⑤ 예산과 성과의 통합(Budget and Performance Integration)가 제시되었다(OMB, 2002: 11-30).

40) 9가지 부처별 관리과제란 하나 또는 몇 개 기관에 해당하는 핵심관리과제들로서, ① 종교 및 사회단체의 사회복지 기능 활성화(Faith-Based and Community Initiative), ② 군의 주거시설 민영화(Privatization of Military Housing), ③ R&D 투자기준 개선(Better R&D Investment Criteria), ④ 학생재정지원 및 재무관리의 오류 및 부정행위 제거(Elimination of Fraud and Error in Student Aid Programs and Deficiencies in Financial Management), ⑤ 주거개선 및 도시개발에서의 관리 및 성과 제고(Management and Performance), ⑥ 건강보험 확대(Broadened Health Insurance Coverage Through State Initiative), ⑦ 적절한 규모의 외국 주둔 추진(A"Right-sized" Overseas Presence), ⑧ 식비보조사업 개선(Reform of Food Aid Programs), ⑨ 퇴역군인부와 국방부의 협력 강화(Coordination of VA and DoD Programs and Systems) 등 9개가 제시되었다(OMB, 2002: 31-71).

41) GPRA와 달리 PMA는 별도의 독립된 근거 법률로서 입법화되지 않고 부시 대통령의 정부개혁안에 근거를 두었다.

특별히 부시 대통령은 기존 의회 중심의 GPRA 대신에, 예산편성과정에서 행정부의 역할을 강화하고 행정부 중심의 성과관리체제를 구축하고자 하였다.[42] 이에 의회 소속 기관인 GAO(Government Accountability Office)가 관장했던 GPRA와 달리, PMA의 추진은 OMB를 중심으로 이루어졌고[43] 행정부 기관인 Office of Personnel Management for Human Capital이 참여하였으며, 대통령 관리 위원회(President's Management Council: PMC)가 대통령 직속으로 설립되었다. PMC는 범정부적 관리과제에 적용될 기준을 마련하기 위해 국가행정학회(National Academy of Public Administration: NAPA) 등 학계 전문가들의 자문을 거쳐 [그림 3-6]과 같은 'Executive Branch Management Scorecard'를 개발하였고, OMB는 이를 바탕으로 PMA가 부처별로 어떻게 추진되고 있는지를 매분기마다 평가하였다. 즉, 각 관리과제에 대하여 PMC가 범정부 차원의 성공의 목표와 기준을 제시하면, 관련 기관들은 자체적으로 이러한 목표들을 달성하기 위한 구체적인 액션 플랜을 개발하였으며, 각 기관별 관리과제들은 'Program Initiatives Scorecard'를 통해 평가되었다.

구체적으로 피평가기관들은 한 가지 과제에 대하여 두 가지 평가를 받는데, 우선 현재상황에 대한 평가점수(status score)가 성과목표 달성 정도에 따라 부여되고, 다음으로 진행상황에 대한 평가점수(progress score)가 개별 기관이 사전에 자체적으로 설정한 계획 대비 집행실적에 따라 부여되었다. 현재상황 및 진행상황 각각에 대하여 평가등급은 3단계로 구분되는데, 등급결정에 대한 기준은 PMC에서 마련하며, 신호등 체계를 차용하여 녹색, 노란색, 빨간색의 세 가지로 구분되었다.[44]

---

42) OMB는 의회와 행정부 각각에 대한 협조 요구를 중시하고 있다(OMB, 2002: 7). OMB는 근본적으로는 의회를 정부성과 달성의 장애요인으로 보았기 때문에 대통령은 최우선적으로 의회와의 협조를 추구하여야 한다고 보았다. 또한 행정부의 경우 장기적인 시계(time frame)를 갖기보다는 단기적인 투입이나 과정에 주로 관심을 가지고 있다고 보아, 보다 장기적인 성과에 관심을 갖고 범정부적인 차원에서 기관 간에 상호 협력하도록 하였다. 이와 같은 의회와 행정부에 대한 시각으로 인해 OMB는 평가계획 수립 시 관련 기관들과의 협조관계 및 협조요청 사항에 대한 내용을 포함시킬 필요가 있다는 입장이었다.

43) 이처럼 GAO 중심의 GPRA 대신 권력의 축을 OMB 중심의 행정부로 이동시킨 결과, 부시 집권 기간 동안 GAO 중심의 GPRA와 OMB 중심의 PMA 등은 조화되지 못하고 모순된 결과를 보여주기도 했다(황혜신, 2013: 102).

그림 3-6 Executive Branch Management Scorecard(2006. 9. 30 기준)

Agencies	Current Status as of 9/30/06					Progress in Implementing the President's Management Agenda				
	Human Capital	Competitive Sourcing	Financial Performance	E-Gov	Budget/ Performance Integration	Human Capital	Competitive Sourcing	Financial Performance	E-Gov	Budget/ Performance Integration
Agriculture	G	G ↑	R	R ↓	Y	Y	G	G	Y	G
Commerce	Y	Y	G	Y	G ↑	G	G	G	G	G
Defense	Y	Y ↑	R	R	Y	G	Y	G	R	G
Education	Y	G	G	G	G ↑	G	G	G	G	G
Energy	G	G ↑	R	Y	G	G	G	G	G	Y
EPA	Y	G	G	G ↑	Y	G	G	G	G	G
HHS	G	G	R	R ↓	Y	G	G	G	Y	G
DHS	Y	Y	R	R	Y	G	R	R	G	G
HUD	Y	Y	R	G	Y	G	Y	G	G	G
Interior	G	G	R	Y ↑	Y	G	R	G	R	G
Justice	G	Y	R	Y ↑	G	G	G	G	R	G
Labor	G	G	G	G	G	G	G	G	G	G
State	G	G ↑	G	G ↑	G	G	G	G	G	Y
DOT	G	G	R	G ↑↑	G	G	Y	G	Y	G
Treasury	G	G	R	Y	Y	G	Y	G	Y	Y
VA	G	R	R	R	R	G	R	G	Y	Y
AID	Y	R	Y	Y	G	G	G	G	G	Y
Corps	G	Y	R	R	R	G	Y	G	Y	G
GSA	Y	G	R	Y	G ↑	G	Y	G	G	G
NASA	G	G	R	R ↓	G	G	G	Y	R	G
NSF	G	R	G	G	G	G	R	G	G	G
OMB	Y	R	R	Y	R	G	G	G	G	G
OPM	G	G	Y	R	Y	G	G	G	R	G
SBA	Y	G	R	G ↑↑	G	G	G	G	G	G
Smithsonian	Y	R	G	Y	G ↑	G	Y	G	G	G
SSA	G	G ↑	G	Y ↓	G	G	G	G	R	G

G Green, Y Yellow, R Red, ↑ Change in status(up) since 6/30/06, ↓ Change in status(down) since 6/30/06

* 출처: GAO(2006: 21), 황혜신(2013: 111)에서 재인용

44) 여기서 녹색은 계획대로 진행 중이라는 의미로 현재 상태가 성공적이라고 판단되는 경우이며, 노란색은 계획에는 차질이 있으나 심각하지는 않으며 목표달성을 위해 조정이 필요한 상황으로서 기관이 스스로 해결가능한 정도의 문제라고 보는 경우이고, 빨간색은 특별한 조치가 없는 한 목표 달성이 어렵다고 판단한 경우이다(황혜신, 2013: 106). 예컨대 녹색으로 평가받기 위해서는 우선 노란색이 요구하는 기준요건들을 모두 충족해야 하며, 빨간색의 경우에는 열거된 기준들이 심각한 것으로 그 중 하나에만 해당하더라도 빨간색으로 평가받았다.

현재 상황에 관한 최초의 PMA 평가결과는 26개의 집행부서를 대상으로 2001년 9월 30일, 또한 진행상황에 관한 최초 보고서는 2002년 6월 30일에 각각 발간된 이래, OMB와 Office of Personnel Management for Human Capital은 매 분기별로 과제와 기관에 대한 평가를 수행하였다(황혜신, 2013). PMA의 평가결과는 분기별로 발간되는 성적표(scorecard)에 제시되었으며, PMA 평가를 수행하는 과정에서 성적표 외에 개선 계획(corrective action plans), 녹색 계획(Green Plans), 매년 발간되는 목표달성 계획, 성과 및 책임 보고서(Performance and Accountability Report: PAR) 등 다양한 문서들이 산출되었다.

특별히 OMB는 매 분기마다 각 과제별로 목표 달성도 및 구체적인 집행실적에 대한 평가결과를 인터넷 사이트 등을 통해 공개하였다. 평가결과 보고서는 범정부적 관리과제의 평가결과가 제공되는 Executive Branch Management Scorecard와 기관별 관리과제의 평가결과가 제공되는 Program Initiatives Scorecard로 구분되며, 이와 별도로 개별 부처들이 범정부적 관리과제에 대한 자체적인 평가결과를 발간하기도 하였다.

이와 같은 PMA에서는 비록 평가등급에 따라 해당 기관에 직접적인 보상은 없었으나, Scorecard가 기관 전체의 성과를 보여주는 지표 역할을 함으로써, 이를 공표하는 것만으로도 기관의 책임성 확보 수단이 될 수 있었다. 또한 도입 초기에 비해 녹색(최고등급)을 받는 기관들이 계속 증가하는 등 연방정부 사업성과를 향상시키는 데 기여한 측면이 있었다(Joyce, 2011; 박중훈·이정욱, 2012: 136에서 재인용). 그러나 PMA 평가결과에 대한 신뢰와 활용은 그다지 높지 않았는데, 그 원인으로는 평가의 기준이 명확하지 못하고, 기관들이 성과향상에 신경을 쓰기보다는 단순히 등급 관리 노하우만을 익힘으로써 녹색을 받는 등의 문제가 있기 때문이었다.

2. 사업성과평가도구(PART): 사업 단위별 평가

부시 행정부는 2002년에 PMA의 다섯 번째 과제인 '성과와 예산의 연계'의 실현을 목적으로 사업성과평가도구(Program Assessment Rating Tool: PART)

를 개발하여, 시범사업을 거쳐 2003년 2월의 2004 회계연도 예산편성 시부터 연방정부 전 기관을 대상으로 GPRA의 성과정보를 예산편성 과정에 활용하였다(GAO, 2004c: 2). 클린턴 행정부와는 달리 부시 행정부에서는 행정부인 OMB 주관으로 하향식 접근을 통한 개별 사업단위 중심의 평가를 수행하기 위하여 성과측정 및 평가도구 개발에 관심을 갖고 PART를 개발·운영하였다(이광희·김주환, 2013).

이에 따라 PART는 전반적인 성과관리 '과정'을 다루는 GPRA와는 달리, 사업의 성과정보를 확보하기 위한 목적으로 '측정'에 초점을 맞추었다(Radin, 2006: 123). 즉, GPRA가 계획-집행-성과 측정 및 보고 과정이라는 성과관리 제도의 기본적인 틀을 제공하는 데 비해, PART는 연방정부 기관이 수행한 사업의 성과를 평가하여 그 결과를 예산배분에 활용함을 목적으로 하였다.

GPRA 하에서는 사업과 사업을 비교하고 사업의 장기적인 성과 향상 정도를 확인할 수 있는 표준화된 측정도구가 없었기 때문에, 기존의 연방정부 사업에 대한 면밀한 평가가 없이 새로운 사업들이 계속 신설되었고, 이로 인해 유사한 사업의 중복과 예산 낭비의 문제가 발생되는 등 예산배분과 재정운영 등에 관련한 유용한 정보를 제공·활용하는데 한계가 있다는 지적이 제기되었다. 따라서 PART는 사업성과에 대한 표준화된 정보를 확보하고, 이를 예산편성 과정에 활용한다는 기본적인 목적과 함께 계량화된 방법을 이용한 주기적이고 장기적인 측정과 이를 통한 목표달성 여부의 확인을 위해 도입되었다.[45)]

특별히 PART는 그 목적이 통제에 있기보다는 보다 나은 업무를 위한 정보제공 및 컨설팅에 있었기 때문에, 각 기관별로 소관 사업들을 우선 평가하고 그 결과를 OMB가 다시 평가 혹은 점검하는 방식으로 이루어졌다. PART

45) PART는 평가의 초점이 GPRA와 달리 기관이나 부서 단위가 아닌 프로그램 사업이었고, 관련 기관도 GPRA가 의회와 행정부 모두와 관련된 반면 PART는 행정부인 OMB 중심이고, 조직의 접근방식에 있어서는 GPRA가 상향식 접근방식인 반면 PART은 하향식 접근방식을 취하고 있으며, GPRA에서는 전략계획서, 성과계획서, 성과보고서를 요구하는데 비하여 PART는 성과척도 그 자체에 집중하였고, 성과기준도 성과와 결과에 관심을 둔 GPRA와 달리 PART는 비용 대비 효과를 고려하는 효율성에 중점을 두었다(황혜신, 2013: 128).

시행 당시 OMB는 5개의 사업부서(Resource Management Office: RMO), 4개의 관리부서(Statutory Office), 지원부서(Wide-Support Office) 등으로 구성되었는데, 이 중 PART과 관련하여 주요한 역할을 수행한 부서는 사업 영역에 따라 구성된 RMO로서 연방예산의 결정과 집행을 책임지고 연방기관에 예산 관련 정책과 지침을 지속적으로 제공하는 것을 주요 임무로 하였다. 이와 함께 OMB의 베테랑 공무원들로 구성된 성과평가팀(Performance Evaluation Team: PET)은 OMB 공무원들이 PART 평가를 수행하면서 제기하는 질의사항 및 관련 이슈에 대해 실시간으로 대응하였다(GAO, 2004: 18-19).

한편, 2004년에는 기관합동심사패널(Interagency Review Panel: IRP)을 OMB 공무원과 관련 기관 공무원들로 구성하여 사업에 대한 PART 평가의 일관성을 검토하였다(GAO, 2004: 19). 하지만 2005년에는 IRP를 다시 구성하지 않고 미국행정학회(NAPA)의 지원을 받는 PET를 중심으로 총 사업의 25%를 대상으로 하여 평가의 일관성을 심사하였다. 특별히 2007년에 새로이 도입된 성과향상담당관(Performance Improvement Officer: PIO)은 각 부처에서 임명하도록 하였으며, OMB에서는 이렇게 임명된 PIO들을 통하여 재정사업 관련 개선 과제들을 감독하고 추진하였다(박노욱, 2012: 15). 2008년부터는 각 부처들의 PIO로 구성된 성과향상위원회(Performance Improvement Council: PIC)가 별도로 운영되었다.

PART 평가를 수행하기 위하여 먼저 OMB와 각 기관들은 협의를 통해 각 기관의 평가대상 사업을 결정하였다. 구체적으로 PART가 적용되는 사업유형은 7가지로서 연방정부 직접 사업(Direct Federal Programs), 경쟁적 보조금 사업(Competitive Grant Programs), 포괄보조금 또는 공식에 따른 보조금 사업(Block/Formula Grant Programs), 규제 사업(Regulatory-based Programs), 자본자산 또는 서비스구매 사업(Capital Assets and Service Acquisition Programs), 신용 사업(Credit Programs), 연구개발 사업(R&D Programs)으로 구분되었고, 이러한 유형들이 혼합되어 나타나는 혼합유형(Mixed)도 있었다(GAO, 2004: 10).

PART는 이와 같은 평가대상 사업에 대하여 4개의 평가부문, 즉 ① 사업의 목적과 설계, ② 사업 성과(전략적 계획), ③ 사업 관리 및 운용, ④ 사업의 결과 및 책임성으로 구성되었고, <표 3-13>과 같은 30여개의 질문(20여개의 공통질문과 사업유형별 추가질문)을 포함하는 체크리스트를 통해 각 기관이 스스로 소관 사업들을 평가하면, OMB는 이 결과를 사업개선 및 예산편성에 반영하도록 하였다.

PART는 평가자가 사업에 대한 4개 부문의 질문들에 대해 기본적으로 예/아니오 중 하나로 답하도록 설계되었으나, 도입 당시 이러한 예/아니오 답변의 요구는 단순 응답만을 요구한다는 비판이 제기되었다. 이에 따라 4개 평가부문 가운데 결과부문에 대해서는 '예/아니오' 답변과 함께 '다소 그렇다(small extent)'와 '상당히 그렇다(large extent)'라는 답변도 추가적으로 인정하였다.

표 3-13 PART에서 활용되는 공통질문 및 사업유형별 추가질문

1. 공통질문

장	질 문
사업 목적과 설계	1.1 사업 목적이 명확한가? 1.2 사업이 특정한 그리고 현존하는 문제, 이해관계, 또는 필요를 해결하려고 하는가? 1.3 사업이 다른 연방정부, 주정부, 지방정부 또는 민간의 활동과 중복되지 않도록 설계되었는가? 1.4 사업의 효과성이나 효율성을 제한하는 주요한 결함이 없도록 사업이 설계되었는가? 1.5 자원이 사업의 목적을 달성하는 데 직접 사용되고 의도된 수혜자에게 돌아가도록 효율적으로 사업이 설계되었는가?
사업 성과	2.1 결과 중심적이며, 사업의 목적을 유의하게 반영하는 구체적인 소수의 장기 성과지표를 가지고 있는가? 2.2 장기 성과목표에 대해 야심적인 목표치 및 일정표가 설정되어 있는가? 2.3 장기 성과목표 달성을 위한 진척도를 보여주는 소수의 구체적인 연간 성과지표가 있는가? 2.4 연간 성과목표에 대해 기준선과 야심적인 목표치가 있는가? 2.5 모든 사업당사자들이 연간 및 장기 성과목표의 달성을 위해 노력하고 있는가? 2.6 사업개선을 지원하고 사업의 효과성과 적절성을 높이기 위해 상시적 또는 필요에 따라 독립적인 평가가 이루어지는가?

	2.7 예산요구가 연간 및 장기 성과목표의 달성과 명시적으로 연계되어 있으며, 예산 필요내역이 완결되고 투명하게 예산에 나타나는가? 2.8 전략계획의 결함을 시정하기 위한 의미 있는 조치를 취하였는가?
사업 관리	3.1 부처가 적시에 믿을 수 있는 성과정보를 주기적으로 수집하고 이를 사업관리 및 성과개선에 사용하고 있는가? 3.2 연방정부의 관리자 및 사업담당자에게 비용, 일정, 성과결과에 대해 책임이 부여되는가? 3.3 자금이 적시에 배정되고 본래 목적에 따라 사용되는가? 3.4 사업 수행 중 효율성 및 비용 효과성을 측정하고 달성하기 위한 과정이 있는가? 3.5 관련된 사업과 효과적으로 협조 및 조정이 이루어지는가? 3.6 재무관리가 제대로 이루어지는가? 3.7 관리상 결함을 개선하기 위한 의미 있는 조치가 취해졌는가?
사업 결과	4.1 장기 성과목표 달성을 위한 적절한 진척이 이루어지는가? 4.2 연간 성과목표를 달성하였는가? 4.3 매년 성과목표 달성에서 효율성 또는 비용 효과성의 개선이 있었는가? 4.4 유사한 목적 및 목표를 가진 다른 사업에 비해 좋은 성과를 보여주는가? 4.5 독립적이고 종합적인 사업평가 결과를 통해 성과의 달성 여부가 평가되었는가?

2. 사업유형별 추가질문

사업유형	세부질문	단계
연방 정부 직접 사업	–	–
경쟁적 보조금 사업	CO1. 장단점에 대한 적절한 평가를 포함하는 투명한 경쟁과정을 통해 보조금이 지급되는가?	사업관리
	CO2. 보조금 지급 대상의 활동에 대한 충분한 정보를 제공하는 감독을 수행하고 있는가?	
	CO3. 보조금 지급 대상에 대한 성과정보를 매년 수집하고, 이를 투명하고 유의미한 방법으로 국민들에게 제공하고 있는가?	
포괄보조금 또는 공식에 따른 보조금 사업	BF1. 보조금 지급 대상의 활동에 대한 충분한 정보를 제공하고 감독을 수행하고 있는가?	사업관리
	BF2. 보조금 지급 대상에 대한 성과정보를 매년 수집하고, 이를 투명하고 유의미한 방법으로 국민들에게 제공하고 있는가?	

규제 사업	RG1. 사업이나 기관이 부과하는 모든 규제는 제시된 사업 목표의 달성을 위해 필요한 것인가? 또한 모든 규제들은 정책의 목표달성에 어떤 방식으로 기여하는지 명확하게 제시되어 있는가?	전략적 계획
	RG1. 중대한 영향을 미치는 규제를 입안할 때, 정책의 영향을 받는 모든 이해관계자(예: 소비자, 대기업과 중소기업, 주 · 지방 · 부족정부(tribal) 정부, 수혜자와 일반 대중)의 견해를 취합하여 고려하였는가?	사업관리
	RG2. 정분명령(EO) 12866에 따라 정책영향분석을 실시하거나, Regulatory Flexibility Act와 SBREFA에 따라 규제 탄력성 분석을 실시하거나, Unfunded Mandates Reform Act에 따라 비용-편익 분석을 실시하였는가? 이 모든 분석은 OMB의 지침에 부합하는가?	
	RG3. 사업목표를 달성함에 있어서, 모든 규제들 사이의 일관성을 확보하기 위하여 체계적으로 현행 규제들을 검토하였는가? (2006년 평가에서 삭제됨, 연간 비교를 위하여 질문 번호는 조정되지 않음)	
	RG4. 사업목적을 달성함에 있어 가능한 범위 내에서 순편익이 극대화되도록 규제가 설계되었는가?	
	RG1. 사업의 목표(그리고 편익)는 최소한의 추가적인 사회적 비용으로 달성되었는가? 또한 사업의 순편익이 극대화되었는가?	사업결과
자본자산 또는 서비스 구매 사업	CA1. 비용, 일정, 위험과 성과목표 사이의 상충관계를 감안한 의미있고, 신뢰할 만한 대안분석을 최근에 실시한 적이 있으며, 그 분석결과를 사용하였는가?	전략적 계획
	CA1. 사업은 실행 가능한 것, 능력/성과 특성, 그리고 적절하고 신뢰할 만한 비용과 계획된 목표에 대해 명확히 규정함으로써 관리되는가?	사업관리
	CA1. 사업 목적이 배정된 예산과 계획된 일정 내에 달성되었는가?	사업결과
신용 사업	CR1. 채권의 질이 우량하며, 대출과 회수가 적절히 이루어지고 관련 사항이 제대로 보고되고 있는지 여부가 계속적으로 확인되고 있는가?	사업관리
	CR2. 신용 사업의 비용 및 정부부담에 대한 신뢰할 수 있고, 일관되며, 정확하고 투명한 추정이 해당 사업의 신용 모형을 통해 적절하게 제공되는가?	

연구개발 사업	RD1. 사업의 잠재적 혜택을 평가하고 있는가? (만약 적절하다면) 유사한 목표를 추구하는 다른 사업과의 비교가 이루어지고 있는가?	전략적 계획
	RD2. 사업은 예산요구와 자금배분 의사결정을 위하여 우선순위를 설정하고 있는가?	
	RD1. 경쟁적 보조금 사업 이외의 R&D 사업의 경우, 사업의 품질을 유지하기 위한 자금배분 및 관리 절차가 사용되고 있는가?	사업관리

* 출처: 한국조세연구원(2011: 10-11)

PART 평가결과는 평가항목에 대한 점수를 가중평균하여 구한 총점과 분야별 점수로 제시되었다. 즉, 문항별 점수의 합에 따라 총점을 산출하고, 이를 100점 만점을 기준으로 효과적(Effective, 85점 이상), 다소 효과적(Moderately Effective, 84-70점), 적절한(Adequate, 69-50점), 비효과적(Ineffective, 50점 미만)이라는 네 개의 등급으로 구분하였으며, 평가 가능한 성과지표를 제시하지 못하였거나 평가 가능한 성과자료를 제시하지 못할 경우 평가불가(Result Not Demonstrated) 판정을 하였다. OMB는 이 평가결과를 대통령 예산서 중 성과 및 관리 평가(Performance and Management Assessments) 부문에 포함시켜 발간하였으며, OMB 웹사이트(ExpectMore.gov)를 통해서도 공표하였다.

PART는 2002년 도입 초기 일부 사업에 대한 시범 운영을 거쳐, 2004년 회계연도에는 행정부 전체 예산의 약 20%에 해당하는 234개의 사업에 대해 적용되었다. 이후 계속 평가대상을 확대하여, 2008년까지 OMB와 연방정부 기관들은 연방정부 예산의 98%에 해당하는 1,015개의 사업에 대한 평가를 완료하였다(한국조세연구원, 2011: 12-13).

이와 같은 PART 평가 제도는 투명하고 일관된 기준에 따라 연방정부의 성과를 평가하고, 평가결과에 기반한 성과정보를 예산에 반영함으로써, 재정의 효율성 및 책임성을 강화하고자 했다는 점에서 의미가 있다. 또한 정책산출(output)보다 정책결과(outcome)에 초점을 둔다는 점에서 PART의 지표들은 긍정적인 평가를 받았다.

그럼에도 불구하고 한정된 수의 질문과 응답이라는 평가틀에 대한 비판이 제기되었으며, 2004년의 경우 평가를 받은 234개 사업 중 거의 절반정도가 평가불가 판정을 받는 등 질문의 유용성에 대한 의문도 제기되었다. 그리고 평가기준과 관련하여 어떤 경우에는 상당히 포괄적이고 장기적인 성과지표를 인정하다가, 어떤 경우에는 이를 인정하지 않는다는 비판도 있었다. 뿐만 아니라 평가의 일관성을 유지하려는 PART의 노력과는 달리 실제로는 상당수의 모순된 평가결과가 발견된 것도 PART의 신뢰성과 활용성을 저해하였다. 예컨대 2004년 평가에서 75개의 사업이 적절한 연간 성과목표가 없다고 평가되었는데, 동시에 이 75개 사업 중 15개 사업은 연간 성과목표를 잘 추진하고 있다고 평가받았다(GAO, 2004: 22).

나아가 PART 평가 점수의 지속적 상승 역시 관련 기관들로부터 그다지 신뢰를 받지 못하는 원인이 되었다. 왜냐하면 사업평가 결과점수의 향상이 실제 사업성과의 향상으로 인한 것 일수도 있지만, 단순히 평가제도에 대한 피평가기관들의 학습효과 때문으로 볼 수도 있기 때문이다.[46] 또한 PART의 평가결과 중 보조금 관련 사업의 총점이 대체로 낮은 것으로 나타났는데, 이는 보조금의 집행과 관련하여 보다 다양한 이해관계자들 및 관련기관들의 협조가 필요했기 때문인 것으로 해석될 수도 있다. 이와 함께 사업성과를 확인하기 위한 충분한 시간이 확보되지 않았고, 사업이 지니는 비계량적인 가치를 고려하지 않았다는 점 역시 PART가 지니고 있는 한계였다(Newcomer and Redburn, 2008).

무엇보다 가장 심각한 문제는 PART의 도입 목적 자체가 GPRA를 보완하기 위한 것임에도 불구하고, PART와 GPRA가 분절적으로 운영되었다는 점이다(GAO, 2004: 6; Joyce, 2011; Newcomer and Redburn, 2008). 예컨대 GPRA의 경우 추상적인 목표를 제시한 반면, PART는 예산결정에 유용한 평가결과를 도출하고자 하였다.

46) 예를 들면, 사업 담당자가 PART 제도에서 요구하는 다양한 조건을 충족시키는 방법을 터득했거나, PART 평가보고서를 좀 더 잘 쓰는 방법을 터득하는 방식으로 인해 PART 평가 점수가 향상된 것일 수도 있다(Norcross & Adamson, 2007; 공동성 외, 2013: 173에서 재인용).

애초 PART 도입 시에 OMB는 PART가 제시하는 목표들로 GPRA의 성과계획 및 목표를 대체하도록 하였으나, 이로 인해 양 제도의 시행 기관들은 양자 간 관계를 어떻게 설정해야 할지에 대해 혼란을 겪었다. 이에 OMB는 Circular A-11 지침[47]을 발표하여 2005년 회계연도에 각 기관이 성과예산을 제출함으로써, GPRA의 성과목표를 대체하도록 요구하였다. 그러나 PART의 목표들은 단기적이고 분절적이어서, GPRA의 장기적이고 범정부적인 목표들을 대체하지 못하는 것이 한계로 지적되었다(황혜신, 2013). 더구나 PART와 GPRA 평가결과가 상이하거나, GPRA 기반의 기관 전략계획과 PART 평가결과의 연계성이 부족하다는 점 역시 양 제도 간의 괴리를 유발하는 요인으로 작용하였다. 결국 PART 제도 자체는 의욕적으로 도입되었지만 그 활용성은 제한적이었으며, 그 이유는 평가 결과에 대해서 의회만이 아니라 그 성과정보를 생산한 연방기관 자신도 불신하였기 때문이다(Partnership for Public Service, 2011: 3).

한편, PART 결과가 의회의 사업 우선순위 선정이나 재원배분 등 예산과정에 환류되는 것이 미약하고, PART의 성과정보가 사업관리자의 사업효율성 제고나 사업방식 개선을 위해 활용되지 못하는 것 역시 한계로 지적되었다. PART의 도입 목적은 새로운 성과자료를 생산하는 것이기보다는 기존의 성과자료를 바탕으로 예산배정이 엄밀하고 일관되게 이루어지도록 함으로써, 평가결과를 예산배정에 활용하여 성과와 예산의 연계를 보다 강화하고자 한 것이었다(한국조세연구원, 2011). 그러나 PART의 평가결과는 예산과의 연계 및 통합이라는 목표 달성보다는 사업 관련 개선안을 권고하는 데 주로 활용되었다. 이는 현실적으로 사업의 단기적 성과와 예산배분 간에 연계 방안을 마련하기 어려우며,[48] 의회 예산승인 및 배정 과정에서도 평가결과에 대한 관심

47) OMB에서 발간하는 Circular A-11은 연방정부의 예산에 대한 준비·제출·집행과 관련한 안내 지침서로, 동 지침서 6장 전략 계획, 연간 성과 계획, 성과 리뷰 및 연간 프로그램 성과 보고서(Part6 Strategic Plans, Annual Performance Plans, Performance Reviews, and Annual Program Performance Reports)부분에 포함되어 있다.

48) PART에서 높은 평가점수를 받으면 예산배정에 유리하기는 하지만, 예산을 반드시 보장받는 것은 아니었고, 반대로 평가에서 낮은 점수를 받았다고 해서 반드시 예산배정이 삭감되는 것도 아니었는데, 그 이유는 예산과 관련된 정책결정은 단지 평가점수만을 가지고 기계

이 저조하고 효과적인 활용이 이루어지지 못하는 데서 기인하였다.

뿐만 아니라 PART와 같이 기관에 의해 수행된 사업의 결과에 대한 사후적 평가결과에 근거하여 차년도 예산에 반영하는 방식은, 해당 기관의 기존 활동에 대한 상벌 부여의 의미를 넘어 진정한 의미의 성과관리가 이루어지지 못한다는 한계를 가지고 있었다. 성과관리를 위해서는 현재 수행 중인 사업에 대해 주기적인 모니터링을 통한 환류가 보다 효과적일 수 있는 것이다. 하지만 PART는 사업을 5년 주기로 검토하였기 때문에 기관에 신속히 피드백을 제공하지 못하는 한계가 있었다.[49)]

비록 PART 운영 결과가 OMB에서는 활용되었으나 예산확정 단계인 의회에서는 최종적으로 활용되지 않는 현실을 반영하여, 부시 행정부의 말기에는 PART를 통한 예산편성에의 반영보다는 사업운영 자체의 개선에 초점을 맞추어 제도를 운영하였다[50)](박노욱, 2012: 15).

하지만 평가주관기관인 OMB의 통제수단으로만 활용된다는 부정적 인식이 확산되는 등 여러 한계를 드러냄에 따라, 결국 오바마 행정부의 출범과 함께 PART가 폐지되었다. 이에 사후평가를 통한 예산과 성과의 연계라는 PART의 목표는 GPRAMA가 시행되면서 재정사업의 상시모니터링 체계로 전환됨으로써, 사후적 성과정보 생산보다는 주요 성과목표에 대한 상시적 모니터링 및 관리에 중점을 두는 통합성과관리체계의 구축을 시도하게 되었다.

적으로 하는 것이 아니라 공익적 가치나 정책 우선순위 등과 같은 다양한 요인들이 고려되기 때문이었다(김신, 2006: 33). 오히려 낮은 평가점수를 받은 사업을 보완하기 위해 예산이 증액되는 경우도 있을 수 있는 것이다.

49) 이전의 부시 행정부에서 실시한 PART 역시 사업집행 후 그 평가결과를 사후적으로 예산편성에 반영해 효과적인 피드백이 이루어지는 데 한계를 드러냈다. 예컨대 성과정보 등의 평가결과를 예산배정에 직접적이고 실질적으로 연계시키는 데 한계를 가지며, 전년도의 평가결과가 반영되는 것은 금년도 예산이 아닌 차년도 예산이기 때문에 성과가 예산에 반영되는 데에 시차가 존재한다는 문제도 있었다(Moynihan & Stephane, 2012).

50) 이에 따라 부시 행정부 초반의 '예산과 성과의 연계(Budget & Performance Integration)'라는 PART의 목적을 2007년부터는 '성과개선과제(Performance Improvement Initiative)'로 변경하였다.

제4절 정부업무 성과관리 및 평가제도의 시사점

앞 절에서 살펴본 미국의 정부업무 성과관리 및 평가제도를 요약하면, GPRA를 통해서 클린턴 행정부가 성과관리를 위한 명시적인 입법을 최초로 도입하였고, 이후 부시 행정부는 PMA와 PART를 신설・운영함으로써 연방정부 부처가 수행하는 사업평가체계를 확립하였으며, 오바마 행정부의 경우 기관별 목표와 사업성과 간 연계성 강화 및 범정부적인 성과 향상을 바탕으로 정부 기관 및 사업의 책무성과 투명성을 확보하고자 하였다. 아래 [그림 3-7]에서는 오바마 행정부의 GPRAMA가 기존 성과관리 및 평가제도인 범부처 수준의 PMA, 기관(부처) 수준의 GPRA, 사업(정책) 단위의 PART 간의 유기적 연계를 통한 통합성과관리체계를 구축하고 있음을 보여주고 있다.

그림 3-7 정부성과결과현대화법(GPRAMA)의 통합성과관리체계

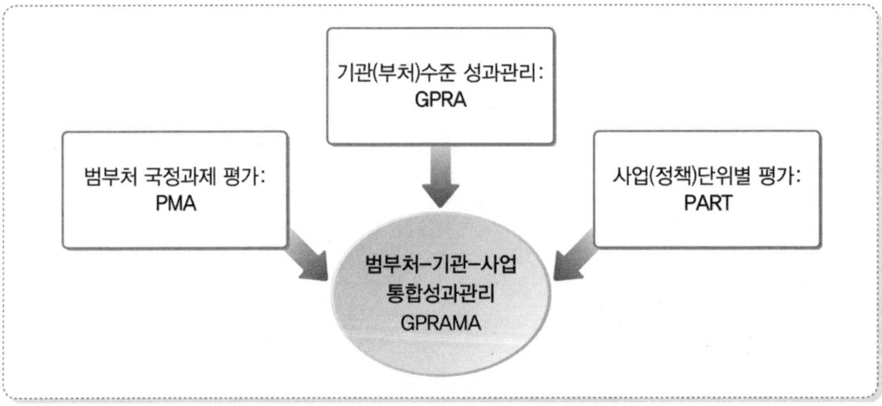

이와 같은 미국의 사례가 우리나라의 정부업무평가에 주는 시사점을 성과목표 체계 측면, 성과관리 주체 측면, 성과관리 단계 측면, 성과관리 운영 측면으로 구분하여 살펴보면 다음과 같다.

1. 성과목표 체계 측면: 범부처 국정과제와 기관 목표 간 체계적 연계

첫째, 성과목표 체계 측면의 시사점은 범부처 국정과제와 기관 목표 간 체계적 연계의 필요성이다. 미국의 GPRAMA는 범부처우선순위 목표(Cross-Agency Priority Goals)에 대한 성과관리를 강화하고 있다. 즉, 각 기관의 개별 사업들에 대해 범정부적 차원의 공통 목표달성을 위하여 협업체계를 강화함과 동시에, 개별 사업들에 대한 평가보다는 각 사업 간의 연계성을 강조하고 범정부적인 성과목표를 달성하는 방향으로 성과관리체계를 상호 연계시키고 있다. 이를 위해 GPRAMA는 특정 연방정부 기관이 기관 자체 목표뿐만 아니라 관련된 연방정부 우선순위목표를 달성하기 위하여 어떻게 기여할 수 있는지 그리고 다른 기관과 어떻게 협력할지를 기관 전략계획서에 반드시 포함하도록 규정하고 있다.

우리나라 정부업무평가의 경우 범부처에 걸친 성과목표나 성과지표가 설정된 것이 아니라, 국정과제와 관련된 개별 부처 사업들 각각의 성과목표를 분절적으로 평가하고 있다. 이에 비해 GPRAMA의 경우 범부처 차원 혹은 기관 차원에서 중요성이 높은 제한된 숫자의 우선순위목표(Priority Goal) 설정을 통해 부처의 성과 향상과 리더의 책임 및 역할을 연계하였다. 이를 통해 대통령 및 기관장의 목표의 우선순위를 분명하게 전달하고, 각 관리자에게 권한과 책임을 동시에 부여할 수 있으며, 기관들 간의 공통 문제에 대한 범기관적인 협력이 가능하게 되었다. 따라서 GPRAMA와 같이 우리나라에서도 범부처에 걸쳐 있는 국정과제와 각 기관의 목표가 상호 긴밀히 연계된 성과관리체계의 구축이 필요하다.

2. 성과관리 주체 측면: 성과관리 주체의 명확화를 통한 책임성 확보

둘째, 성과관리 주체 측면에서 볼 때, 미국 정부업무 성과관리 및 평가제도는 성과관리 주체의 명확한 설정을 통하여 리더의 역할 및 책임을 구체적으로 규정함으로써 기관의 성과 향상을 유도하고 있다. 이는 성과관리에 관한 고위급의 관심 및 의지가 정부업무성과의 효과적 관리의 전제조건임을 시사한다. 예컨대 2007년 부시행정부에서는 PART 운영결과를 입법부가 활용하지 않는다는 현실을 반영하여, 사업운영의 개선에 초점을 두고 각 부처에 성과향상담당관(Performance Improvement Officer: PIO)을 임명하도록 하였다. 이에 OMB에서는 PIO를 통해 재정사업의 개선 관련 과제를 점검・추진하였으며, 오바마 정부에서도 각 기관들은 PIO와 재무담당관(chief financial officer)을 별도로 두고 있다.

또한 오바마 정부에서는 각 부처 고위급의 관심과 의지를 이끌어 내기 위해 리더의 역할 및 책임을 명확화하고, 이와 연계된 결과중심적 우선순위 목표를 설정하였으며 이러한 목표를 고위급 주도로 주기적으로 검토하였다. 구체적으로 GPRAMA는 성과관리담당 조직과 인력의 기능 및 역할을 구체적으로 규정하고 있다(이정욱 외, 2014: 291-292). 예를 들면, 부시 행정부에서 설치된 이후 GPRAMA에 의해 법적으로 공식화된 각 부처의 PIO와 OMB 부국장(Deputy Director for Management)이 함께 기관의 분기별 목표의 달성도를 점검하는 성과향상위원회(Performance Improvement Council: PIC)를 개최하였다. OMB가 주관하는 PIC는 GPRAMA에 규정된 성과관리업무와 관련한 OMB의 업무를 보조하며, 연방정부 기관의 부기관장(deputy head)이 담당하도록 되어 있는 최고운영담당관(Chief Operating Officer)은 기관성과 향상에 대한 책임을 지닌다. 이 외에도 GPRAMA는 기관 우선순위목표를 담당하는 목표담당관(Goal Leader), 관리과제를 담당하는 기관담당관(Agency Leader) 및 미달성목표를 책임지는 선임담당관(Senior Officer)을 임명하도록 요구하였다.

한편, 우선순위목표에 대해서는 분기별로 성과향상위원회(PIC)의 협조를 얻어, OMB Director는 범부처 우선순위목표를, 부처 COO는 기관 우선순위목표를 모니터링하였다. 범부처 우선순위목표의 경우, 백악관 내의 정무직 공무원들이 목표담당관의 역할을 하며, 이들은 관련 부처 간 조율 및 의회와 협의 등을 통해 해당 목표를 관리하고 최종적으로 대통령에게 보고하는 의무를 지닌다. 또한 기관 우선순위목표는 기관장이 대략 24개월 이내에 달성하고자 하는 비교적 단기적인 성과들(near-term results or achievements)로 설정하고 있다. 이처럼 GPRAMA는 성과향상위원회와 성과향상담당관 등과 같은 성과관리담당 조직과 인력의 기능 및 역할을 구체적으로 규정함으로써 성과관리 감독 및 통제 체계를 효과적으로 제도화한 것으로 볼 수 있다.

3. 성과관리 단계 측면: 성과평가 결과의 공개를 통한 성과정보의 활용 및 환류

셋째, GPRAMA에서는 성과관리 단계 중 특히 성과평가 결과의 공개를 확대하고 평가결과의 활용 및 환류를 강조하였다. GPRAMA는 성과정보의 적시 활용을 위한 분기별 성과갱신, 그리고 기관 우선순위목표의 설정을 요구하였다. 또한 관련 전문가, 이해관계자 및 의회와의 협의를 통한 성과관리를 시도함으로써, 시민에 대한 책무성을 강조하였으며(Hall and Jennings, 2011), 범부처 우선순위목표와 기관우선순위목표, 기관전략계획, 기관성과계획, 기관성과보고 등에 대한 정보를 웹사이트에 게시하고, 의회와의 협의사항에 대한 반영 정도를 공개하였다. 특별히 성과평가 결과의 환류를 위해 웹사이트(www.performance.gov)에 성과정보를 주기적으로 게시하여 대중과 의회 구성원 및 위원회 등의 접근이 용이하도록 하는 동시에, 비교적 우선순위가 낮은 사업에 대해서는 불필요한 보고 절차를 개선하였다.

우리나라 정부업무평가의 경우에도 단순히 평가결과로 산출된 부처의 최종등급만을 공개하는 것에서 한 걸음 나아가, 성과평가 과정에서 산출되는 다양한 성과정보의 공개를 보다 확대함으로써 성과정보의 활용 및 환류의 선순환이 이루어질 수 있도록 할 필요가 있다.

4. 성과관리 운영 측면: 중장기적 성과관리체계 구축 및 운영

마지막으로 성과관리제도의 운영 측면에서 얻을 수 있는 시사점은 중장기적 성과관리체계의 구축 및 운영의 필요성이다(이광희, 2012: 119-121). 미국의 성과관리 및 평가제도는 기본적으로 전략목표를 기반으로 하여 연간 성과관리 계획수립 및 성과평가가 수행된다. 기존 GPRA에서는 5년 단위의 전략계획을 중심으로 연간성과계획과 연간성과보고가 이루어지도록 하였으며, PART에서도 부처의 중장기 목표인 전략목표에 따라 부처가 수행한 사업의 성과목표를 설정하고 관리하였는지를 평가하였다. 특히 오바마 정부의 GPRAMA에서 각 부처는 중장기 목표의 설정을 위해 전략계획보고서를 작성하여 공표함으로써 부처의 전략목표가 어떻게 도출되는지에 대해 자세히 기술하였다. 또한 GPRAMA의 연간 성과보고서에서는 중장기적인 차원의 상위 전략목표에 속해 있는 하위 성과목표에 대한 달성도 평가를 통해 전략목표를 평가하는 방식으로 성과관리가 이루어진다.

이에 비해 우리나라 부처의 성과관리 전략계획은 전략목표의 도출 근거, 하위 성과목표와의 연계성 등이 자세하게 기술되지 않고 있으며, 단기적 성과에 치우친 관리과제 수준에서 자체평가가 이루어지고 있는 실정이다. 따라서 성과관리 및 평가의 단위를 관리과제 수준에서 중장기 전략목표 수준으로 상향시키고, 이러한 상위의 전략목표를 중심으로 하위목표들과 연계한 체계적인 성과관리가 이루어질 필요가 있다.

5. 우리나라 정부업무평가와 종합적 비교

결론적으로 본 장에서 살펴본 미국 정부업무의 성과관리 및 평가제도 사례의 시사점을 종합하여 범정부 차원에서의 성과관리, 성과관리와 평가의 관계, 평가주체, 평가대상, 성과지표, 결과활용, 수요자 관점, 중장기 성과관리 항목별로 우리나라의 정부업무평가와 비교해 보면, 아래 <표 3-14>와 같이 정리될 수 있다.

표 3-14 한국의 정부업무평가와 미국의 정부업무 성과관리 및 평가제도 비교

항목	한 국	미 국
범정부 차원에서의 성과관리 (부처 간 협력)	• 특정평가(국정과제평가, 정상화 과제평가, 규제개혁평가 등) • 부처 간 협업노력 평가	범부처 국정과제와 기관단위 목표 간 체계적인 연계
성과관리와 평가의 관계	• 계획단계 복잡(성과관리시행계획, 성과계획서, 자체평가계획 수립) • 성과관리시행계획은 자체평가 대상과제를 확정하기 위한 근거자료로만 활용	성과관리 체제 내에 평가가 내재해 있음
평가주체	국무조정실(기관통할형 vs 국정조정형), 기획재정부(예산통제형), 행정자치부(행정관리형) 등 분권적 평가위원회 활용(민간 전문가 참여)	관리예산처(OMB), 최고운영담당관(COO), 성과관리총괄담당관(CPO), 성과향상담당관(PIO), 성과향상위원회(PIC), 의회 등이 연방 정부 내외부의 네트워크를 구축하여 성과관리제도의 효과적인 운영을 도모함
평가대상	관리과제 중심의 자체평가 (평가대상 수준이 낮음) 주요정책과 재정사업으로 분리 행정관리역량 부문 별도 존재	범부처국정과제, 기관단위 목표 및 사업에 대한 분기별 점검
성과지표	• 정량지표 중심 • 목표달성이 용이한 성과지표 • 복합지수 무분별 사용	정량지표와 정성지표가 혼재함
결과활용 (hard vs soft)	• 서열화된 평정 결과 도출 • 성과급 등 인센티브에 활용 • 평가결과 공개 미흡	- 데이터에 기반(Data-driven Reviews)하여 분기별로 실적을 점검하고 연간 목표치 달성을 위해 요구되는 분기별 성과수준을 비교·분석함으로써 성과개선 유도 - 연방정부 및 부처의 우선순위 목표와 성과 정보들을 의회, 이해관계자, 국민 등에게 제공하는 범정부적인 성과 웹사이트를 구축

수요자 관점 (국민 참여)	국정과제 국민만족도 조사 등	- 기관전략계획서, 기관성과계획서 작성 등 정책목표 설정과정에서 의회 및 이해관계자와의 협의 과정을 강화 - 행정부뿐만 아니라, 의회, 주정부, 지방정부, 시민외부 통제장치를 적극적으로 활용
중장기 성과관리	단년도 평가 중심	- 중장기 목표의 설정을 위해 전략평가보고서를 작성하여 공표 - 중장기적 성격을 지니는 상위목표를 중심으로 성과관리 및 평가 운영

참고문헌

강영철 · 박중훈. (2009). 효과적 정책관리를 위한 특정평가제도 및 방법론 개선방안, 한국행정연구원.

공동성 · 박중훈 · 이정욱. (2011). 정부업무 성과관리제도 발전방안 연구, 국무조정실.

공동성 외. (2013). 성과관리-외국제도편. 대영문화사.

김신. (2006). 주요국 성과평가시스템 비교연구, KIPA연구보고 2006: 1-208.

박노욱. (2012). 재정성과관리제도 현황과 추진 방향: 우리나라 현황 진단과 국제적 동향의 시사점, 한국조세연구원. 1-20.

박노욱 외. (2008). 성과관리 예산제도의 국제비교, 한국조세연구원.

박중훈. (2012). 주요정책과 재정사업 평가의 연계화를 위한 방안에 관한 연구, 한국행정연구원.

윤수재. (2012). 정부업무평가에 대한 메타평가 및 개선방안 연구, 한국행정연구원.

유금록 외(2012). 정부업무평가제도 운영성과에 대한 진단과 발전방안 연구, 국무총리실 정책분석평가실.

이근주. (2001). "미국 GPRA의 현황과 평가." 한국행정연구 10(1): 19-39.

이광희. (2012). 중앙행정기관 성과에 대한 중장기 관리체계 구축방안 연구, 한국행정연구원.

이광희. (2013). 평가 결과 및 성과정보의 활용도 제고 방안, 한국행정연구원.

이광희 · 김주환. (2013). 국정과제의 효율적 추진을 위한 자체평가 운영 개선방안 연구, 한국행정연구원.

이정욱 · 정장훈 · 조문석. (2014). 정부 성과관리에 관한 비교연구: 한국, 미국, 호주의 성과관리제도를 중심으로, 「현대사회와 행정」 제24권 제2호: 279-307.

이환성. (2013). 성과관리계획 수립 · 운영실태 및 개선방안, 한국행정연구원.

이환성. (2014). 국정과제평가 실태 분석 및 개선방안, 한국행정연구원.

이환성. (2015). 정부업무평가 기본법제 개선방안, 한국행정연구원.

한국조세연구원. (2011). 주요국의 성과관리 제도, 한국조세연구원.

한국조세연구원. (2012). 미국 성과관리 전문교육 연수결과 보고, 한국조세연구원.

한국조세연구원. (2014). 해외 성과관리 전문교육, 연수결과 보고, 한국조세연구원.

황혜신. (2013). 해외사례 비교·분석을 통한 한국 정부업무평가제도의 개선방안 연구, 한국행정연구원.

Moynihan, D. P. & Stephane, L..(2012). "Does involvement in performance management routines encourage performance information use? evaluating GPRA and PART", *Public Administration Review*, 72(4).

Committee on Homeland Security and Governmental Affairs. (2010). "GPRA Modernization Act of 2010. 111th congress 2nd session. Report of the Committee on Homeland Security and Governmental Affairs." USA Congress.

GAO. (2004). Performance budgeting: Observations on the use of OMB's Program Assessment Rating Tool for the Fiscal Year 2004 Budget. 1-67.

GAO. (2013). Managing for Results: Agencies Should More Fully Develop Priority Goals under the GPRA Modernization Act. Report to Congressional Committees GAO-13-174.

Brass, Clinton T. (2012a). "Changes to the Government Performance and Results Act (GPRA): Overview of the New Framework of Products and Processes." *Congressional Research Service* 7-5700.

Brass, Clinton T. (2012b). "Reexamination of Agency Reporting Requirements: Annual Process Under the GPRA Modernization Act of 2010 (GPRAMA)." *Congressional Research Service* 7-5700.

Joyce, Philip G. (2011). "The Obama Administration and PBB: Building on the Legacy of Federal Performance-Informed Budgeting?." *Public Administration Review* (May/June) 71(3): 356-367.

Kamensky, J. (2011). *GPRA Modernization Act of 2010 Explained.* IBM Center for the Business of Government. 1-8.

Newcomer and Caudle. (2011). "Public Performance Management Systems: Embedding Practices for Improved Success." *Public Performance & Management Review* 35(1): 108-132.

Norcros, E. & Adamson, J. (2007). "An Analysis of the Office of Management of Budget's Progrman Assessment Rating Tool (PART) for Fiscal Year 2007." *A Working Paper in Government Accountability.* George Mason University: Mercatus Center.

OMB. (2002). The President's Management Agenda. 1-71.

OMB. (2007). "Implementing Executive Order 13450: Improving Government Program Performance", December 7, 2007.

OMB. (2010). "Analytical Perspectives Budget of the U.S. Government: Fiscal Year 2011." USA Government.

OMB. (2013). Circular No. A-11. U.S. Office of Management and Budget. 1-788.

Radin. B. A. (2006). *Challenging the Performance Movement: Accountability, Complexity and Democratic Values*, Georgetown University Press. 1-270.

■ 참조 웹사이트

www.performance.gov

제4장

영국의 정부업무 성과관리 및 평가제도

제4장

영국의 정부업무 성과관리 및 평가제도

제1절 개요

1. 정치행정 환경

영국은 입헌군주제와 의원내각제를 정치체계로 채택하고 있으며, 국민은 의원을 선거를 통해 선출하고, 구성된 의원들이 투표와 논의를 거쳐 내각인 행정부를 구성하는 것이 특징이다. 또한, 영국은 성문헌법을 가지고 있지 않다. 다만 헌법으로 규정할 사항에 대한 법률은 가지고 있으며, 나머지 사항은 관습헌법에 따르고 있다. 이에 법률을 제정할 권한을 가지고 있는 의회의 힘이 절대적으로 강하다고 할 수 있다.

영국의 의회는 상원(귀족원)과 하원(서민원)의 양원으로 분리되어 있다. 현재 상원은 의회의 기능보다는 상징적인 최고 사법부의 기능을 담당하고 있다. 상원은 주교, 귀족, 판사 등의 자격을 갖춘 인원으로 구성되며 발의된 법안의 수정과 개정에 대한 제한된 권한을 행사한다. 따라서 실제로는 하원이 강력한 권한을 가지고 있다. 영국의 정부는 하원의 다수당에 의해서 많은 영향을 받고 있으며, 모든 법안에 대해서도 하원에서 논의가 이루어지고 있다.

영국의 정부수반인 총리는 의회 다수당의 총재가 취임하는 것이 관습이며, 내각제도는 총리의 국정운영 방향에 따라 규모와 위상이 달라지고 변화가 크게 나타나게 된다. 즉, 총리는 정부의 정책결정과 국정운영 방향에 막대한 권력을 가지고 있다. 총리는 부처의 장관을 지명하고 내각을 구성하는 권한을 가지고 있다. 각 부처의 장들이 모여 내각을 이루고, 영국의 총리를 보좌하는 내각사무처(cabinet office)는 전체 내각을 관리하고 부처 간 정책조율의 역할을 수행한다.

각 개별 부처는 정책 독립성과 책임성을 보장받기 때문에 부처의 장관은 많은 자율적 권한을 가지고 정책을 수행한다. 만약에 여러 부처의 협력이 필요한 사항이 생기면 위원회 등의 제도를 활용하여 합리적인 협의과정이 이루어지고 있다.

2. 연혁

영국에서 정부평가제도가 체계적으로 운영되기 시작한 시기는 1970년대 초반부터이다. 이후 성과관리의 성격을 가지게 된 것은 대처(Margaret Thatcher) 수상이 공공부문 개혁을 위한 수단으로 정책평가제도를 활용한 시점이라 할 수 있다.

1982년의 FMI(Financial Management Initiative)를 통해 대처정부는 정부부처 내 모든 계층의 관리자에게 사업을 계획하고 관리할 수 있도록 하기 위해서, 의도하고 있는 사업목표를 분명히 하여 제시하고, 목표의 달성정도를 측정할 수 있는 성과지표의 제시와 그 비용을 제시하도록 하였다.

이러한 목표와 성과지표의 설정은 전정부적으로 확산되었으나, 성과측정 및 평가에서의 FMI가 이루어낸 성과에도 불구하고, 정부부처의 성과를 통합적이고 체계적으로 관리하기 어려운 상황이 발생하는 등의 문제점이 나타나게 되었다. 이에 Next Steps Initiative를 도입하게 된다.

1980년대 이후에는 정부의 높은 재정지출과 재정적자의 누적, 정책목표 달성을 위한 책임성 결여로 인한 행정서비스의 질 저하 등의 문제를 해결하고, 정책에 대한 책임성 확보를 위해서 결과중심관리로의 전환이 불가피한 상황이었기 때문에 보다 더 광범위한 행정개혁을 추진하게 된다.

영국은 1988년 Next Steps Initiative 도입을 통해 부처 내 집행 또는 서비스 제공기능을 중심으로 개혁의 초점을 변화하였다. Next Step은 기존의

표 4-1 영국의 성과관리 주요변화

주요 시기/수상/집권당	주요 제도	평가
1970~1974년 에드워드 히스 (Edward R. G. Heath)/보수당	- 중앙정부 평가역량 강화를 위한 중앙정책평가단(Central Policy Review Staff) 운영 - 개별부처에 대한 사업심사분석(Program Analysis and Review) 실시	- 평가결과의 재정지출 반영에 있어서의 한계
1979~1990년 마가렛 대처 (Margaret Thatcher)/보수당	- 능률전략(Efficiency Strategy)을 통한 정부운영 능률성 제고 - 재무관리이니셔티브(Financial Management Initiative)를 통한 목표의 명확화와 자원활용의 책임성 강화 - 책임운영기관제도(Executive Agencies) 도입을 통한 자율성 부여	- 공공부문 구조개혁을 위한 성과관리제도의 활용
1990~1997년 존 메이저 (John Major)/보수당	- 산출 및 성과분석제도(Output and Performance Analysis: OPA) 운영을 통한 개별 부처의 성과분석 수행	- 부처의 성과관리 역량 확대 - 재정중심
1997~2007년 토니 블레어 (Tony Blair)/노동당	- 재무부와 각 부처의 성과목표 달성에 관한 계약(국민과의 약속)인 공공서비스 협약(Public Service Agreement: PSA) 체결 - 재무부의 포괄적 지출검토, 종합지출분석(Comprehensive Spending Review)을 기초로 향후 3년간의 부처별 예산 및 정책과제, 성과목표 제시 등이 이루어지며, PSA에는 사업의 목적과 목표 등이 구체적으로 포함되게 됨 - 공공서비스개혁국(Office of Public Service Reform)과 전달팀(Delivery Unit)이 중앙정부 차원의 성과관리 관리 - 종합성과평가제도(Comprehensive Performance Assessment) 도입	- 영국 성과관리제도의 정착 및 강화
2010~2016년 캐머런(David William Donald Cameron)/보수당 (보수당, 자유민주당 연립정권) 2016~현재 테레사 메이(Theresa May)/보수당	- 공공부문투명성제도(Public Sector Transparency Framework) 도입 - 기존의 3년 예산검토에서 4년으로 늘리고, 공공지출을 감소시키는데 초점을 둠 - 부처별 비즈니스 플랜(Business Plan) 수립 - 총리의 핵심국정과제 집행평가(Implementation Review) 도입	- 중앙집권적 평가관리에서 개별부처 중심으로 전환

전통적인 부처 구조로부터 탈피하여 책임운영기관(Agency)으로 기관운영구조를 변화시키는 것을 주된 내용으로 하고 있다. 책임운영기관은 기관의 책임하에 명확한 목적과 목표를 설정하고 자율적인 서비스 집행 기능을 수행하게 된다.

이러한 과정에서 부처의 장관과 집행기관의 장은 성과에 관한 계약을 맺고, 계약내용으로서 집행기관장이 성취해야할 목표와 성과가 규정되며, 지출 및 인력관리상의 재량권을 가지고 기관을 운영하게 된다. 정부는 이러한 변화를 통해 궁극적으로는 행정서비스의 질을 향상시키고 공공서비스 제공에 있어서 민간기업과의 경쟁을 촉진시켜 기관역량을 강화하고자 하였다.

본격적으로 정부의 성과를 측정하고 체계적인 성과관리제도가 강화된 시기는 1997년 블레어(Tony Blair) 정부가 들어선 다음이라 할 수 있을 것이다.

이후 2010년 캐머런 정부에서는 부처의 자율성을 중시하고 실제 국민을 위한 활동과 국민에 의한 평가가 이루어지도록 투명성을 강화한 제도로 변화시키게 된다. 이는 보다 더 국민의 이해와 참여를 확대하는 정책변화의 방향이 포함된 것으로 성과관리체계가 수요자 중심으로 진화되었다는 중요한 의미를 가지고 있다고 평가할 수 있다.

3. 관련 법령

영국은 의원내각제 국가로 정책평가만을 담당하는 독립적인 중앙조직이나 성과관리에 관한 기본법을 가지고 있지 않다. 그러나 영향을 미치는 관련 법령과 제도로써 보완하고 있다. 영국의 성과관리 관련 법령은 성문법의 형식보다는 정부와 국민간의 협약(agreement)의 성격을 가진다고 할 수 있다.

성과관리와 관련된 법령과 제도로는 2000년에 제정된 정보공개법(Freedom of Information Act)과, 2001년 지방자치단체와 정부의 성과목표 달성 약속인 지방공공서비스협약(Local Public Service Agreement) 등이 있다. 2004년 이후에는 더 많은 지방 및 공공기관으로 협약을 확대하게 된다.

2000년대 초반에는 기관 목표와 성과지표의 설정, 최고가치 평가의 수행,

성과계획의 작성과 제시 등을 주요 내용으로 하는 최고가치(Best Value)제도를 지방정부 중심으로 시행하였다.

2011년 7월 영국 보수당은 정부의 운영 및 공공서비스 제공과 관련된 기본적 방향을 담은 "공공서비스 개방 2012 백서(Open Public Service 2012)"를 발표하고 비즈니스 플랜을 제시하였다. 또한 2012년 "공공서비스(사회적 가치)법[The Public Services (Social Value) Act]"을 제정해 정책차원의 사회적 가치 실현을 제도화하고 있다. 이 법에서는 국가나 공공기관이 공공서비스를 민간으로부터 구매할 계획을 수립하는 단계에서부터 사회적 가치를 고려하도록 한다. 사회적 가치는 공동체를 위한 편익을 말하고, 이 법은 공공서비스 전달체계의 효율성 확보에 기여하고 있다고 평가된다.

제2절 정부업무 성과관리제도

1. 성과관리체계 및 운영

영국의 성과관리체계는 크게 공공서비스 협약(Public Service Agreement: PSA)과 비즈니스 플랜(Business Plan)으로 구분될 수 있다.

영국에서는 1979년 대처 정부가 들어선 이후에 계속 보수당이 정권을 잡아왔으나, 1997년 18년 만에 노동당이 집권하게 되면서 정권 변화과정에서의 정부혁신 및 개혁의 수단으로 PSA를 도입·추진되게 되었으며, 보다 결과중심의 성과관리를 강조하게 되었다. 1998년 후반에 공공서비스협약제도(Public Service Agreement: PSA)가 도입되고 산출 및 성과분석제도(OPA)를 폐지하게 된다. OPA(Output and Performance Analysis)는 1994년 자원 및 예산제도에 관한 보고서(Green Paper)에 제시된 것으로, 개별 부처의 목적과 목적에 소요되는 비용, 비용에 따른 산출과 성과를 포함하는 제도이다.

PSA는 영국의 블레어 정부가 행정혁신의 일환으로 실행한 것으로 정부와 공공 간의 서비스 전달 효과와 효율에 대하여 산출과 성과를 중요시 한다. 모든 각 부처는 당해 부처의 향후 3년간에 걸친 목표 및 목적, 자원, 성과목표치를 구체적이고 계량적으로 제시하도록 하는 통합된 매뉴얼이라 할 수 있다.

표 4-2 영국 PSA의 주요 특징

	내 용
도입배경	- 1997년 18년 만에 집권한 노동당 정부의 정부개혁 방안 - 법률로 규정된 것이 아니라 계약의 형태(일종의 약속의 의미를 가짐)를 가지고 있으며, 이의 주요 대상자는 국민과 의회임
목적	- 결과중심의 성과관리체계 강화 - 정부 성과관리의 통일성 및 국민에 대한 신뢰성 확보
기본 구조	- 기관의 가장 상위 목적(Aim), 기관의 포괄적인 수준의 전략목표(Objective), 성과목표와 목표값(Target), 책임소재를 명확히 할 수 있는 책임주체 기술의 구조 - 정부가 추진하고자 하는 근원적인 목적에 따라 각 부처가 자신의 업무를 분할하고 공유하는 형태
평가주체	- 재무부, 전달팀(Delivery Unit), 전략팀(Strategy Unit), 개별부처
평가대상	- 설정된 전략목표, 성과목표와 관련된 내용으로, 평가지표는 영국 통계청의 공식적이고 객관적인 자료를 활용하는 것을 원칙으로 함
평가과정	- 기술설명서를 통한 성과측정, 타당성 검증 실시 - 효율성 평가와 지출분석, 종합지출분석 실시 - 재무부의 평가지침에 따라 각 부처에서 자율적으로 실시 - 부처성과보고서와 연간성과보고서
평가결과 활용	- 종합지출분석을 통하여 기관의 연속적인 성과분석 가능 - 구체적 성과보고서를 통하여 성과원인 파악과 사업의 지속, 종결, 예산배정 등에 활용 - 국민에게 결과정보를 투명하게 공개하여 정부의 신뢰성 확보

각 부처의 PSA는 개별부처뿐만 아니라 정부의 특별한 목표를 달성하기 위하여 부처 간 상호 연계되어 존재하기도 한다. PSA에 따른 보고서를 작성하지 않는 작은 부처는 SDA(Service Delivery Agreement)를 작성한다. PSA와 SDA는 중앙부처에 해당하며 이는 하위기관의 성과관리과정과 목표에 연결되어 진다. 따라서 하위기관들은 이러한 중앙부처의 우선순위와 목표치에 연계되고 정렬되어 있는 형태를 갖추고 있다.

PSA의 주요 목적은 첫째, 공공서비스전달체계에 대한 정책평가와 모니터링을 강화하고 공공지출에 대한 시스템을 보다 결과 중심의 전략적인 형태로 개혁하는 것(강정석, 2012), 둘째, 각 부처에 대한 영향력을 지니고 있는 재무부와 총리실이 각 부처에 대한 통제력을 강화하기 위한 수단으로 활용, 셋째, PSA는 정책의 주요 수혜자인 국민에 대한 보다 나은 봉사 등이다(황혜신, 2013).

결과적으로 PSA의 목적은 성과중심의 관리체계 강화와 기존의 자율적 부처 중심 평가체계에서 중앙과의 협약을 통한 통제강화와 통일성 확보라고 할 수 있다. 또한, 국민들에게 성과정보를 제공하는 역할을 한다는 측면에서 기존의 성과관리체계와의 차별성을 가지고 있다고 평가할 수 있다.

영국의 PSA 시행은 결과 중심의 목표설정에 큰 도움을 주었으며, PSA에 근거한 결과에 대하여 목표를 설정하는 비율은 1998년 11%에서 2000년 67%로 증가하였다. 영국의 성과관리는 정책평가와 정책결정과정에서 결과의 통합 증진을 기하였으며, 하위기관 자체의 결과에 대한 목표설정도 명확히 하여 보다 발전적인 방향으로 진보하고 있다는 평을 얻기도 하였다(Kristensen, et al., 2002).

2010년 캐머런(David William Donald Cameron) 정부가 들어선 이후, 2011년 보수당과 자유민주당의 연합정부는 "Open Public Service 2012"를 발표하고, 국민의 질 높은 공공서비스 수혜를 가장 높은 가치로 설정하였다. 여기에 비즈니스 플랜(Business Plan)제도를 두어 부처별 실제적 활동 중심 성과관리와 국민을 위한 신뢰성과 투명성 증대를 강조하게 되었다.

1) 성과관리 운영 체계

(1) 공공서비스협약(Public Service Agreement: PSA)

PSA는 재무부(HM Treasury)와 내각사무처, 각 부처의 상호 협력 하에 운영된다. 재무부의 일반지출정책국, 성과능률팀은 재무부의 지출분석(Spending Review: SR) 합의에 있어서 주도적인 역할을 한다. 이후 지침과 목표를 제공하고 지원함과 동시에 예산을 총괄 조정하는 역할을 수행한다(HM Treasury, 2008; 윤수재 외, 2008 재인용).

내각사무처는 총리직속기관으로 전략국 개혁집행실의 역량점검팀을 구성하고 각 부처의 목표달성과정을 지원 및 감독한다. 내각 사무처는 평가대상 선정, 평가관리 등의 총괄적인 지원기능도 수행하게 된다. 이 과정에서 각 부처는 CSR(종합지출분석, Comprehensive Spending Review)과 SR의 협의에 참여하고, 1년에 두 번 성과보고서를 작성한다.

그림 4-1 영국의 성과관리 운영체계

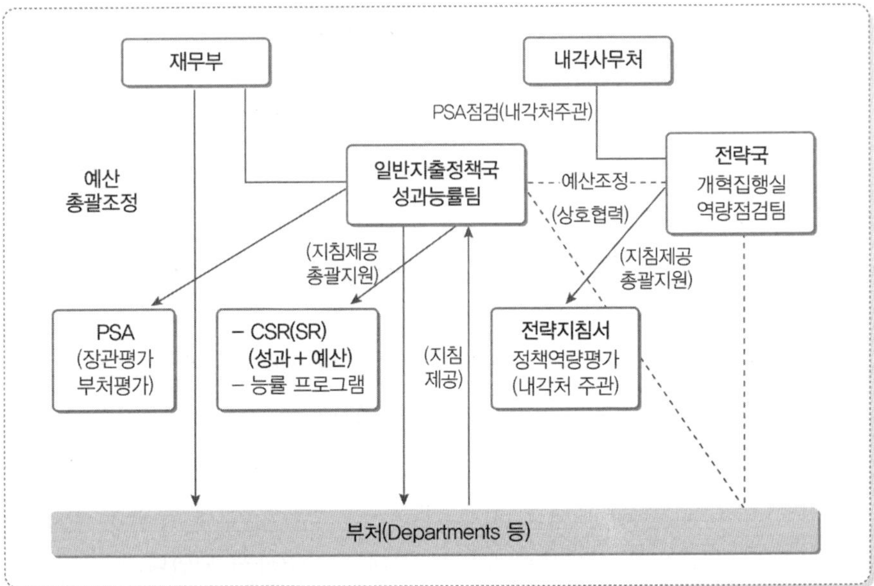

* 출처: 윤수재 · 이광희 · 홍재환(2008)

(2) 비즈니스 플랜(Business Plan)

과거 PSA의 경우의 운영주체는 재무부, 총리실 산하의 전달팀(Delivery Unit), 전략팀(Strategy Unit)이었으나, Business Plan은 개별부처가 자율적으로 평가업무를 수행하는 운영 주체가 된다. 개별부처는 각 부처의 성격과 특성에 맞추어 자율적으로 평가를 수행한다.

Business Plan의 가장 핵심주체는 국민이다. Business Plan에서는 기존의 정보공개의 수준을 넘어서 해당부처의 업무평가를 직접 할 수 있도록 하고 있다.

2) 성과관리 거버넌스 구조

(1) 공공서비스협약(Public Service Agreement: PSA)

PSA의 주관기관은 재무부와 내각사무처이며, 재무부는 정부성과관리의 핵심 업무를 담당하고 재정지출을 총괄한다. 즉, 각 부처에 배분된 예산 사업의 성과를 측정하는 상위 기관 역할을 한다. 내각사무처는 총리가 구상하는 국가 정책에 대한 방향과 전략을 점검하고 각 부처가 협력할 수 있도록 하는 지원 역할을 담당한다.

내각사무처에는 전략팀(Strategy Unit)과 전달팀(Delivery Unit)을 두어 국가 주요정책의 분석과 전략설정, 공공서비스 전달체계에 대한 지원 및 점검 역할을 수행한다. PSA 각 주체의 역할은 다음과 같다.

표 4-3 PSA 평가주체 및 역할

	역 할
재무부	- 각 부처들의 예산과 지출평가에 참여하여 통합하는 역할 - 상위평가 기관으로 평가지침을 배포하고, 각 부처는 자율적으로 평가지표를 작성하고 평가결과를 재무부에 보고
전달팀 (Delivery Unit)	- 총리실에서도 각 부처 업무의 조정 및 통합 업무를 수행하고자 전달팀을 두게 됨 - 재무부와 협력하여 보건, 교육, 범죄, 교통 관련 업무에 대한 PSA 목표설정에 참여하고, PSA 전략 목표를 수행하기 위한 방법, 업무수행과정에서 어려운 사항에 대한 해결방법 논의 수행
전략팀 (Strategy Unit)	- 총리실 산하에 각 부처에 대한 통합적인 평가와 모니터링을 수행하기 위해 만들어진 조직 - 각 부처의 정책들을 조정하여 미래의 전략적 비전과 전략을 설정하는 역할 수행
개별부처	- 재무부와 PSA를 합의하고 작성한 후 자기 부처의 성과정보를 수집·분석한 후 재무부 및 의회에 보고

(2) 비즈니스 플랜(Business Plan)

Business Plan에서는 개별부처가 각 부처의 성격과 특성에 맞추어 자율적으로 평가를 수행한다. 이에 각 부처의 내부적 거버넌스 구조를 갖추고 있다고 할 수 있으며, 결국에 Business Plan의 가장 핵심주체는 국민이라 할 수 있다.

Business Plan에서는 기존의 정보공개의 수준을 넘어서 국민이 참여하여 해당부처의 업무평가를 직접 할 수 있도록 함으로써 기존의 하향적 조정·통제의 성과관리 방식을 벗어나 상향적 성과관리 체계를 갖추고 있다고 평가할 수 있다.

3) 성과지표 및 측정

(1) 공공서비스협약(Public Service Agreement: PSA)

PSA의 기본구조는 기관의 가장 상위 목적(Aim), 기관의 포괄적인 수준의 전략목표(Objective), 성과목표와 목표값(Target), 책임소재를 명확히 할 수 있는 책임주체 기술, 각 목표의 결과 중심의 지표와 목표치, 측정 및 관리 방안 등으로 이루어져 있다. 총리실과 재무부는 국가차원의 방향을 설정하고, 국가의 방향과 부합하는 부처의 목적을 설정하게 된다.

PSA는 국가의 목적, 그리고 정부의 목적 전체를 대상으로 하기 때문에 각 부처별로 서로 중첩되는 부문도 있을 수 있다. 이전 성과 제도에서는 이와 같이 중첩되는 경우에 각 부처가 별도로 목표를 설정하고 서로 개별적으로 업무를 수행하였지만, PSA에서는 사전적으로 조율이 되고 업무 공유 및 협력할 수 있는 체계를 갖추게 되었다(황혜신, 2013).

그림 4-2 PSA의 구조와 단계

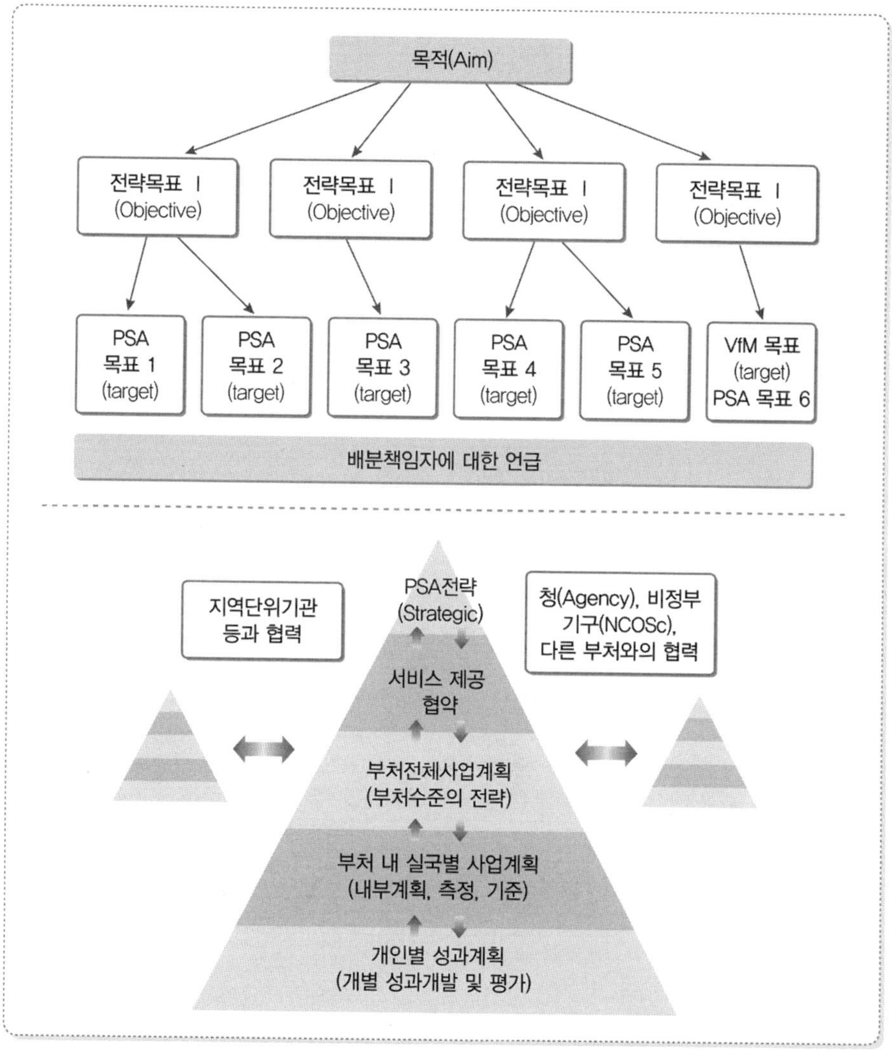

* 출처: 윤수재 · 이광희(2009)

(2) 비즈니스 플랜(Business Plan)

Business Plan은 국민들에게 부처의 업무와 앞으로의 계획을 설명하는 모습을 갖추고 있다. 보수당 정부는 개별부처가 스스로의 권한을 가지고 통제할 수 있으며, 국민의 참여의 폭을 넓힘으로써 신뢰를 받을 수 있는 투명성이 강화된 공공기관으로의 변화를 강조하였다. Business Plan은 4 Section으로 구성되어 있으며, 각각의 내용과 사례는 다음과 같다.

표 4-4 Section A: Coalition Priorities

<table>
<tr><td>주요
내용</td><td>· 부처의 전략목표 부문 평가
· 해당 부처가 수행해야할 업무 중에서 전략적 우선순위가 높은 사항
· 해당 부처에서 달성해야 할 목적, 사업영역에 해당하는 부문
· 부서의 핵심책임자와 우선순위와의 연계 명시</td></tr>
<tr><td>사례 1
환경농림식품부
(Department for Environment, Food and Rural Affairs)의 Business Plan 2012–2015</td><td>· 우선순위
1. 영국의 농업을 지원하고 개발하며 지속적인 식량 생산 장려
· 환경적으로 지속가능하며 동물복지의 기준향상을 통한 건강한 식량 공급을 보장하기 위해서, 농수산업을 포함한 전체 식량 산업의 경쟁력과 회복력을 강화한다.
2. 삶의 질을 향상시키기 위해 환경의 가치와 생물적 다양성 확대
· 환경오염, 온실가스 배출, 동·식물의 서식지 손실과 저하를 감소시켜 생물적 다양성과 해양환경을 포함한 자연환경을 보호하고 그 가치를 높인다.
3. 기후변화에 유동적 대비를 할 수 있도록 농촌지역의 활성화를 포함하여, 지속적이고 강력한 녹색경제 지원
· 부처 사업을 혁신적으로 투자하고 성장시킬 수 있도록 농촌지역을 증진시키며, 국민들과 지역 커뮤니티에서 자원낭비를 줄이고, 자연 자원을 지속적으로 사용하며, 영국의 경제가 기후변화로부터 회복력을 가질 수 있도록 하는 조건을 만든다.

· 부서별 책임성에 관한 조직도 및 활동의 연관성 내용 구성
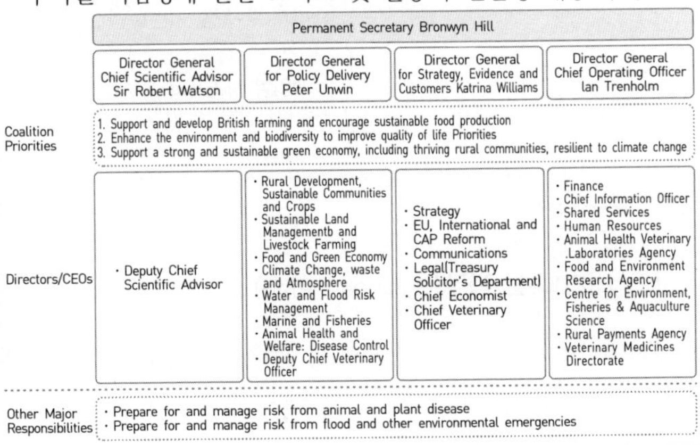
</td></tr>
</table>

Coalition Priority

Director	1. Support and develop British farming and encourage sustainable food production	2. Enhance the environment and biodiversity to improve quality of life	3. Support a strong and sustainable green economy, including thriving rural communities, resilient to climate change
Rural Development, Sustainable Communities and Crops (£506m)		Actions 2.1.2.2	Actions 3.9, 3.11,3.12
Sustainable Land Management and Livestodk Farming (£256m)	Action 1.3	Actions 2.1, 2.4, 2.5	Actions 3.5, 3.10
Food and Green Economy (£64m)			Actions 3.3, 3.6
Climate Change, waste and Atmosphere (£132m)		Action 2.4	Actions 3.1, 3.7
Water and Flood Risk Management (£892m)		Action 2.7	Actions 3.2, 3.13
Marine and Fisheries (£74m)	Actions 1.2, 1.6	Action 2.3	
Animal Health and Welfare: Disease Control (£221m)	Actions 1.1, 1.4, 1.5		
EU, Internationaland CAP Reform (£29m)	Action 1.2	Action 2.6	Action 3.8
Strategy (£7m)	Action 1.1		Action 3.3, 3.4

Note: Only those Directors with responsibility fordelivery of a StructuralReform Action are listed. All Directors help deliver Defra's three Coalition Priorities.

사례 2 기업혁신기술부 (Department for Business Innovation and Skills)의 Business Plan 2012-2015

• 우선순위

1. **지식과 혁신** - 영국 유수 대학과 연구기관 및 향상된 비즈니스 혁신의 발전 도모
2. **기술** - 국제적으로 경쟁력 있는 기술기반을 구축하고, 개별 주체들이 잠재력을 실현할 수 있는 기회 증진
3. **산업** - 산업체 및 기업체를 활성화시키며 각 분야 및 지역별 경제의 재균형 달성
4. **무역 및 투자** - 영국의 수출산업과 내부 투자 활성화
5. **시장** - 우호적인 비즈니스 환경의 창출 및 소비자 권한 상승과 보호

• 부서별 책임성에 관한 조직도 및 활동의 연관성 내용 구성

Permanent Secretary: Martin Donnelly
Chief Scientific Adviser: Professor John Perkins

	Knowledge & Innovation £l1.8bn, 261 staff Director General: Sir Adrian Smith	Business & Skills Legal Services £4,3bn, 664 staff Director General: Rachel Sandby-Thomas	UK Trade& Investment £0.04bn (admin only), 550 staff Chief Executive: Nick Baird	Markets and Local Growth £0.4bn 586 staff Director General: Bernadette Kelly	Shareholder Executive £1.2bn, 100 staff Chief Executive Stephen Lovegrove	Strategy, Analysis and Better Regulation £0.02bn, 214 staff Director General: Tera Allas	People, Communications and Corporate Effectiveness £0.03bn, 230 staff Acting Director General: Joanna Donaldson	Finance & Commercial £0.1bn, 274 staff Director General: Howard Orme
Structural Reform Priorities	1. Knowledge & Innovation	2. Skills 3. Enterprise	4. Trade	5. Markets 4. Trade	3. Enterprise	5. Markets		
Other Major Responsibilities	Higher Education Science Innovation	Further Education Skills Business Sectors Legal services	Trade Investment Defence and Security Exports	Consumer & Competition Policy Labour Market Europe & trade policy Business environment Local Growth	Royal Mail & Post Office Corporate & Finance Practices Cyber Security	Economics & Analysis Strategy Growth Better Regulation design and Delivery	HR, Communications, Change and Corporate Effectiveness	Finance Commercial Internal Audit Corporate Services Programmes

표 4-5 Section B: Structural Reform Plan

<table>
<tr><td>주요
내용</td><td colspan="3">· 부처 활동의 적합성에 관한 평가
· Section에서 제시한 우선순위를 달성하기 위하여 부처가 수행하여야 할 구체적이며 직접적인 활동 제시
· 세부 활동의 시간계획 제시(시작과 끝)</td></tr>
<tr><td rowspan="10">사례 1
환경농림식품부
(Department for Environment, Food and Rural Affairs)의 Business Plan 2012-2015</td><td colspan="3">· '우선순위 1'에 따른 핵심적인 세부활동</td></tr>
<tr><td>우선순위</td><td>활동</td><td>세부 활동</td></tr>
<tr><td rowspan="8">1. 영국의 농업을 지원하고 개발하며 지속적인 식량 생산 장려</td><td rowspan="3">1.1 불필요한 사항을 줄이고 책임감 제고를 위해 Macdonald Task Force의 농업규제 검토안 추천사항 시행</td><td>· Red Tractor와 같은 제3의 보험계획을 인정하며, 농장지 조사로부터 인식된 정보들의 시행</td></tr>
<tr><td>· 가축 이동규제 단순화</td></tr>
<tr><td>· Macdonald Task Force 추천사항 시행과정에 대한 진행상황 보고</td></tr>
<tr><td rowspan="2">1.2 강력하고 지속적인 농수산업을 위한 유럽 내에서의 영향력 개혁</td><td>· 개혁을 위해 EU 협상기구로 전달 할 수 있는, 소규모로 간략하며 친환경적인 일반 농업 정책사례 형성</td></tr>
<tr><td>· 수산업 번영과 쾌적한 해양 환경 조성으로 지속가능한 수산시장 형성을 지원하기 위해, EU Common Fisheries Policy의 개혁에 대한 협의 진행</td></tr>
<tr><td rowspan="3">1.3 식량 제공과 환경적 측면 강화라는 두 목표를 달성하기 위한 새로운 Framework 전달</td><td>· 농부들을 위한 환경적 조언을 통합·전달 방법을 시험하고 개발할 수 있는 추진사업 지휘 및 안내</td></tr>
<tr><td>· 보다 친환경적인 결과를 위해 농부와 지주들이 더욱 경쟁적으로 열심히 하거나, 혹은 양보할 수 있는 조언, 보상, 자발적 보상에 대한 능률적인 Framework 계획 공개</td></tr>
<tr><td>· 세부적인 action 실행 기회와 농림업에서 온실가스 배출을 줄이기 위한 진행과정 보고</td></tr>
</table>

			· 농업과 식량 산업에서의 성장과 경쟁력을 상승시키고, 환경을 보호하고 증진시킬 수 있는 산업 및 이해관계자들 확인(the Green Food Project)
		1.4 동물 건강과 복지 정책을 위한 사업 파트너십 구축	· 영국 인도 원칙에 따른 동물 건강 및 복지 위원회 출범
		1.5 Badger control의 과학지도적 정책과 관리를 포함하여 가축질병(bTB)을 측정하는 균형 package를 전달	· 높고 지속적인 수준의 bTB가 적용되는 두 추진지역에 대한 Badger control의 과학지도적 정책과 신중한 관리를 실행
			· 세부적인 기준인정이 공지될 때, 추진사항에 대한 보고와 개별 관계자들의 보고 참고
		1.6 국내 수산업 관리의 개혁	· 어업 기회관리 및 이로부터의 경험 검토를 위한 대안적 지역 관리시험을 포함한 자발적 추진 계획 실행
			· 주요 어종에 대한 어획할당량에 미치지 않도록 어업종사자들이 폐기물을 줄이는 데 보상책 추진 접근
사례 2 기업혁신기술부 (Department for Business Innovation and Skills)의 Business Plan 2012-2015	· '우선순위 1'에 따른 핵심적인 세부활동		
	우선순위	**활동**	**세부 활동**
	1. 지식과 혁신 - 영국 유수 대학과 연구기관 및 향상된 비즈니스 혁신의 발전 도모	1.1 지불 능력을 갖춘 이들로부터 기부금 지원을 받을 수 있는 것이 예상되는 동안, 모든 이들에게 공개되어있으며 지속가능하고 세계 최상급인 제도를 제공하기 위한 고등교육의 개혁	· 2012/13년에 걸쳐 고등 교육기관에 입학한 학생들을 위해 보상을 제공할 수 있는 새로운 국가장학제도 시행

1.2 장래가 유망한 학생들을 위해타 고등 교육 기관에 대한 정보력 향상	· 대학별로 다양한 교육 프로그램 및 대학 출신 학생을 위한 학생 만족도, 교육 성과와 같은 주요 주제에 대한 정보 획득이 가능하도록 보장
1.3 탁월한 과학 및 연구 분야에 대한 미래의 투자 보장	· 대학 연구실적평가(REF) 제출 제도의 안내 사항 시행 및 검토
	· REF 제출 제도 개발 및 타 기관에 공개
	· 대학 연구실적에 대한 평가 시행
1.4 중요한 장기간의 연구 파트너십에 대한 민간 혹은 자선 단체 공동투자처의 대학 투자를 위해서 1억 파운드(한화 약 1,700억) 규모의 자금 제공	· 경쟁력 할당에 대한 접근방식 발표
	· 첫번째 프로젝트 완수
1.5 연구 분야, 기술 상업화 지원, 과학 및 기술 센터 설립을 통한 연구, 그리고 대학기관과 산업체 간의 연계를 강화하기 위해서 보다 많은 민간 투자 보장	· 디지털 경제, 미래 도시, 고가치 제조업, 해양 대체 에너지, 위성 프로그램 및 교통 시스템과 연계된 항공우주공학 기술 네트워크 운영과 세포 요법 센터 개혁 시행
	· 오픈 데이터 기관 설립을 위한 세부 사항 개발을 위해 기술 전략 위원회 (TSB) 지원
	· 의료 연구 협회, 영국 암 연구소, 유니버시티 칼리지 런던, 임페리얼 칼리지 런던, 킹스 칼리지 런던 등 영국 최상위 3개 대학 간에 특별한 파트너십을 통한 Francis Crick Institute 설립 및 건설. 이는 현대인에게 가장 중대한 영향을 미치는 질병의 예방과 치료에 대한 방법을 찾는,

			인체 공학을 바탕으로 한 생물학에 대한 이해를 목적으로 함
			· 학술적, 상업적으로 이끌어갈 수 있는 연구 및 유연하고 효과적이며 효율적인 방식을 지원하고자 MRC/TSB 생물의학 촉매제를 위해 1억 8천만 파운드(한화 약 3,100억) 조성
		1.6 영국의 지적 산업 프레임워크가 기업가 정신, 경제적 성장, 그리고 사회적 및 상업적인 개혁을 제공할 수 있도록 이를 지원 및 강화	· 협의사항에 따른 하그리브스(Hargreaves)리뷰에 의해 제안된 저작권 법률 변화 사항에 대한 정부의 결정안 발간
		1.7 영국 경제에 이로울 수 있도록, 국제적 지적 산업 제도와 전세계적 개혁의 가능성을 향상시키는 지적 산업에 대한 영국의 국제적인 접근성 향상	· 영국의 사업적, 정치적 이익을 증진하고 지적 산업과 연관된 영국의 사업을 지원할 수 있는 주요 요소를 제공하기 위해서 주요 경제 부문의 FCO posts에 대한 지적 산업 네트워크 설립
			· 유럽의 특허권 및 특허법원의 제안에 관한 협의 사항에 대해 영국의 우선순위에 부합하는 협상에 영향력 행사

표 4-6 Section C: Departmental Expenditure

주요 내용

- 자원의 효율적 활용부문 평가
- 향후 3~4년의 지출 예정액(행정, 프로그램 수행 및 자본 비용 등) 표시
- 업무를 수행하면서 소요되는 행정비용
- 국민이 쉽게 이해할 수 있는 도형으로 제시
- 부처 전체 예산과 각 사업에 대한 업무 분담 비중 및 세부 예산액 표시
- 각 부서의 업무분담과 예산의 연계

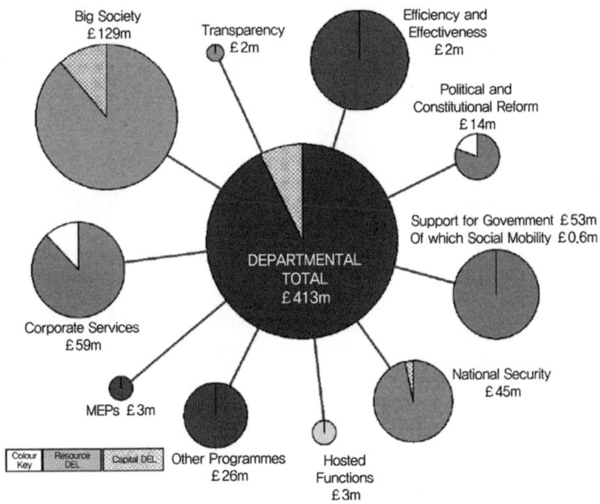

- 재무부와 협의된 지출검토서로, 부서별 예상되는 예산 지출비용을 살펴볼 수 있음
- 부서의 예산 합의안을 보다 자세하게 그래프로 제시
- 국민들이 부서의 운영상황을 다른 조직과 비교검토 할 수 있는 정보 제공

사례 1
환경농림식품부 (Department for Environment, Food and Rural Affairs)의 Business Plan 2012-2015

- 환경농림식품부의 계획비용, 예산합의안 등의 도표

Planned expenditure (£bn)	2011/12 (Forecast outturn)	2012/13	2013/14	2014/15
Total departmental expenditure limits	2.7	2.6	2.4	2.4
Administration spending	0.6	0.6	0.6	0.6
Programme spending	1.6	1.6	1.5	1.4
Capital spending	0.4	0.4	0.4	0.4

Major Projects expected cost (Top 4, £m)	2012/13	Whole life cost
Enviroment Agency: Thaes Estuary 2100	35	2,391
New Waterways Charity	39	892
Rural Payments Agency: Future Options Programme	9	11
Covent Garden Market Authority	-	-
Total (all major projects)	83	3,294

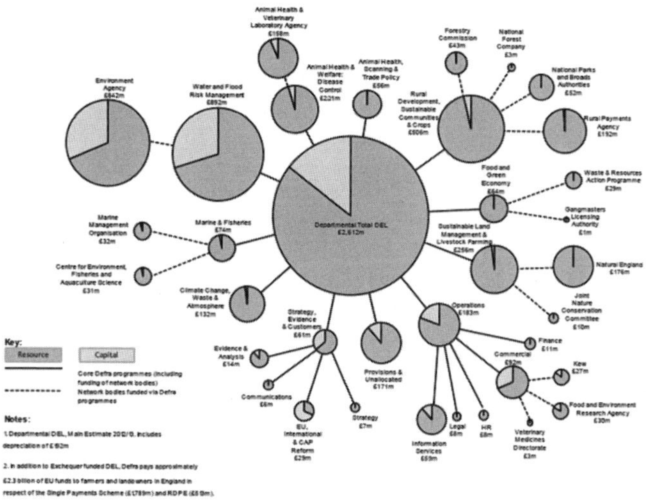

· 또한 지출항목별 세부내용을 제시하여 이해관계자로 하여금 부서 운영상황을 다른 조직과 비교 가능하게 함

Spending Category	Latest Data (QDS 3 2011)	Actions to improve operational efficiency in 2012/13
Estates	255,959sqm total office floor area and £76m cost in 2010/11	Consolidate our estate and dispose of surplus space as part of the Defra Network Estate Strategy Framework. This is forecast to achieve savings of up to £12m in 2012/13, on top of £24m of savings delivered against the 2010/11 baseline.
Procurement	£319.91m in Q3 2011/12	In the core Department adopt category management, delivering savings through a more strategic approach to procurement and contract management, lead a more commercial approach to spending on grants and research make maximum use of central contracts and frameworks and seek savings through greater collaboration across the Defra network. At the Environment Agency: deliver 15% efficiency savings on food defence procurement by March 2015.
Fraud, Error and Debt	£0.46m fraud detected for 2010/11 We will be able to report error and debt figures from Q42012/13	Financial controls designed to prevent and detect fraud and errorare embeddedin our systems and processes. Findings of NAO and Internal Audit reports are acted on and implemented to strengthen controls and implement best practice. Our Fraud Policy is being updated following audit review and fraud awareness training is being rolled out. At the RPA, there are targets to ensure that payments from the Single Payments Scheme are accurate to 98% of the financial value.
HR	23,014 staff at31 Dec 2011	Ongoing restructuring across the Defra Network to meet future needs and the requirements of the Spending Review. This is forecast to reduce the Defra Network pay budget by up to 7.5% for 2012/13 compared with 2011/12.
Major Projects	See Planned expenditure and major projects (p. 13)	Internally, assurance for Defra's Major Projects is provided through Defra's Supervisory Board/Management Committee approvals process and also through Senior Responsible Owners and ProgrammelProject Boards. Externally, assurance is provided through the Major Projects Authority Gateway process. All ofDefra's Major Projects will go through G Reviews to implement best practice and ProgrammelProject Management methodology.

사례 2 기업혁신기술부 (Department for Business Innovation and Skills)의 Business Plan 2012-2015

· 기업혁신기술부의 계획비용, 예산합의안 등의 도표

planned expenditure (£bn)	2011/12 (outturn)	2012/13	2013/14	2014/15
Total Departmental expenditure limits	17.705	18.078	15.947	15.122
Administration	0.827	0.697	0.623	0.594
Programme spending	15.667	15.284	14,302	13.285
Capital spending	1.211	2.097	1.022	1.243

Major projects expected Cost(top 4, £m)	2012/13	Whole Life cost
Higher Education Programme	370	4,600
Further Education Capital Programme	272	1,934
Green Investment Bank	799	1,857
Further Education Loans	11	578
Total (all major projects)	1,618	9.767

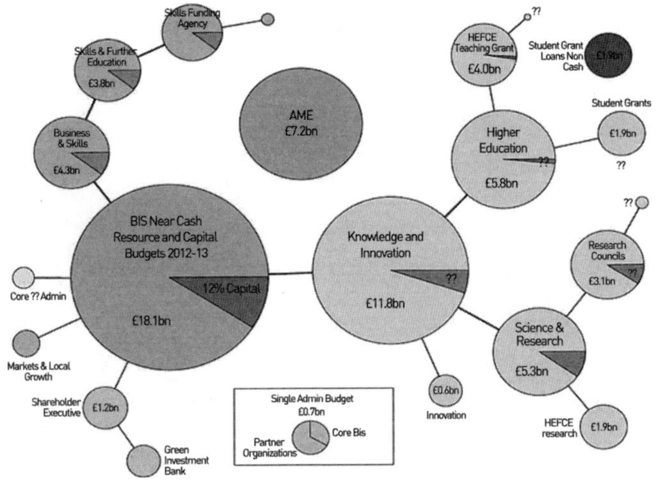

· 지출항목별 세부내용

Spending Category	Latest Data (QDS3 2011)	Actions to improve operational efficiency in 2012/13
HR Total FTE for BIS family (as at 31 Dec 2011)	29,830 people	· Improve robustness and accuracy of data through senior assurance of data sets, and by cleansing thoroughly the data cumently held by the Department; · Explore further options for improving efficiency, harnessing economies of scale and sharing strategies for dost reductions between partner organisations.
Estates Total office estate (as at 31 Dec 2011)	278,274 square metres	· Disposal of Kingsgate House, London SW1 inMarch 2012 achieving a saving of £9.9m from 2012/2013 onwards; · Progress plan to reduce the BISGroup estate from 192 leaseholds to 46leaseholds based on an 8:10 desk ratio and 8sc m per person operating from a series of BIS Group hubs.
Procurement Total Procurement Spend (Q3 2011-12)	£200.92m	· Target of £41.4m procurement savings in 2012-13 across the BIS family; · Ensure that consultancy spend control requrements are produding savings; · Look to make further efficiencies in communications spend by dentifying and encouraging opportunities for colaboration across the BIS family.
Major Projects Whole life cost of all BIS Major Projects	£9,766.87m	· Implement the BIS PPM Capability & Capacity Action Plan to ensure teams managing Major Projects have the skills needed to deliver successfully; · Drive up quality and improve sharing of best practice through the GMPP Programme Managers Network.
Information Technology Total 3rd party (Q3 2011-12)	£25.26m	· Adoption of cross government framework contracts for telephony and dataservices; · Replacement of printers services with new technology, leading to reduction in print charges; · Renegotiated ICT contract, reducing costs in 2012-13 by £8.7m.
Corporate Services (Q3 2011-12)	£31.04m	· Implement the first phase of the services programme -including finance and HR functions - for the core department and 9 partner organisations; · Universal Chart of Accountsto be adopted by the first tranche of partner organisations, and on-going work to develop future financial process improvements.
Fraud, Error and Debt (Q3 2011-12)	£4.55m identified fraud; £0 known errors and £51.04m total debt	· Work with partner organisations to fraud.proof new policies and share good practice to improve detection of fraudulent or emoneous payments made to suppliers. · Improve error reporting by building it into the new shared services contract.

표 4-7 Section D: Transparency

<table>
<tr><td>주요
내용</td><td colspan="3">· 국민의 성과체감도 평가
· 정부의 활동에 대하여 국민이 체감하고 인지할 수 있도록 정보를 제시하는 부문
· 공개성과 신뢰성 향상을 도모
· 성과결과로 국민이 실제 어떠한 효과를 얻게 되는지에 대하여 국민의 입장에서 파악할 수 있는 지표(직접 평가할 수 있는 지표) 제시
· 사업을 수행하기 위해 투입되는 부문을 평가하기 위한 Input 지표와 사업의 결과 나타나는 영향을 평가하는 Impact 지표로 구성됨</td></tr>
<tr><td rowspan="13">사례 1
환경농림식품부(Department for Environment, Food and Rural Affairs)의 Business Plan 2012–2015</td><td colspan="3">· 환경농림식품부의 투명성 지표</td></tr>
<tr><td>우선순위</td><td>지표</td><td>자료유형</td></tr>
<tr><td rowspan="2">일반지표</td><td>· 환경농림식품부의 규제에 관한 사업적 네트워크</td><td>Other key data</td></tr>
<tr><td>· 환경농림식품부의 규제에 관한 지출비용 비율에서의 이익</td><td>Other key data</td></tr>
<tr><td rowspan="5">1. 영국의 농업을 지원하고 개발하며 지속적인 식량 생산 장려</td><td>· 단일 계획별 지출 비용</td><td>투입(Input)지표</td></tr>
<tr><td>· 정부에서 가축 질병 통제를 위해 소요되는 총 비용</td><td>투입(Input)지표</td></tr>
<tr><td>· 농지의 토양질소 균형</td><td>영향(Impact)지표</td></tr>
<tr><td>· 영국의 농림업 생산성</td><td>영향(Impact)지표</td></tr>
<tr><td>· 공식적으로 건강상 문제가 없는 가축</td><td>영향(Impact)지표</td></tr>
<tr><td rowspan="4">2. 삶의 질을 향상시키기 위해 환경의 가치와 생물적 다양성 확대</td><td>· 수질 관리를 포함 환경적인 가치를 관리하는 환경기구와 관련된 정부 기금의 총 비용</td><td>투입(Input)지표</td></tr>
<tr><td>· 수질 및 수면 관리를 위한 네트워크의 변화</td><td>영향(Impact)지표</td></tr>
<tr><td>· 농지 조류 지표</td><td>영향(Impact)지표</td></tr>
<tr><td>· 자연보호협회 특별 지정 기구의 장소 조건</td><td>영향(Impact)지표</td></tr>
</table>

	3. 기후변화에 유동적 대비를 할 수 있도록 농촌지역의 활성화를 포함하여, 지속적이고 강력한 녹색경제를 지원	· 각 가구당 지역 정부에서 소요하는 자원낭비 관리에 대한 비용	투입(Input)지표
		· 홍수와 해수면 변화 위기관리에 대해 정부에서 투자하는 자본금에 대한 총 비용	투입(Input)지표
		· 가구당 자원 재활용 비율	영향(Impact)지표
		· 홍수와 해수면 침식으로부터의 위기와 손실이 현저하게 줄어든 가구 수	영향(Impact)지표
		· 접근이 힘들 정도로 동떨어진 곳에 위치한 농촌 지역에서, Rural Community Broadband Fund의 투자로 인해 빠른 속도의 네트워크 접근이 가능해진 가정과 사업체 수	영향(Impact)지표
사례 2 기업혁신기술부 (Department for Business Innovation and Skills)의 Business Plan 2012-2015	· 기업혁신기술부의 투명성 지표		
	우선순위	**지 표**	**자료유형**
	1. 지식과 혁신 - 영국 유수 대학과 연구기관 및 향상된 비즈니스 혁신의 발전 도모	· 고등 교육에서의 연구 및 개발을 위한 공공 기금 지출	투입(Input)지표
		· 고등 교육에서 학생 별 재정 지원	투입(Input)지표
		· 영국의 다수 인용된 논문 공유	영향(Impact)지표
		· 혁신적으로 활동적인 회사의 제안서	영향(Impact)지표
		· 고등 교육에서의 15년간 진행된 무상급식과 유상급식 간 격차(사회적 유동성)	영향(Impact)지표
		· 상위 33%의 선별적인 고등교육기관을 다니는 공립학교 및 사립학교 학생 간 격차(사회적 유동성)	영향(Impact)지표
		· 졸업 6개월 후 전문 직종에 취직하는 학생들을 대상으로, 전문적 학업배경과 비전문적 학업배경을 가진 졸업생간 격차(사회적 유동성)	영향(Impact)지표

2. 기술 - 국제적으로 경쟁력 있는 기술기반을 구축하고, 개별 주체들이 잠재력을 실현할 수 있는 기회	· 정부 지원을 받는 성인 교육의 한 코스당 평균 재정	투입(Input)지표
	· 정부 지원을 받는 성인 교육에 참가하는 학습자들 수	투입(Input)지표
	· 영국의 생산가능인구에 대한 자격 요건 국제적 비교	영향(Impact)지표
	· 부의 직업과 관련된 그룹을 이용한 사회적 배경을 바탕으로 하는, 전일제 교육 참가자와의 격차 측정을 포함한, 전일제 혹은 시간제 교육 및 연수 활동에 참가하는 18~24세 인구를 위한 제안서(사회적 유동성)	영향(Impact)지표
	· 19세 혹은 그 이상의 성인들이 받는 레벨 2 혹은 3의 성인 교육 총 성과(사회적 유동성)	영향(Impact)지표
	· 전문직에 대한 접근-부의 직업과 관련된 그룹을 이용한 사회적 배경을 바탕으로 하는, 관리직 혹은 전문직에 종사하는 16~65세 인구의 비율	영향(Impact)지표
3. 산업 - 산업체 및 기업체를 활성화시키며 각 분야 및 지역별 경제의 재균형 달성	· 지역 성장 기금에서 제안된 사항	투입(Input)지표
	· 사업체에 의해 사용된 재정보증기금의 경제적 가치	투입(Input)지표
	· 지역성장기금 계약 성사 건수	영향(Impact)지표
	· 16~64세 혹은 64세 이상의 노동시장 구성 인구에 대한 민간부문 고용의 변화	영향(Impact)지표
	· 초기 단계의 사업체 활동 비율	영향(Impact)지표
	· 월드뱅크 비즈니스 리포트의 영국 랭킹을 바탕으로, 영국에서의 사업활동 편의성	영향(Impact)지표
	· 영국 우정공사 네트워크에 대한 공평한 접근을 유지하기 위한 책무위원회 회의	영향(Impact)지표

	4. 무역 및 투자 - 영국의 수출산업과 내부투자 활성화	· 국제화를 통해 성과의 향상을 도모하려는 영국의 산업에 대한 단위당 평균 원가	투입(Input)지표
		· 무역투자청의 협력이 포함된 영국의 외국인직접투자 사업에 대한 단위당 평균 원가	투입(Input)지표
		· 국제화를 통해 성과의 향상을 도모하려는 영국의 산업체 수	영향(Impact)지표
		· 무역투자청의 협력이 포함된 영국의 외국인직접투자 사업 수	영향(Impact)지표
		· 무역에 대한 개방성: 주요 경쟁국에 비한 영국 GDP 내 수출업 비율에 대한 순위	영향(Impact)지표
	5. 시장 - 우호적인 비즈니스 환경의 창출 및 소비자 권한 상승과 보호	· 정부에 의해서 사업체에 시행되는 국내 규제의 변화	영향(Impact)지표
		· 정부에 의해 고용자들에게 시행되는 국내 규제의 변화	영향(Impact)지표
		· 경쟁력 있는 지역의 소비자 이익 경제적 가치	영향(Impact)지표

2. 성과관리의 과정

PSA의 평가대상은 설정된 전략목표, 성과목표와 관련된 내용으로 정해지며, 평가지표는 영국 통계청의 공식적이고 객관적인 자료를 활용하는 것을 원칙으로 한다.

PSA 평가과정에서의 특징은 첫째, PSA 평가는 기술설명서를 통해 구체적으로 이루어진다는 점이다. 기술설명서에서는 성과목표치를 측정하기 위한 성과의 기준선, 성과 측정을 위한 데이터의 자료, 정책성과에 대한 타당성 검증 등을 포함한다.

둘째, 성과평가와 관련하여, 정책 목표를 어느 정도 달성하였는가 하는 효과성 평가뿐만 아니라, 어느 정도의 투입을 하여 이러한 목표를 달성하였는가에 대한 효율성 평가도 실시한다. 해당 성과를 달성하기 위해서 어느 정도의 재정 지출이 있었는지, 그리고 어느 정도의 인원이 투입되었는가 하는 정보가 제공된다.

셋째, 정책 평가는 2년 주기의 지출분석(Spending Review: SR)과 5년 주기의 종합지출분석(Comprehensive Spending Review: CSR)으로 구체화되어 실행된다. 종합지출분석은 제로 베이스(zero-base) 기준에서 정부활동을 전면적으로 분석·평가하는 것이며, 지출분석은 기존 활동에 근거하여 변화된 사항만을 판단한다는 차이를 가진다(윤수재·이광희, 2009; 홍재환 외, 2005).

비즈니스 플랜(Business Plan)은 전반적인 평가과정이 부처의 자체적 절차에 의하여 진행된다. 재무부에서는 평가과정이나 절차에 대해 강제하지 않는 특징을 가지고 있다.

평가대상은 해당 부처에서 실제적으로 수행하는 업무를 중심으로 한다. 즉 부처의 목표달성을 위해서 수행되는 실제 구성원의 활동을 평가대상으로 하고 있다. 투명성 부문의 평가내용은 부처의 활동이 실제 국민을 위한 사회적 변화에 어떠한 영향을 미쳤는가에 대한 인과관계가 있는 지표로 구성되고 있다.

비즈니스 플랜의 Section B Reform Plan 부문의 평가 대상은 해당 부처의 실제 업무에 해당되는 action이다. action 부문은 향후 해당 부처에서 1년 사이에 수행할 업무 위주로, 보통은 1년 이내에 달성 가능한 부문이고, 장기적인 추진이 필요한 경우 3년 정도의 시간을 할애한다. 즉 action 부문의 평가 대상은 주로 해당 부처에서 1년 이내에 수행하는 업무라 할 수 있다. Section D Transparency 부문에서는 국민들이 실제 해당 부문의 향상을 측정할 수 있는 객관적인 지표를 평가 자료와 평가 대상으로 삼는다. 이 부문은 정부 부처의 action에 의해 실제 사회에서 변화하는 사회 현상을 대상으로 하는 것이 원칙이다(황혜신, 2013).

Business Plan이 기존평가와 다른 점은 단순한 국민의 만족도 평가 중심의 질적평가가 아닌, 실제 국민의 만족도를 향상시키는데 영향을 주는 공무원의 실제적 개별활동을 평가한다는 것이다. 이는 수요자 중심의 성과관리를 실현하기 위한 큰 변화라고 할 수 있다.

Business Plan의 지표들은 부처의 전략목표를 달성할 수 있는 실제 활동 중심으로 최대한 자세하게 기술하도록 되어 있으며, 1년 이내에 달성할 수 있는 내용으로 구성되어 있다. 평가절차는 최대한의 부처 자율성을 보장하고 있다.

3. 성과정보 공개 및 활용

PSA를 통해서 나타난 결과는 첫째, 종합지출분석(CSR)은 공공서비스협약(PSA) 작성의 준거 틀을 제공해 주며, 또한 성과보고서와의 비교를 통해 각 부처가 수행하는 사업의 지속이나 완결, 중단이 어떻게 진행되었는지와 예산의 증감의 여부를 분명하게 보여주는 핵심적인 기능을 한다. 둘째, 각 부처에서 작성하는 성과보고서는 전년도 대비 성과가 어느 정도인지를 비교할 수 있도록 매우 구체적인 수치와 비율(%)을 제시한다. 구체적인 수치에 대한 상세한 이유를 기술함으로써 원인을 파악할 수 있도록 하며, 다음 사업의 지속 또는 종결, 예산배정에 영향을 미치게 된다. 셋째, 성과보고서에는 모든 사업에 대한 종합적인 평가를 포함한다. 평가결과를 토대로 기관에서 실시한 모든 사업에 대하여 어떤 사업이 완성되었는지, 진행 중인지, 완성되지 못했는지 연차별로 비교할 수 있도록 한다. 종합지출분석(CSR) 제도가 1998년부터 시작되었고, 매 2년마다 발표됨으로 인해서 진행된 사업에 대하여 평가결과를 파악하여 연속적으로 사업이 이어지는지에 대한 분석이 가능하게 하여 전체적인 평가를 한 눈에 알아볼 수 있도록 하고 있다(임동진 · 강영철, 2008).

PSA의 가장 주된 특징 중 하나는 평가 결과를 국민들에게 직접적으로 공개하고, 누구나 쉽게 평가결과를 이해할 수 있도록 하는 것이다. 이를 위해 정부 홈페이지, 각 부처 홈페이지 등에서 쉽게 자료를 확인할 수 있도록 하였다.

비즈니스 플랜(Business Plan)의 평가내용 및 결과는 각 부처 홈페이지 등을 통하여 국민에게 공개되고 있다. Business Plan의 목적은 부처의 자율적 성과관리를 통한 역량향상과 국민에 대한 신뢰 확보, 기존 공급자 중심 성과관리체계의 한계성 극복 등이라 할 수 있다.

Business Plan은 해마다 작성되는데, 2011년에는 2011-2015년, 2012년에는 2012-2015년의 플랜을 만들게 된다. 두 플랜은 비교가능 하도록 공개하여 2011년의 계획이 2012년에 어떻게 바뀌었는지, 그리고 과거의 실적 달성도를 사후적으로 평가할 수 있다. 또한, 결과를 공개할 때 업무 책임자, 예산액, 담당자수 등을 같이 공개하여 책임감을 높이도록 한다.

PSA의 경우에는 예산배분과 연관된 결과활용이 주목적이나 Business Plan은 국민들로부터 정부활동에 관한 지지를 얻는 것을 가장 큰 원칙으로 한다는 점에서 가장 큰 변화와 차이점이라고 할 수 있다.

4. 성과관리 가이드

영국의 성과관리 주관기관인 재무부는 그린 북(Green Book)의 후속 안내서로서 마젠타 북(Magenta Book)을 발간하였다. 영국의 성과관리는 6단계로 이루어지는데, 정책의 추진 근거(Rationale), 목표(Objectives), 사전타당성 평가(Appraisal), 모니터링(Monitoring), 사후평가(Evaluation), 환류(Feedback)를 일컬으며, ROAMEF로 불린다. 그린 북이 비용분석을 통한 사전타당성 평가를 위한 매뉴얼이라면, 마젠타 북은 실행된 정책에 대한 사후평가, 즉 성과를 측정하고 분석하는 평가의 매뉴얼에 해당한다(HM Treasury, 2011; 이광희 2015 재인용).

마젠타 북은 서론 외에 두 부분으로 구성되어 있다. 서론은 마젠타 북의 제작 목적, 성격, 사용자 구성 등을 보여준다. 파트 A에서는 성과평가에서 나타나는 주요 이슈, 정책을 위한 올바른 평가, 정책설계 시 영향평가를 포함해야 된다는 점, 그리고 평가 설계 시 고려해야 할 점들을 제시하고 있으며, 파트 B는 평가의 단계, 평가 프레임워크, 자료수집, 과정평가·행태연구·사례연구, 실증적 영향평가, 평가 종합 및 보고 등으로 구성되어 있다(HM Treasury, 2011; 이광희 2015 재인용).

그림 4-3 영국 우주개발 프로그램 평가

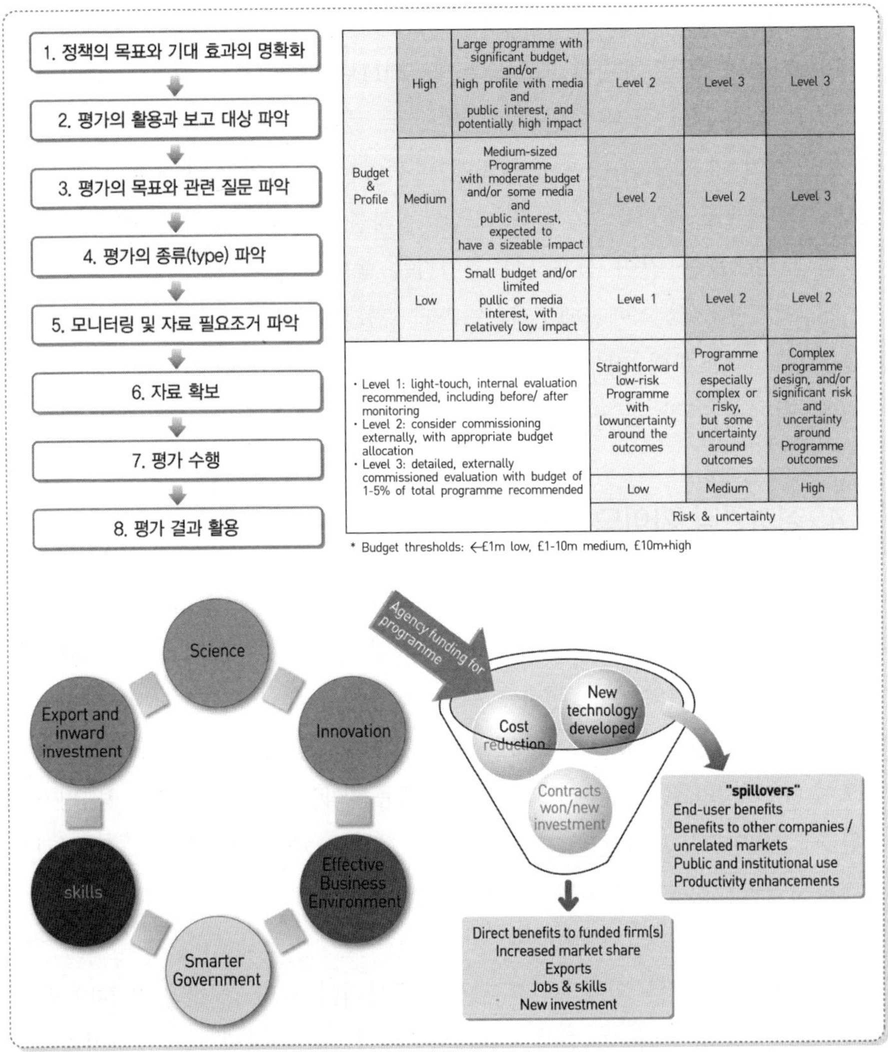

* 출처: UK Space Agency, 박정호(2015) 재인용

마젠타 북 적용사례로 우주개발 투자 파급효과 평가를 더욱 정교화하기 위해서 2015년 8월 영국 우주청(UK Space Agency)에서 발간한 우주개발 평가 전략 보고서가 있다. 이 보고서에서는 "The Magenta Book"의 모범사례를 어떻게 우주분야에 적용할 것인지에 대한 고민을 담고 있다. 정확한 평가

는 향후 우주개발 투자에 대한 최대한의 사회・경제적 편익을 담보하기 위해서 신뢰성 있고, 증거들에 기반 한 의사결정을 할 수 있도록 해 준다(박정호, 2015).

보고서에서는 새로운 우주개발사업 및 활동의 시작 단계에서부터 평가를 위한 계획이 포함되어서 사업의 종료 후 성과 증거 수집을 강화할 수 있는 프로세스가 제시되어 있다. 영국 우주청의 프로젝트 및 프로그램에 대한 평가 프로세스는 Magenta Book에 기초하고 있고, Research Councils, 대학, Satellite Applications Catapult, 산업체 및 국제 파트너들(예, ESA, Euromean Commission, OECD)과 협력하여 우주활동에 대한 효과 분석을 수행한다(박정호, 2015).

평가는 프로그램의 특성에 맞추어 세 가지 레벨로 구분되어 있다. 위험도가 높은 프로그램의 경우에는 결과물이 실질적으로 잘 작동하는지와 예상효과에 대한 종합적인 평가를 하고, 대규모 정책은 공공예산의 적정 사용여부에 대한 명확한 평가를 요구한다. 소규모 사업의 경우에는 간단한 모니터링과 예산 사용의 적절성을 점검하게 된다. 평가는 크게 프로세스 평가와 파급효과 평가의 두 종류로 구분할 수 있다. 프로세스 평가는 정책이나 프로그램이 어떻게 추진되는지에 대한 과정을 확인하다. 이 과정에서 다양한 이해관계자의 의견을 구하는 과정을 거치게 된다. 파급효과 평가는 정책이나 프로그램의 측정가능한 성과에 초점을 두고 있다. 다양한 효과들에 대해서 실증적으로 파악하는 평가이다. 정책이 실행된 이후에 어떠한 변화가 나타나는지에 대한 효과를 정량적으로 보여주고, 자원배분 등의 향후 의사결정에 활용될 수 있는 정보를 제공하게 된다.

제3절 정부업무평가제도

1. 국가정책 집행평가(Implemental Review)

영국은 기존의 중앙집권적인 성과관리제도인 PSA를 폐지하고, 대국민 서비스의 수요자 중심 평가를 중심으로 하는 비즈니스 플랜(Business Plan)과 국정과제 평가제도인 집행평가를 도입하였다. 비즈니스 플랜의 경우 사업계획의 명확한 책임분배와 정보공개, 국민의 의한 환류체계 등을 내용으로 하고 있고, 집행평가는 각 부처의 주요정책 및 핵심국정과제에 대한 심층평가로 내각사무처와 각 부처가 공동으로 수행하고 있다.

영국의 평가체계의 특징은 중앙에서 각 부처에게 사전에 규정하거나 특정 사항에 대해서 강제하지 않고 있다는 점이다. 집행평가에서도 정책목표가 무엇이며, 어떠한 근거에 의하여 진행하고, 정책목표의 달성계획 등에 대한 내용으로 구성되며, 집행 후 평가에는 목표의 달성 정도와 의도한 바람직한 결과 또는 의도하지 않은 결과, 새로운 기회 및 변화방향에 대한 내용을 자체적으로 검토하도록 되어 있다.

이를 위해 영국의 내각사무처는 새로운 정책을 수립할 때 각 부처가 스스로 진단할 수 있는 진단도구를 제공하고 있다. 정책을 수립할 때보다 명확하고 보완할 사항이 있는지에 대한 통찰의 기회가 되는 의미를 가지고 있다.

우선 목표설정 단계에서는 목표에 대한 명확하고 공유된 이해관계가 있는지, 정부가 해결해야할 문제이며 시도하고 있는지, 왜 문제를 해결해야하며 정부의 역할은 무엇인지, 문제를 해결하기 위해 필요한 제한요소(시간, 비용, 법·제도 등)가 무엇인지, 성공적인 모습과 그 성과를 측정하는 방법이 명확한지, 정부 및 다른 기관과의 정책에는 부합한지, 정부 전반에서 문제에 대한 공통된 이해가 있는지에 대해서 검토하도록 한다. 이는 목표의 명확성과 의도된 결과에 대한 문제를 예방하기 위한 수단이 될 수 있다.

그림 4-4 정책집행 진단도구

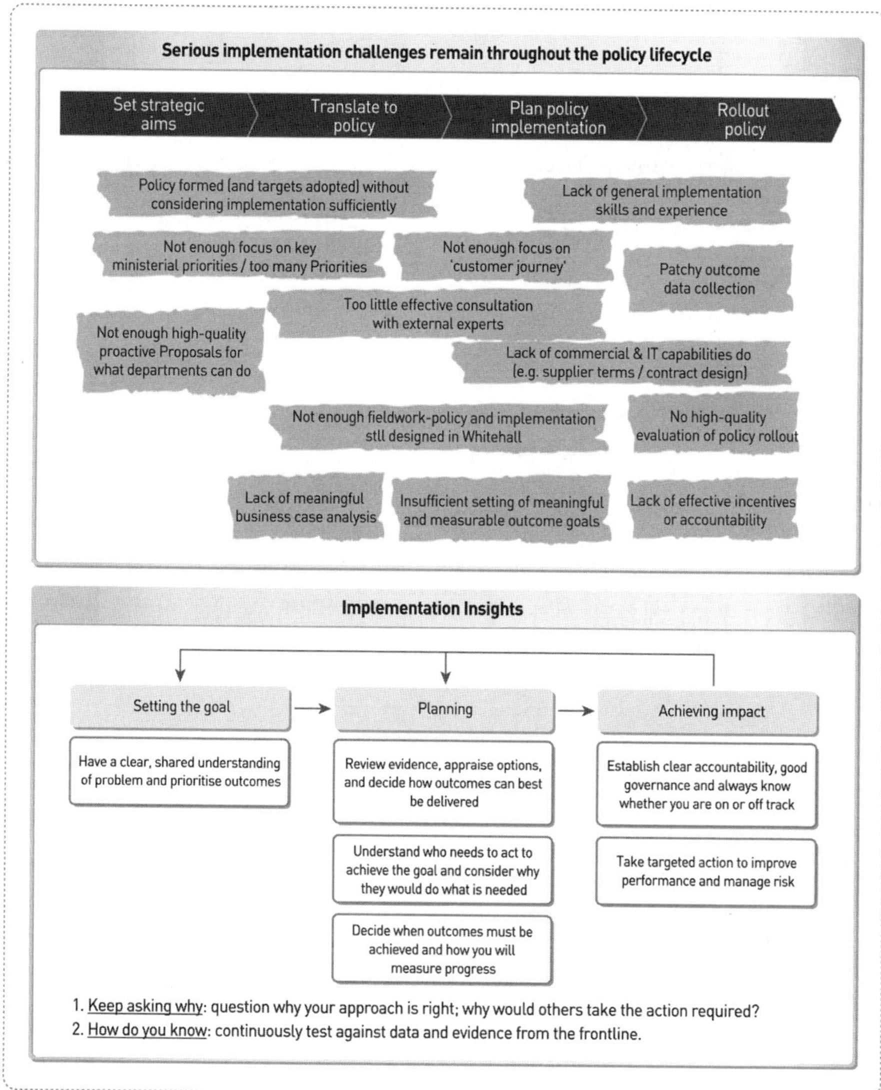

* 출처: https://www.gov.uk/government/publications/implementation-profession-tools-for-implementing-policy

서비스 전달과정에 있어서 검토하여야 할 사항으로 모든 대안을 검토하였는지와 이해관계자의 역할, 진행상황의 점검 등에 대해서 진단하도록 제안하고 있다.

첫 번째, 정책과 관련된 다양한 가능성과 강조사항에 대한 검토로 정책수단, 지역 및 개인, 국제적인 상황, 선택안의 차별성, 위험요소와 문제해결 전략, 사전 테스트 계획의 충실성 등을 점검하고, 두 번째, 고객의 요구와 선호도, 경험에 대한 공감대와 전달과정에서의 연계성 검토, 동기부여, 정책전달과정에서의 필요한 능력과 기술에 대한 계획 등이 포함된다. 세 번째, 진행상황에 대한 점검은 서비스 전달 경로, 시간계획과 책임의 명확성, 중간목표 및 점검, 질적 정보 수집방안 등으로 이루어진다.

마지막으로 성과의 달성단계에서는 모니터링과 책임의 명확화를 중심으로 점검하며, 위험요소에 대한 예측과 질적인 정보제공, 서비스 전달과정에서의 책임구조, 핵심능력을 가지고 있는 전달조직의 구성, 성과추적과 모니터링 시스템 구축, 계획된 성과향상 계획, 학습 반영, 문제해결방안, 실패 가능성 등에 대한 내용을 확인하도록 제시하고 있다.

2. 지방정부 성과평가제도

영국은 지방분권제도가 발전한 국가이며, 성과관리제도 또한 부처 및 지방정부가 자체적으로 운영하는 측면이 강하다. 중앙정부에서 독립적으로 성과관리제도를 운영하지 않으며, 내각사무처 같은 조직에서 평가의 방향성을 제시하고 있는 정도이다. 또한, 각 부처나 기관에서도 평가를 위한 상설조직은 찾아보기 어려우며, 재무를 담당하는 조직에서 수행하거나 필요시 조직을 구성하여 운영한다.

영국은 1992년 지방정부법(Local Government Act)에 의하여 감사위원회가 성과기준을 개발하고 지방정부는 이를 기반으로 하여 성과를 발표하도록 하였다. 이를 통하여 각 지방정부의 성과는 관리 및 비교·분석이 가능하게 되었으며, 공식적으로 지방정부의 성과관리제도가 정착하는 모습을 보여주게 되었다.

지방정부 성과관리는 1997년 노동당이 집권하면서부터 지방정부의 재정가치를 제고하여야 한다는 원칙에는 보수당과 동일한 국정기조를 유지하면서 투입관리보다는 성과관리를 보다 강조하게 되었으며, 최상가치의 성과지수(Best Value Performance Indicators)를 의무화한 최고가치제도(Best Value)를 도입하게 된다(김순은, 2007).

최고가치제도는 지방자치단체를 비롯하여 이른바 최고가치기관(Best Value authorities)으로 함께 지정된 소방, 경찰, 국립공원관리기관들이 그들의 기능을 수행함에 있어서 경제성(economy), 능률성(efficiency) 및 효과성(effectiveness)의 관점에서 계속적인 향상(continuous improvement)을 이룰 수 있는 방안을 마련해야 하는 법적 의무를 부과한 것이다(DETR 1999; 임채호, 2009 재인용).

최고가치 성과관리기본방침은 기관 목표 및 성과지표 설정, 최고가치 평가(best value reviews) 계획을 수립하여 지방 성과계획에 제시, 최고가치 평가 수행, 최고가치성과계획(best value performance plan)에 성과 및 절약 목표(performance and efficiency targets)를 설정하여 공표, 독립적인 확인감사(audit inspection) 및 검정(certification), 주무 장관에게 개입이 필요한 분야 회부 등의 6단계로 구성되어 있으며, 처음 4단계는 지방정부가 스스로 실행하고, 마지막 두 단계는 외부적인 것으로 집행되지 않을 수 있다(임채호, 2009). 지방정부 입장에서는 최고가지 평가를 위한 성과계획 수립이 핵심적인 내용이라 할 수 있다.

이후 지방정부의 성과관리제도는 2002년 최고가치제도에 성과관리에 의한 자율적 행정을 강조하는 내용을 종합한 CPA(Comprehensive Performance Assessment)제도를 도입하게 된다. 이 제도는 "강력한 지방정부 리더십-공공서비스의 질(Strong Local Leadership-Quality Public Services)"이라는 백서에서 성과관리에 대한 정부방향을 설명하고 있는 바에 기초하며, 지역주민의 수요에 부합하는 행정서비스 제공 목표를 명확히 하도록 하였다. CPA는 지방정부가 제공하는 행정서비스의 전반적인 종합평가의 성격을 가지고 있으며, 지방행정의 주민에 대한 대응성과 효율성을 강조하고 있다. 2003년에는 중앙정

표 4-8 영국의 지방자치단체 평가

<table>
<tr><th></th><th>Best Value</th><th colspan="2">CPA</th><th>CAA</th></tr>
<tr><td rowspan="3">평가개요</td><td>지방정부법(1999년)</td><td colspan="2">지방정부법 개정안(2003년)</td><td>지자체및보건분야 공공관여법(2007년)</td></tr>
<tr><td>2000-2007년</td><td>2002-2004년</td><td>2005-2008년</td><td>2009-2010년</td></tr>
<tr><td>비용절감과 서비스 품질 제고를 강조</td><td>지자체 성과와 서비스 종합점검</td><td>지자체의 부담 감소 목적</td><td>서비스결과, 지자체부담・비용 경감</td></tr>
<tr><td rowspan="2">평가내용</td><td>지자체 서비스, 기능 평가</td><td colspan="2">기관 역량에 대한 평가(단일계층 및 카운티 평가, 디스트릭트 평가)</td><td>지역 전체에 대한 평가</td></tr>
<tr><td>자체평가, 회계감사위원회 평가, 개선잠재력, 고객만족도 등</td><td>기관평가, 서비스평가 등</td><td>기관평가, 서비스평가, 자원이용평가, 개선도평가 등</td><td>지역평가, 기관평가 등</td></tr>
<tr><td rowspan="2">평가방법</td><td rowspan="2">최고가치성과지표, 감사원성과지표, 지방성과지표 등 적용</td><td colspan="2">지방감사기관 의견, 회계감사위원회 견해 및 감사결과를 통합</td><td rowspan="2">국가지표조합(NIS), COUNT 원칙 활용, 녹색/적색깃발</td></tr>
<tr><td>단일(등급), 디스트릭트(등급)</td><td>단일(별), 디스트릭트(등급)</td></tr>
<tr><td rowspan="2">평가절차</td><td>지방자치단체, 회계감사위원회, 중앙정부</td><td colspan="2">지방자치단체, 지방감사기관, 회계감사위원회, 중앙정부</td><td>지방자치단체, 지역감사기관, 회계감사위원회, 중앙정부</td></tr>
<tr><td>목표치설정, 지표작성, 자체평가, 결과공개, 감사, 결과활용</td><td>지자체 자체평가 후 평가팀이 현장실사</td><td>동료 의견, 자체평가, 기관평가 등 종합적으로 수행</td><td>지역 감사기관 견해, 평가초안, 이의신청, 결과보고</td></tr>
<tr><td>평가결과</td><td>결과우수 지자체는 차년도 검사 면제</td><td colspan="2">탁월 지자체에 자율성 부여, 취약 및 부진 지자체에 중앙정부 지도관 배치</td><td>평가결과 매년 공개(유인물 배포)</td></tr>
</table>

* 출처: 류영아・하동현(2014)

부와 지방정부의 성과관리에 의한 예산배분이 이루어지며 보다 더 성과관리를 강조하는 체계로 변화하게 되었다. 즉, 성과가 높은 지방정부에게는 인센티브를 제공하고 미흡한 경우 엄격한 제재를 가하는 정책수단으로 활용하였다.

CPA는 지방정부의 주민에 대한 서비스 개선을 위한 성과에 관하여 전체적인 관점을 제시하며, 4가지로 구성된다. 구성요소는 감사위원회(Audit Commission)의 정기평가인 기관평가(corporate assessments), 지명된 감사의 업무를 토대로 하는 감사위원회의 연례 평가인 자원이용평가(use of resources assessments), 감사위원회에 의하거나, 교육표준청(OFSTED), 사회보호조사위원회(CSCI), 급부사기검사국(BFI)이 감사위원회에 제공하는 연례 평가인 서비스평가(service assessments), 업무담당관(relationship manager)의 업무를 토대로 하고 감사위원회가 보고하는 연례 평가인 개선방향평가(direction of travel assessments)이며, 감사위원회는 자원 이용과 서비스 평가, 기관평가에 사용되는 평가 점수를 합산하여 그 성과에 따라 지방정부를 분류하고 개성방향을 보고하게 된다(박해육, 2007).

영국은 지방정부 성과관리와 관련하여 노동당 정부시기부터 CPA가 오랫동안 유지되어 오다가, 보수당 정권이 들어서서는 중앙집권식인 CPA를 폐지하였다. 이후 지방자치단체와 함께 지방 공공기관들이 책임성을 같이 확보할 수 있도록 하는 CAA(Comprehensive Area Assess) 제도를 도입하게 된다. CAA는 2006년 발간한 "강력하고 번영하는 지역(Strong and Prosperous Communities)"이라는 백서에 기반하고 있다.

CAA에서는 감사위원회와 지방관련 감사기관들이 지방정부의 행정서비스 성과를 공동으로 평가를 진행한다. CAA는 CPA보다 더 확장된 지역을 대상으로 하며 지방정부 단독으로 또는 관련 기관과의 공동으로 만들어내는 성과 전반에 대해서 평가영역을 넓히게 되었다.

CAA는 구역평가(Area Assessment)와 기관평가(Organizational Assessment)로 이루어져 있다. 지역주민의 입장에서는 그 지역에 대한 명확한 성과정보를 확인할 수 있으며, 향후의 행정서비스에 대한 예측을 가능하게 하는 역할을 하며, 지방정부는 개선이 필요한 부분에 대한 판단을 가능토록 하는 기능을 수행한다. 2010년 이후에는 집권화와 비용의 문제를 이유로 CAA제도가 폐지되고 특정분야에 관한 개별평가가 진행되고 있다.

3. 개별평가제도

영국의 대표적인 개별평가제도는 국가 재난대응 및 관리 측면에서 이루어지고 있으며, 크게 국가위험평가(National Risk Assessment: NRA)와 지방정부 차원의 위험평가(risk assessment)로 구분되어 있다.

영국에서는 국가안보전략에 따라 국가안전보장위원회에 의해 국가안보위험평가를 2년 주기로 실시하고 있으며, 안보와 함께 국가적으로 회복 탄력성을 강화시키고 국가차원의 대응계획 마련, 위험목록 구축 등을 위한 국가위험평가를 내각사무처에서 2005년부터 매년 실시하고 있다(윤경호, 2015).

국가위험평가는 향후 5년 내 영국과 영국 국민들이 경험할 수 있는 심각한 비상상황(significant emergency)을 예측하기 위한 작업이며, 분석 결과에 따라

그림 4-5 영국 위험평가의 과정

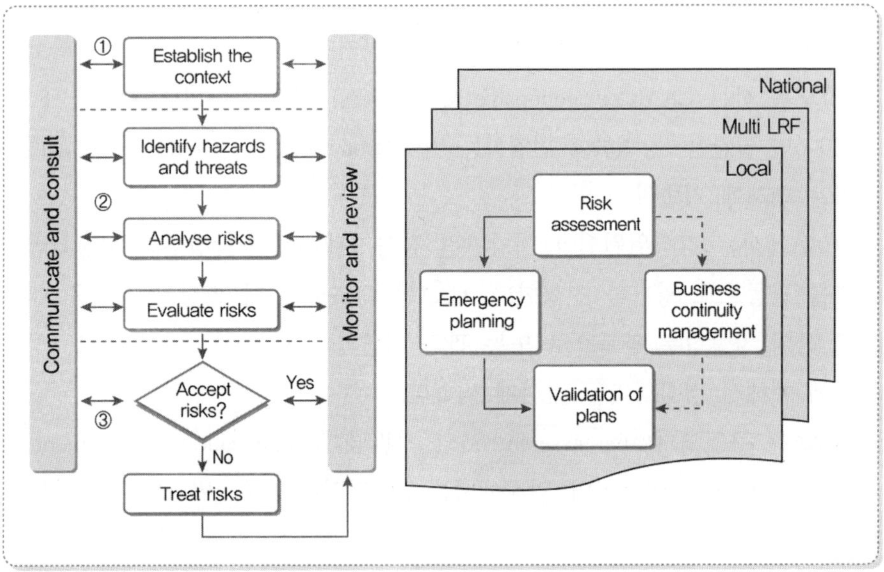

* 출처: Cabinet Office, UK(2012b)

표 4-9 영국의 재난관리 피평가기관

	분야별 기관명	세부 재난대응기관명
핵심대응기관 (core responders) (Category 1)	1) 재난서비스기관 (emergency services)	① 경찰(Police Forces) ② 영국교통경찰(British Transport Police) ③ 소방당국(Fire Authorities) ④ 응급서비스(Ambulance Services) ⑤ 해양 및 해안경비대(Maritime & Coast Guard Agency)
	2) 지방정부 (local authorities)	① 모든 지방정부들(대도시구역 지방정부(Metro-politan districts), 카운티정부(shire counties), 구역정부(shire districts), 단일지방정부(shire unitarries) ② 항만보건당국(Port Health Authorities)
	3) 보건기관 (health bodies)	① 1차 의료기관(Primary Care Trusts) ② 급성관리단체(Acute Trusts) ③ 기반관리단체(Foundation Trusts) ④ 지방건강위원회(Local Health Boards in Wales) ⑤ 공공보건기관(NHS Trusts) ⑥ 건강보호기관(Health Protection Agency)
	4) 중앙행정기관(government agencies)	환경청(Environment Agency)
협력대응기관 (co-operating responders) (Category 2)	1) 공공서비스 기관 (utilities)	① 전기공급 및 전송기관 (Electricity Distributors & Transmitters) ② 가스회사(Gas Distributors) ③ 상・하수도기관(Water & Sewerage Undertakers) ④ 통신회사(Telephone Service Provides-fixed and mobile)
	2) 교통기관 (transport)	① 철도기관(Network Rail) ② 여객 및 화물 철도운영회사(Train Operating Companies) ③ 런던 지하철회사(London Underground) ④ 런던교통회사(Transport for London) ⑤ 항공운영기관들(Airport Operators) ⑥ 항만당국(Harbour Authorities) ⑦ 고속도로 당국(Highways Agency)
	3) 보건기관(health bodies)	전략적 보건당국들(Strategic Health Authorities)
	4) 중앙행정기관(government agencies)	건강 및 안전집행기관(Health & Safety Executive)

* 출처: Cabinet Office(2006), 윤수재(2016) 재인용

예상 위험 발생에 따른 피해의 크기와 영향력 등은 중앙정부 및 지방정부의 계획 수립에 반영할 수 있도록 비공개로 전달되고, 국가복원력계획(National Resilience Planning Assumptions: NRPAs) 작성에 활용된다(정지범 외, 2015).

영국의 내각사무처는 국가위험목록(National Risk Register: NRR)을 공개하고, 위험상황의 시나리오 바탕으로 평가하여, 그 결과를 바탕으로 기관이 재난대응역량을 향상시킬 수 있는 교육훈련에 반영하고 있다.

국가적 차원의 재난관리는 내각사무처, 지역 차원의 경우 재난주관부서(Lead Government Department)에서 담당하고 있으며, 위험평가의 과정에서 수시로 의사소통과 컨설팅, 모니터링 및 검토과정이 이루어지게 되며, 핵심대응기관과 협력대응기관으로 구분하여 폭넓게 평가를 진행하고 있다.

영국은 지방정부에도 지역단위 위험분석으로 지역위험목록을 작성하여

그림 4-6 위험평가의 구분과 위험등급

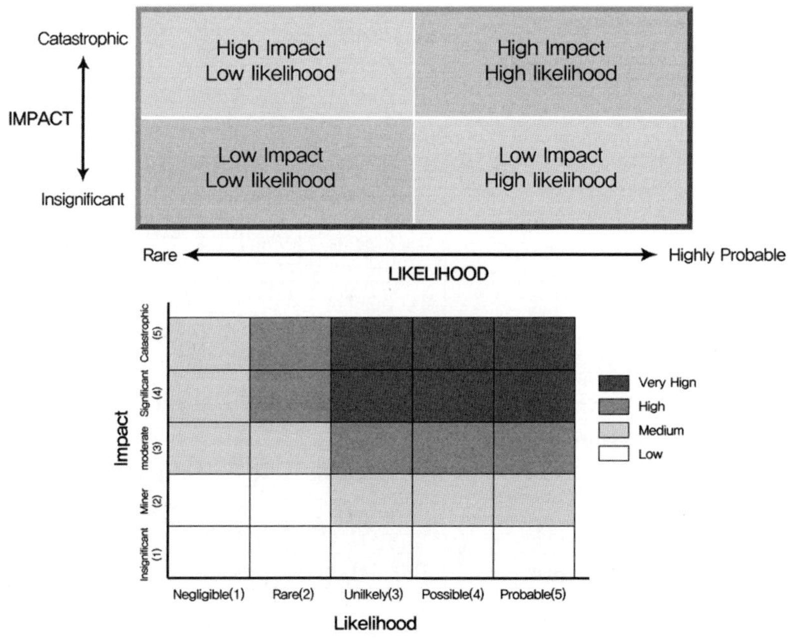

* 출처: Cabinet Office, UK(2012b)

공개하도록 하고 있다. 이에 지역의 위기대응기관들이 지역 특성을 반영한 위험식별과 분석을 진행하게 된다.

피평가기관의 핵심대응기관(Category 1)은 1차적 재난관리 책임을 지는 기관들로, 중앙정부, 지방정부, 국민의료서비스(The National Health Service: NHS) 의료시설로 시민안전을 위한 포괄적인 책임을 지고, 위험평가, 재난대비 계획, 시민과의 소통 등을 수행하는 기관들을 의미한다. 기초 수준의 경우에는 기초자치단체장(시의회의장)이 책임지고, 테러 등 일반경찰권 행사를 최우선적으로 필요로 하는 경우 사고현장의 총괄 지휘는 경찰권을 가진 지방경찰청장이 수행하며, 복구단계에 다시 기초자치단체장에게 이 지휘 및 책임권이 이양된다. 협력대응기관(Category 2)은 보건 및 안전관련 기관들, 교통 및 시설 관련 회사 등이 포함되며, 계획단계보다는 실제 관련 분야에서 일어나는 재난 사고가 발생했을 경우 수행하는 복구협력 및 정보공유 등의 역할을 담당한다(정지범, 2015).

위험평가에서는 피해(영향) 정도와 발생 가능성에 따라 위험등급을 산출하며, Very High (VH) risk, High (H) risk, Medium (M) risk, Low (L) risk의 4개 등급으로 구분한다. 영국 위험평가의 내용을 요약하면 아래의 표와 같다.

표 4-10 영국 재난관리 평가의 주요내용

	내 용
평가주체	· 국가수준: 내각사무처 · 지역수준: 재난주관부서(LGD)
평가대상	· 지방정부: 재난관리의 1차 책임기관 · 핵심대응기관, 협력대응기관
평가내용 및 절차	· 국가위험평가는 환경분석부터 모니터링까지 총 6단계(Context Analysis, Risk/Resource Analysis, Risk Factor Analysis, Risk Factor Evaluation, Risk Factor Management, Monitoring)로 구성되며, 이중 위험평가는 1) 위험 식별, 2) 발생가능성 및 피해크기 평가, 3) 위험 간 비교과정을 거치게 됨 · 국가위험평가는 '국가안보전략(National Security Strategy)'의 원칙을 따름 · 분석결과를 토대로 정책결정지원을 위한 심층분석자료 제공 · 위험평가의 과정에서 평가자와 피평가자 등이 수시로 커뮤니케이션과 컨설팅, 모니터링 및 검토 과정 진행

평가내용 및 절차	· 분석결과를 토대로 재난유형별 발생가능성과 피해 정도에 대한 특징을 도표화함으로써 평가보고서를 보는 의사결정자와 국민들이 쉽게 이해할 수 있도록 함 · 국가와 지역을 구분하여 각각 위험평가를 실시하고, 위험목록을 구축함. 국가위험평가 결과에 따라 국가위험목록을 작성하고 지방정부에서는 지역의 시민 및 전문가들로 구성된 포럼(LRF)에서 국가위험목록의 고위험군을 중심으로 지역위험평가를 실시한 후, 그에 따른 위험도를 지역위험목록으로 만들게 됨 · 지역위험목록은 다시 국가위험평가와 국가위험목록에 반영되는 순환체계로 구성됨
평가결과의 활용	· 재난요소별 위험평가를 활용한 재난대응 방법을 구체적으로 제시하고 정보공유 자리 마련 · 우수사례 학습 및 전파 · 평가정보 온라인 공표 · 재난요소별 위험평가를 실시한 뒤, 그 결과에 따라 어떤 재난대비 역량이 필요한지, 재평가의 시기는 언제인지 등을 상세히 제시 · 평가결과를 토대로 국가 간, 지역 간 평가결과를 공유하는 등 재난대비를 위한 주요 정보를 공유·활용할 수 있는 기반으로 평가 활용

* 출처: 윤경호(2015), 윤수재(2016)

제4절 결론 및 정책적 함의

영국 성과관리제도의 변화에서 가장 중요한 점은 부처의 자율적 성과관리를 통한 역량향상과 국민에 대한 투명성과 신뢰성 확보, 기존 공급자 중심 성과관리체계에서 나타나는 한계성 극복 등이다. 이는 국민에게 신뢰받는 공공기관으로의 변화를 꾀하는 수요자 중심의 성과관리체계로 변화되어야 함을 보여주고 있는 중요한 사례이다.

영국의 Business Plan에서 볼 수 있는 수요자 중심의 성과관리체계 특징으로 첫째, 성과정보의 투명한 공개가 이루어져야 한다는 것이다. 구체적으로 공무원의 구체화된 활동에 관한 기술, 비교 가능한 예산자료, 책임소재, 국민의 체감도나 인식을 직접 평가할 수 있는 정보의 공개 등이 이루어진다. 한국의 경우에는 평가내용과 평가과정, 평가결과 등이 국민에게 매우 제한적

표 4-11 영국과 한국의 성과관리 제도 비교

	영 국	한 국
평가목적	· 국민에게 신뢰받을 수 있는 공공기관으로의 변화	· 결과중심의 성과관리체계 강화 · 정부 성과관리의 통일성 확보를 위한 노력이 진행 중(영국 PSA와 유사)
평가주체	· 상위평가(재무부, 총리실 등) 중심에서 개별부처의 자율평가로 중심 이동 · PSA에서의 협업을 위한 조정의 과정을 지나, 현재 부처의 독립성 강조 · 우선순위 활동과 책임자와의 연계 명시를 통해서 책임성 강화	· 자체평가와 상위평가의 통합을 강조하나, 실제적으로 상위평가는 별도의 평가로 인식 · 현재 협업을 강조하나, 부처 간의 명확한 업무배분 및 성격이 규명되지 않았음
평가체계 및 내용	· 전략기획 기반의 전략적 정렬이 기반이 되고 있음 · 실제 업무와 관련된 활동 중심의 평가 · PSA와 Business Plan 모두 실제 수집가능한 공식적인 통계자료 활용	· 과제 중심의 평가 · 목표와의 연계성 미흡 · 활용가능한 정보를 통한 측정의 문제가 제기됨
정성평가	· 실제 국민의 만족도를 향상시키는데 영향을 주는 공무원의 개별활동 평가 · 단순화된 평가보다 구체화된 활동기술로 보완 · 국민이 성과에 관한 체감도와 인식을 직접적으로 평가할 수 있도록 함	· 단순한 만족도 평가 중심의 질적 평가 중심으로 운영
평가활용	· 평가내용과 결과에 대한 전면적인 공개 · 예산배분과 연계된 결과활용에서 국민들에게 정부활동에 관한 지지를 받는 측면을 가장 강조	· 평가내용, 과정, 결과의 비공개 · 예산배분과 연관된 결과활용이 주된 결과 활용

으로 공개되고 있으며, 평가기관이나 평가 대상기관의 업무담당자도 성과측정과 평가내용에 관한 구체적 활동이 무엇인지 정의하지 못하는 혼란스러운 모습을 보여주고 있다. 영국의 사례에서 무엇보다 먼저 한국의 성과관리체계에 반영하여야 하는 정책적 함의는 성과관리과정에서 국민의 참여의 폭을 넓

힘으로써 신뢰를 받을 수 있는 투명성이 강화된 공공기관으로의 변화를 강조하는 것이다. 진보된 성과관리체계의 모습은 중앙정부 주도의 하향식 예산반영과 책임소재 파악의 제한된 결과활용이 아닌, 공공서비스를 제공하는 기관의 목표 및 지표수립 및 성과평가가 국민 참여에 의해 이루어질 수 있도록 하는 국민에 의한 상향식의 성과관리체계이다. 국민의 동의나 합의가 부족한 경우에는 아무리 좋은 정책 또는 사업이라고 해도 원하는 성과를 얻을 수 없을 것이며, 국민의 삶의 질을 개선시키는 효과를 얻기 어려울 것이다.

둘째, 변화하는 성과관리체계는 정성부문 측정에서 개선된 모습을 보이고 있다. 정성평가의 경우 성과를 판단할 수 있는 기준이 불명확하기 때문에 상대적으로 어려운 부문이다. Business Plan에서는 국민의 체감도 평가를 통해서 국민의 입장에서 파악할 수 있는 Input, Impact 지표를 구체적인 언어로써 제시함으로써 국민이 이해할 수 있는 정성적 성과를 제시하고 있다. 현재 한국의 정성평가의 주를 이루는 만족도 중심 평가지표는 설문문항작성과 표본설정 등에 있어서 성과지표로써 본질적인 한계를 가지고 있기 때문에 보다 구체화된 언어로써 세분화된 측정방법을 활용하여야 한다. 만족도 조사를 대체할 수 있는 세분화된 정량적 성과가 포함되는 복합지표나, 구체적인 체크리스트, 또는 만족도 조사의 설문항목이 공급자 중심인 공무원의 활동에 대한 점검이 아닌 활동으로 인하여 국민의 생활이 변화하는 영향을 평가할 수 있는 언어로써 변화되어야 할 것이다. 결과적으로 정부의 활동에 대해서 국민이 인지할 수 있도록 관련 정보를 상세하게 공개하여야 하고, 국민의 입장에서 투입되는 자원과 그로 인하여 나타나는 영향을 판별할 수 있는 내용이어야 한다.

셋째, 또 하나의 중요한 선진국의 성과관리체계 특징은 기본적으로 전략기획을 기반으로 기관의 미션, 비전과 목표 그리고 활동계획, 지표 등을 명확히 설정하고, 이를 위한 담당자의 활동들을 명확히 기술하여 집중된 업무를 수행하고 있다는 것이다. 국가차원의 전략기획과 기관차원의 전략기획이 밀접한 관계를 가지고 구조적으로 연계된다. 영국의 경우에도 각 부처는 조직의 임무와 목표에 대한 규명과 이에 대한 의사소통, 실천을 위한 활동의 구체적 서술을 포괄하는 전략기획을 기반으로 하고 있다. 전략기획을 바탕으로 조직목표를 성취하기 위한 구성원의 활동들을 정렬함으로써 기업적인 문화를 창출하고 있다. Business Plan은 기업에서 투자자 등에게 의사 결정을 돕기 위해 제공 되어진 것이었고, 투자자로 하여금 기업의 사업에 대한 지지를 얻기 위한 것이었다.

전략기획 과정은 일반적으로, 첫째, 환경적 검토로서, 문화적·인구통계학적·경제적·정치적 주요 요인들을 검토하고, 이 요인들이 조직 및 지역사회와 어떠한 관련성을 가지는지 확인한다. 둘째, 조직의 임무(사명)와 목적에 대한 결정으로, 환경적 검토에 기초하여 새로운 접근방법이나 새로운 서비스를 제공하기 위한 기회와 이슈를 확인한다. 셋째, SWOT분석을 통해 조직 내부 및 외부의 강점, 약점, 기회, 위협, 자원적 한계 등을 분석하고, 임무(사명)와 목적의 달성을 위한 구체적인 행동계획을 개발하며, 정책 및 사업의 우선순위를 결정한다. 마지막으로 집행전략의 개발 및 집행과정에 대한 모니터링으로, 집행을 위한 실제적인 전략을 개발하고 집행과정을 모니터링하며 평가한다(FCBST 1997, 나태준, 김성준, 김용운 2004, 2-4 재인용). 여기서 중요한 점은 미션-비전-전략목표-성과목표-성과지표가 연계성을 가지고 정렬(Cascading)된다는 점이다. 한국의 정부업무평가기본법 제15조에는 "중앙행정기관의 장은 정부업무평가시행계획에 기초하여 당해 정책 등의 성과를 높일 수 있도록 다음 각 호의 사항이 포함된 자체평가계획을 매년 수립하여야 한다."라고 규정하고 있으며, 당해 중앙행정기관의 임무, 전략목표 및 성과목표에 관한 사항, 당해 연도 주요 정책 등의 내용에 관한 사항, 자체평가의 기본방향에 관한 사항, 자체평가조직 및 자체평가위원회의 구성·운영에 관한 사항, 자체평가 대상 및 방법에 관한 사항, 자체평가결과의 활용 및 조치에 관한 사항 등을 수립하도록 되어 있다. 이러한 과정에서 현재 성과지표 개발절차는 임무·비전·전략목표·성과목표 확인→성과지표 수집→후보 성과지표 생성→1차 성과지표 선정→성과지표 조정 및 확정→성과지표 상세화→성과지표 가중치 부여의 7단계 절차를 적용하고 있다(국무조정실, 2015a). 그러나 현실적으로 한국의 공공기관의 경우 전략기획에 기반한 체계적이고 구체적인 성과관리체계를 확립하고 있지 못하며, 성과지표 개발절차도 전략목표 또는 성과목표를 설정한 후 바로 과제를 도출하여, 이를 측정하기 위한 성과지표를 개발하고 있음으로써 목표와 지표의 정렬이 이루어지지 않고 있다. 이는 전략적 정렬 및 연계가 아닌 도출하여야 하는 과제의 목표치나 방향을 정해 두고, 이를 상위정책을 전략과 연계시키려는 무리한 구조로 이루어져 있다는 것이다. 개별 기관의 주요한 공공서비스가 공백 없이 반영되는 전략기획체계가 명확하게 만들어져 있지 않으며, 중앙정부에서도 이에 대한 중요성을 간과하고 있는 문제점이 있다.

마지막으로 강조하여야 할 점은 정책 및 공공서비스 성격에 따른 평가대상기관 간의 협업과 기관의 자율성 확보이다. 한국의 경우 현재 정부업무평가에서 협업을 강조하고 있으나, 실제로는 기관간의 업무배분 및 예산분배의 문제로 인하여 협업과제를 도출하기가 어렵거나, 형식적인 과제를 선정하는 경우가 많다. 영국의 경우 PSA를 도입하고 시행하는 과정에서 이미 협업의 중요성을 강조하여 국가적 차원에서 전략과 연계된 업무의 기관간 역할배분 및 협력이 이루어졌으며, Business Plan의 시행 이후에는 이러한 기관간의 합의에 기반한 기관의 성과목표가 명확히 구분되었다. Business Plan에서는 기관 내의 역할배분까지 책임소재의 명확한 제시로 이루어지고 있는 점은 과도기적 변화기를 겪고 있는 한국의 성과관리체계에 시사하는 바가 크다고 할 수 있다. 협업의 문제는 현재의 상위평가가 별도의 평가로 인식되고 있고 기관에서 자율성이 없는 평가라는 인식과도 연계되어 있다. 이를 위해 기관의 우선순위와 목표 등과 연계된 활동들을 체계적으로 정리하여 구체화 시킬 필요가 있다. 이러한 구체화된 활동들이 과제로 연계되어 성과지표로 개발되어야 한다. 성과지표의 정교화를 통한 조직변화를 유도하기 위해서는 ① 산출, 중간결과, 최종결과 각 단계별로 필요한 측정 방법 개발, ② 유용한 비교 그룹 확인, ③ 적절한 그룹을 대상으로 측정 지표를 제공하기 위한 데이터 수집, ④ 잠재적 기회와 실현 가능성을 확인하기 위한 평가 제공, ⑤ 자원 및 산출을 통제할 수 있는 측정 기여도 향상, ⑥ 측정 방법과 프레임워크 개선 등을 고려하여야 한다. 각각의 요소들은 연계되어 있으므로, 각 단계별로 병

행해서 실행에 착수할 필요가 있으며, 진행된 과정과 성과를 반복해야 한다. 또한 주요 문제가 확인될 시 앞으로의 방향이 계획에 포함되어야 할 것이다(New Zealand Government, 2008). 이러한 과정에서 유사한 업무를 수행하는 기관간의 역할이 명확해 질 것이며, 기관 내에서도 담당부서 및 담당자의 업무책임을 명확하게 분배할 수 있을 것이다.

결과적으로 위에서 제시된 대안을 중심으로 성과관리체계를 개선하게 된다면 부처별 자율성을 강화하는 영국과 같이 각 기관이 중심이 되는 수요자중심의 성과관리체계로 변화할 수 있을 것이며, 나아가 보다 종합적인 성과관리체계를 구축할 수 있을 것이다. 영국의 Business Plan에서 다년간 실천할 수 있는 성과관리계획을 수립할 수 있었던 것은 성과관리의 실현가능성에 대한 구체적 모습이 제시되었으며 신뢰가 확보되었기 때문일 것이다.

참고문헌

강정석. (2012). 정책현안과제 분석・점검 제도화 방안. 서울: 한국행정연구원.

공동성 외. (2013b). 성과관리-외국제도편. 서울: 대영문화사.

국무총리실. (2012). 정부성과관리 운영실태 및 성과분석. 서울: 국무총리실.

국무조정실. (2015a). 성과지표 개발・관리 매뉴얼. 세종: 국무총리실.

국무조정실. (2015b). 2015년도 정부업무평가 시행계획. 세종: 국무총리실.

김학경・강욱. (2017). 영국의 재난관리체계 및 재난위험성평가제도의 도입 및 적용에 관한 연구. 한국경호경비학회지. 50: 9-32.

기획재정부. (2012). 재정사업 성과지표개발 매뉴얼. 세종: 기획재정부.

나태준・김성준・김용운. (2004). 새 술을 헌 포대에?: 서울시의 전략기획도입에 관한 연구. 한국행정학회 춘계학술대회 발표논문집.

류영아・하동현. (2014). 한국과 영국의 지방자치단체평가 제도 비교. 지방행정연구. 28(1): 193-224.

박해육. (2007). 지방자치단체 성과관리제도의 비교 및 통합방안. 지방행정연구. 21(2): 117-149.

윤경호. (2015). 국가위험평가제도 도입을 위한 국외사례 연구. Crisisonomy. 11(8): 19-41.

윤수재・이광희. (2009). 영국과 캐나다의 성과관리 제도에 대한 비교연구. 한국행정학회 추계학술대회. 1-29.

윤수재. (2016). 효율적인 통합평가제도 구축을 위한 실태분석 및 개선방안 연구. 서울: 한국행정연구원.

이광희. (2012). 중앙행정기관 성과에 대한 중장기 관리체계 구축방안 연구. 서울: 한국행정연구원.

임동진・강영철. (2008). 정부업무평가결과 환류의 정착방안 연구. 서울: 한국행정연구원.

임채호. (2009). 영국 신노동당 정부의 지방정부 성과평가제도. 사회과학. 42(2): 117-159.

정지범 외. (2015). 대형복합재난 법적기반 구축 연구. 서울: 한국행정연구원.

한국조세연구원. (2011). 주요국의 성과관리제도. 서울: 한국조세연구원.
박정호. (2015). 영국의 우주개발 프로그램 평가 전략. 한국항공우주연구원 e-정책정보센터.
홍재환 외. (2005). 정책평가제도에 대한 외국사례 연구. 서울: 한국행정연구원.
황혜신. (2013). 해외사례 비교·분석을 통한 한국 정부업무평가제도의 개선방안 연구. 서울: 한국행정연구원.

Cabinet Office. (2012a). *Business Plan 2012-2015.*
Cabinet Office. (2012b). Civil Contingencies Act Enhancement Programme.
Colin Talbot. (2010). "Performance in Government: The Evolving System of Performance and Evaluation Measurement," Monitoring, and Management in the United Kingdom.
Department for Business Innovation and Skills. (2012). *Business Plan 2012-2015.*
Department for Environment, Food and Rural Affairs. (2012). *Business Plan 2012-2015.*
Department for Environment, Food and Rural Affairs. (2015). *Annual Report and Accounts 2014-15.*
HM Treasury. (2008). General Expenditure Policy(a). HM Treasury Website (html file).
HM Treasury. (2012). *Business Plan 2012-2015.*
Kristensen, Jens Kromann, Walter S. Groszyk, and Bernd Buhler. (2002). "Outcome-focused Management and Budgeting." *OECD Journal on Budgeting.* 1(4): 7-34.
New Zealand Government. 2008. *Performance Measurement.*
https://www.gov.uk/government/publications/implementation-profession-tools-for-imple-menting-policy

제5장

프랑스의 정부업무 성과관리 및 평가제도

제5장

프랑스의 정부업무 성과관리 및 평가제도

제1절 개요

1. 정치행정 환경

프랑스의 수도는 파리이고, 인구는 6,760만 명(2017년 1월)이며, 영토 총 면적은 672,369km^{2}로 한국의 약 6배이다.

프랑스는 입헌공화국이다. 헌법에 따라 행정부와 입법부가 통치하는 이원 집정부제(혼합정부제)를 채택하고 있다. 국가원수는 대통령이고 임기는 5년이다. 정부의 수장은 총리이다. 대통령은 총리 임면권을 지니지만, 국회는 정부 불신임권을 갖고 있음에 따라, 실질적으론 국회(Assemblé nationale)에서 다수 의석획득 정당(들)이 정부를 구성하게 된다.

의회는 국회(하원)와 상원(Sénat)로 양원제이다. 577석의 국회의원 임기는 5년이고, 321석의 상원의원 임기는 6년이다. 국회의원은 5년마다 소선거구 결선투표제에 의해 선출되고, 상원은 3년마다 절반씩 15만 명의 지역선출단의 투표로 선출된다.

경제 현황으로 GDP는 2조 4천억 불(2015년), 1인당 GDP는 41,181달러(2015년)이며, 2016년에 수출은 1,830억 유로, 수입은 2,093억 유로를 기록했다.

2. 연혁

프랑스에서 정부업무평가는 주로 '공공정책평가(évaluation des politiques publiques)'로 사용되며, 공공정책평가란 "성과지표를 통해 공공정책의 효용성을 측정하여 그 정책의 타당성을 검토하는 것"으로 정의된다(Monnier et Duran 1992, 240).[1] 이 평가는 도시정책, 교육정책 등 공공정책을 수행하는 전체 영역에 대해 진행될 수 있다.

업무평가는 감사(audit)나 관리(contrôle)와 구별된다. 2015년 9월 발표된 경제사회환경위원회의 입장에 따르면, 감사나 관리는 운영방침, 법률, 회계규칙처럼 분석 대상이 되는 기관의 규칙 준수여부를 살펴보는 것인 반면, 평가는 특정 조치와 직접 연결된 목표에 따라 수행 정도를 파악하고 전반적인 효과를 인식하는 것이다(CESE 2015, 11). 아래 <표 5-1>에서 보듯이 평가는 목적, 규정, 효과의 측면에서 감사 및 관리의 개념과 구별된다. 이러한 개념 간의 혼돈은 공공정책을 실행하는 공공기관원과 공공정책의 수혜자가 정확한 답변을 하는데 주저토록 하고, 평가문화 증진에 장애를 가져온다.

표 5-1 관리, 감사, 평가의 개념

	관리(contrôle)	감사(audit)	평가(évaluation)
목적	규정에 적합성 확인	위험 감소	효과/필요의 최적화. 기대효과와 성취 간의 차이 평가·설명
규정	법, 규칙(회계규정)	직업 표준	목표
효과	위반사항 처벌: 벌금, 기소	경고: 권고, 주의	정책결정의 개선

* 출처: Mansouri-Guilani(2015: 59) 수정

1) 우리나라 문헌에서 정부업무평가제도의 개념은 기관이 수행하는 공공정책뿐만 아니라, 중앙행정기관, 지방자치단체, 중앙행정기관의 소속기관 등 기관 자체에 대한 평가가 포함되기 때문에, 공공정책평가의 개념보다 넓은 개념으로 사용되지만, 현실적으로 공공정책평가에서도 기관평가가 포함되기 때문에 실제에선 두 개념을 같은 의미로 혼용하기도 한다(공병천 2005, 187).

또한 일부 학자들은 평가를 성과관리(performance)와 구분한다(Vanier). 공공정책 영역에서 성과관리란 정부 개입의 실현정도, 직접적으로 당장에 구현한 결과와 관련된 것이라면 평가는 공공정책의 영향(impact)에 해당한다. 성과관리는 가치판단보다는 예상한 목적의 실현 혹은 수행 정도를 다룬다면, 평가는 실행된 것에 대해 가치를 부여하고 그를 판단하는 것이다. 가령, "고속도로 속도측정기가 차량속도감소를 얼마만큼 가져왔는가?"라는 질문은 고속도로 속도측정기 정책의 성과관리에 해당한다면, "고속도로 속도측정기가 장기간 얼마나 사망자와 부상자의 수를 줄였는가 혹은 줄이는 데 기여했는가?"라는 질문은 공공정책 평가에 해당한다고 할 수 있다. 그리하여 성과관리는 효율적이고 효과적인 운영을 위한 것이라면, 평가는 이후의 결정을 위한 것이라 할 수 있다. 결국, 지속적인 성과관리는 평가와 연결돼 있지만, 그 1차적인 성격은 구분된다.

하지만, 광의의 의미에서 공공정책평가가 정부업무 성과관리를 포괄하여 사용하기도 한다. 일부 학자들은 성과관리를 평가의 한 범주로 포괄하여 '성과관리 평가(évaluation de la performance)'(Galdemar et al. 2012)라는 개념을 이용하여 성과관리와 평가를 연결하기도 한다. 또한 정부의 문헌에서도 '공공활동의 성과관리'와 '공공정책평가'를 혼용해서 사용하는 경우도 볼 수 있다.[2)]

우리나라에선 기관평가 종합점수와 기관평가 결과보고서의 내용이 평가보고대회에서 공개된다. 결국 이는 기관 간의 비교를 통해 경쟁을 유도하는 데 목적을 두고 있는 것으로 이해될 수 있다(공병천 2005, 199). 이에 비해, 프랑스에선 평가대상이 기관 자체가 아니라, 기관들이 수행하는 정책 혹은 사업에 맞추어져 있다. 평가 역시 구체적인 사업 목표에 따라 평가가 진행되고 있어 타 기관과의 비교가 용이하지 않다. 결국, '기관평가'가 아니라 '정책평가'이다.

퓌피용(P.-C. Pupion)은 프랑스에서 광의의 정부업무평가를 크게 네 가지 형태로 구분한다(이광희 · 오영민 2017, 23). 첫째는 행정부에서 총리주도로 수

---

2) "Evaluer les politiques publiques" www.modernisation.gouv.fr(열람일 2017년 11월 22).

행하는 범정부 정책평가이다. 둘째는 의회에서 재정위원회를 중심으로 정부와 함께 진행하는 평가, 셋째는 재정법(LOLF)에 의거하여 재정경제부가 주관하는 평가, 넷째로는 회계감사원이 수행하는 평가이다.

특히 세 번째로 언급한 재정경제부가 주관하는 재정법에 근거한 평가는 성과관리와 밀접하게 연관된다. 이는 국가운영을 위한 우선적인 기제이며, 특히 우리나라 예산안에 해당하는 재정법(lois de finances) 제정에서 매우 중요한 역할을 한다. 2001년 제정된 '재정법에 관한 조직법(loi organique n° 2001-692 du 1 août 2001 relative aux lois de finances: LOLF)'이 2006년부터 시행되면서 성과관리에 근거하여 재정을 관리하는 새로운 공공관리방법(new public management)을 시행하고 있다(오시영 2008, 206). 이를 통해 다음과 같은 특징을 보인다.

첫째, 성과관리의 결과가 재정균형의 고려 속에서 정부사업 예산을 결정하는 근거로 작용한다. 프랑스 의회는 정부가 제출한 전략적 목표와 지난해 결과(성과) 평가에 따라 국가의 예산을 논의하고 결정해 왔다.

둘째, 공공정책을 평가하고 성과관리를 진행함에 있어 의회가 그 핵심 주체가 된다. 이는 핵심적으로 정부의 성과관리가 의회의 회기와 일정에 맞추어 진행되고, 의회가 진행하는 공공정책평가를 근거로 의회가 정부의 사업 프로그램 별로 예산을 조정할 수 있는 실질적인 권한을 갖는다는 것을 의미한다. 또한 의회의 권한 행사에 필요한 정보가 의회에 보장될 수 있도록 하는 제도가 뒷받침됨을 나타낸다. 그리하여 공공정책평가와 성과관리제도는 이원집정제(semi-présidentialisme)[3]를 채택하고 있는 프랑스에서 의회가 국정을 주도하는 데 중요한 기제가 된다.

셋째, 성과관리제도가 단지 업무나 사업의 진행 후에 성과를 측정하는 사후적 성격을 지니는 것이 아니라, 계획⇒실행⇒성과⇒평가⇒계획으로 순환되는 전 과정을 관리하는 원리이다. 성과관리제도는 사업의 계획단계부터 사업의 전략적 목표와 성과측정지표, 측정목표치를 설정하고, 이를 사업

---

3) 원칙적으로 행정부가 대통령에 의존하는 것이 아니라, 의회(하원)의 다수당에 의존하는 구조이다.

에 참여하는 모든 주체들에게 공유시켜, 사업에 대한 그들의 목적의식적인 참여를 유도하는 과정이다. 또한 공공정책을 담당하는 공무원뿐만 아니라, 논의과정을 통해 사업에 참여하는 민간 시행책임자 및 사업관련 다양한 이해관계자까지 정부의 전략적 목표와 성과치가 분명히 공유되도록 한다.

본 글에선 제2절에서 2001년 재정법에 관한 조직법에 따라 의회를 중심으로 진행되는 중앙정부의 성과관리제도에 초점을 맞추어 서술하고, 제3절에서는 범정부 차원에서 진행되는 공공정책평가를 언급하면서 프랑스의 정부업무평가와 성과관리제도를 설명하고자 한다.

3. 관련 법령

프랑스의 공공정책평가제도는 정권의 성격이나 이념 성향에 따라 변화했다기보다는 시일에 따라 총리령 마련⇒법 제정⇒헌법 명시 순으로 그 비중과 중요성이 지속적으로 증대됐다고 볼 수 있다.

프랑스에서 공공정책평가의 기원은 1959년 법률명령[4]으로 거슬러 올라간다. 예산제도의 틀을 마련한 이 명령을 통해 처음으로 공공정책결정과정에서 평가가 언급됐다. 이후 이와 관련한 전문기관이 설치된다. 1968년 부처 내 예산선택합리화국(Rationalisation des choix budgétaire: RCB)을 설치하고 사후 평가보다는 사전심의를 진행하여 주로 합당한 예산을 수립하기 위한 공공정책 평가제도가 진행됐다. 이는 공공활동의 주요 원칙을 수립하는 데 기여했지만, 1980년대 경제위기가 심각해짐에 따라 공공정책의 예산을 결정함에 있어 자체 내 프로그램보다는 국내외 경기가 그 영향을 점점 크게 미침에 따라 RCB의 영향력이 점차 줄어들게 되면서 1984년 공식적으로 폐지된다(Perret 2014, 76).[5]

그 후 1986년 드로(M. Deleau)의 '공공정책평가(Evaluer les politiques

4) Ordonnance n°59-2 du 2 janvier 1959.

5) 하지만 RCB에 대한 신중한 평가 없이 상황에 따른 섣부른 폐지는 예산 결정과 공공정책 평가의 연결 자체를 의미 없는 것으로 간주하도록 하여 향후 10년 간 프랑스의 평가업무 발전에 부정적인 영향을 미쳤다는 평가도 존재한다(CNE 2000, 94).

publiques)' 보고서와 1988년 비브레(P. Viveret)의 '공공정책과 활동 평가(L'évaluation de politiques et des actions publiques)' 보고서가 제출되면서 공공정책평가와 관련된 본격적인 모색이 진행된다. 프랑스에서 정책평가제도가 본격적으로 시행된 것은 1990년부터라 할 수 있다.

1) 로카르 정부와 조스팽 정부의 공공정책평가에 관한 시행령(1990년, 1998년)

1990년 미테랑 대통령 하의 로카르(Rocard) 정부는 처음으로 '공공정책평가에 관한 1990년 1월 22일 시행령 n°90-82'[6]를 제정하여 정책평가제도를 도입했다. 시행령 제1조에서 '공공정책평가'의 개념을 공식적으로 정의하는데, 이를 '시행 법률, 행정, 재정 수단이 기대 효과를 낳고 할당 목표를 달성했는지에 대한 조사'로 규정했다. 시행령을 통해 부처연계정책 평가조치를 시행하고 이를 위해 평가업무를 추진하는 범부처평가협의회(Comité interministériel de l'évaluation: CIE)[7]와 전문가와 연구자들이 임용돼 평가방법·지표 등을 연구하는 평가과학위원회(Conseil scientifique de l'évaluation: CSE)를 설치했다.

CIE는 CSE의 권고에 따라 하나 혹은 다수 부처가 진행한 사업 평가를 결정하고 평가진흥기금(Fonds national de développement de l'évoluation: FDE)에서 지원받아 평가를 진행했다(제2조). CIE의 구성(제3조)에는 총리 또는 권한대행이 의장을 맡으며, 재정경제부장관, 행정개혁장관, 내무부장관, 예산담당장관, 계획담당장관, 그리고 당일 의제관련 장관 또는 그 권한대행이 참석했다. 실제, CIE의 회의 준비와 집행은 국가기획원(Commissariat général du Plan)에서 담당했다(제4조).

가령, 1985년부터 청소년, 체육, 교육, 문화 관련부처들이 참여하여 진행된 '유아생활리듬개선' 사업에 대해 1993년 범부처평가협의회(CIE)는 평가보

---

6) Décret n°90-82 du 22 janvier 1990 relatif à l'évaluation des politiques publiques.

7) 'interministériel'의 의미는 부처의 범주를 뛰어넘어 두 개 이상의 부처가 연계한다는 것으로 여기에선 '모든 부처'를 의미할 땐 '범부처'로, 일부 부처를 의미할 땐 '부처연계'로 번역했다. 부처간평가위원회(공병천 2005, 189)로 소개되기도 했다.

고서를 발표한다. 사업 평가목적에 대해 '① 전개한 사업의 발전 과정과 공동 참여자들의 이해와 인식에 대한 분석, ② 사업 목적의 실행정도 측정, ③ 사업의 영향 규정 및 측정'이라 규정했다. 이 평가는 관련 행정부서, 연구자, 학부모, 지역 선출의원들로 구성된 평가기구를 통해 진행됐다.[8)]

또한, 1996년 공공정책평가 의회사무국과 입법평가 의회사무국이 설치되면서 의회에서의 공공정책평가 중요성이 높아진다. 이들은 2001년 재정법에 관한 조직법이 입안되면서 개편된다.

한편, 지방자치단체 수준에서도 공공정책의 평가가 전개됐다. 1993년 12월 9일 회람을 통해, 지역에 1994-1998년 동안의 국가-지역 계약 프로젝트에 대한 평가를 의무화하여 지방정부의 공공정책평가를 체계화 한다. 이 회람은 지역할당구조기금이 지원된 프로그램에 대한 업무평가를 진행하라는 유럽연합의 지침에 따른 것이다. 이 조치를 통해, 지방자치단체 수준의 정책평가에서 광역도의회(conseils régionaux)가 주요 주체가 됐다.

이어, 1998년 11월 조스팽 정부는 '공공정책평가에 관한 총리령'과 12월 '공공정책평가에 관한 회람'[9)]을 통해, 총리실 내 국가기획원(Commissariat général du plan)[10)] 산하에 자문기구로 국립평가위원회(Conseil national de l'évaluation: CNE)를 설치했다. 이에 따라 기존의 CIE와 CSE는 CNE로 통합된다(공병천 2005, 195).[11)] 또한 회람은 공공평가의 영역을 규정하고 있으며, 부록에 추천하는 평가방식, 평가단계, 평가목록을 명시했다.

본 시행령에서 공공정책평가란 '범부처 수준에서 정해진 목표, 구현된 방

---

8) Comité interministériel de l'évaluation des politiques publiques 1993. L'aménagement des rythmes de vie des enfants. La documentation française.

9) 본 명칭은 각각 Décret n°98-1048 du 18 novembre 1998 relatif à l'évaluation des politiques publiques, Circulaire du 28 décembre 1998 relative à l'évaluation des politiques publiques. 2008년 7월 4일 시행령으로 폐지된다.

10) 총리 전문자문기관으로 2006년 3월 6일 시행령으로 경제분석위원회(Conseil d'analyse économique: CAE)와 함께 통합돼 전략분석센터(CAS)로 변경됐다가, 다시 2013년 4월 23일 시행령으로 프랑스전략실(France Stratégie)로 전환된다.

11) CNE는 2001년 평가정책선정을 끝으로 활동을 정지했고 이는 2004년까지 수행된다. 2008년 공공정책총검토(RGPP) 과정 중 공식 폐지되면서 공공정책평가단(Mission d'évaluation des politiques publiques)으로 계승된다.

도에 결과를 비교하면서 정책의 실효성을 평가하는 것'(제1조)이라 규정했다. 평가전문기관인 국립평가위원회(CNE)와 평가 자문기관인 전략분석센터(Centre d'analyse stratégique: CAS)를 설치하여 국가, 지자체, 공공기관에서 진행한 공공정책에 대한 평가를 담당하도록 했다(제2조). 국립평가위원회는 평가전문기관으로서 3년 임기로 14명의 평가위원으로 구성됐다. 평가위원은 평가관련 전문가 6인, 국사원 1인, 감사원 1인, 경제사회위원회[12] 3인, 시장, 광역도의 회의원, 도의회의원 대표 각 1인으로 구성됐다(제3조).[13] 국립평가위원회는 매년 다음해 평가프로그램을 총리에게 제출해야 했다(제4조). 전략분석센터는 국립평가위원회의 사무국을 담당했다. 또한 평가의 발전을 위해 프랑스와 해외에서 실행되는 평가방법과 기술에 관한 정보를 수집·배포·교육했다(제8조).

2000년대 들어서면서 공공활동과 지출에 관한 현대화와 거대 규모의 변화가 진행됐다. 그것은 2001년 재정법에 관한 조직법(LOLF)[14]의 제정과 시행이다.

2) 조스팽 정부의 재정법에 관한 조직법 제정과 시행(2001년 제정, 2006년 시행)

2001년 "재정법에 관한 2001년 8월 1일 조직법(loi organique n° 2001-692 du 1 août 2001 relative aux lois de finances: LOLF)"을 공포했다. 특히, 이 법은 재정법의 근거로 정부정책평가와 성과관리에 대한 내용을 포함시키고 있다. 즉 공공정책 실행의 성과 여부가 이후 그 사업에 대한 예산배정의 근거

12) 이후 2008년 7월 경제사회환경위원회(Conseil économique, social et environnemental: CESE)로 개칭된다.

13) 프랑스 지자체의 위계는 상급정부로서 광역도(레지옹)와 도(데파르트망)의 이중구조, 기초정부로서 시(코뮌)가 존재하는 3층제이다. 이와 달리 한국은 일반적으로 상급정부로서 특별·광역시, 도 및 특별자치도, 기초정부로서 시·군·자치구로 구성된 2층제라 할 수 있다.

14) 프랑스 헌법에서는 공권력의 조직 혹은 기능에 관한 사항 등 특정사안에 대해 일반법률(loi ordinaire)과 별도로 조직법률로 규정하도록 하고 있다. 조직법률은 최소 15일 이상의 숙고기간, 공포 전 헌법재판소의 위헌심사 의무 등 일반법률과 다른 별도의 입법절차를 두고 있다. 대개 조직법률은 그 특성상 헌법과 일반법률의 사이에 위치하는 규범력을 가진다고 본다(오시영 2008, 50 참조).

가 되는 것이다.

이 법은 5년간의 준비기간을 거쳐 2006년 1월부터 시행될 계획이었고 예정대로 시행됐다. 5년의 준비기간 중 2002년에 재정경제산업부 산하에 프로그램감사범부처협의회(Comité interministériel d'audit des programmes: CIAP)를 설치하여 조직법 시행을 위한 성과관리에 대한 지원과 점검을 진행했다.

정부업무평가에 관한 법이 제정됐다는 것은 이전에는 정부업무평가가 총리령 수준에서 규정되어 한 정부의 임기와 연동돼 변하는 가변적 요소였다면, 이제는 정부업무평가가 한 정부 임기의 차원을 뛰어넘어 정기적이고 안정적인 활동으로 자리 잡은 것을 의미한다.

당시, 1959년 법률명령을 개정하여 2001년 조직법을 마련한 이유는 핵심적으로, 재정적자의 문제에 기인한다.[15] 프랑스에선 1980년대 이후 공공지출의 총규모와 재정적자가 지속적으로 증가했다. 반면에 유럽통합이 심화되면서 각 회원국의 공공적자를 규제하는 내용을 담고 있는 마스트리히트 조약(1992년), 안정성장협약(1997년)에 따라 유럽연합체에 의한 국가예산정책수립에 대한 규제가 높아졌다. 그럼에도 불구하고 경제적 어려움과 실업률 증가로 인해, 사회분야 예산은 증대할 수밖에 없었고 이에 따라 예산안 관리에 대한 특별한 조치가 필요했다. 결국, 1959년 법률명령으로는 재정적자의 가중을 막는 데 실패하여, 더욱 책임 있는 재정관리제도가 절실했다. 더욱이 분권화가 발전되면서 지자체의 예산비중을 증대하고 국가와의 재정관계가 다양해지면서 이를 전반적으로 평가할 제도가 필요했다.

결국, 의회가 중심이 돼 더욱 많은 정보를 획득하고 공공재정을 적절히 통제하고자 법이 제정됐다. 재정법이란 "매년 집행을 위해 국가 책무와 재원에 대한 성격, 총액, 할당을 규정하고, 예산과 그 결과인 재정 간의 균형을 위한 법률"(LOLF 제1조)이다. 예산승인을 위해 의회에서 투표를 통해 결정하는 재정법에는 초기재정법(loi de finances initiale), 추가경정재정법(lois de finances rectificatives), 결산법(loi de réglement) 등이 포함된다.

---

15) http://www.vie-publique.fr/decouverte-institutions/finances-publiques/ressources-depenses-etat/lolf/pourquoi-fallait-il-reformer-ordonnance-1959.html(2017년 8월 14일 열람).

재정법에 관한 조직법(LOLF)에 따라 국가재정운영은 목표설정에 따른 '수단 논리'에서 성과관리에 따른 '결과 논리'로 전환된다. 이를 위해 예산에 관한 의회의 평가 및 통제권을 강화했다(제57조와 제59조). '결과지향운영'은 수단 논리의 '목표중심운영'과 구분된다. 목표중심예산편입은 우선 목표를 설정하고 이를 실현하기 위한 예산한도를 결정하는 것이다. 성과에 따른 예산결정을 하는 이유가 바로 더 이상 목표중심예산편성이 가능하지 않기 때문이다(MEF 2015, 5). 그 원인은 다음과 같다. 첫째, 국가예산은 무한한 것이 아니라 총예산한도의 제한 속에서 이루어지고 이에 대한 강제는 점점 엄격해진다. 그러므로 공공재정의 상황과 거시 경제 맥락에서 결정된 총액 내에서 프로그램 간의 예산 분배가 결정된다. 둘째, 예산교부금과 성과관리목적 간의 관계는 기계적인 것이 아니다. 즉 경제사회적 결과나 서비스 품질의 개선은 교부금의 증가라는 수단이 아니더라도 예산집행방식의 개선이나 최선의 수단배분으로 획득될 수 있다. 셋째, 기술적 한계가 존재한다. 즉 결과가 좋고 나쁜데에는 다양하고 복합적인 이유가 존재할 수 있다. 가령, 운영자의 책임성뿐만 아니라, 내용요인, 주요세력, 배분된 수단에 비해 낮은 중요도 설정 등 다양한 요인이 존재한다. 그러므로 결과획득에 필요한 직접적이고 기계적인 재정효과라는 것은 존재하지 않는다. 결국, 선험적인 목표가 아니라 공인된 결과를 통한 구체적인 설명만이 결정을 유도할 수 있다. 이러한 접근법에서 성과관리가 예산책정을 명료화하는 목적을 갖는다(MEF 2015, 5-6).

의회에서 LOLF의 실행을 위한 논의가 최초로 진행된 것은 2006 회계연도를 위한 2005년 가을이다. 그 이전엔 예산심의과정에서 예산자금의 평균 94%가 소위 지난 회기에서 이미 결정된 사업, 소위 '승인된 서비스'로 한 번의 투표를 통해 일괄 승인됐고, '새로운 조치'라 일컫는 나머지 6%의 자금에 한해서만 개별투표의 대상이었다. 하지만 2005년 예산심의과정부턴 예산자금의 100%에 대해 정부정책의 미션마다 투표로 결정하게 된다(MEF 2012, 41). 더불어 비록 여전히 의회가 전체 지출액을 상향조정할 순 없지만, 즉 미션당 제시된 총액을 조정할 순 없지만, 미션의 총액 내에서 그 하위범주인 프로그램의 예산을 조정할 수 있다(LOLF 제47조). 동시에 프로그램을 신설하거나 삭제하거나 변경할 수도 있다(MEF 2012, 42). 결국 의회의 활동범위와 수정권한이 확대됐다고 할 수 있다.

3) 공공정책평가 헌법 명시와 지속적인 시행 확대

2008년에 헌법을 개정하여[16] 공공정책평가를 헌법에 명시한다. 제24조 "의회는 법을 가결한다. 정부활동을 통제한다. 공공정책을 평가한다."고 명시하고, 제51조 2항에선 의회의 역할에 정부가 진행한 정책에 대한 평가를 부여하면서 그 역할을 수행하기 위해 조사위원회를 설치할 수 있도록 했고, 제47조 2항에선 회계감사원(Cour des comptes)은 공공정책평가 진행시 의회와 정부를 보좌한다고 정했다.

공공정책평가가 법률로 정해지고 헌법에 명시된다는 것은 평가가 국가운영에 필수적인 사안이고 이의 목적이나 운영이 공동체의 유지와 시민(국민 전체)의 관점에서 정해지고 진행된다는 것이다. 다시 말해, 공공정책평가가 한 정부의 정책이나 필요에 따라 한시적으로 운영되는 것이 아니고 그 목적이나 방법 역시 시기나 사안에 따라 유동적인 것이 아니라는 것이다.

이러한 헌법 정신은 좌우이념을 떠나 정부를 통해 지속적으로 확대·강화되었다. 2007년 사르코지 대통령이 당선되면서 2008년부터 2012년까지 공공정책총검토단(RGPP) 작업을 진행했다. 재정감독관들의 자문 하에 고위공무원들로 구성된 팀은 공공정책에 대한 행정감사를 진행하여 세 개의 주요 감찰기관이 참여하여 발표한 보고서에선 국가개혁에 대한 3가지 방향을 제시한다. 그것은 첫째, 불필요하게 거대한 사업을 줄이고 서비스 운영에서 비일관성을 없애기 위해 행정부 내에서 현장 공무원들의 목소리를 경청하고, 둘째, 중앙정부 범위를 넘어 모든 행위자(지자체, 사회보장기관)에게 적용되는 정책을 재점검하고, 셋째, 미래를 위한 개혁 방안으로 인적자원관리 개선이 필요하다는 점이다(IGA-IGAS-IGF 2012).

---

16) 헌법 제89조에 의한 헌법 개정으로, 대통령이 발의한 헌법개정안에 한해 하원과 상원 합동회기에서 유효투표의 5분의 3이상의 찬성으로 개정승인을 얻을 수 있다. 프랑스 헌법개정 절차에 대해선 오시영 2008, 60-63을 참조하였다.

표 5-2 프랑스 정부업무 평가제도의 변화(저자 작성)

도입 시기 및 제도		주요 내용	특 징
드골 정부	1958년 법률명령	- 정부 예산심의 시 사전 평가 진행 - 예산선택합리화국(RCB) 설치	- 예산연계사전임의제도 - 합당한 예산 수립을 위해 평가제도 도입
로카르 정부 (사회당)	공공정책평가에 관한 시행령 마련(1990)	- 주요 공공정책에 대해 평가 시행 - 정책평가 협의를 위해 장관들로 구성된 범부처평가협의회(CIE) 설치 - 평가의 전문화를 위해 자문기관인 평가과학위원회(CSE) 설치	- 시행령에 기반하여 공공정책평가 진행 - 주로 대형(부처연계사업)·장기 사업에 대한 평가 진행 - 이해관계자들을 포함한 한시적 평가기구 설치
조스팽 정부 (사회당)	공공정책평가에 관한 시행령(1998)	- 평가전문기구인 국립평가위원회(CNE) 설치 - 전략분석센터(CAS)를 설치하여 평가 자문	- 지방정부의 공공정책평가를 포함
	LOLF 제정(2001)	- 재정법 제정 시 성과관리 의무화 - 미션과 사업이 평가의 대상	- 의회를 중심으로 한 성과관리제도 도입 - 예산 도입과 성과관리의 연계 - 사업중심 평가와 관리
피용 정부 (대중운동연합)	공공정책평가 헌법 명시(2008)	- 의회가 공공정책을 평가 - 의회와 정부가 평가의 핵심 주체. 회계감사원이 보좌	- 공공정책평가와 성과관리제도의 비중과 중요성 증대
	공공정책총검토 사업 진행(2008-2012)	- 공공정책에 대한 전반적인 재점검 진행	- 국가재정의 효율성을 높이기 위한 공공정책 조정
애로 정부 (사회당)	공공활동현대화 사업 진행(2012-2016)	- 80여개의 공공정책에 대한 평가 진행	- 모든 공공정책에 대한 평가로 정부혁신
에두아르 정부 (전진하는 공화국)	공공활동 2022 사업진행(2017-2022)	- 공공활동현대화 사업의 정책평가 결과를 통해 공공활동혁신을 진행	- 정권교체에도 불구하고 평가사업에 따른 공공활동 혁신을 연속적으로 진행

2012년 당선된 올랑드 대통령은 이러한 제안에 따라 공공활동현대화 사업을 시작하면서 RGPP를 개편하여 총리실 산하에 공공활동현대화총국(Secrétariat général pour la modernisation de l'action publique: SGMAP)을 설치한다. SGMAP에선 2012-2016년 간 80여개에 달하는 공공정책을 평가하여 그 보고서를 발표했다. 그 주요한 내용은 본 글의 제3절에서 살펴볼 것이다.

이어서 2017년 대통령 선거에서 당선된 마크롱(Emmanuel Macron) 대통령 역시 선거 시기 공약집에서 '공공정책평가는 자신들이 실현할 정책의 중요한 축'이라고 규정했다. 동시에 이것이 장관들에 의해 진행되는 것이 아니라 의회 주도로 진행될 것이라는 점을 분명히 했다.[17]

구체적으로 정책공약자료 '혁신된 민주주의' 편에서 "의회가 입법을 진행하는 기간을 줄이고, 감사원의 지원을 통해 공공정책평가와 정부활동통제에 더 많은 시간을 할애할 수 있도록 하겠다."(En Marche 2017, 27)고 밝혔다. 이러한 혁신은 2008년 개헌의 연장으로, 의회의 평가활동은 시민배심원, 사회적 네트워크 활용 보고서 등 시민참여라는 혁신적 방법을 통해 더욱 강화될 것이라고 내다보았다. 또한 "중요한 법률은 체계적으로 독립적인 방식으로 평가될 것이며, 법률 내용에는 평가 일정과 평가 방법을 포함할 것이다. 그리고 평가 결과는 의회에 보고되고 대중에게 공개될 것이라고 밝혔다."(*Ibid.*).

제2절 정부업무 성과관리제도

1. 성과관리 체계

1) 재정법에 관한 조직법(LOLF)에 따른 성과관리 체계

프랑스에서 정부업무의 성과관리는 매년 의회에서 제정되는 예산안 심의

17) En Marche. 2017. "Programme Emmanuel Macron 2017". en-marche.fr/emmanuel-macron/le-programme(2017년 8월 14일 열람).

와 직접적으로 연동되어 진행된다. 이를 위해 정부부처는 예산안 계획을 담은 재정법 부록에 전년도의 성과보고서와 해당년도의 성과계획서를 제출하게 되고, 의회는 예산안 심의 과정에서 정부의 성과관리 내용을 검토·심의하여 예산안 조정에 반영하게 된다.

의회를 중심으로 진행되는 정부업무의 성과관리는 재정법에 관한 조직법(LOLF)에 따라 규정된다. 2001년 8월 1일 조직법은 의회가 재정법을 의결하기 위해 정부가 제출하는 재정법 예비법안(projet de loi de finances: PLF)에 포함돼야 하는 내용과 이의 제출 절차를 규정하고 있는데, 그 중 성과관리제도에 관한 내용을 살펴보면 다음과 같다. 먼저, 제1조에서 재정법은 "경제균형을 염두하고, 법률이 규정한 프로그램의 목표와 결과를 고려한다."고 규정하여 국가예산승인을 프로그램 평가와 결부시키고 있다. 제7조에서 "프로그램은 하나의 활동 혹은 한 부서의 유사한 활동 전체의 실행 예산을 포함한다. 이는 보편이익의 실현 정도 및 그 예상결과에 따라 규정되고 구체적인 목적과 결부되며 평가의 대상이 된다."고 규정하여 국가예산과 프로그램 간의 관계를 구체화했다.

특히, 제51조에 5항에서 해당연도의 재정법 예비법안(PLF) 부록에는 "각 프로그램의 성과계획서(PAP)를 첨부하고 여기엔 활동, 관련 비용, 추구 목표, 정당한 지표에 따른 예상 결과를 서술한다."고 규정하고, 제54조 4항에서 "해당연도 결산법 예비법안(projet de loi de réglement: PLR)에 해당연도 성과보고서(RAP)를 첨부하고 여기에 프로그램 별로 목적, 예상·성취 결과, 지표, 관련 비용에 관한 해당연도 재정법률의 전망치와 결산법에서 확인된 실현 정도 간의 차이를 분명히 알 수 있게 한다."고 규정했다.

그리하여 정부업무의 성과관리는 재정법과 결산법 재정과정에 의무적으로 제출돼야 하는 성과계획서와 성과보고서 작성을 중심으로 진행된다고 할 수 있다.

2) 성과관리 주체와 역할

주요한 성과관리 주체들은 예·결산을 준비하는 의회와 정부의 담당 주체가 된다. 구체적으로 의회의 성과관리 담당 위원회인 재정위원회, 정부에선 정부부처 내 성과관리 전담부서인 재정부의 총감국, 각 부처회계예산관리부가 된다. 이와 더불어, 정부와 성과관리 계획과 의회의 심의의 수준을 높이기 위해 독립기관인 회계감사원(공공재정 고등위원회)의 지원, 정부 자문기구인 경제사회환경위원회의 자문, 총리 산하 프랑스전략실의 주요하고 장기적인 사업에 대한 평가 컨설팅, 또는 대학연구소나 민간 회계 법인에 대한 의뢰와 검증 사업이 존재한다.

(1) 의회

의회는 매년 정부가 제출하는 재정법 예비법안(PLF)을 목표와 성과달성도를 기준으로 심의·수정·결정한다. 의회는 정부가 제안한 미션[18]의 총재정 내에서 그 하위 단위인 프로그램 간의 예산과 비중을 조정할 수 있고, 프로그램 자체를 폐지하거나 새로운 프로그램의 시행을 결정할 수 있다.

해당 과정에서 상·하원의 모든 의원은 성과계획서와 성과보고서에 담긴 내용을 분석하고 문제를 제기할 수 있다. 특히, 정부는 회계감사원 소속 공공재정고등위원회(HCFP)의 의견을 청취하고 성과계획서가 포함된 재정법 예비법안을 의회에 제출하면, 하원에선 재정위원회(commission des finances)가 이에 대한 총보고서를 제출하고, 재정위원회 국회위원들은 각 미션마다 특별보고서를 제출한다. 미션마다 할당되는 특별보고책임자는 각자 영역에 해당하는 예산자금의 집행을 지속적으로 감독한다. 이들은 사안과 장소마다 감독권한을 행사할 수 있으며, 프로그램 내용에 따른 자금 사용을 확인할 수 있다. 한편, 각 상임위는 자신의 영역에 있는 미션에 대해 보고서와 의견을 제출한다. 각 상임위 소속 의견 보고책임자는 재정법 예비법안 의회토론 시 의

18) 미션과 프로그램에 대해선 뒤의 '공공정책의 구성과 성과관리 단위'를 참조하였다.

회에 제출된 성과목표와 지표에 대해 비판적 판단(jugement critique)을 표명할 수 있다(MEF 2015, 7).

재정법 예비법안(PLF) 준비과정에서 다음과 같은 의회의 두 과정을 통해, 성과관리 조사가 시행된다(MEF 2015, 7).

- 7월에 의회에서 개최되는 공공재정 진로토론회(DOFP)에서 내년 예비법안(PLF)에 함께 제출될 미션과 프로그램마다 부여되는 성과목표와 성과지표에 대한 검토가 이루어진다.
- 성과계획서의 성과관리 부분에 대해, 양원의 특별 보고책임자와 의견개진 보고책임자는 면밀한 검토를 진행한다.

이 과정에서 상·하원 재정위에서는 회계감사원 등 전문기관의 지원과 협조로 성과관리에 대한 정보와 조사, 구성방식에 대해 검증할 수 있다. 프로그램 책임자는 지난 예산자금 투여를 통해 획득한 결과를 보고하기 위해 의회 출석을 요청받을 수 있다. 이러한 논의를 토대로 재정법 예비법안에 대해 논의·의결한다. 이후 상원에서도 재정위원회는 총보고서를 제출하고 재정법을 논의·의결한다.

특히, 하원의 재정위에선 매년 성과관리와 평가에 관한 다양한 미션을 별도로 신설하여 진행하고 있으며, 예산사용관리를 위한 평가관리미션(Mission d'évaluation et de contrôle: MEC)과 사회보장재정법 평가관리미션(Mission d'évaluation et de contrôle des lois de financement de la Sécurité sociale: MECSS)을 상설미션으로 진행하고 있다. 또한 하원에선 2008년 헌법개정이후 평가관리협의회(Comité d'évaluation et de contrôle: CEC)를 설치하여, 하나의 상임위원회 차원을 넘는 범상임위원회 주제에 관한 평가작업, 예비법안에 영향을 미치는 연구에 대한 입장 마련, 보고서 결론에 대한 토론회 조직과 같은 업무를 진행한다.

(2) 정부(총리실과 부처)

① 총리실과 산하 전문기관

총리실에서 정부의 성과관리와 공공정책평가를 전반적으로 총괄한다. 이 과정을 총리실이 주도할 수 있도록, 총리실 산하 싱크탱크인 프랑스 전략실(France Stratégie)[19]이나 2012년 10월 개편된 공공서비스현대화총국(Secrétariat général pour la modernisation de l'action publique: SGMAP)이 범부처사업에 대한 성과관리와 평가에 관여한다. 또한 총리실 산하 정부사무총국(Secrétariat général du gouvernement: SGG)[20]과 곧이어 설명하는 총감국과의 연계하면서 성과지표를 개발하고 평가를 수행하는데 지원하기도 한다.

② 부처와 총감국

장관직속기관으로 총감국(Inspection générale)[21]이 설치돼 부처 사업의 성과관리, 행정감사, 성과감사, 직무감찰, 행정지도, 행정조언, 자체평가 등의 업무를 수행한다.

재정경제부 내 재무총감국(Inspection générale des Finances: IGF)은 재무에 관한 범부처조사업무를 수행하는 기관으로, 국가고급공무원단(grand corps de l'Etat)[22] 중 하나이며, 1801년 회계총감국(Inspection général du Trésor)으로 시작하여 1830년대부터 현재 이름으로 활동 중이다.

그중 재무총감단(Corps de l'inspection générale des Finances)은 각 부처의 자체평가의 공정성을 평가하기 위해 타 부처의 업무까지 평가하는 메타평가 기능까지 수행한다(원종학 외 2011, 148).

---

19) 총리 전문자문기관으로 앞의 각주 11)을 참조하였다.

20) 1935년에 설립된 기관으로 총리 산하 정부부처 간 업무조정기관이다. 행정의 안정성을 도모하기 위해 정부의 교체나 변화에도 기관의 변화가 없다. 구체적인 기능에 대해선 Prelot 2007을 참조하였다.

21) 국내 일부 문헌에선 '감찰총국'으로 번역하기도 하고, 일본어 문헌에서는 총감부(總監部)로 번역하였다.

22) 법률 개념은 아니지만 통칭되는 개념이다. 소위 3대 고급공무원단(grands corps)으로 분류되는 국사원(Conseil d'Etat), 재정총감국(IGF), 회계감사원(Cour des comptes)이 존재하며, ENA 최고성적 졸업생들이 이곳을 주로 선택한다(오시영 2008, 175).

③ 부처회계예산관리부(Service de contrôle budgétaire et comptable ministériel: SCBCM)

2006년 1월부터 부처마다 공공회계예산부 장관의 지시를 받는 부처회계예산관리자가 배정됐다. 이는 LOLF 정신에 입각하여 지출처의 신뢰성과 안정성을 증진시키기 위한 임무를 띤다(MEF 2012, 35).

(3) 의회와 정부 지원 · 자문 기관

① 회계감사원(Cour des comptes)

회계감사원은 국가계좌(comptes de l'Etat)의 심사자이자 공공지출의 평가자이다. 원래는 정부재정의 회계감사를 목적으로 설치됐지만, 2001년 8월 재정법에 따라 정부 업무평가와 성과관리에도 참여하고 있다. 공공지출의 적법성과 효과성을 관리하기 위해, 공공활동의 다양한 측면으로 구분돼 분과가 조직돼 있다. 의회와 정부에 독립하여 고유한 통제 사업을 결정한다.

헌법 제47조, LOLF 제58조, 사회보장 자금조달법에 관한 조직법[23] 제1-Ⅷ조에 따라, 재정법과 사회보장자금조달법의 집행을 위해 정부와 의회를 지원하고 있다. 의회가 재정법률을 심의 · 승인결정하는데 지원한다. 이를 위해 3가지 종류의 보고서를 의회에 제출한다(MEF 2012, 44).

- 공공재정 진로토론회(DOFP) 개최 시 전년도 재정법 집행결과에 관한 예비보고서
- 결산법 예비법안에 첨부되는 예산운영과 사용결과에 관한 보고서
- 정부가 차기년도 재정법률에 의해 승인돼야 하는 자금을 미리 사용할 경우(décrets d'avance), 의회 정보제공 보고서

또한, 회계감사원은 대통령과 상 · 하원 재정위원회 보고책임자의 공식 지원 요청에 대해 답해야 하는 의무를 지닌다. 조사와 그 결론에 대해 8개월 이내로 답해야한다.

---

23) loi organique relative aux lois de financement de la Sécurité sociale du 2 août 2005.

② 공공재정고등위원회(Haut Conseil des finances publiques: HCFP)

회계감사원 산하 독립기관으로 "공공재정 거버넌스와 프로그램화에 관한 2012년 12월 17일 조직법률"[24]에 의해 설치됐다. 고등위원회는 재정법 예비법안(PLF)에 관해 예측의 거시경제적 현실성과 공공재정 사용의 일관성을 평가한다. 정부는 재정법 예비법안을 의회에 제출하기에 앞서 고등위원회의 의견을 청취한다. 위원회는 회계감사원장이 주재하며, 원장을 포함해 11인으로 이루어진다. 이는 회계감사원장이 감사원 내부에서 4인, 하원 의장이 1인, 상원 의장이 1인, 상·하원 재정위 위원장이 각 1인, 경제사회환경위원회 의장이 1인을 임명하고, 국립통계청(INSEE) 사무총장이 참여한다.

③ 경제사회환경위원회(Conseil économique, social et environnemental: CESE)

정부·의회 자문기구로서 경제사회환경위원회가 공공정책평가 자문의 역할을 담당하고 있다. "경제사회환경위원회에 관한 2010년 6월 28일 조직법률"[25] 제4조에선 "위원회는 경제, 사회, 환경 영역에 있는 공공정책평가에 기여한다."고 명문화했고, 이어서 2015년 9월 8일 "공공정책평가 문화 증진(Promouvoir une culture de l'évaluation des politiques publiques)"이라는 보고서를 제출하기도 했다. 아직은 공공정책평가 자문 초기 단계에 불과해 실질적인 평가체계를 가지고 있지는 않지만,[26] 이는 공공정책평가에 대해 대표적인 사회시민단체들이 참여할 수 있는 창구로 볼 수 있다.

(4) 대학연구소와 민간 회계법인

정부나 의회는 특정 업무평가나 감사에 대해 EY(Ernst & Young), KPMG 같은 전문회계법인 기업이나 대학연구소에 자문을 의뢰하기도 한다(이광희·오영민 2017, 16).

---

24) loi organique du 17 décembre 2012 relative à la programmation et à la gouvernance des finances publiques.

25) Loi organique n° 2010-704 du 28 juin 2010 relative au Conseil économique, social et environnemental.

26) 2017년 10월 16일 경제사회환경위원회 부위원장 인터뷰 내용이다.

성과관리제도를 실행함으로써, 각 주체마다 획득할 수 있는 혜택은 다음과 같이 정리할 수 있다(MEF 2012, 23). 먼저, 의회는 성과관리제도를 통해 예산에 대해 명확히 인식하고 집행에 있어 투명성을 갖게 된다. 그리고 공공정책에 배정되는 예산을 결정한다. 그리고 시민은 자신이 납부한 세금이 어떻게 사용되는지 알 수 있고 이용자는 필요에 잘 부응하는 정부를 기대하며 납세자는 자신들의 세금이 효과적으로 사용되는지를 확인할 수 있다. 그리고 공공관리자들은 선명한 목적을 부여받고, 가장 큰 자율성의 혜택을 받을 수 있다는 점이다.

2. 성과관리 구성 내용

1) 재정법 예비법안 마련의 주요 단계와 구성요소

정부업무의 성과관리 과정을 더욱 구체적으로 살펴보기 위해 재정법 예비법안 심의과정과 성과계획서와 성과보고서의 작성 주기와 과정을 설명하도록 한다. 매년 제정되는 재정법 예비법안은 아래와 같은 핵심 단계를 거쳐 주기적으로 마련된다.

우선, 차기년도 재정법 예비법안을 심의하기 위해 정부는 매년 10월 첫째 화요일 이전에 의회에 예비법안을 제출해야 한다. 이 일정을 기준으로 예비법안 부록에 첨부돼야 하는 정부의 성과계획서 작성과정이 진행된다.

표 5-3 재정법 예비법안 마련을 위한 핵심 단계(MEF 2015)

3월-4월: 전년도(N−1) 성과보고서(RAP)
4월이나 5월 중: 차기년도(N+1) 성과관리토론회
6월: 차기년도(N+1) 공공재정 진로토론회(DOFP)
7월-8월: 차기년도(N+1) 성과계획서(PAP)
9월: 차기년도(N+1) 횡단정책문서(DPT)
10월 첫째 화요일: 차기년도(N+1) 재정법 예비법안(PLF)

차기년도 재정법 예비법안을 작성하기 위해서 정부는 그 해 3월까지 전년도 성과보고서를 작성한다. 전년도 성과보고서는 차기년도 성과계획서 작

성에 기초가 된다. 정부 각 부처와 프로그램 담당자는 성과보고서에 기초해 7,8월에 차기년도 성과계획서를 제출하게 된다. 이를 위해 부처 내부 혹은 부처 간 다양한 과정을 밟게 된다. 대표적인 정부와 의회 결정 과정을 좀 더 구체적으로 살펴보면 다음과 같다.

(1) 성과관리토론회(conférence de performance)

부처장관과 집행부가 조직하는 성과관리토론회는 해당연도(N) 4-5월에 차기연도(N+1) PAP와 DPT를 준비하기 위해 개최된다. 여기에서는 다음과 같은 사항들이 논의된다(MEF 2015, 14).

- 전년도(N-1) 결과분석
- 성과지표의 적합성
- 서비스 유도 시 지표의 이용
- 예측과 목표치 수준, 활동수단에 대하여
- 검토 중인 구조개혁

진행과정에서 새로운 성과지표를 도입하게 되면 전체 지표의 수를 안정적으로 유지하기 위해 새로운 지표와 관련된 가장 적합하지 않은 과거의 지표는 삭제한다.

성과관리토론회를 위해 다음의 문서들을 적어도 5일전까지 담당자는 재정경제부의 예산국(directon du budget) 내 관련 부서책임자와 재정기능·공공지출 성과관리부(bureau de la performance de la dépense publique et de la fonction financière)로 발송한다.

성과계획서(PAP) 관련하여,

- 미션의 지표목록과 고려중인 변경사항(수정, 삭제, 신설)
- PAP N+1을 위한 전략적 설명의 아우트라인, 검토 중인 구조개혁
- PAP N+1을 위해 고려중인 목적과 지표 목록(수정, 삭제, 신설)

횡단정책문서(DPT)를 위해,

- 삭제할 지표와 제안할 새로운 지표 목록
- 새로운 지표등록에 필요한 양식서류

성과관리토론회 이후 각각의 미션과 프로그램에 첨부된 목적과 지표 양식은 효력을 갖는다. 이 내용들은 상반기 말에 열리는 DOFP 보고서에 실리게 된다. 정부전자정보관리시스템(Farandole)의 성과관리 창에 프로그램별마다 목적, 지표, 하위지표가 [그림 5-1]과 같이 등록된다.

(2) 공공재정 진로토론회(débat d'orientation des finances publiques: DOFP)

LOLF 제48조에 따르면, 정부는 의회 일반회기 중 마지막 삼분기 중에 '공공재정의 진로와 국가경제발전에 관한 보고서(rapport sur l'évolution de l'économie nationale et sur les orientations des finances publiques)', 소위 'DOFP 보고서'를 의회에 제출하도록 하고 있는데, 공공재정 진로토론회는 이 보고

그림 5-1 정부전자정보관리시스템(Farandole) 내 성과관리 창의 모습(MEF 2015, 17)

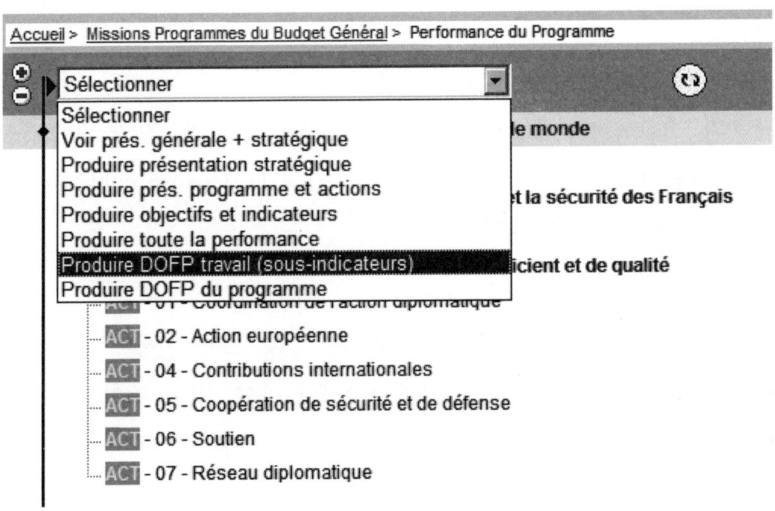

서가 제출되는 토론회이다. 이 토론회를 시작으로 8월까지 재정법 예비법안에 대한 본격적인 준비와 의회에서의 토론이 진행된다. 특히, 이 보고서 2권에는 모든 미션과 프로그램, 그 목적과 지표가 실리게 된다.

(3) 연례성과계획서(projets annuels de performance: PAP)

재정법에 관한 조직법(LOLF) 제51조에 근거해 재정법 예비법안(PLF)의 부록으로 첨부해야 하는 보고서다. 표지색 때문에 '블뢰(bleus)'라고 불리기도 하는데, 여기엔 매 프로그램(programme)에 대해 관련 부처와 프로그램책임자가 프로그램과 활동, 프로그램의 전략, 목표, 지표, 목표치를 소개하고, 이를 위해 필요한 예산의 타당성 입증, 핵심 수행 주체와 고용에 대해 설명한다. 이의 성취결과는 결산법 예비법안 내 연례성과보고서(RAP)에 부록으로 첨부된다.

특히, PAP 서문에는 매 미션마다 다년프로그램 진행에 대해 소개한다. 다년프로그램 진행 소개에는 다음과 같은 내용을 포함한다(MEF 2015, 20).

- 미션에 대한 전략적 소개로, 미션에서 재정 부담하는 공공정책을 설명하고 다년간 목적을 설명하는 내용을 포함,
- 향후 3년 동안의 자금규모의 변화,
- 전체 기간에 대한 자금과 고용의 변화를 가져오는 주요 개혁,
- 미션의 가장 대표적인 목적과 지표.

매년 7월 말에 정부전자정보통신망에서 '성과관리' 부분의 변경이 종결되며 그 전까지는 내용변경이 가능하다. 변경가능 기간에는 이해관계자(의회, 회계감사원, 언론, 대중 등등)에게 적합하지 않거나 이해되지 않는 미션수준의 지표는 삭제되거나 대체될 수 있다.

(4) 횡단정책문서(documents de politique transversale: DPT)

DPT는 재정법 예비법안(PLF)에 첨부되는 부속서류로 복수부처가 참여하는 범부처공공정책, 복수프로그램관련 공공정책에 대해 공공활동의 효율성과

조정을 증진하기 위한 유도장치라 할 수 있다. 각 횡단정책문서에는 첫째, 횡단정책의 목적과 실행방도(수행지표), 둘째, 전년도, 해당년도, 다음년도의 재정절감노력, 셋째, 예산프로그램이 소개된다. 2016년 재정법 예비법안에는 19개의 DPT가 첨부됐다.[27)]

(5) 연례성과보고서(rapports annuels de performance: RAP)

성과결과내용을 담은 붉은 색 표지의 이 보고서는 재정법에 관한 조직법률에 따라 결산법 예비법안에 부록으로 첨부된다. 이전년도(N−1) 성과계획서에서 제시된 미션과 프로그램의 목적과 성과지표에 기초하여 해당년도(N)의 실현정도를 평가해서 이듬해 3월까지 제출된다. 이를 통해 지난 해(N−1)의 재정 법률의 실현 정도를 평가해 이듬해(N+1)의 성과관리토론회와 공공재정 진로토론회가 가능케 하여 성과계획서 작성과 부처와 정책 예산편성의 기초가 된다.

2) 목표체계: 공공정책의 구성과 성과관리 단위

프랑스의 공공정책은 미션, 프로그램, 활동이라는 3계층으로 다음과 같이 구성된다.

그림 5-2 공공정책의 3계층(MEF 2015)

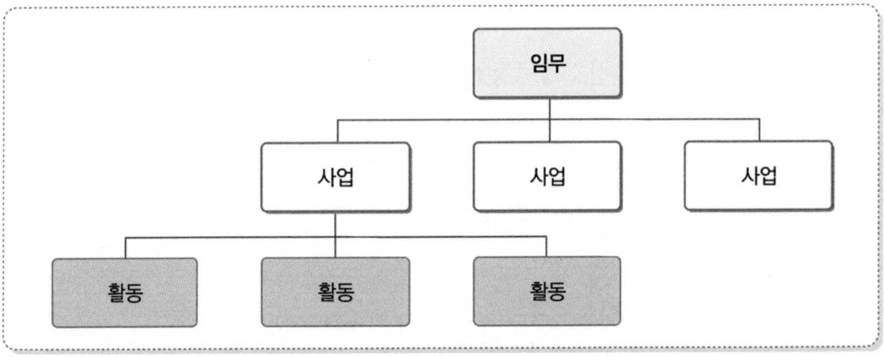

27) 미성년자 정책, 제3세계 지원정책, 관광정책, 마약·중독퇴치정책, 청년정책, 해외영토, 교통안전, 시민안전, 범죄예방, 이민·통합 정책, 부동산정책, 국방·국가안보, 도시, 남녀평등, 사회적 포용, 국토개발, 대외정책, 기후변화, 해양에 관한 자료가 첨부됐다.

(1) 미션(임무, mission)

정부 공공정책의 최상위 범주로, 정부 예산 편성 단위이자, 부처의 구성과 연관된다.[28] 의회에서 예산 결정은 미션을 단위로 투표한다. 미션은 하나 혹은 여러 정부부처의 하나 혹은 여러 개의 업무에 해당한다. 미션이라는 범주는 의회에서 예산결정의 단일성을 추구하면서 국가정책에 민주적 토론을 장려하기 위해 마련됐다. 초기재정법에서만 생성될 수 있으며, 추경예산시 생성될 수 없다. 여기에서 미션 당 전체재정은 고정돼 있으며, 의회에서 논의 시, 동일한 미션 내 프로그램 사이에서 배분 변경은 가능하지만, 미션 총예산은 변경하기 어렵다(MEF 2015, 5).

(2) 프로그램(사업, programme)

성과관리 단위이자 의회 승인 단위이다. 프로그램은 미션을 구현하고, 각 활동을 총화하는 단위이다. 하나의 프로그램은 일련의 활동들로 구성되고 장관이 임명한 책임자가 선정된다. 프로그램마다 해당 목표와 그에 따른 성과지표가 부여된다. 재정배분과 성과평가는 프로그램 단위를 중심으로 진행된다. 여기에서 인건비 최고치와 인원수를 규정한다(MEF 2012, 13).

(3) 활동(세부사업, action)

구체적인 지출규모가 결정・승인・감독되는 세부사업 단위이다. 하나의 프로그램은 다수의 활동으로 세분화된다.

예를 들면, 2016년 아래와 같이 농림부 주도로 진행되는 '농업・식품・산림・촌락사업 미션'에 4개의 주요 프로그램이 있고, 그 중 154번이라는 고유번호를 지니는 '농업・국토의 지속가능발전 프로그램'은 '시장 변동에 따른 분야별 적용', '생산 변동과 위기관리', '농경 현대화・혁신 지원', '국토 지속

28) 연성조직방법을 채택하는 프랑스에선 한국의 정부조직법에 해당하는 규정이 없다. 부처는 정부령(décret)에 의해 규정되고, 정부에 따라 부처의 수와 명칭이 달라지며, 부처구조를 결정하면서 동시에 국가장관(ministre d'Etat), 장관(ministre), 위임장관(ministre délégué), 청장(secrétaire d'Etat) 등 부처의 장이 인선된다(오시영 2008, 132-133).

가능·균형 관리', '정부관여 관리와 공공정책실행 방도'라는 5개의 활동을 지니고 있다.

표 5-4 농림부의 미션과 사업, 그리고 활동 사례(GF 2015, 28)

미션: 농업·식품·산림·촌락사업
프로그램 154-농업·국토의 지속가능발전
활동: 시장 변동에 따른 분야별 적용
활동: 생산 변동과 위기관리
활동: 농경 현대화·혁신 지원
활동: 국토 지속가능·균형 관리
활동: 정부관여 관리와 공공정책실행 방도

프로그램 149-산림
프로그램 206-식품 위생품질 및 안전
프로그램 215-농업정책 유도와 진행

각 프로그램은 다음과 같이 관리된다(MEF 2012, 23).

- 매 프로그램은 하나의 전략, 목표, 계량화된 성과지표를 지닌다. 이 내용은 재정법률 예비법안의 부록으로 첨부된 연례성과계획서(PAP)에 포함된다. 모든 프로그램은 자신의 성과계획서를 지닌다.
- 각각의 성과지표는 해당년도 예상 치와 중장기 목표(1~5년)를 지닌다.
- 프로그램 책임자(Rprog)[29]는 위의 내용을 바탕으로 사업을 수행한다. 그리하여 결산법 검토 시 의회에 제출하는 성과보고서(RAP)에 획득한 결과를 보고한다.

29) 국가총예산에서 프로그램 사업자는 약 70명에 달하며, 이중 90%가 중앙행정국장이나 사무국장이나 전국수준의 청장이며, 50% 정도가 하나의 프로그램만을 담당하고 있다(MEF 2012, 23). 가령, 초등공교육 프로그램은 학교교육국장, 국가건물유지 프로그램은 프랑스 국유지관리청장이 맡고 있다. 프로그램 책임자 산하에는 여러 명의 프로그램시행예산(budget opérationnel de programme: BOP) 책임자가, 그리고 또 다시 그 산하에는 여러 명의 시행단위(unité opérationnelle: UO) 책임자로 수직 분화되어 존재한다.

3) 프로그램 목표와 성과지표 설정에서의 3가지 관점

프로그램의 전략과 목표는 관련 부처와 부처장관이 임명한 프로그램 책임자가 제안한다. 성과계획서(PAP)에서 각 프로그램 책임자는 프로그램의 전략과 이의 실현에 필요한 수단을 설명한다. 각 프로그램의 전략적 우선사항을 설명하고 성과지표를 설정하는 데에는 세 가지의 평가관점이 사용된다 (MEF 2012, 26).

- 시민적 관점: 사회-경제적 효과성에 관한 관점이다.
- 이용자 관점: 서비스의 품질에 관한 관점이다.
- 납세자 관점: 운영의 효율성에 관한 관점이다.

이러한 평가의 관점은 다음 표에서와 같이 프로그램의 지표를 설정할 때 기준으로 사용된다. 세 가지 평가관점을 고루 사용하되, 반드시 하나의 프로그램에 세 가지 평가관점이 모두 한 번 이상씩 사용돼야 하는 것은 아니다. 아래 표를 보면 프로그램마다 세 가지 관점이 다양하게 사용된 것을 볼 수 있다.

표 5-5 관점에 따른 목표와 지표 예시(MEF 2015)

관점	프로그램	목표	지표
시민	대학연구와 고등교육	- 고등능력에 대한 수요 응답	- 대학졸업이후 3년 차의 취업률(시민관점)
	경찰과 헌병	- 교통사고퇴치운동의 효과성 강화	- 경찰존에서 사망자 수(시민관점) - 음주사고에 대한 음주단속 효과성 지수(시민관점) - 마약에 따른 사고에 대한 마약단속 효과성 지수(시민관점) - 속도제한단속 효과성 지수(시민관점)
이용자	결손가정 지원사업	- 결손가족구성원 학대퇴치운동	- 전화접수신고율(이용자관점) - 아동학대대처율(이용자관점)
	지방행정	- 증명서발급상황개선	- 증명서발급 평균대기시간(이용자관점)

납세자	사회인프라와 운송서비스	- 최적의 비용으로 교통수단 계획의 실현 - 효과적인 운송망 현대화	- 도로건설 1km 당 비용(납세자관점)
	지리 · 지도 정보	- 교육 · 연구 기관의 최적화	- 학생 당 교육비용(납세자관점)

프로그램감사범부처협의회(CIAP)는 부처총감국과 회계감사원의 공무원들로 구성되는데, 이 협의회가 프로그램의 성과지표의 적합성, 신뢰성, 진정성을 감사한다. LOLF가 규정한 성과지표 기준 충족여부를 보장하기 위해, 미션 수준에서 3년마다 프로그램 지표 선택에 대해 전반적으로 재검토 한다(MEF 2015, 23). 가령, 지표는 활동을 위해 재정적 물질적 인력적 방법으로 사용가능성, 배정, 소비로 전환되고, 서비스 생산과정에서 사용된 수단의 양이나 비용으로 묘사돼야 한다. 지표의 내용에 공란이 빈번히 발생하거나 정량화되기 어려운 것은 삭제된다.

표 5-6 삭제된 성과 지표들의 유형(MEF 2015, 23)

잘 사용되지 않는 지표	사용되지 않는 목표치 · 예측 · 실현, 공란 초래 지표
요행효과	효율성 관련 상승 없이, 분모의 증가에 따른 지표개선
변질효과	대상선택 잘못에 따른 지표개선
약한 목적	재정 관련성이 낮은 경우
지표의 평탄한 궤적	목표치가 예측치와 같거나 실현된 것보다 낮은 경우

PLF 2016에선 2017년의 미션과 지표 현황에 대해 다음과 같이 제시됐다(DOFP 2016, 7).

- 미션: 49
- 프로그램: 173
- 목표: 384(프로그램 당 2.2개)
- 성과지표: 756(목표 당 2.0개)

- 변경된 지표 수: 87(12%)
- 신설된 지표 수: 22(3%)
- 지표 지속률: 85%

4) 목표와 성과지표의 소개

모든 프로그램은 목표와 성과지표를 갖는다. 목표와 성과지표는 다음과 같은 특징을 지닌다.

(1) 목표

목표는 프로그램의 전략적 진로를 설정하고 구체화한다.

목표는 다음과 같은 요소로 특징지어진다.

- 번호
- 한 문장
- 연관된 지표의 적합성을 설명하고 숫자화된 데이터에 조응하는 조치들의 변화를 나타내는 간략한 소개.

(2) 성과지표

성과지표는 미리 확정된 목표의 실현정도를 측정하기 위한 것이다. 각 성과지표는 다음의 사항으로 구성된다.

① 하위지표로 분류된 연속 데이터 표

해당연도(N)에 준비하는 차기연도(N+1) 예산집행에 관한 성과계획서(PAP)에는 다음과 같은 형태의 표로 나타난다(MEF 2015, 24).

성과지표 X.X :

(XXX 관점)

	단위	N－2 실현정도	N－1 실현정도	N PAP N 예측	N 현실화된 예측	N+1 예측	3년 목표의 마지막 해
하위지표 n°1							
하위지표 n°2							

성과지표는 다음과 같은 요소로 특징지어진다.

- 한 문장(코드번호 포함)
- 범주(시민, 이용자 또는 납세자 관점).

성과 하위지표는 다음과 같은 요소로 특징지어진다.

- 한 문장
- 측정단위
- 실현정도 데이터(N－1과 N－2), 예측(PAP N의 최초예측과 현실화된 예측, N+1 예측), 연관된 3년 계획의 목표치

② 방법론의 정밀도에 대한 언급

지표의 계산방식, 데이터의 출처(부처 또는 외부데이터생산기관). 방법론의 변경 시 명시적으로 언급하고 과거 수치는 새로운 방식에 따라 재정산하여 표시한다. 연속적인 수치의 단절이 있을 경우, 단절일시를 표시하고 비교의 어려움을 명시한다. 각 하위지표의 편차와 한계를 명시한다.

③ 목표치와 예측에 대한 설명

성과계획서(PAP)의 성과관리에서 핵심이 되는 부분이다. 이 부분을 통해, 동원할 활동수단, 예상결과에 대해 설명한다.

3. 성과관리의 구현과 성과정보 공개 및 활용

1) 성과관리에 따른 정책 실행: 프로그램의 기대결과에 따라 유도되는 행정기관

전략적 목표를 통해 행정기관은 일정정도의 자율성을 갖게 된다. 예산과 연결된 목표가 전략적 목표이다. 전략적 목표는 공공정책의 기대효과(시민), 공공서비스의 요구되는 질(이용자), 행정부 진행수단의 적합성(납세자)에 따라 결정된다. 전략적 목표에선 구체적인 활동이나 투여될 예산을 고정시키지 않는다. 총예산 내에서 행정기관이 전략적 목표에 도달할 수 있는 최적의 행동방식을 찾고 수행할 수 있는 여지를 갖게 된다(MEF 2015, 9).

그림 5-3 성과관리의 실제 적용: 프로그램 주체들과 관련주체 간의 교류(MEF 2015)

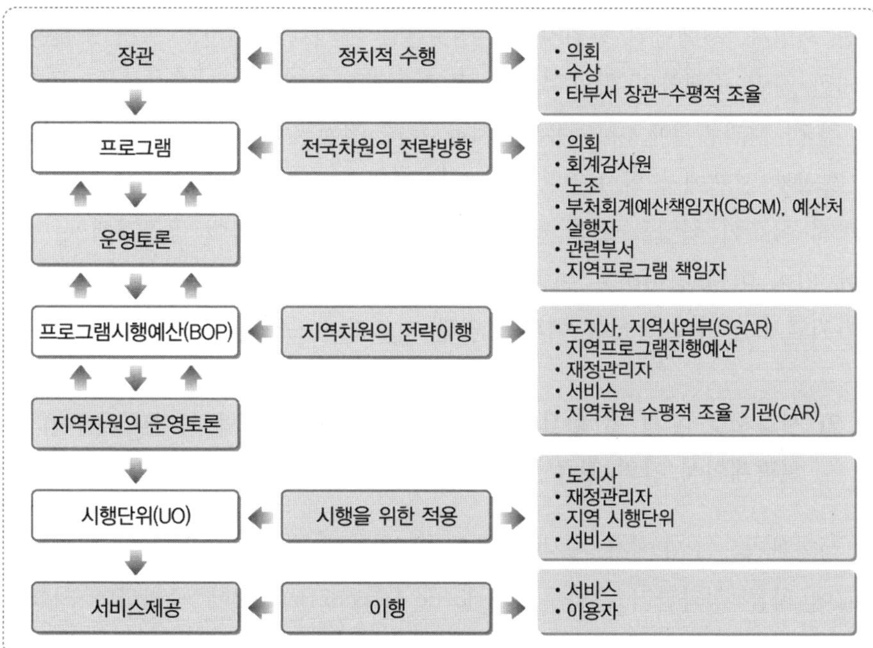

행정기관은 그들의 업무활동 전반에서 전략적 목적 실현을 향하도록 하는 성과관리에 따른 유도장치를 갖게 된다. 국가의 책임성 연결고리 전반을 살펴보면, 정치적 책임성과 운영적 책임성 간의 연결은 매우 중요한데, 프로그램 책임자(RProg)가 이 둘 간의 경첩의 역할을 담당한다. 프로그램 책임자는 해당 장관의 지시에 따라 전략적 목표를 설정함과 동시에 이의 시행 작업의 책임자 역할을 한다.

'공공회계와 예산 운영에 관한 시행령'[30] 제70-2조에서 프로그램 책임자의 역할을 규정하는데, 프로그램 책임자는 "연례성과계획서(PAP)를 작성한다. 이 서류에서 책임자는 프로그램의 목표와 전략적 진로를 소개하고, 소요자금과 필요 고용 허가를 증명한다."고 명시했다. 또한 "운영토론의 틀을 통해 프로그램 시행 예산 책임자와의 협의하여 프로그램 시행 예산 수준에서 성과목표를 구현한다."고 규정하고 있다.

그림의 왼쪽부분처럼 장관의 지휘아래 프로그램 책임자, 프로그램 시행 예산 책임자, 시행단위 책임자는 운영토론을 매개로 대화하고 또한 오른쪽에 위치한 관련 주체와의 협의 속에서 프로그램을 시행한다.

결국, 성과관리에 따른 유도장치를 통해 정치권에서 결정한 전략적 목표가 행정부 전체에서 확산된다. 공무원들은 자신의 활동을 정치권에서 결정한 전략적 목표의 실행을 위한 방향으로 이끌게 된다. 더불어 공공정책 사업진행에 있어 이에 참여하는 이해관계자, 민간 시행자에게 까지 정부의 목표와 평가지표가 인식되고 이를 이루기 위한 의도적인 노력을 하게 된다.

2) 성과정보 공개 및 활용: 전년도(N-1) 성과보고서와 차기년도(N+1) 성과계획서 간의 환류

성과관리는 PAP에서 제시한 예측 및 목표와 RAP에서 인정된 결과와의 비교에 따른 성과관리 순환주기(cycle de la performance)에 근거하여 시행된다(MEF 2015, 12). 이러한 목표와 결과 간의 차이의 분석을 통한 성과관리 유

30) décret relatif à la gestion bugétaire et comptable publique.

도방식인 환류방식은 두 가지 형태의 조정이 가능케 한다.

- 조절의 고리: 활동계획을 강화하거나 초기에 고정된 목적을 수정함으로써 목적과 결과 간의 확인된 차이를 줄인다.
- 학습의 고리: 성과관리 모델은 활동의 수정을 가져올 수 있다. 공공정책평가를 통해 활동이 부분적 혹은 전반적으로 새롭게 진로가 제기될 수 있다.

평가와 성과관리의 내용을 포함한 재정법률 결정과정에서 제출된 문서는 연도별 재정법안, 성과계획서, 성과보고서, 의회의 의견 등의 내용을 포함하여 재정경제부에서 운영하는 성과관리포럼 누리집(www.performance-publique.budget.gouv.fr)에 공개한다.

그림 5-4 성과관리의 환류(MEF 2015)

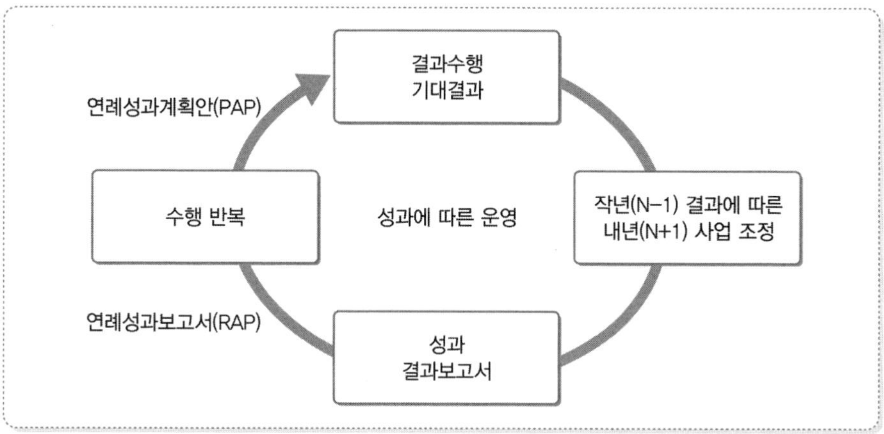

4. 성과관리 가이드

매년 3월 재정경제부(Ministère de l'économie et des finances)의 예산분과에선 다음해 성과계획서 작성을 위해 성과관리 가이드(Guide de la performance)를 제시한다. 내용은 2001년 8월 1일 재정법에 관한 조직법 적용을 위한 방법론적 가이드다. 모두 3부로 구성된 가이드에선 20장에 걸쳐 정부의 성과관리 추진에 대한 일반적인 설명, 성과관리 절차와 구성 요소에 대한 소개와 방향을 제시하고 있다. 재정경제부가 제시한 가이드에 따라 각 부처와 프로그램 책임자는 6월에 열리는 공공재정 진로토론회에 제출할 DOFP 보고서 제2권에 실릴 성과계획서를 작성하게 된다. 예산분과에선 가이드와 함께 국가전산망의 '성과관리란' 작성을 위한 훈령을 발표하는데, 그곳 부록에는 새로운 지시사항과 해당 연도 일정이 제시된다. 가령, 2016년에 제시된 가이드의 목차는 다음과 같다.

1부: 성과관리 추진에 관한 일반적인 설명
1장 성과관리 추진
2장 성과관리 기관의 관리와 감사
3장 성과관리의 기능적 유도

2부: 성과관리계획서 작성 절차
4장 성과관리와 예산 결정 일정
5장 성과관리 토론회
6장 서류 목록
7장 DOFP 준비에 관한 작업
8장 전산망 Farandole 성과관리란

3부: PAP 성과관리의 구성요소
9장 미션 지표
10장 프로그램의 전략적 소개
11장 목표 소개
12장 성과관리 지표
13장 지원프로그램과 범정부 지표
14장 사무 지표
15장 인적자원관리 효율 지표

16장 부동산 관리 효율 지표

17장 구매 범정부 효율 지표

18장 장애인 의무고용 준수 지표

19장 법률 또는 지침 적용에 따른 내용 출판 기한에 관한 지표

20장 대형 프로젝트-기한과 비용 준수 지표와 MAREVA 연구[31)]

그림 5-5 2015년 성과관리 안내서 표지(MEF 2015)

성과관리 가이드에 따라 성과관리 대상인 각 부처와 공공정책 담당자들은 성과관리 전산망인 Farandole에 내용을 가입하게 되고, 이 내용들을 취합해서 성과계획서가 작성된다.

---

31) Méthode d'analyse et de remontée de la valeur. 정보체계 프로젝트에 대한 가치분석방법 중 하나이다.

5. 범정부 수준에서의 성과관리

1) 개요

프랑스에서 공공정책의 성과목표와 성과지표는 정부가 의회에 제출하는 성과계획서(PAP)에서 명시되고 이를 중심으로 운영된다. PAP는 정부의 모든 부처와 프로그램 담당자가 작성한다.

총리실은 정부의 성과관리를 전반적으로 관리, 지휘, 주도한다. 총리실 산하 싱크탱크인 프랑스 전략실(France Stratégie), 공공서비스현대화총국(SGMAP)은 범부처사업에 대한 성과관리와 공공정책평가에 개입한다. 또한 총리실 산하 정부사무총국(SGG)은 총감국과의 연계하면서 성과지표 개발, 평가 수행에 관여하면서 총리실이 정부 성과관리를 주도할 수 있도록 지원한다.

각 부처 총감국과 부처회계예산관리부는 부처에서 성과계획서 작성을 관리하고, 재정경제부와 공공회계예산부는 전반적으로 부처간, 프로그램간의 성과관리를 조정한다. 각 부처는 전문적인 기술에 대해 회계감사원의 자문을 얻을 수 있다.

그리해서 미션을 중심으로 구성된 정부의 모든 부처는 매년 10월 첫째 화요일, 차기년도 재정법 예비법안(PLF) 제출 시 부록에 PAP를 제출하게 된다. PAP에서는 미션별로 예산과 필요한 고용을 구분하고 하위범주인 프로그램과 활동으로 세분화한다. 또한 여기에선 다년도 프로그램을 소개하고 3년 이전(N-3에서 N-1까지)부터 진행해온 주요 개혁과 그에 따른 변화를 설명한다.

미션을 구성하는 각 프로그램은 다음과 같은 부분을 포함한다(GF 2015a, 3).

■ 예산자금과 관련 재정지출 소개

예산자금은 사업지출한도(autorisation d'engagement: AE)와 연지출한도(crédits de paiement: CP)로 구성되며,[32] 지출대상(프로그램, 활동)과 지출성격(장과 범

32) AE는 해당 사업에 규정된 지출한도(다년도 사업을 포함)라면, CP는 허용된 투자지출에서 연간 최대지출금액으로 해당 부처장관이 집행해야 할 사업을 수행하기 위해 해당 연도에 지불하는 것을 허용하고 있다(오시영 외 2008, 228).

주)에 관한 분류법에 따라 구체화된다. 예상되는 보조금(fond de concours)과 세외 수입(attribution de produits)[33]도 명시한다.

■ 프로그램 별 성과계획서는 다음을 포함한다.

- 프로그램 전략 소개
- 성과목표와 성과지표 소개
- 예산자금 타당성 입증: 프로그램의 실질적인 재정 내용과 지출 요소를 설명하고, 사업지출한도(AE)에 따른 연지출한도(CP)를 도표로 명시
- 주요 수행자와 고용 소개
- 프로그램의 각 활동에 관련된 전체 예산자금 소개.

각 내용들이 어떻게 구체적으로 소개되는지에 대해 다음, 각 부처의 성과지표에서 살펴보도록 한다.

2) 부처의 성과지표: 경제 미션의 성과계획서와 성과지표

각 부처의 성과목표와 성과지표를 포함한 성과관리운영과 관련해서, 프랑스 정부(Manuel Valls 행정부)의 2016년 재정법률안(PLF) 부록에 실린 성과계획서(PAP) 중 경제・생산촉진・디지털부(Ministre de l'Économie, du Redressement productif et du Numérique)가 담당하는 미션의 성과계획서와 성과지표 부분을 소개한다.

경제 미션(Mission Economie)은 재정 및 공공회계부(ministère des finances et des comptes publics, 장관 미셸 사팽 Michel Sapin)와 경제・생산・디지털부(ministère de l'économie, de l'industrie et du numérique, 장관 엠마누엘 마크롱 Emmanuel Macron)에서 담당한다. 164페이지로 구성된 해당 미션 성과계획서는 미션의 소개, 세부 프로그램의 소개로 구성된다.[34] 목차를 살펴보면 다음

33) 조세 이외의 수입으로 정부가 제공한 서비스로 인해 얻는 수수료, 입장료, 과태료, 벌금 등의 수입이 이에 해당한다.

34) GF(Gouvernement français). (2015b). Projets annuels de performances 2016, Annexe au projet de loi de finances pour économie. Gouvernement français. 이하 관련 내용은 이곳에서 발췌한 내용이다.

과 같다.

미션: 경제

- 다년 프로그램 소개
- 예산자금 요약
- 비용분석

- 프로그램 134: 기업과 관광의 발전
- 프로그램 343: '프랑스 초고속' 플랜
- 프로그램 220: 통계와 경제학
- 프로그램 305: 경제 및 조세 전략

성과계획서의 내용 중 미션의 전반적인 소개와 관련해서, "미션 경제는 프랑스 경제에서 균형 있고 지속가능한 성장에 적합한 환경을 조성하기 위한 목적을 지닌다. 재정 및 공공회계부와 경제, 산업, 디지털부 산하로 운영되는 이 미션의 정책은 고용, 기업의 경쟁력 및 수출증대를 육성하고 동시에 시민과 소비자의 보호와 안전을 보장하고, 경제 및 사회 논의를 선명히 하는데 목표를 두고 있다."고 소개하면서, 미션의 예산 및 대표적인 목적 및 지표를 소개했다. 계획서에서 지정하고 있는, 미션의 대표적인 목적 및 지표를 살펴보면 다음과 같다.

그림 5-6 경제 미션 성과계획서 표지(GF 2015b)

■ 미션의 대표적인 목적 및 지표

목표 1 (P134.1)	기업 지원의 효율성 강화
성과지표 P134.1.1:	Bpifrance 재정 지원 기업과 비교대상기업 간의 성장률 격차

(시민 관점)

	단위	2013 실현정도	2014 실현정도	2015 PAP 2015 예측	2015 현실화 된 예측	2016 예측	2017 목표
Bpifrance 재정 지원 기업과 비교대상기업 간의 부가가치 성장률 격차	%p	8 (2010년 선정 기업)	6.6 (2011년 선정)	10 이상 (2012년 선정)	10 이상 (2012년 선정)	10 이상 (2013년 선정)	10 이상 (2014년 선정)

목표 2	기업설립과 성장에 친화적인 법・행정 환경 조성
성과지표 2.1:	세계은행의 'Doing Business' 프랑스 순위

(시민 관점)

	단위	2013 실현정도	2014 실현정도	2015 PAP 2015 예측	2015 현실화 된 예측	2016 예측	2017 목표
사업규제 분야 프랑스의 국제 순위 (OECD 국가)	순위	24	20	24 이하	20 이하	20 이하	20 이하

방법론적 세부사항

* 출처: 세계은행(World Bank)의 'Doing business' 연례보고서(http://francais.doingbusiness.org/).
계산방법: 34개의 OECD 국가를 대상으로 세계은행이 입증한 평가지표를 근거로 집계한 순위.

• 예측과 목표의 타당성 입증

프랑스는 2014년에 전년도에 비해 4단계 순위가 상승하였다. 결국 2014년 OECD 국가 중 20위를 차지했다. 경쟁이 심화된 국제환경속에서 다수의 OECD 가입국은 이미 세계은행의 연구에서 자신들의 순위를 높이기 위해 행정・규제 간소화를 진행하고 있다.

다음은 세부 프로그램으로 들어가, '미션 경제'가 포함하고 있는 네 개의 프로그램에 대해 소개한다. 여기에선 그 중 '프로그램 134: 기업과 관광의 발전'을 중심으로 소개한다.

각 프로그램은 ① 성과계획서 전략 설명, ② 성과목적과 성과지표, ③ 예산자금과 재정지출 소개, ④ 지출의 타당성 증명, ⑤ 시행책임자로 구분하여 소개돼 있는데, 여기에선 ② 성과목적과 성과지표를 중심으로 설명한다.

프로그램 134의 책임자는 재정 및 공공회계부 사무국장 로랑 드 제코우스키(Laurent de Jekhowsky)다. "2016년 기업과 관광의 발전전략은 성장, 활동 및 경제적 기회의 평등을 위한 2015년 8월 6일 법률[35]이 규정한 틀에 있다. 이 전략은 성장과 고용에 적합한 경제 환경을 조성하는 데 있다. 이를 위해 전략은 이 법의 3가지 구성적 측면, 즉 성장잠재력의 증진, 투자 고취, 그리고 사회적 대화와 고용의 발전을 지지한다"(GF 2015b, 22).

이 프로그램의 4대 수행목적과 그 지표는 다음과 같다.

■ 목적 1: 기업 지원의 효율성 강화

- 지표 1.1: Bpifrance 재정 지원 기업과 비교대상기업 간의 성장률 격차
- 지표 1.2: 지원 기업의 3년 지속률

■ 목적 2: 기업의 국제화에 대한 공공지원의 효율성 개선

- 지표 2.1: 기업의 국제화 부문에서 Business France의 공적 재정부담 효율

■ 목적 3: 시장의 안전하고 정당한 기능 보장

- 지표 3.1: 범지역경쟁조사대(Brigade interdépartementale d'enquêtes de concurrence: BIEC) 집계 경쟁위반사례 지수
- 지표 3.2: 기관 통제 사례 중 강제·교정 사례 비율

■ 목적 4: 품격있는 관광 공급과 사회적 관광[36] 진흥

- 지표 4.1: 바캉스바우처 관리사무소(Agence nationale pour les chèques vacances: ANCV)의 사회정책에 대한 영향

35) loi du 6 août 2015 pour la croissance, l'activité et l'égalité des chances économiques.

36) 사회적 관광은 누구나 여름휴가를 떠나고 레저 활동을 즐길 수 있도록 하는 목적을 지닌 정책을 의미한다(www.economie.gouv.fr/ess/tourisme-social-cest-quoi, 2016년 12월 14일 열람).

이 중 '목적 1 기업 지원의 효율성 강화'의 성과지표를 소개하면 다음과 같다. Bpifrance 재정은 중소기업의 설립 및 성장과정에서 중소기업에게 지원되는 재정이다.

성과지표 1.1:	Bpifrance 재정 지원 기업과 비교대상기업 간의 성장률 격차 (시민 관점)					
	단위	2013 실현정도	2014 실현정도	2015 PAP 2015 예측	2015 현실화 된 예측	2016 예측	2017 목표
Bpifrance 재정 지원 기업과 비교대상기업 간의 부가 가치 성장률 격차	%p	8 (2010년 선정 기업)	6.6 (2011년 선정)	10 이상 (2012년 선정)	10 이상 (2012년 선정)	10 이상 (2013년 선정)	10 이상 (2014년 선정)

방법론적 세부사항

* 출처: DG Trésor/Bpifrance financement.

• 예측과 목표의 타당성 입증

2015-17년 성장전망은 순향적 방식의 개입이라는 측면에서 기업지원 조치의 적합성에 달려있다. 지난 해 결과에 따라 미래의 목표를 달성하고자 열망을 통해, 시장 실패에 중점을 두는 Bpifrance financement의 개입을 증진하고 기업에 대한 동반과 지지를 높인다.

성과지표 1.2:	지원 기업의 3년 지속률 (시민 관점)					
	단위	2013 실현정도	2014 실현정도	2015 PAP 2015 예측	2015 현실화 된 예측	2016 예측	2017 목표
지원 기업과 프랑스 설립 기업의 3년 지속률 차이	%p	10.3 (2008년 선정)	10.0 (2009년 선정)	10 이상	10 이상 (2010년 선정)	10 이상 (2011년 선정)	10 이상

방법론적 세부사항

* 출처: DG Trésor/Bpifrance financement.

• 예측과 목표의 타당성 입증

2014년 Bpifrance financement에서 지원받은 기업의 3년 지속률은 다른 기업보다 10%p가 높았다. 이 지표의 2015-16년의 예측은 적어도 10%p를 유지하는 것이다. 2015-17년 성장전망이 기업의 지속여부에 영향을 줄 수 있다. Bpifrance financement 메커니즘의 부가가치는 기업의 지속성을 높이는 데 있다. 2015-17년 동안, 이 같은 목표의 유지는 프랑스 경제가 침체되지 않았음을 나타내는 최저치라 할 수 있다.

제3절 정부의 공공정책평가 제도: 공공활동현대화(MAP) 사업을 중심으로

1. 공공활동현대화 사업의 착수

2012년 12월 애로(J.M. Ayrault) 정부는 공공활동현대화(modernisation de l'action publique: MAP) 사업의 일환으로 정부 모든 공공정책에 대한 사후평가를 단행했다. 사회사업, 공교육, 법원, 환경, 주택, 지방자치 등의 전영역에서 부처, 범부처, 지자체 공동사업이 평가대상으로 2016년까지 진행됐다.

이 기간 동안 80여개의 공공정책평가가 착수됐고, 이를 위해 각 부처는 적어도 하나 이상의 공공정책평가의 대상이었고, 300여명의 감찰관이 참여했으며 부처에서도 이용자의견 청취 등 공공정책평가 방법에 따라 기여했다. 평가진행과정에서 공공활동현대화총국(SGMAP)은 범부처차원의 평가를 진행, 조율했다. 투명성을 강화하기 위해 2015년 4월 공공정책평가와 관련한 웹사이트(www.modernisation.gouv.fr)를 개설하여 평가 진행과정과 결과에 대해 공개하고 누구나 해당 자료와 정보에 접근 가능하도록 했다.

공공활동현대화 과정에서 진행된 공공정책평가는 4가지 방향에서 진행됐다.

① 정책결정에 조력

이번 평가는 정책결정지원을 위해 고안됐다. 평가는 문제가 되는 공공활동을 개선하기 위한 개혁이나 전환 시나리오를 개발하기 위해 진행됐다.

② 참여와 투명성

이용자와 수혜자들이 자문에 참여했다. 특히 평가 대상인 정책에 대해 그들이 가졌던 기대에 대해 집중하여 언급했다. 관련된 주요 공공행위자(국가, 지자체, 사회기관, 수행 사업자 등)는 각 정책의 목적, 대상, 결과, 실현 방식에 대한 집단적 견해를 형성하기 위해 평가에 참여했다.

③ 다기준 분석

공공정책은 공공활동의 현대화라는 큰 방향(간소화, 혁신, 디지털화, 자료 공개)에서 표준평가기준에 따라 분석됐다.

④ 방법

평가는 의뢰자, 평가자, 이해관계자에게 적용되는 참여 거버넌스와 구체적인 작업 매뉴얼에 따라 고안된 방법에 의해 진행됐다.

2. 공공활동현대화 사업에서 공공정책평가의 진행과정

공공정책평가는 공공활동현대화라는 틀에서 진행됐는데, 이미 진행된 작업과 갖추어진 자료에 대한 철저한 연구에 중점을 두었다. 이 연구는 통계, 계량경제학, 데이터학, 비용, 효과, 레버리지 등의 분석기법, 인터뷰, 현장답사 등의 조사기법, 질문, 여론조사, 포커스 집단 등의 자문기법이 사용됐다. 각각의 공공정책은 표준평가기준, 특히 효과성(efficacité), 효율성(efficience), 일관성(cohérence), 유익성(utilité), 적합성(pertinence)에 따라 분석됐다(SGMAP 2013).

공공정책평가는 다음과 같은 세 가지 과정을 통해 진행됐다.

평가에 착수하면, 제1단계는 평가 수행의 틀을 짜는 단계로, 평가 질문과 내용, 목적, 범주, 방법을 설정했다. 제2단계는 진단 단계로, 평가를 위해 분석 및 조사를 진행하고 이를 통해 평가 질문에 대해 답한다. 제3단계는 시나리오 구성 단계로, 평가를 기초해 향후 전환을 위한 다양한 시나리오를 작성하고, 시나리오의 영향을 예상한다. 이를 통해 향후 활동계획을 수립하고 이를 실현해 나아간다.

그림 5-7 공공정책평가의 세 가지 과정(SGMAP 2013)

평가주체에 대해 살펴보면 다음과 같다.

정부는 모든 공공정책에 대한 평가를 결정했다.

해당 정책을 담당하는 장관(들)은 작업책임자(MOA)역할을 맡는다. 필요한 경우 의원들과 함께 진행한다. 장관은 미션지시서(lettre de mission)와 세부지침서(fiche de cadrage)를 통해 전략적인 진행틀을 규정하고 평가협의회(comité d'évaluation)에 참여한다.

평가협의회는 평가대상 공공정책 관련 주요 주체들이 참여한다. 해당 장관, 지자체, 사회기관, 전국 또는 지역 사업수행자, 전문가, 수혜자 또는 이용자 단체 대표, SGMAP 사무총장이 이에 해당한다. 평가협의회는 미션의 진행과정에 대해 보고받고 제작된 보고서나 관련 서류에 대한 토론, 평가, 공유의 장이 된다.

부분작업책임자(MOE)는 일반적으로 하나의 평가팀이 담당하며 여기에는 감찰조사관, 때론 관련 전문가나 연구자, 외부용역 담당자로 구성된다. 이들은 주어진 일정 속에서 객관적이고 자율적인 방식으로 작업을 수행하여 평가보고서를 작성한다.

SGMAP는 전반적인 평가 작업을 총괄하고 조정한다. 각 공공정책평가에 방법론 지원 전문인력을 할당하고, 이들이 MOA와 MOE에게 자문, 보좌, 지원한다. 방법론적 지원과 더불어 이들이 이해관계자 자문(질문, 여론조사, 질적조사, 넛지, 포커스 그룹)과 평가 작업을 위한 기술적 지원도 수행할 수 있다. 평가 이후에도, SGMAP은 필요에 따라 활동계획의 공식화, 전환과정에 대한 지원 등의 시나리오에 따라 추진 주체들에 대한 보좌 역할을 지속해서 수행할 수 있다.

그림 5-8 공공정책평가 사업 주체(SGMAP 2016, 3)

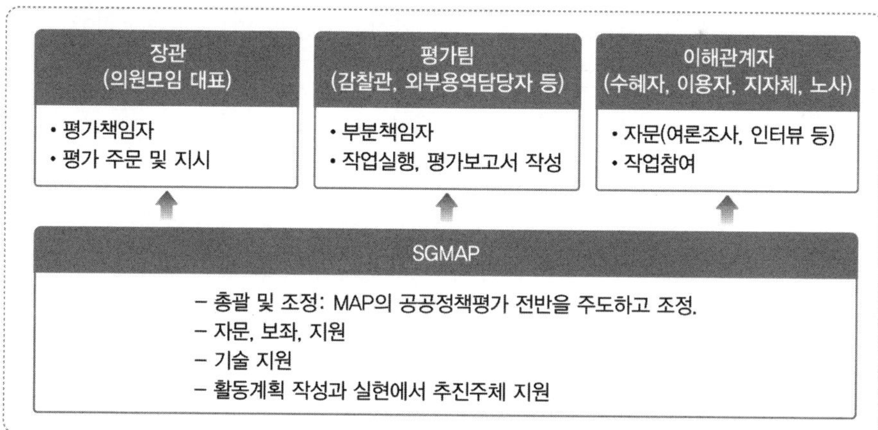

3. 공공정책평가 사례: '선거 관리의 현대화' 사례를 중심으로

평가가 진행된 80여개의 공공정책 중 내무부가 주관한 '선거 관리의 현대화(Moderniser l'organisation des Elections)' 평가사업을 소개한다. 공직선거관리는 민주제도의 원활한 기능, 유권자 평등, 선거진행의 확실성을 보장하는 여러 행위자들이 결합된 복합적인 행정 절차이다. 이 평가는 2013년 12월에 MAP 범부처협의회에서 결정돼 내무부에 의뢰됐고, 2014년 3월에 착수돼 그해 10월에 평가보고서가 발표됐다.

미션지시서에는 평가의 목적, 평가의 대상과 영역, 평가 일정이 명시돼 있으며, 특히 해당 미션의 보고서 발간을 위해 향후 SGMAP, 내무부의 언론정보국, 외교부, 법무부, 해외영토부, 지자체총국, 프랑스지방자치단체장연합으로 구성된 협의회의 의견을 거치고, 정당과의 협의를 가질 것이라 명시돼 있다(Premier ministre 2014). 이 평가 사업은 행정총감국(Inspection générale de l'administration: IGA)에서 참여했으며, 시민여론조사와 선거책자이용에 대한 설문조사 진행을 위해 SGMAP의 지원을 받았다.

결과보고서는 '진단'과 '개혁시나리오' 두 부분으로 구성돼 있으며, 진단 부분에서는 선거명부 관리, 위임투표 관리,[37] 공식홍보물, 방송광고, 투표진행, 선거(관리)위원회, 선거비용에 대한 평가를 진행하고 있다(IGA 2014).

진단과정에서 SGMAP는 2014년 5월 선거홍보물에 대한 여론조사와 선거명부 말소자에 대한 통계분석을 진행하여 평가를 지원했다. 또한 이후 진행될 선거비용과 투표관리위원회, 등록위원회, 홍보관리위원회 등 선거관련 각종 관리위원회 지출비용을 예측하여 분석에 이용하기도 했다.

그리하여 총평에서 프랑스 선거절차의 낙후성을 지적하고 있다. 이러한 낙후성은 한편으로는 시민에게 제공되는 서비스의 질을 떨어뜨리고 정치영역의 참여를 촉진하지 못하며, 다른 한편으로는 높은 비용을 발생시키고 서비스에 대한 부담을 필요 없이 가중시킨다고 평가한다.

이 같은 평가를 기반으로 개혁시나리오를 제안하고 있다. 여기에선 5개의 서비스 개선과 간소화를 겨냥한 발전 방향을 제안하고 있다.

- 선거명부 관리에서 통계청(INSEE)과 동·면 단위의 부담을 줄이고 중앙집중 시스템 구현.

37) 프랑스에선 부재자 투표를 대신하여 위임투표를 시행하고 있다.

• 안전한 행정절차를 통해 유권자 재등록 절차를 간소화하고, 투표 한 달 전까지 등록 가능하도록 함.
• 위임투표의 전자화.
• 선거홍보물을 전자화하되, 인쇄본도 일시적으로 주민센터에 구비토록 함.
• 선거관리, 특히 선거위원회 운영 간소화.

4. 공공정책평가 사업평가보고서와 전망

한편, SGMAP에선 전반적인 공공정책평가 사업 자체에 대한 외부 평가를 추진했다. 2012년부터 진행된 평가에서 '사용한 방법'과 '획득한 결과'를 중심으로 진행된 이 메타평가(méta-évaluation)는 2016년 7월부터 12월까지 진행돼 2017년 2월에 보고서로 그 결과가 제출됐다.

보고서에 따르면, 정부의 공공정책평가를 통해 세 가지의 주요 성과가 있었다(KPMG 2017).

• 국가 내 평가 문화의 진전: 넓은 영역에 걸쳐, 다수의 의미있는 공공정책평가를 실현하여 행정부와 감찰단 내 평가문화 확산에 기여함.
• 이해관계자들의 조직화와 투명성 원리 실현: 평가과정에서 수혜자의 입장을 고려하고 평가보고서의 80% 이상이 출판됨.
• 공공결정을 위한 공공정책평가 유용성 확인: 다수의 평가가 입법, 규정, 조직 등 관련 정책 영역에서 변화를 가져옴.

이러한 평가를 근거로 SGMAP은 국가 내 공공정책평가의 새로운 진전을 위해 4가지 방향을 제시했다.[38]

이해관계자들의 조직과 투명성 원리 강화: 평가작업의 체계적인 공개 원리를 보장하고 공공정책평가의 민주적 차원을 강화시키는 새로운 접근(더욱

38) "L'Evaluation des politiques publiques évaluée à son tour: enseignement et perspectives". http://modernisation.gouv.fr/laction-publique-se-transforme/en-evaluant-ses-politiques-publiques/levaluation-des-politiques-publiques-evaluee-a-son-tour(열람일: 2017년 11월 28일)

참여적인 평가, 시민 참여 작업과의 관계, 디지털 자문 등)을 발전시키는 작업을 진행한다. 더욱 효과적이기 위해 이러한 원리들은 소통과 평가에 가치부여 노력에 의해 보완돼야 한다.

평가 주제 선택에 있어 더욱 신중할 것. 평가가 필요한 정책에 우선을 두고 평가에 요구되는 부처 능력을 입증해야 한다. 이는 평가 작업에 적합하지 않은 것으로 판명된 정책에 대해 감사, 전환지원, 이용자 의견 청취 등 다른 형식의 처방도 제안할 수 있도록 하는 것을 의미한다. 무엇보다 이 같은 선택의 목적은 처음부터 끝까지 장관에 의해 주도되는 올바른 평가 주문 진행을 증진하는 방법을 갖추도록 기여하는 데 있다.

더욱 유연하고 개방적인 방법 기틀 마련. 장관이 결정하는 의제와 일정에 따라 진행하되 평가 기간이 5~6개월로 단축될 필요가 있다. 이는 평가와 평가 이외의 도구, 체계적인 문헌조사, 실험 혹은 비실험 비교 집단, 규모 확장 시나리오 같은 방법들과 잘 접합하는 것을 의미한다.

평가와 다른 점검들과 결합 강화. 이는 평가가 부처와 이해관계자들에게 더욱 분명하고 일관적일 수 있도록 하기 위한 목적이다. 만약 (영향평가, 진로점검, 지출검토 등의) 각 부처 차원이나 범부처 차원에서 진행되는 다른 평가나 검토 방법과 함께 평가가 매우 다양한 실행과 지향성을 포함해야 한다면, 이러한 작업들 전체에 대한 최적의 공조는 결정책임자의 필요에 더욱 부응하고 결과 확산을 조성하는 데 있다.

마크롱 대통령 당선 이후 등장한 에두아르(P. Edouard) 정부는 2017년 10월 공공정책평가 결과를 기초로 하여 공공활동 전환을 증대하기 위한 프로그램인 '공공활동 2022(Action publique 2022)' 계획을 제시했다. 이 계획은 '공공서비스 질 개선(이용자)', '공무원에게 현대화된 노동환경 제공(공무원)', '수단 최적화를 통한 공공지출 억제(납세자)'라는 세 가지 차원에서 중점을 두고 전개된다. 이는 정치·경제 영역의 고위공무원이 중심이 되는 '공공활동협의회 2022(Comité Action Publique 2022: CAP22)'를 두고, 21개의 공공정책에 대한 개혁방향을 제시하면서 추진된다.

제4절 결론

앞서 살펴보았듯이, 프랑스의 정부업무평가와 성과관리제도는 대통령의 교체나 정부의 이념적 성향에 따라 변하기보다는, 역사적으로 제도의 비중과 중요성이 꾸준하고 지속적으로 증대되는 방향으로 발전했다. 1958년 법률명령을 통해 시행되던 평가제도가 1990년 총리령을 통해 공고히 되고, 2001년 재정관련 조직법이 제정되면서 오늘날의 틀을 형성했다. 또한 2008년에는 그 핵심내용이 헌법에 명시되면서 평가제도가 국가운영의 기본적인 원리로 자리 잡았다.

프랑스의 공공정책평가와 성과관리제도의 특징과 시사점을 다음과 같이 정리할 수 있다.

첫째, 공공정책평가가 헌법에 명시됐다. 헌법은 공공정책평가를 의회의 역할로 규정하고, 관련사항을 재정법에 관한 조직법(LOLF)으로 규정하고 있다. 그리하여 공공정책평가와 성과관리제도가 정부나 대통령의 교체에 따른 변화와는 독립적으로 지속적이고 안정적인 방식으로 진행된다.

둘째, 정부업무평가는 크게 ① 총리실(대통령) 주도로 주기적으로 진행하는 범정부 차원의 정책평가, ② 특정 정책 사안에 대해 정부와 의회가 같이 공동으로 수행하는 의회의 통제형 평가, ③ 재정법에 의거하여 재정경제부가 주관하여 매년 수행되는 성과관리예산제도, ④ 감사원이 수행하는 감사 등 네 가지의 형태로 볼 수 있다. 다양한 형태의 평가는 모두 총리실과 고위공무원들 주도로 진행되며, 분산적으로 진행된다는 것이 특징이라 할 수 있다.

셋째, 성과관리제도가 사업예산배정과 연계하여 진행된다. 프랑스에선 2006년 1월부터 시행된 재정법에 관한 조직법(LOLF)에 따라 국가재정운영과 정부정책의 성과관리가 연결된다. 성과관리를 참고하여 국가재정을 운영하고 예산이 배정된다. 성과관리가 사업의 성패, 그리고 사업의 진행과 긴밀하게 연결된다. 그렇다고 해서 성과관리가 재무적 측면에서 이뤄지는 것이 아니라, 시민 관점, 납세자 관점, 이용자 관점에서 종합적으로 진행된다.

넷째, 성과관리에 있어 의회가 주요 주체가 된다. 재정법 예비법안에 성과관리를 포함시킴으로 재정법 제정의 주체인 의회가 성과관리의 중심에 위치한다. 이에 따라, 정부의 성과관리가 의회의 회기와 일정에 맞추어 진행되고, 의회는 성과계획서와 보고서를 참조하여 정부 프로그램 예산 배정을 조정하는 실질적인 권한을 갖고서 정부의 성과관리과정을 관리한다. 또한 이를 위해 회계감사원을 비롯한 전문기관들이 의회의 요청에 따라 업무를 지원하며, 관련 자료와 정보가 의회에 제공된다. 성과관리에 있어 지난 2년간의 성과결과와 내년도 예측, 그리고 3년 이후의 예측에 근거하여 진행함에 따라 장기적 성과와 예측이 정책에 반영될 수 있는 구조이다.

다섯째, 정부업무평가 및 성과관리는 공공사업(공공정책) 중심으로 진행된다. 개인이나 기관이 평가나 성과관리의 대상이 아니라 미션과 프로그램이 대상이다. 미션마다 다년도 목표를 두고 진행함으로써 다년도 정책에 대한 관리에 효율적이다. 또한 미션을 중심으로 평가가 진행됨에 따라 부처연계 미션의 경우 부처 간 협력이 필수적이다. 국가사업의 책임자는 프로그램의 목표, 이의 실현정도를 확인하는 성과지표를 통해 프로그램 실행주체들과 프로그램에 참여하는 이해관계자 간의 교류와 대화를 활성화한다.

여섯째, 공공정책의 전략적 목적과 성과지표가 프로그램 책임자, 프로그램 시행 예산책임자, 시행단위 책임자로 이어지는 종적 체계 간의 운영토론을 매개로 소통되고, 이들을 중심으로 각각 수준에서 횡적 체계를 통해, 사업과 관련된 다양한 이해관계자와 협의된다. 이를 통해, 정치권에서 결정한 전략적 목표가 행정부 전체에 확산돼 사업담당자들에게 목표 실행을 위한 유도장치로 자리 잡는다. 또한 공무원을 넘어서, 참여 중인 민간 시행자와 사업 관련 다양한 이해관계자에게도 영향을 미치게 된다.

한편, 현재 진행되고 있는 성과관리제도에 대한 문제점도 지적된다. 2015년 경제사회환경위원회 보고서에 따르면, 해결과제로 첫째, 평가에 대한 의미부여 확대, 둘째, 평가실행에 있어 시기성을 증진하고 기회보장을 확대, 셋째, 평가지표의 적합성 개선, 넷째, 평가과정의 객관성과 공정성 개선, 다섯째, 평가결과에 대한 정책결정에 수용 확대를 들고 있다(CESE 2015). 하지만 우리나라의 제도와 사뭇 다른 프랑스의 성과관리제도는 우리에게 적지 않은 시사점을 제공한다. 그 주요 내용을 다음의 표와 같이 비교·정리할 수 있다.

먼저, 범정부차원의 성과관리, 부처 간 협력과 관련하여, 우선 정부가 담당하는 있는 모든 공공정책은 성과관리의 대상이다. 모든 공공정책은 미션과 프로그램으로 구분돼, 미션 별로 예산이 배정되고 프로그램 별로 성과관리가 이루어진다. 부처 간 협력은 두 가지 형태로 진행된다. 하나는 부처연계 참여 미션에서 미션과 프로그램을 매개로 부처 간 협력이 이루어지는 경우이고, 다른 하나는 공공회계예산부에서 각 부처마다 배정한 부처회계예산관리자들 간에 회계예산관리를 놓고 공공회계예산부를 중심으로 부처 간 조정이 이루어지는 형태다.

성과관리와 평가의 관계에 관해서, 공공정책평가에서 핵심을 차지하는 것이 성과관리이다. 모든 공공정책은 성과관리 대상이다. 지난해의 성과관리 내용은 차기년도 예산배분 시 하나의 기준으로 사용된다. 이를 위해 재정법 예비안에는 부록으로 성과계획서가 포함된다. 그리하여 지난해(N-1) 성과보고서를 통해, 차기년도(N+1) 성과계획서가 작성되는 환류가 이루어진다.

성과관리 주체와 관련하여, 성과관리가 재정법과 연동돼 진행되기 때문에 의회가 중심 주체가 된다. 정부 부처는 이를 준비하는 주체가 되고 평가와 성과관리 준비와 진행을 위해 회계감사원을 포함한 여러 전문기관이 내용적으로 지원한다.

성과지표와 관련하여, 프로그램 책임자는 해당 프로그램의 전략적 목적의 성취여부를 확인할 수 있는 대표적인 정량지표를 채택하고, 의회는 이의 타당성 여부를 검토한다. 특히 성과지표는 시민, 이용자, 납세자 관점에서 종합적으로 수립된다.

성과관리 결과는 재정법에서 미션 예산의 총량 내에서 프로그램 예산 조정에 결정적인 역할을 하게 된다. 또한 연도별 재정법안, 성과계획서, 성과보고서, 의회의 의견 등의 내용은 재정경제부에서 운영하는 성과관리포럼 누리집에 공개한다.

수요자 관점과 시민 참여와 관련해서, 프로그램의 목적과 성과지표 수립

시, 시민 관점, 이용자 관점, 납세자 관점에 입각해서 결정되며, 항목이나 부처별 평가가 아니라, 미션과 프로그램 별로 평가가 진행되고 공개됨에 따라 시민들이 이해하기에 용이하다. 한편, 프로그램의 전략적 목적과 성과지표는 계획수립 및 집행 과정에서 횡적·종적 논의를 통해, 공무원뿐만 아니라 사업에 참여하는 민간 시행사와 사업에 관련된 이해관계자들까지도 공유하게 된다.

중장기 성과관리와 관련하여, 미션마다 다년도 프로그램에 입각하여 전략적 목적과 성과지표가 설정된다. 성과지표 양식에는 하나의 성과지표마다 지난 2년간의 실현정도와 향후 2년간의 예측과 목표치가 설정되도록 되어 있어, 다년간의 평가와 전망 속에서 체계적으로 성과관리가 이루어지도록 되어 있다.

마지막으로, 정부업무평가와 관련하여, 2012년 애로 정부는 공공활동 현대화 사업(MAP)의 일환으로 정부가 진행하는 모든 공공정책에 대한 평가를 4년에 걸쳐 진행하여 그 결과와 혁신 시나리오는 제출한 바 있다. 뒤이어 집권한 마크롱 대통령의 에두아르 정부는 2017년 지난 정부의 공공정책평가에 따른 혁신 시나리오에 기반하여 공공활동혁신 사업인 "공공활동 2022"을 진행하고 있다. 이는 대규모 정부업무평가사업을 정부전반의 혁신을 위한 방법으로 사용하여 추진하고 있는 경우로 장기간에 걸쳐 지속적으로 추진하는 사례로 시사하는 바가 크다.

표 5-7 우리나라와 프랑스 정부의 성과관리 및 업무평가제도 비교

요소	한 국	프랑스
범정부 차원에서의 성과관리 (부처 간 협력)	- 특정평가(국정과제평가, 정상화과제평가, 규제개혁평가 등) - 부처 간 협업노력 평가 - 국무총리실이 부처 자체평가, 국정과정 평가 전부를 관리함.	- 정부의 모든 공공정책을 대상으로 성과관리가 진행됨. - 공공정책을 미션과 프로그램으로 구분하여 미션은 예산배정단위, 프로그램은 성과관리 단위로 이용. - 부처 간 협력은 다부처가 참여하는 미션을 통해 진행됨. - 총리실에서 총괄하지만 재경부가 성과관리 프레임워크를 관리하고, 감사원이 전문적 기능 지원하며, 의회가 분담하는 모습을 보임.

성과관리와 평가의 관계	- 계획단계 복잡(성과관리시행계획, 성과계획서, 자체평가계획 수립) - 성과관리시행계획은 자체평가 대상과제를 확정하기 위한 근거자료로만 활용.	- 지난해 성과관리는 차기년도 예산 배분에 기준이 됨. - 연례성과보고서(N−1)와 연례성과계획서(N+1) 간의 환류
평가 주체	- 국무조정실(기관통할형 vs. 국정조정형), 기획재정부(예산통제형), 행정자치부(행정관리형) 등 분권적 - 평가위원회 활용(민간 전문가 참여)	- 의회(상・하원), 재정위원회 - 회계감사원의 지원 - 부처와 총감국 - 총리실 산하 평가기구(SGMAP)
평가대상	- 관리과제 중심의 자체평가(평가대상 수준이 낮음) - 주요정책과 재정사업으로 분리 - 행정관리역량 부문 별도 존재	- 모든 공공정책 - 정부의 모든 미션과 프로그램에 대한 평가
성과지표	- 정량지표 중심 - 목표달성이 용이한 성과지표 - 복합지수 무분별 사용	- 정량지표 중심 - 시민, 이용자, 납세자 관점에서 종합적으로 수립 - 성과여부가 선명한 지표 - 인식이 용이한 지표
결과활용 (hard vs. soft)	- 서열화된 평정 결과 도출 - 성과급 등 인센티브에 활용 - 평가결과 공개 미흡	- 사업예산의 조정 - 사업 성패요인의 발굴 및 효과 측정 - 사업의 정책적 문제해결 및 개선 - 성과계획서와 성과보고서 공개 의무화
수요자 관점 (국민 참여)	- 국정과제 국민만족도 조사 등	- 프로그램의 목적과 성과지표 수립 시 시민, 이용자, 납세자 관점의 도입 - 프로그램의 목적과 성과지표가 공무원뿐만 아니라, 민간사업자, 이해관계자도 공유됨. - 프로그램별 평가로 시민들의 문서 가독성을 높임
중장기 성과관리	- 단년도 평가 중심	- 성과지표를 통한 다년간 성과관리 진행. - 미션별로 다년간 프로그램 별도로 규정하고 강조됨. - 장기간(4-5년)의 평가와 전망 속에서 성과관리가 이루어짐.

참고문헌

■ 1차 문헌

CESE(Conseil économique, social et environnemental). (2015). Promouvoir une culture de l'évaluation des polituques publiques. Les avis du conseil économique social et environemental sur Rapport de Nasser Mansouri-Guilani. Septembre 2015.

CNE(Conseil national de l'évaluation). (2000). L'Évaluation au service de l'avenir. La documentation française.

GF(Gouvernement français). (2015a). Projets annuels de performances 2016, Annexe au projet de loi de finances pour agriculture, alimentation, forêt et affaires mrurales. Gouvernement français.

GF(Gouvernement français). (2015b). Projets annuels de performances 2016, Annexe au projet de loi de finances pour économie. Gouvernement français.

IGA(Inspection générale de l'Administration). (2014). Moderniser l'organisation des Elections. Rapport de la MAP, Ministère de l'intérieur.

IGA-IGAS-IGF(Inspection générale de l'administration, Inspection générale des affairs sociales, Inspection générale des finances). (2012). Bilan de la RGPP et conditions de réussite d'une nouvelle politique de réforme de l'État. La documentation française.

KPMG et Quadrant conseil. (2017). "Evaluation de la démarche global d'évaluation des politiques publiques menée dans le cadre de la modernisation de l'action publique"

MEF(Ministère de l'économie et des finances). (2012). Guide pratique de la LOLF: Comprendre le budget de l'Etat. Direction du budget.

MEF(Ministère de l'économie et des finances). (2015). Guide de la performance. Edition de mars 2015. Direction du budget.

Premier Ministre. (2014). "Lettre de Mission au ministre de l'intérieur et à de à Monsieur le chef du service de l'inspecton générale de l'administration". le 6 mars 2014.

Perret, Bernard. (2014). *L'évaluation des politique publiques.* La Découverte.

SGMAP(Secrétariat général pour la modernisation de l'action publique). (2013). "Evaluer les politiques publiques" http://www.modernisation.gouv.fr/laction-publique-se-transforme/en-evaluant-ses-politiques-publiques/evaluer-les-politiques-publiques (검색일 2017년 11월 22일)

SGMAP. (2016). Les évaluations de politiques publiques dans le cadre de la modernisation de l'action publique. SGMAP.

SGMAP. (2017). Rapport d'activité 2016. SGMAP.

■ 2차 문헌

공병천. (2005). 한국과 프랑스의 정책평가제도 비교 연구, 한국정책학회보 14(3): 183-207.

김신. (2006). 주요국 성과평가시스템 비교연구. KIPA연구보고. 1-208.

오시영 편. (2008). 프랑스의 행정과 공공정책. 법문사.

원종학 외. (2011). 주요국의 성과관리제도. 한국조세연구원 성과관리센터. 1-153.

윤수재. (2012). 정부업무평가에 대한 메타평가 및 개선방안 연구. 한국행정연구원. 1-465.

이광희 외. (2015). 주요국 정부업무평가제도 동향연구-미국, 영국, 호주, 뉴질랜드, 일본 사례를 중심으로. 한국행정연구원 연구보고서. 1-303.

이광희 · 오영민. (2017). 국외출장 결과보고: 우리나라 정부성과평가제도 메타평가에 대한 연구. 한국행정연구원. 1-28.

홍재환 외. (2005). 정책평가제도에 대한 외국사례 연구-영국, 프랑스, 호주, 일본을 중심으로. 한국행정연구원 연구보고서. 1-213.

황혜신. (2013). 해외사례 비교 · 분석을 통한 한국 정부업무평가제도의 개선방안 연구. 한국행정연구원 연구보고서. 1-393.

Deleau, M., J.P. Nioche, P. Penz, et R. Poinsard. (1986). Evaluer les politiques publiques. rapport du Commissariat général du plan.

Duran, Patrice. (2010). "L'évaluation des politiques publiques: une résistible obligation" Revue française des affaires sociales. n°1-2, 5-24.

En Marche. 2017. "Programme Emmanuel Macron 2017". en-marche.fr/emmanuel-macron/le-programme (2017년 8월 14일 열람)

Galdemar, Virginie, Léopold Gilles et Marie-Odile Simon. (2012). Performane, Efficacité, Efficience: Les critères d'évaluation des politiques sociales sont-ils pertinents?. Cahier de recherche. CREDOC.

Jany-Catrice, Florence. (2012). "De l'évaluation des politiques publiques à la « performance totale »". Economie et institutions. n°18-19. 1-15.

Lambert, Alain et Didier Migaud. (2005). La mise en oeuvre de la loi organique relative aux lois de finances: Réussir la LOLF, clé d'une gestion publique responsible et efficace. Rapport au Gouvernement. Sénat et Assemblée nationale.

Mansouri-Guilani, Nasser. (2015). Promouvoir une culture de l'évaluation des polituques publiques. Rapport du Conseil économique social et environemental. Septembre 2015.

Monnier, Eric et Patrice Duran. (1992). "Le développement de l'évaluation en France; Nécessités techniques et exigences politiques" Revue française de science politique. 42(2). 235-262.

Prelot, Pierre-Henri. (2007). "Le Secretaire General du Gouvernement comme Organe de Conciliation entre les Ministres(정부부처간 조정기관으로서의 행정부 총무국장)." Ewha Law Journal. 12(1), 123-143.

Vallon, Serge. (2006). "Ouverture du conseil national de l'évaluation." VST-Vie sociale et traitements. n°92, 26-32.

Vanier, Jules. (연도미상). "Performance ou évaluation du développement économique: comment sortir de la confusion". https://www.labterritorial.fr/performance-ou-evaluation-du-developpement-economique-comment-sortir-de-la-confusion/. (검색일 2017년 11월 22일)

Viveret, Patrick. (1989). L'évaluation des politiques et des actions publiques. rapport au Premier ministre. La documentation française.

■ 참고 누리집

프랑스 정부 재정국 성과관리포럼: www.performance-publique.budget.gouv.fr

프랑스 공공활동현대화총국: www.modernisation.gouv.fr

프랑스 하원: http://www.assemblee-nationale.fr/

http://www.vie-publique.fr/decouverte-institutions/finances-publiques/ressources-depenses-etat/lolf/pourquoi-fallait-il-reformer-ordonnance-1959.html

(2017년 8월 14일 열람)

세계은행(World Bank)의 'Doing business' 연례보고서(http://francais.doingbusiness.org/)

www.economie.gouv.fr/ess/tourisme-social-cest-quoi (2016년 12월 14일 열람)

제 6 장

캐나다의 정부업무 성과관리 및 평가제도

제6장

캐나다의 정부업무 성과관리 및 평가제도

제1절 개요

1. 정치행정 환경

캐나다 정치행정 환경을 문화와 제도 측면으로 살펴볼 때, "전형적인 민주주의를 택한 나라", "세계에서 가장 분산화된 연방제 시스템"이라는 평가(Hague & Harrop, 2008, 2011)에서 나타나듯 '합의'와 '분권'이라는 키워드로 요약할 수 있다. 캐나다 정치 및 행정은 강한 주권의식을 가진 주들을 잘 어우러지게 만들기 위한 과정 속에서 발전했기 때문이다.

1) 캐나다 정치행정 문화의 형성

캐나다 정치행정 환경의 '합의'적 요소는 미국과 비교했을 때 상대적으로 평화적인 배경에서 연방이 설립된 데서 연유한다. 캐나다는 식민시기를 거쳤으나 종주국과의 급격한 단절을 경험하지 않았으며 노예와 내전의 역사도 없다. 정치 세력간 대립이 적었기 때문에 중앙정부와 주정부간 관계를 규정하는 헌법의 지향도 다르다. 미국이 주정부가 중앙정부 권한을 견제할 수 있는 방식을 택하였다면, 캐나다는 주정부가 중앙정부와 합의를 이룰 수 있는 내용을 헌법에 담고 있다(손병권 · 이옥연, 2004).

캐나다 정치행정 환경의 '분권'적 요소는 연방이 갖고 있는 가장 큰 갈등

구조인 영국계 이민지와 프랑스계 이민자 사이의 대립에서 비롯되었다. 소수를 차지하는 프랑스계 이민자들이 거주하는 퀘벡주는 영국에게 프랑스가 퀘벡을 이양한 시기부터 프랑스의 독자적인 체계를 유지하고자하는 태도를 견지했다. 1774년 퀘벡의 독자성을 보호하는 퀘벡법(Quebec Act)의 발표, 1791년 헌정법(Constitution Act)에 따른 상 캐나다와 하 캐나다의 분리 등이 대표적이다. 이와 같은 분리주의 입장은 조용한 혁명(the Quiet Revolution)과 2차례 주민투표(1980년, 1995년)까지 이어지고 있다.

그럼에도 불구하고 퀘벡 분리주의자들의 주장은 상대적으로 온건한 방향으로 진행되었다. 영국은 미국의 독립전쟁(1775년)을 겪었기 때문에 캐나다의 갈등상황에 대해 고심할 수밖에 없었고, 그로 인해 프랑스계에 대한 온건한 정책을 유지하였다(이옥연, 2006). 캐나다 위정자들은 미국의 남북전쟁(1861년-1865년)을 간접적으로 겪었기 때문에 내재된 민족갈등에 대한 조심스런 접근을 추구할 수밖에 없었다.

이후 1867년 캐나다 연방제도는 헌정법(British North America Act)의 통과로 성사되었지만, 기본적으로 영국의 법령이었고 그 내용 또한 상당히 중앙집권적인 부분이 있었기 때문에 갈등은 해결되지 않은 채로 지속적인 논란을 낳았다. 1960년대 조용한 혁명으로 퀘벡 민족주의가 가시화 되자 연방정부는 그 해결책으로 권력을 분산시키는 방법을 채택하였고, 1980년대와 1990년대를 거치면서 보다 분권적인 시스템으로 변모하여 각 주들은 더 많은 권한을 가지게 되었다(Hague & Harrop, 2011; 조찬수, 2017).

2) 체제 구성

캐나다는 내재된 사회 갈등의 문제 해결을 위해 나름대로의 체계 및 제도를 발전시켜 왔는데 이를 통칭하여 행정적 연방주의(cooperative executive federalism)라 한다(이옥연, 2004; Hague & Harrop, 2011). 입헌군주제를 기반으로 하는 의원내각제라는 체제 하에서 국정의 중요사안은 의회를 통한 심의보다는 각 정부와 각료들이 조정하는 형태로 결정되는 경향을 보이며, 다층의 거버넌스 체계 또한 주정부와 연방정부의 연방체계로 이해할 수 있다.

구체적으로 살펴보면, 캐나다는 입헌군주국이나 국가원수인 여왕과 그 대리자인 총독은 형식적인 지위이며 실제로 수상과 내각의 조언을 따른다. 입법부는 상원과 하원으로 나누어져 있으며, 상원의원은 수상의 추천을 거쳐 총독이 임명하며 75세까지의 임기를 가지고, 하원의원은 단일의원선거구를 대표하도록 선출된다. 상원은 일부 법안의 세부사항은 변경할 수 있지만 주요 안건에 대해서는 하원에 동의하지 않는 경우는 거의 없으며, 내각은 하원에 대해서만 집단적 책임을 질 뿐 상원에 대해서는 책임지지 않는 구조를 가지고 있다.

상원의원의 직위 부여는 엽관제적 요소가 강하며 미국과 달리 지역을 대표하지 못한다. 상원의원의 임명은 수상의 추천만을 요한다. 구조적으로는 하나의 당이 장기 집권할 경우 내각에 집권당 출신이 많아지는 효과를 낳아 의원 개개인이 지역을 대변하기 어려워진다.

상원을 대신하여 각 주 간의 조정은 내각이 담당한다. 일반적으로 내각을 구성할 때에 수상은 하원에서 각 주 별 한명 이상의 각료를 선임하는 것이 관례화 되어 있다.[1] 선임된 각료들이 합의를 통해 정책을 결정하는 방식으로 국정이 운영된다. 하원의원이 각료로 선임되기 때문에 연방정부에도 시민들의 선호가 직접적으로 투입되는 효과를 가져오며, 책임성 또한 대통령제의 각료보다 높다.

캐나다의 정치행정체제는 정치문화적 특성에 따라 연방정부를 경계하는 형태인 미국과는 달리 각 지방정부의 조정 및 관리라는 역할을 연방정부가 수행하고 있다. 동시에 각 주들의 의견과 역할을 충분히 인정하고 그에 걸맞은 권한을 부여하고 있다. 그리고 연방정부의 국정운영은 각 주에서 선출된 하원의원이 각 부처의 장관이 되어 책임을 지는 형태로 이루어진다. 의원내각제이니 만큼 대통령제보다 더욱 시민의 선호에 즉각적으로 반영되는 특징을 가지고 있으리라 생각되며, 특히 상원이 일반적으로 기대되는 역할을 하

1) 2017년 7월 현재 29명의 각료는 모두 하원의원이다.

지 않는 구조이기 때문에 하원의 역할이 매우 중요할 것이다.

이러한 정치행정 환경 속에서 정부의 운영원리라 말할 수 있는 성과관리 제도들의 지형을 이하에서 논의하도록 하겠다.

2. 성과관리제도의 연혁

1) 1970~1992: 지출관리시스템(Expenditure Management System) 체제 이전

캐나다의 정부업무 성과관리제도는 1969년 정부 재무 관리를 위한 왕립 위원회가 재무위원회 사무국(Treasury Board of Canada Secretariat: TBS)과 함께 경기침체를 타파하기 위한 PPBS(Planning, Programming and Budgeting System)를 출범시키며 시작하였다. PPBS는 정부 프로젝트들이 기존에 설정한 목표 달성 여부를 평가하고 자원배분을 계획했다.

1979년 PPBS는 PEMS(Policy and Expenditure Management System)로 대체되었다. PEMS와 PPBS의 가장 큰 차이는 내각 검토 체제의 확대를 통해 정부의 우선순위를 확실히 하고 관련 정책 간 강한 연결고리를 만들었다는 점에 있다. 각 부처는 각 정책에 대한 전략적 개괄 및 다년도 운용 계획을 제출했으며 지출 내역과의 상관성을 분명히 밝혀야 했다.

제 33대 총선에서 진보보수당은 'let the managers manage'라는 슬로건으로 승리하며 신공공관리적 정부개혁 정책을 펼쳤다(Johnson, 2006: 299). 정부업무 성과관리제도는 '어떻게 생산성을 올릴 것인가(productivity-improvement)'에 초점을 맞추어 'Program Review'로 시행되었다(Johnson, 2006: 466). Program Review는 재정적 성과가 탁월했던 반면 지출관리 및 사업성과 측정, 평가에서 한계를 드러냈다. 이후 출현한 IMMA(Increased Ministerial Authority and Accountability)는 관료제적 보고 프로세스의 개혁과 정책결정과정의 단순화를 목표로 했다.

2) 1993~현재: 지출관리시스템(Expenditure Management System) 체제 출현 이후

1993년 집권한 크레티앵 내각은 “Getting Government Right”라는 개혁안의 이름 아래 1995년 지출관리시스템(Expenditure Management System: EMS)을 도입했다. EMS는 캐나다의 경제위기가 경제성장률 상승만으로 회복될 수 없다는 전제하에 GDP의 3%까지 재정적자를 줄이고자 전면적인 지출 관리를 시행한다는 정책목표를 갖고 있었다. EMS는 2017년 현재 재무행정법(Financial Administration Act: FAA)에 근거하여 재무위원회가 마련한 연방정부의 성과관리프레임워크로 기능하고 있다.

관리책임프레임워크(Management Accountability Framework: MAF) 역시 EMS와 함께 최근까지 캐나다 정부성과관리제도의 주요 요소로 기능하고 있다(공동성 외, 2011: 59). MAF의 목적은 캐나다 정부의 공공서비스가 어떤 방식으로 공급되어야 하는지에 대한 바람직한 관리 방향을 제시하는 것이다. MAF는 성과가 시간에 따라 어떻게 축적되는지 측정할 수 있는 지표와 척도를 제공한다. 여러 정책 행위자의 업무 진행 상태를 평가하므로 관리 결과에 대한 책임성을 강화한다(강은숙, 2007).

2007년 총선에서 보수당이 승리한 결과, 재무행정법(Financial Administration Act: FAA)과 연방회계법(Federal Accountability Act: FAC)을 개정하고 정부 업무 성과 평가제도로서 관리·자원·결과·구조 정책(Management, Resources and Results Structure: MRRS)를 시작하였다. 연방회계법(Federal Accountability Act: FAC)는 주기적으로 정부의 모든 이전 재원에 대한 평가를 의무화하였다. 또한 각 정부 조직마다 MRRS를 수립하여 정부 예산 사업에 대한 정보를 제공하고 정부 전체의 성과계획서와 성과보고서를 작성해 의회에 보고하도록 하였다. 2011년 기준으로 연간 예산 3억 캐나다 달러 이상의 예산을 사용하는 정부부처가 모두 평가 대상에 포함되었으며, 소규모 조직의 경우 3년 주기로 평가되었다(한국조세연구원, 2011). MRRS는 개별 기관이 사업을 관리, 설계하는 데 있어 최상의 결과를 달성하도록 유연성과 재량(flexibility and discretion)

을 부여하고 있으며(MRRS Sec.3.2) 기관별로 적절한 MRRS를 만들도록 규정(MRRS Sec.3.6)하고 있다. MRRS는 모든 정부기관이 갖춰야 할 세 가지 요소를 다음과 같이 적시하고 있다.

- 명확히 정의되고 측정가능한 전략적 성과(Strategic Outcomes)
- 의도한 결과를 달성하기 위한 자원 배분 및 관리 방식을 상세히 설명한 사업편성 구조(Program Alignment Architecture: PAA)
- PAA 각 사업의 거버넌스에 대한 설명

하퍼 내각은 2007년 중앙정부가 수행하는 모든 예산사업을 대상으로 각 부처 단위로 4년 주기로 평가하는 전략적 검토(Strategic Review)와 전략 운영 검토(Strategic and Operating Review)를 도입했다. 전략적 검토는 우선순위가 높은 분야에 대한 투자를 위해 기존 정책 분야를 재검토하고, 운영 및 행정의 효율화를 통해 절감이 가능한 분야에 대해 검토한다. 이를 통해 전체 예산의 5% 내외의 재분배 계획안을 작성하는 것이 목표이다.

평가는 '평가에 관한 정책(Policy on Evaluation)'을 통해 이루어졌다. '평가 기능에 관한 지침(Directive on the Evaluation Function: DEF)'에 따라 적절성(relevance)과 성과(performance)를 강조하고 있다. 평가에 관한 기준(Standard on Evaluation for the Government of Canada: SEGC)은 성과평가를 위한 최소한의 요건을 규정하고 있다. 이 기준은 평가의 질, 중립성, 활용성을 위해 만들어졌다. SEGC는 평가 프로토콜, 평가 계획과 설계, 평가 프로젝트 관리, 평가 보고 및 활용 등 4개 영역으로 구분한다.

트뤼도 내각은 정부 성과, 혁신, 그리고 의회의 리포팅을 주요한 목표로 삼고, 2015년 재무행정법(Financial Administration Act: FAA)을 개정하고, 의제·결과·소통 위원회(Agenda, Results and Communication: ARC)와 추밀원(the Privy Council Office)내 결과와 딜리버리 부서(Results and Delivery Unit: RDU)를 신설하여 성과관리체계의 틀을 다잡았다. EMS, MAF 등의 프레임워크는 유지하되 MRRS는 '결과기반정책(Policy on Results)'으로 대체되었다. 평가에 관한 정책(Policy on Evaluation), 평가 기능에 관한 지침(Directive on the

Evaluation Function: DEF), 캐나다 정부 평가의 기준(Standard on the Evaluation for the Government of Canada) 역시 "결과기반정책에 대한 지침(Directive on Results)"으로 대체되었다.

3. 성과관리 관련 법령

1) 재무행정법(Financial Administration Act: FAA)

재무행정법(Financial Administration Act: FAA)은 현재 성과 관리 체제를 관장하는 가장 상위법으로 EMS, MAF 등 주요 성과 관리의 프레임워크를 유지하는 동시에 성과관리 기관과 대상을 규정하고 있다. 성과관리는 연방 정부의 모든 부처와 의회를 통해 예산을 수령하는 공기업(Crown corporation)에 대해서 실시하는데, 해당 조직의 직접적인 지출 및 법률에서 규정하는 프로그램의 운영비용을 그 대상으로 한다.

2) 연방회계법(Federal Accountability Act: FAC)

FAA는 구체적으로 정부업무평가에 관한 목적 및 방향을 명시하고 있지 않다. 다만 FAA에 대한 개정을 포함한 통합 법률(Consolidated Act)인 연방회계법(Federal Accountability Act: FAC)은 이해관계의 충돌 규칙, 선거자금에 관한 제한 이외에 "행정의 투명성, 감시, 책임성에 관한 조치"를 마련하는데 목적을 두고 있다.

3) 결과기반정책(Policy on Results)

결과기반정책(Policy on Results)은 FAA 7조에 근거하여 만들어진 법령이다. 2016년 7월 1일부로 효력이 발생하였으며, 현재까지도 법령에 근거한 변화가 진행 중이다. 성과관리 체계 및 방법이 대폭적으로 변화하였고 이에 따라 성과관리 및 평가 관련 법령들이 통폐합되거나 수정되었다. 결과기반정책이 대체하는 기존의 정책은 다음과 같다.

- 재무위원회 사무국에 대한 중앙 제도와 협력 이익에 관한 정책(Policy on Reporting of Federal Institutions and Corporate Interests to Treasury Board of Canada Secretariat (2007))
- 평가에 관한 정책(Policy on Evaluation (2009))
- 관리 · 자원 · 결과 · 구조 정책(Policy on Management, Resources and Results Structures (2010))

법안의 변경 내용은 2016년 7월 1일부로 효력이 발생하지만 2017년 4월 1일까지 재무위원회에 부처단위의 평가 계획에 대한 사안을 보고하고(Policy on Results, Sec.1.6), 2017년 11월 1일까지 기존 성과 정책을 유지하고 성과 정보 프로필을 보고하는 등(Policy on Results, Sec.1.4-5) 아직 진행 중인 사안이다.

새로운 평가 정책인 '결과기반정책' 하에서 구체화된 성과계획서와 성과보고서는 아직 발표되지 않았다. 그러나 기존 MRRS에서의 사업편성구조(Program Alignment Architecture: PAA)와 성과 측정 전략(Performance measurement Strategy)은 각각 부처 단위의 프레임워크, 프로그램 목록, 성과 정보 프로필로 교체된다는 법안이 존재하는 반면(Policy on Results, Sec.1.4) 성과계획서 및 보고서에 대해서는 언급이 없는 것으로 보아 기존의 체계에서 크게 벗어나지 않을 것으로 보인다.

제2절 정부업무 성과관리제도

1. 성과관리 체계 및 운영

1) 성과관리 운영 체계

(1) 지출관리시스템

캐나다 성과관리는 예산제도의 발전과 그 맥을 같이 한다. 성과관리는 예산제도인 지출관리시스템(Expenditure Management System: EMS)의 한 구성요소로 작동하고 있다. EMS는 국민의 세금을 정부가 낭비없이 가치있게 사용하도록 하기 위한 목적으로 운영된다. 이를 위해 정부정책을 체계적으로 관리하고 그 성과를 제시하도록 한다. 이 모든 것들은 궁극적으로 국민의 세금에 대해서 정부의 책임성과 투명성을 제고하기 위한 노력이다.

그림 6-1 EMS의 세 가지 중심축

성과관리(Managing for Results) – 모든 재정지출 사업(All Spending)

선결원칙(Upfront Discipline) – 신규 재정지출 사업(New Spending)

지속적인 평가(Ongoing Assessment) – 현존하는 재정지출 사업(Existing Spending)

EMS는 크게 세 가지의 원칙을 가지고 시행되고 있으며, 이를 통해 모든 사업이 관리의 대상이 됨을 명시함과 동시에 그 방향성을 제시하고 있다. 세 가지 주요 원칙은 성과관리(Managing for results), 선결원칙(Upfront discipline), 지속적인 평가(Ongoing assessment)로, ① 성과관리(Managing for results)는 모든 재정지출 사업(All Spending)은 관리 및 평가되어 그 성과를 국민에게 보여주어야 한다는 것이고, ② 선결원칙(Upfront discipline)은 재정지출을 필요로 하는 모든 신규 재정지출 사업(New Spending)은 기존 사업과 어떻게 조화되는지에 대한 정보와 성공에 대한 명확한 수단을 갖춰야 한다는 것이며, 마지막으로 ③ 지속적인 평가(Ongoing assessment)에 의해 현존하는 재정지출 사업(Existing Spending)이 효율적이고, 효과적이며, 국민의 우선순위와 연방정부의 책임성과 연계되고 있음을 평가 받아야 한다는 것이다(이환성 · 양홍석, 2015: 238).

그림 6-2 캐나다 지출관리시스템의 구성요소

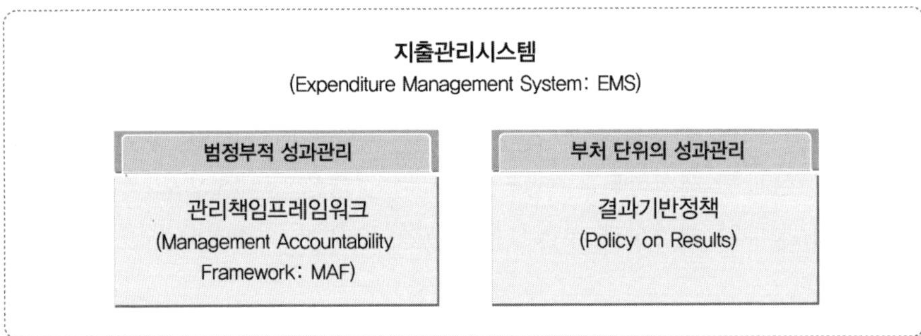

EMS 하에 성과관리 운영 체계는 범정부 목표와 부처 전략 간의 연계를 중심으로 한 관리책임프레임워크(Management Accountability Framework: MAF)과 부처의 사업평가를 중심으로 하는 결과기반정책(Policy on Results)로 나누어 볼 수 있다.[2]

2006년부터 2014년까지 약 8년간 이어졌던 스티븐 하퍼의 보수당 체제에서 2015년 자유도 트뤼도 내각으로 넘어가면서 범정부적 성과관리체제인 MAF는 유지되었지만 10여년을 유지되어오던 부처의 성과관리 체제인 관리,

2) 2017년 9월 현재 캐나다 재무위원회 홈페이지의 지출관리시스템은 MAF와 MRRS를 포괄하고 있다고 명시하고 있어 결과기반정책으로의 업데이트가 되지 않고 있다. 그러나 결과기반정책의 시행령인 Directive on Results Appendix B.2.3.에서 부기관장의 평가 계획 확약서에 상위 정책으로 EMS가 명시되어 있으므로 EMS는 MAF와 결과기반정책을 포괄한다고 보아도 무방할 듯 하다.

자원, 결과, 구조에 대한 정책(Management Resources and Results Structures: MRRS)은 결과기반정책(Policy on Results)으로 대체되었다.[3)]

MAF와 결과기반정책(Policy on Results)이 각각 전 정부적 관점과 부처적 관점을 대변하는 것 외에도 차이점이 존재한다. 관리와 평가의 분리 여부이다. MAF는 재무위원회의 관리 하에서 한눈에 볼 수 있는 성과정보를 제공하는 동시에 성과정보 공개를 통한 해당 부처 내지 정책의 평가(assessment) 역할을 한다. 반면, 결과기반정책에서는 '성과관리(performance management)'과 '평가(evaluation)'를 나누어 언급하고 있다.

(2) 관리책임프레임워크(Management Accountability Framework)

2003년에 시행된 MAF는 재무위원회가 공공부문 관리를 위해 활용하는 기초적인 프레임워크이다. MAF를 통해서 정부의 성과를 조망하고 정부활동에 대한 정보를 제공하여, 범정부적 차원에서 성과를 체계적으로 관리할 수 있도록 한다. 구체적으로 MAF를 운영하는 목적은 다음의 6가지이다. ① 개별기관과 정부의 관리활동과 성과를 전체적으로 조망한다. ② 부총리와 기관장에게 기관의 행정 역량에 대한 정보를 제공한다. ③ 재무위원회에 정책집행과 집행상황에 관한 정보를 제공한다. ④ 관리 강점 분야와 주의를 요하는 분야를 선별한다. ⑤ 정부 전체 차원에서의 관리 우선순위에 따른 진행상황을 파악한다. ⑥ 범정부적인 관리 역량, 효과성, 효율성의 지속적인 향상을 도모한다.

MAF는 3년을 주기로 시행된다.[4)] 개별 부처는 모든 재정지출에 대한 예상 결과를 정의하며, 이에 대한 성과를 측정하여야 한다. 모범 행동사례(best practices)에 대비한 성과기준을 설정하며 정기적인 사업평가에 참여해야 한다(이환성·양홍석, 2015: 239).

MAF의 장점은 전체 정부 역량을 총 7개 영역으로 나누어 요약하여 한

3) 하지만 2017년 9월 현재 결과기반정책(Policy on Results)에 따른 부처 성과계획서 및 성과보고서가 온전하게 공개되지 않은 상황이다.
4) 2016-2017은 3년 주기의 마지막 해였다.

눈에 볼 수 있도록 해준다는 점이다. 2016-17년의 경우 총 37개의 대부처와 23개의 소부처, 60개의 기관이 평가되었다. MAF를 통해 부처 간에 공유되는 정책 아젠다가 어떤 식으로 분배되고 있는지를 평가할 뿐만 아니라 실제로 정책집행과정에서 재무적·인적 요소가 올바르게 투입되고 있는지 등을 평가한다. MAF의 7개 영역은 모든 부처에게 적용되는 주요 영역(Area of Management: AoM) 4개와 선택 부처에게 적용되는 AoM 3개로 나누어진다.

주요 영역(Core AoM)	선택 영역(Selected AoM)
• 재무 관리 • 인적 관리 • 정보 관리 • 위험, 기획, 성과 관리	• 특정 서비스와 자원 관리 • 안보 관리 • 서비스 관리

그림 6-3 관리책임프레임워크

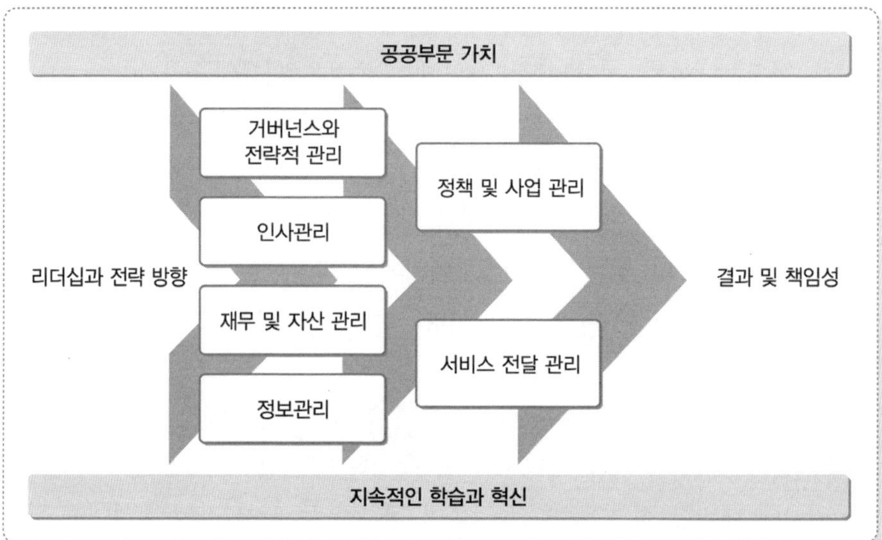

MAF는 [그림 6-3]과 같은 프레임으로 제시할 수 있다. 먼저, 공공부문 가치와 지속적인 학습 및 혁신은 전체 MAF를 아우르는 핵심이다. 공공부문 가치란 공공성, 민주성, 형평성과 같은 행정 가치를 의미한다. 지속적인 학습

과 혁신은 조직 학습의 원리에 따라 끊임없이 혁신하는 공공조직 관리를 뜻한다. 리더십과 전략방향은 기관의 비전, 명령, 전략 우선순위를 구체화 한 것으로 거버넌스와 전략적 관리, 인사관리, 재무 및 자산관리, 정보관리의 기초를 이룬다. 정책 및 사업관리는 4개 부문의 관리를 통해 결과 달성을 위한 정책과 사업의 설계 및 관리를, 서비스 전달 관리는 고객 중심의 서비스 제공을 의미한다. 결과 및 책임성은 성과 결과를 통한 책임성 확보와 정책, 사업, 서비스의 지속적 발전과 효과를 도모하는 것을 의미한다.

(3) 결과기반정책(Policy on Results)

① 관리 · 자원 · 결과 · 구조 정책에서 결과기반정책으로

지난 10여 년 간 관리 · 자원 · 결과 · 구조 정책(MRRS)이 성과관리 및 평가를 위한 체계로서 작동해왔지만, 새로이 트뤼도 정권이 들어서면서 대폭적인 변화가 있었다. 결과기반정책(Policy on Results)으로 이행한 것이다. MRRS는 성과를 정확하게 정의하고, 그를 달성하기 위한 사업편성구조(Program Alignment Architecture)와 거버넌스 체계를 기술하도록 함으로써 성과관리를 명확하고 엄밀하게 만드는데 기여한 것이 사실이다. 그럼에도 불구하고 제도 운영 상 문제점이 드러나면서 개혁을 실시하는데, 그 이유에 대해서 다음과 같은 5가지의 개혁 사유를 들고 있다(Pagan, 2016). 기존 성과관리 및 평가 체계에서는 첫째, 많은 보고서가 양산되지만 널리 읽히지 못하고, 둘째, 다량이나 질은 낮은 성과정보들이 생산되고 있으며, 셋째, 국민들에게 실제 중요한 결과에는 초점을 맞추고 있지 못하며, 넷째, 고위관료의 정책결정에는 크게 도움이 되지 못하는 정보들이고, 마지막으로 국민과 국회의원들이 부처가 무엇을 수행하였고, 어떻게 하였는지를 이해하기 힘들었다는 문제점이 있었다.

그래서 법 개정은 이하의 5가지를 달성하고자 한다. 첫째, 보다 의미 있는 결과와 지표에 기반한 단순하고 유연한 구조를 구축하기 위함이다. 둘째, 견고한 지표를 이용한 측정을 통해 부처 단위의 업무에 집중하기 위함이다. 셋째, 더 나은 성과지표와 유연한 평가를 통해 부처들이 파일럿(pilot)정책을 실시할 수 있도록 하고, 이를 통해 근거를 모아서 정책을 디자인 할 때 혁신을 꾀할 수 있도록 하기 위함이다. 넷째, 캐나다 국민들에게 각각의 부처가 슬기롭게 헤쳐 나가고 있다는 명료하고 흥미로운 이야기를 들려주기 위함이다. 다섯째, 장관에게 부처가 어떤 업무를 무슨 방식으로 하고 있는지에 대한 온전한 이해를 돕기 위함이다.

이 다섯 가지 이유는 현 캐나다 성과관리 체계의 방향성을 제시하고 있다. 제도적인 측면에서는 단순하고 유연하지만 정확하고 명확한 사업구조와 지표체계를 추구하고, 활용측면에서는 생산된 정보가 실제 사업운영에 유용해야한다는 것과 그러면서도 시민지향적인 성향을 가져야 한다는 것이다. 이와 같은 방향성은 실제 변화된 제도인 결과기반정책(Policy on Results)에 나타나고 있다.

② 결과기반정책의 운영체계

결과기반정책(Policy on Results)은 부처에서 수행하는 성과관리 체계이다. 부처의 성과향상을 위해서 정책의 적절성과 효과성을 증진시키고자하는 목표를 가지고 있다. 그를 위해서 추구하는 정책이 무엇이고, 정책을 집행함으로써 나타나는 결과가 무엇인지를 국가 수준에서부터 사업 수준까지 체계적으로 관리한다. 또한 이와 같은 결과를 성취하기 위해 자원을 어떻게 수집하고 배분하는지를 밝히도록 하고 있다.

결과기반정책의 운영체계는 크게 세 요소로 구성된다. 부처의 결과프레임워크(Departmental Results Frameworks)와 프로그램 목록(Program Inventory) 그리고 전체 정부 성과(Government-wide Outcomes)이다. 기존 제도는 사업 전체에 대한 성과정보를 기술하였는데, 정부 전체 관점에서 보면 성과정보들이 지나치게 많고 그 중요도를 파악할 수 없어서 시민뿐만 아니라 관리자들조차도 정책결정에 활용하기 어려웠다(Pagan, 2016). 이와 같은 문제점을 해결하기 위해서, 부처의 결과프레임워크(Departmental Results Frameworks: DRF)와 프로그램 목록(Program Inventory)의 두 체계로 성과관리체계를 구축하였다. 부처의 결과프레임워크는 상위(high-level)의 성과를, 프로그램 목록은 사업

단위(program-level)의 성과를 관리하도록 한 것이다. 한편 위 두 체계가 부처 단위에서 시행되는 것이라면, '전체 정부 성과'는 범정부 차원에서의 관리를 위한 체계이다. 부처 별 (정책)결과들 간의 우선순위를 판단할 수 있도록 국회에서 상위와 하위의 성과를 연결(delivery chain)하여 체계적으로 관리하고자 하는 시도라 할 수 있다.

이하에서는 각 요소 별로 세부적인 운영에 대해 살펴보도록 한다.

가. 부처의 결과프레임워크(Departmental Results Frameworks)

부처의 결과프레임워크(Departmental Results Frameworks: DRF)는 결과기반 정책에서 새롭게 마련된 제도이다. 부처가 상위 차원에서 부처의 핵심 책임을 기술하고, 달성하고자 하는 결과(results)와 그를 측정하기 위한 지표(indicators)를 제시한다. DRF는 세 차원으로 구성되는데 ① 부처의 주요 책임(Core Responsibilities), ② 부처의 정책결과(Departmental Results), ③ 부처의 정책결과에 대한 지표(Departmental Result Indicators)이다.

그림 6-4 부처 성과관리체계의 구조 및 역할

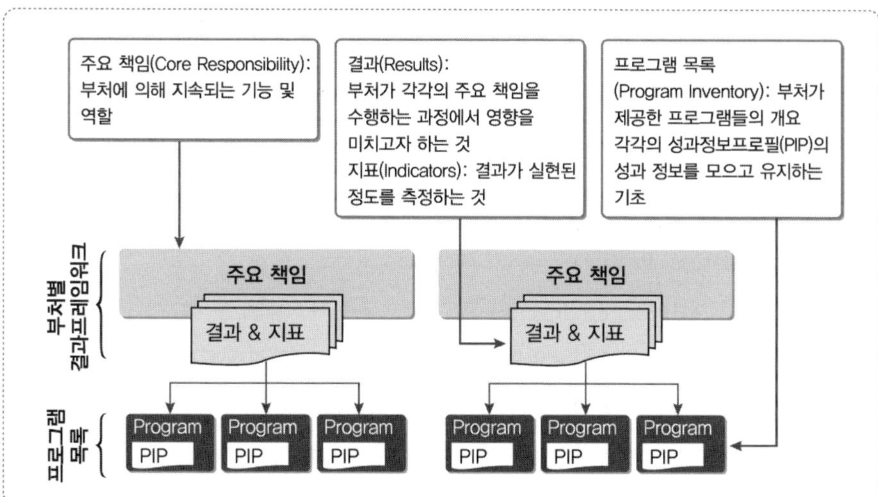

* 출처: Pagan(2016), A Results and Delivery Culture in the Government of Canada(2016)에서 재구성

부처의 주요 책임(Core Responsibilities)은 부처가 수행하는 기능 또는 역할이다. 즉, 부처가 무엇을(What) 해야하는지에 대해서 기술한다. 시간이 지나도 변하지 않는 경우가 대부분으로, 부처의 존재이유와 관련이 깊은 거시적인 차원의 목표라 할 수 있다. 부처의 결과(Departmental Results)는 부처가 영향력을 행사하여 바꾸고자 하는 것이다. 다만 부처가 영향력을 행사하더라도 즉각적으로 변화가 일어나는 것이 아닌 경우가 많다. 사업 수준(Program-level)에서 도출되는 성과(outcomes)에 의해서 영향을 받는, 보다 높은 차원의 결과(Results)라 말할 수 있다. 동시에 결과(Departmental Results)에는 주요책임(Core Responsibilities)과 어떤 관계가 있고, 그것을 어떻게 구현하고자 하는지를 포함하고 있다. 부처의 정책결과에 대한 성과지표(Departmental Result Indicators)와 함께 왜(Why) 성과관리를 해야 하는지 밝히는 역할을 한다. 마지막으로 부처의 정책결과에 대한 지표(Departmental Result Indicators)에는 자료 유형, 자료 수집의 빈도, 자료의 원천, 자료 생산자, 기준치(threshold)에 대한 정보, 그리고 부처의 정책결과에 대한 정성적인 설명 등을 포함한다.

결과기반정책에서는 모든 부처와 기관의 장은 DRF를 만들어 재무위원회의 승인을 받도록 하였고, 부기관장(deputy)은 DRF를 수립, 시행, 유지하도록 규정하고 있다. 또한 부기관장은 DRF에 포함된 부처의 정책결과 및 성과지표에 변동이 있으면 재무위원회에 보고하여야 하며, 재무위원회가 요구할 경우 부처의 정책 결과에 대해 즉시 보고해야할 책임이 있다.

나. 프로그램 목록(Program Inventory)과 성과정보프로필(Performance Information Profile)

프로그램 목록(Program Inventory)은 각 부처가 어떻게 주요 책임과 결과(Core Responsibilities and Result)를 달성할 것인지를 보여준다. 이때 재정적, 인적 자원들이 주요 책임과 결과에 어떻게 연계되고 있는지를 설명한다. 즉, 부처의 주요 책임과 결과 및 지표가 상위 정책목표를 설정하고, 프로그램 목록은 사업 수준에서 산출(output)과 결과(outcome)를 기술한 뒤, 상위목표와 연계시킨다. 상위 단계인 DRF에서 '무엇을(What)', '왜(Why)'하는지에 대해 기술하는 것이고, 하위 단계인 프로그램 목록에서는 '어떻게(How)'를 설명한다.

프로그램 목록을 통해서 자원이 주요 책임에 어떻게 연결되는지, 또한 그 사업 내용들이 어떻게 결과에 영향을 미치는지에 대한 과정을 파악할 수 있다(그림 6-5). 주요 책임에는 프로그램에서 활용되는 재원과 FTEs 등을 연관시켜야 하며, 각 프로그램의 자원은 오직 하나의 주요 책임과 연결될 수 있다. 하지만 각 프로그램은 부처의 결과프레임워크 상의 동일한 결과와 지표 등에 중복하여 연계될 수 있다.

그림 6-5 프로그램 목록의 역할

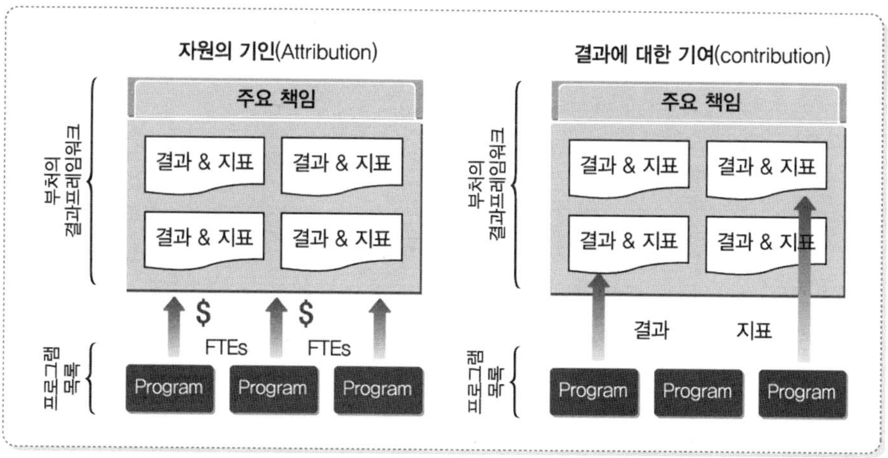

* 출처: Pagan(2016), Program Performance and Benchmarking에서 재구성

프로그램 목록은 성과정보프로필(Performance Information Profile: PIP)을 포함하여야 한다. 성과정보프로필은 각 사업들이 성과정보를 모으고, 저장하기 위한 계획이다. 즉, 프로그램 목록에 명시된 각 사업에 대한 성과정보를 밝히는 문서이다. 성과정보프로필에는 지표 데이터, 메타 데이터 등 프로그램 목록에 적시된 모든 사업에 대해서 기술되어야 한다. 성과정보프로필을 위한 자료는 ① 사업관리, ② 사업의 효과성과 효율성에 대한 평가 그리고 ③ 재무위원회와 중앙기관의 성과정보 요구하는 정보 등을 포함하도록 규정되고 있다.

처음 프로그램 목록을 만들 때에는 재무위원회의 승인을 받아야 하며, 프로그램 목록에 있는 각 사업에 대한 성과정보프로필은 재무위원회에 보고하도록 규정하고 있다. 태그(Tag)에 따른 프로그램 목록의 체계는 Directive on Results의 Appendix E: Standard on Tagging에 구체화 되어 있다. 각 사업의 특정 요소를 표준화시켜 관련이 있는 태그 목록을 재무위원회 사무국이 제공하면 부처들은 이를 참조하여 정책에 태그를 단다. 법령에 제시된 태그는 2017년 현재 88개이며, 정책 대상 집단의 태그가 82개, 정책 수단의 태그가 6개이다.

그림 6-6 결과의 층위

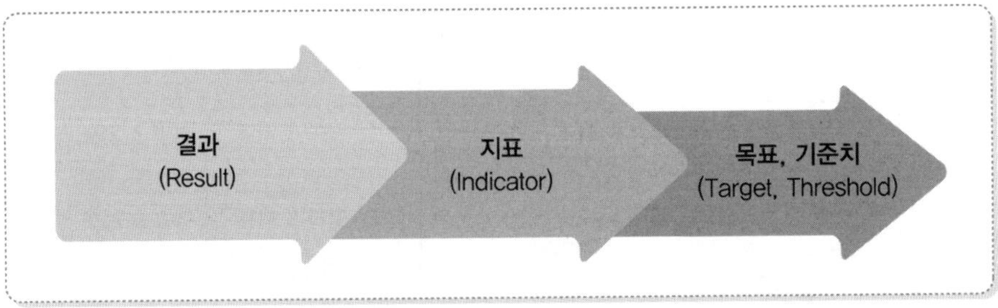

* 출처: Pagan(2016), Program Performance and Benchmarking에서 재구성

DRF와 성과정보프로필에 제시되고 있는 결과(Results), 지표(Indicator), 목표(Target) 및 기준치(Threshold)에 대한 설정은 성과관리구조상의 목표 체계와 연관되어 있다. DRF는 모든 부처단위의 결과에 대한 기준치(Threshold)를 가지고 있으나, 필요한 경우에만 목표(Target)를 설정하고, 성과관리프로필은 필요한 경우 목표(Target)와 기준치(Threshold)를 설정할 수 있다(Pagan, 2016). 이런 차이는 '달성하고자 하는 것'의 특성으로 인해 발생하는 것으로 보인다.

DRF 상의 결과는 정교한 인과관계에 따라서 달성될 수 있는 목표가 아니기 때문에 투입 대비 산출 또는 결과를 분석하기 힘들다. 즉, 명확한 결론을 도출하기 힘든 목표이기 때문인데, 그럼에도 불구하고 달성하고자하는 것들에 대한 범위를 지정하지 않을 수는 없기 때문에 기준(Threshold)은 정해야 할 필요가 있는 것이다. 프로그램의 경우에는 일반적으로 사업평가방식으로 투입 대비 산출을 측정하기 때문에, 다양한 계량적 기법을 통해 추정하는 방법이 활용가능하다. 즉, 일반적 계량적 방법을 활용한다는 의미이다. 그럼에도 불구하고 공공부문의 성과는 계량적으로 측정할 수 없거나, 효율성의 논리 외에도 다양한 가치들이 존재하기 때문에 추이 등과 같이 목표치(Target)를 설정해야하는 경우가 있다.

목표를 결정하는 방법에 대해서 재무위원회 소속의 Pagan은 다음과 같은 예시를 들고 있다(Pagan, 2016).

표 6-1 목표치 설정방법

- 역사(예: 전년도보다 10% 높은 성과 달성)
- 외국의 정책(예: 해외 유사 정책이 달성한 효과의 90% 달성)
- 비슷한 이니셔티브(예: 캐나다 연방 정부의 비슷한 프로그램과 같은 효과성 달성)
- 우수 조직 사례(예: 부서 내의 A팀과 같은 정도의 성과 달성)
- 이론에 근거(예: $1의 이득을 얻기 위해 소요되는 정책비용이 $10)

다. 전체 정부 성과(Government-wide Outcomes)

결과기반정책의 핵심적인 변화 중 하나는 '전체 정부 성과(Government-wide Outcomes)'를 관리한다는 점이다. 과거 MRRS 체제 하에서는 모든 부처가 사업편성구조를 통해서 사업과 그 성과를 관리하였는데, 사업편성구조는 전략성과(Strategic Outcome) – 사업(programs) – 세부사업(sub-programs)으로, 수직적으로 체계화된 형태를 갖추고 있다. 이런 구조를 통해 각 부처의 사업들을 한눈에 확인하여 관리할 수 있다는 장점이 있으나, 사업의 중요도나 우선순위를 파악할 수 없었고, 다양한 부처(이해관계자)가 참여하는 사업 등과 같이 융합적이고 통합적인 정책에 대한 관리는 힘들었다. 즉, 정부 전체의 관점에서 관리가 어려웠다.

이런 단점을 보완하기 위해 결과기반정책에서는 범정부적인 성과를 관리하는 제도를 도입하였다. 이 제도는 '전체 정부 성과' 달성을 위해 딜리버리 체인(delivery chain)을 관리하는 것을 주요 내용으로 하는데, 각 사업편성구조 속에서 분절적으로 제시되던 성과가 아니라, 수직적인 연결(세부-사업-전략 등)을 통해 본질적인(상위차원의) 성과를 달성할 수 있도록 설계된 것이다. 딜리버리 체인은 연방정부 내 의제, 결과, 소통 위원회(Agenda, Results and Communication: ARC)가 관리하는 정책 아젠다와 정책 우선순위에 부합하도록 구축된다. 딜리버리 체인(delivery chain)은 '결과기반정책'에서 새롭게 만들어진 성과관리 요소로서, 성과정보프로필과 함께 분산된 정책을 전체적으로 조망하는데 기여할 것이다. 나아가 기관 간의 연계 또한 적극적으로 수행할 수 있을 것이다.

'전체 정부 성과'에 대한 관리는 의회 내의 의제, 결과, 소통 위원회(Agenda, Results and Communication)와 추밀원의 결과와 딜리버리 부서(central Results and Delivery Unit in the Privy Council Office: RDU)에서 그 역할을 담당한다.

2) 성과관리 거버넌스 구조

(1) 주관기관 및 관련기관

① 주관기관: 재무위원회

캐나다 재무위원회(The Treasury Board of Canada)는 여왕의 자문기구에 속하는 내각위원회 중 하나이다. 내각이 승인한 제반 정부정책과 사업을 실행할 수 있게 계획하고 각 부처들에게 필요한 자원과 행정환경을 제공하는 역할을 담당하고 있다. 재무위원회 사무국(the Secretariat)은 1966년 신설된 이래 캐나다 정부의 성과관리체계를 관리해 왔다(이환성·양홍석, 2015: 235-238). 성과관리체계 관련한 캐나다 재무위원회의 역할은 FAA에 규정되어 있으며 이하와 같다.

- FAA Sec.7 (1)(d): 각 부처의 연간 그리고 장기 지출계획과 사업에 대한 검토
- FAA Sec.10(a): 부처 간, 부처 내의 행정기능과 서비스의 효과적인 조정을 보장하기 위한 규정
- FAA Sec.10(b): 성과와 성과평가에 관한 일반적인 행정기준
- FAA Sec.10(c): 공공자금(public money)의 수집, 관리, 행정과 관련된 규정
- FAA Sec.10(f): 연방 공공행정의 효율적인 행정에 필요한 제반 규정

재무위원회 사무국(The Secretariat)이 담당하는 역할은 다음과 같다(Policy on Results Sec.5.2).

- 정부 조직 전반에 대한 성과 측정과 평가 기능의 리더십을 제공
- 자원 배분 평가와 부처 지출에 대한 중앙에 의한 평가를 적절히 수행하고 감독할 것
- 중앙에 의한 평가에 대한 요약과 보고를 제 시간에 국민에게 할 것
- 부기관장 혹은 재무위원회 위원장과 함께 적절한 시기에 해당 정책에 대한 순응 문제를 제기할 것
- 부처와 협력하여 정책 수단에 대한 지원을 통해 자료 수집과 보고 과정의 효율성을 도모할 것

② 의제, 결과, 소통 위원회(Agenda, Results and Communication: ARC)와 추밀원(the Privy Council Office) 내의 결과와 딜리버리 부서(Results and Delivery Unit: RDU)

의제, 결과, 소통 위원회(Agenda, Results and Communication: ARC)는 캐나다의 성과관리제도가 대대적으로 개편되면서 보다 결과중심적인 정부로 이행하기 위해 2016년 설립된 위원회이다. ARC에서는 최상위수준에서 우선순위를 결정하고, 아젠다를 셋팅함과 동시에, 각 부처의 목표들을 정렬하는 역할을 담당한다. 위원회의 장은 총리가 직접 담당하고 있다.

ARC와 더불어 결과중심 정부로 이행하기 위해서 추밀원 내에 결과와 전달 부서(Results and Delivery Unit: RDU)를 2016년 설립하였다. RDU에서는 정부 정책이 잘 전달(delivery)되고 높은 성과(results)를 낼 수 있도록 모니터링한다. 이를 통해 정부와 각 부처의 장관들은 성과에 집중하고, 정부 우선순위에 부합하는 서비스를 전달할 수 있을 것이라 기대하는 것이다.

이 두 조직은 성과관리체계에서 하위 프로그램에서 상위 정부 목표 및 우선순위를 연결시키고 파악하는 역할을 담당하여, 기존 PAA 구조의 경직성과 분절성을 극복하고자 하는 시도이다. 즉, 낮은 수준부터 가장 높은 수준의 성과를 체계적으로 연관시켜, 궁극적으로 시민들에게 체감하는 성과를 전달하기 위한 시도라 할 수 있다.

③ 민간에서의 참여: 캐나다 평가학회(The Canadian Evaluation Society)의 예

과거 MRRS 체계에서는 평가센터(Centre of Excellence for Evaluation: CEE)가 재무위원회 사무국의 하위 조직으로 재무위원회의 성과평가 관련 기능을 전담하면서, 연방정부 차원의 성과평가에 관한 지침과 조언을 제공하였었다. 그러나 평가센터가 기반하고 있는 법안인 평가에 관한 법률(Policy on Evaluation), 평가에 관한 법률 시행령(Directive on the Evaluation Function), 평가에 관한 기준(Standard on Evaluation for the Government of Canada)이 모두 결과기반정책(Policy on Results)로 대체되면서 CEE 또한 사라졌다.

그렇지만 새 법안에 따라 비영리 조직이 평가에 대한 자문 및 교육 등과 같은 기능을 일부 수용할 가능성이 있는 것으로 보인다. 캐나다 평가학회가 그 하나의 예이다. 캐나다 평가학회(The Canadian Evaluation Society: CES)는 비영리조직으로서 평가 이론을 연구하고 평가 현실을 개선시키고자 하는 단체이다. 정부 기관뿐만 아니라 민간 영역, 교육 및 제3섹터의 많은 조직들이 CES의 회원으로 가입되어 있다.[5)]

결과기반정책(Policy on Results)은 평가자의 역량을 구체화함으로써 평가자격을 부여하는 방식을 택한 캐나다 정부 역사상 최초의 시도라는 평가를 받고 있다.[6)] 구체적으로 살펴보면 결과기반정책(Policy on Results)에는 "부처 단위의 평가 주체가 그들의 역량을 개발할 기회를 가지고 있으며 평가와 관련된 자격을 전문적인 평가기관으로부터 얻었는지를 보장할 것"이라 규정하고 있다. 또한 결과기반정책 시행령 부록 C 평가의 기준(Directive on Results Appendix C)에서는 "평가는 평가 초안(outset)에 문서로 기재되어 있는 역할과 책임을 준수해야 하며 지식과 역량을 충족시키는 평가자 혹은 평가 팀에 의해 진행될 것"이라고 규정하고 있다. 평가자의 역량을 향상시키고자 하는 해당 규정들에 의해 평가 전문 기관들의 위상이 올라갈 것으로 예상된다.[7)]

---

5) http://evaluationcanada.ca/sites/default/files/150515_new_ces_bg_brochure_e.pdf

6) 위와 동일

7) [Professionalizing Evaluation in the Government of Canada: How PHAC and HC Did it], Canadian Government Executive. 2016. 10. 28. (http://canadiangovernmentexecutive.ca/dig/22_08/index.html#12)

일례로 CES는 기관의 파일럿 컨설팅에 참여하였다. 캐나다 공공 보건 기관(Public Health Agency of Canada: PHAC)과 캐나다 보건부(Health Canada: HC)에 대한 평가 행정 컨설팅이 그것이다. 이는 2015년 7월 평가팀과 회계팀이 합쳐지며 평가 책임자들도 회계 책임자들과 같이 전문화된 자격증의 필요성을 느끼게 된 것을 발단으로 한다. 2016년 3월부터 스터디 그룹을 통해 평가 자격증이 어떤 것을 증명해야 하는지, 자격증을 따기 위한 과정에 어떤 것이 포함되어야 하는지를 논의하였다. 전문 평가자들의 평가 역량 강화 경험이 정책에 어떤 식으로 영향을 미치는지 구체화하였다. 일련의 과정을 통해 정부 평가의 전문화를 위한 CES의 신뢰받는 평가자(Credentialed Evaluator: CE) 자격증이 만들어졌다.

CE는 결과기반정책(Policy on Results) Sec 4.4.12, 결과기반정책 시행령 부록 C 평가의 기준(Directive on Results Appendix C: Standard on Evaluation)의 평가자의 역량을 판단하는 하나의 기준이 될 수 있을 것으로 보인다.

(2) 부처 내 거버넌스 구조

그림 6-7 결과기반정책의 부처 내 거버넌스 구조

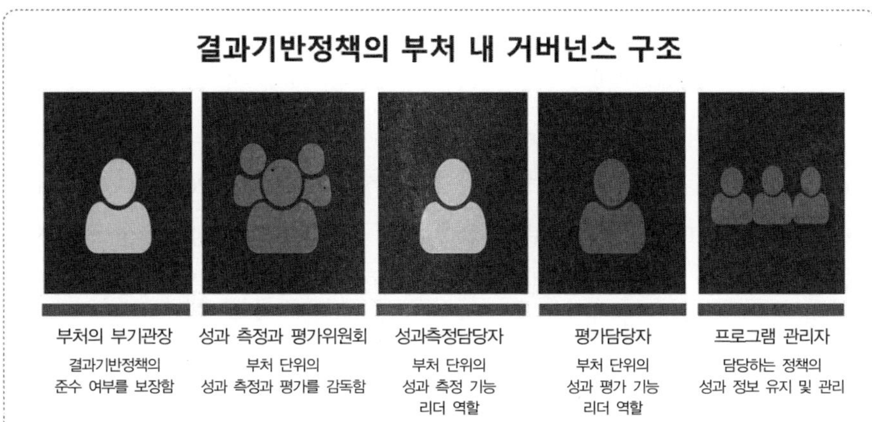

* 출처: Pagan(2016), A Results and Delivery Culture in the Government of Canada(2016)에서 재구성

① 부처의 부기관장(Department Deputy Head)과 성과측정과 평가위원회(The Performance Measurement and Evaluation Committee)

성과측정과 평가위원회는 각 부처의 성과에 대한 측정과 평가를 위해 만들어졌으며, 그 구성은 각 부처의 부기관장(Department Deputy head)과 고위관료로 이루어져 있다. 위원회에서는 각 부처의 성과정보프로필, 부처의 결과프레임워크(DRF), 프로그램 목록(PI)의 집행과 유지를 담당한다. 구체적으로는 DRF와 프로그램 목록 사이의 조정(Alignment)과 계획된 성과 정보와 실제 성과 정보, 질, 효용, 사용(the availability, quality, utility and use)에 대한 조언 제공, 부처의 정보 담당 관료의 조언에 기초한 정보 기술의 적용과 정책 수단의 요건에 대한 조언 제공을 담당한다.

각 부처의 평가계획을 수립하고 평가를 실시함에 있어 성과측정과 평가위원회는 평가관리자가 필요로 한다면 평가계획 수립에 대하여 조언해야 한다. 또한 평가 이후의 관리, 즉 변화와 후속조치를 포함한 평가보고서를 검토하고, 평가결과를 통해 제시되는 후속조치의 제언, 해당 후속조치에 대한 감독을 수행한다. 성과 정보에 대한 질, 효용, 활용에 대한 검토 및 조언 의무가 있다. 중립적인 평가 및 평가기능에 대한 조언을 담당한다.

② 성과측정 관리자와 평가 관리자(Head of Performance Measurement and Head of Evaluation)

성과측정 관리자(Head of Performance measurement)는 프로그램 목록(Program Inventory: PI)과 성과정보를 밝히는 문서인 성과정보프로필(Performance Information Profile: PIP)의 존재 여부와 집행 여부를 담당한다. 성과측정 관리자는 프로그램 목록을 수립, 집행, 유지하는 과정에서 다음과 같은 사항을 따라야 한다(Directive on Results).

- 재무위원회가 지정한 사업을 포함한 모든 부처의 사업에 적용할 것
- 프로그램 관리자를 지정할 것
- 각 사업에 대한 설명, 해당 사업이 어떻게 주요 책임에 관련되며 부처 단위의 정책결과에 어떤 방식으로 영향을 미치는 지에 대한 설명

- 메타데이터에 따른 태그(Tagging)는 Directive on Results의 Appendix E: Standard on Tagging에 의할 것
- 재정적인 지출과 인적자원이 프로그램 목록에 있는 각 사업에 있어 어떻게 부처의 핵심 책임과 특정 부처 단위의 정책결과에 기여했는지를 밝힐 것.

평가 관리자(Head of Evaluation)는 성과정보프로필을 만들 때 성과측정 관리자, 프로그램 관리자와 협력한다. 평가 관리자는 후속 조치에 대한 시행 여부를 적어도 1년에 1회 확인받아야 한다. 마찬가지로 평가가 부처의 성과에 미치는 영향을 적어도 1년에 1회 보고하되, 이때 영향은 학습한 내용(lessons learned), 교정된 행동, 자원배분에 대한 영향을 포함하여야 한다. 또한 부처단위의 평가 계획에 있어서 완성된 형태의 관리 전략과 후속조치가 포함된 평가 보고서와 요약을 인터넷에 게시하여 국민에게 공개해야 한다. 이는 부기관장에 의해 부처 단위의 평가 계획이 승인된 이후에 이루어진다. 다만 비공개 정보는 분류될 수 있다(Directive on Results Appendix B).

③ 프로그램 관리자(Program Officials)

프로그램 관리자는 프로그램 목록의 각 사업에 따라 임명된다. 프로그램 관리자는 결과를 위한 의무 절차(Mandatory Procedures for Results Frameworks), 프로그램 목록(PI), 성과정보프로필(PIP), 성과지표(Performance Indicators) 등에 부합하도록 성과정보프로필을 수립하고 시행하며 유지할 책임이 있다.

프로그램 관리자는 부기관장에게 문서로 모든 성과정보를 제출해야 한다. 이때 성과정보에는 사업의 유효성, 타당성 등이 정확하게 기술되었는지 등이 포함되어야 하며, 평가 담당자와 협의한 정보 또한 포함되어야 한다(Directive on Results Sec 4.3.2.). 프로그램 관리자는 평가담당자, 평가자(evaluator)와 평가 수행 및 평가 계획 시행에 있어 서로 협력해야 한다(Sec 4.3.3.).

프로그램 관리자는 성과정보프로필을 관리하는 과정에서 반드시 다음과 같은 사항을 준수해야 한다(Directive on Results Appendix A).

- 사업의 성과정보프로필이 수정되거나 변할 경우 평가 담당자와 협의하고 성과측정 담당자에게 승인을 얻어야 함
- 평가 담당자가 평가를 개선시키기 위한 연구를 진행할 경우 이에 충실하게 대응하여야 함

④ 기타

성과관리체계에서 직접적인 연관은 아니지만, 성과관리의 원활한 수행을 위해 특별한 위치에 있는 세 주체가 있다. 정보부서의 장(Chief Information Officer: CIO), 재정부서의 장(Chief Financial Officer: CFO) 그리고 인적자원부서의 장(Chief Human Resources Officer: CHRO)이 그것이다.

CIO는 성과 측정과 평가위원회가 정보와 기술의 적용 및 정책 도구의 요건에 부합할 수 있도록 돕는 역할을 한다. 또한 정책을 지원하기 위해 정보통신 기술을 사용하는 경우 어플리케이션이 표준화된 기준에 부합하는지에 대해 재무위원회 사무총장에게 확인을 받도록 되어있다. 각 부처가 주요 정보 통신 기술 및 어플리케이션을 갖추고 있는지, 성과 정보의 질을 보장할만한 도구를 갖추었는지 확인한다. 만약 재무위원회 사무총장이 해당 정보를 요구한다면, 각 부처 별로 조사하는 역할을 담당한다. 또한, 성과관리 담당자와 성과측정과 평가위원회에게 부처의 정보 통신 기술 어플리케이션과 부처의 정책결과프레임워크, 프로그램 목록, 성과정보프로필에 대한 정보 업데이트를 알리는 역할을 한다.

CFO는 재무위원회 사무총장이 재무위원회 제출 및 내각을 위한 보고서, 중앙에 의한 평가, 자원 배분에 대한 평가를 위한 정보를 부처에게 요청했을 때 보고된 지출 계획이 과연 정확한지 확인해주는 역할을 한다. 부처 단위의 성과 정보와 묶여져 있는 재무 정보에 대해서도 마찬가지다.

CHRO는 CFO와 함께 재무위원회 사무총장에게 프로그램 목록에 있는 각 사업에 대한 실제 인적 자원 정보에 대해 문서로 확인해주어야 한다.

2. 성과관리의 과정

캐나다 정부업무평가제도는 계획(planning) – 집행 및 점검(Implementation & Monitoring) – 보고(Reporting)의 단계로 진행된다. 성과관리 계획은 2~3월에 시작되며, 예산이 수립되고 부처별 성과계획서가 작성된다. 부처별 성과보고서 및 정부 전체의 성과보고서는 그 다음해 10~11월 사이에 제출된다. 계획–집행–보고로 이어지는 성과관리의 하나의 주기는 3 회계 연도이다(공동성 외, 2011: 65-66).

캐나다 재무위원회는 결과프레임워크(Departmental Results Framework: DRF)를 도입하면서 성과관리 단계의 틀을 유지하되 계획서와 보고서 체계에는 변화를 시도하였다. 모든 부처는 2017년 11월까지 PAA를 DRF로 전환해야하며 그때까지 전환 작업을 완료하지 못한 부처는 일단 PAA 체계에 따라 보고하도록 하였다.

1) 성과계획서

계획은 2016~17년까지 부처별 성과계획서(Reports on the Plans and Priorities: RPP)에 따랐으나, 2017년부터는 부처 계획(Departmental Plans: DP)에 따른다. RPP는 MRRS 체계 하에서 정부 전체를 아우르는 관점인 '정부 지출 및 성과 개괄'의 영역별 결과 목표에 따라왔다. 반면 새로 도입된 '결과기반정책'에서의 DP는 전체 정부의 예산 계획에서 'Part Ⅲ'를 담당하고 있으며, Part Ⅰ은 연방 정부의 전체 지출에 대한 계획, Part Ⅱ는 각 부처별·기관별 혹은 왕실에서 다음 회계연도에 필요한 재정적 자원으로 구성되어있다.

Part Ⅲ는 DP와 부처 결과 보고서(Departmental Results Reports: DRR)의 두 가지 파트로 나뉜다. DP는 왕실 기관을 제외한 정부기관들의 지출계획이다. 부처를 포함하는 각 정부기관은 해당 연도부터 3년에 걸친 목표, 전략적 결과, 정책, 예상 결과, 관련 소요 자원을 적시해야한다.

DP는 재무위원회(Treasury Board) 위원장이 각 부처들을 대신하여 의회에 제출한다(Financial Administration Act, I.1, Ⅱ). 제출된 DP는 그 즉시, 혹은 3월 31일 이전에 상임위원회에 넘겨진 뒤 하원에 보고된다(Standing Order 81(7)). '결과기반정책' Sec. 1.6은 2017년 4월 1일까지 재무위원회에 부처 단위의 평가 계획에 대한 사안을 보고하도록 명시하고 있다. DP는 정책별・기관별 지출 계획, 정책별・기관별 정규직 인력 계획, 정책별・기관별 성과정보계획으로 이루어져 있다.

(1) 사업별・기관별 지출 계획

사업별・기관별 지출 계획(Planned Expenditure by Program and by Organization)은 DRF와 프로그램 목록(Program Inventory: PI)에 의해 설정된다. 2017-18 회계연도에 DP의 사업별・기관별 지출 계획을 작성하는 기관은 다음 이하의 7개이다.

- 인권 위원회
- 국세청
- 교통안전원
- 에너지 위원회
- 로비원(Office of the Commissioner of Lobbying)
- 가석방 위원회
- 재무위원회 사무국

사업별・기관별 지출 계획은 TBS Infobase에서 확인할 수 있다. 2017년 8월 기준 총 1,163개의 성과정보가 업로드 되어 있다. 확인 가능한 정보는 다음과 같다.

- 책임 기관
- 주요 책임(Core responsibility)
- 사업과 하부사업
- 사업에 대한 간략한 소개

- 연방정부의 지출과 결과 영역
- 향후 3년간 각 연도별 예상 소요 자원

(2) 사업별 · 기관별 정규직 인력 계획

사업별 · 기관별 정규직 인력 계획(Planned Full Time Equivalent (FTE) by Program and by Organization) 역시 정책별 · 기관별 지출 계획과 동일한 7개 기관에 2017-18회계연도 기준 우선적으로 적용된다. 정규직 인력 계획은 해당 인력이 기관에서 일하기로 계약한 시간에 맞추어 임금이 계상되며, 근무시간 계약은 개별로 이뤄지지 않고 단체 협약에 의해서 성립된다. 확인 가능한 정보는 사업별 · 기관별 지출 계획과 같으며, 다만 하부-하부 사업명이 추가된다. 2017년 8월 기준 총 1,113개의 성과정보가 업로드 되어 있다.

(3) 사업별 · 기관별 성과정보계획(Planned performance information by Program and by Organization)

사업별 · 기관별 성과정보계획 역시 사업별 · 기관별 지출 계획과 동일한 7개 기관에 2017-18회계연도 기준 우선적으로 적용된다. 성과정보계획은 예상 사업결과 및 정량적 · 정성적 사업 목표(target)를 포함한다. 캐나다 정부는 해당 성과정보계획이 PAA에 비해 보다 명료한 성과정보를 제공하여 정부가 어떤 정책결과를 추구하고자 하고 또한 성취하는지, 이에 소요되는 자원은 어느 정도인지에 대해 보다 효과적으로 소통할 수 있다고 설명하고 있다. 성과정보계획에서 밝히고 있는 각 용어의 정의는 다음과 같다.

결과(Result): 해당 기관, 정책, 사업 혹은 이니셔티브가 부분적 혹은 포괄적으로 영향을 미친 외부적 결과. 정책결과는 해당 기관이 통제할 수 있는 다양한 영역에서 창출된다. 또한 다음을 포함한다.

- 기대 결과(Expected Results): 2018-19회계연도에 '결과기반정책'으로의 전면적 전환이 이뤄지기 전까지 한정적으로 MRRS 하에서의 PAA에서 사용되는 용어

- 프로그램 결과(Program outcomes): 프로그램 목록(Program Inventory)에서 정책을 보고할 때 사용되는 용어
- 부처단위의 결과(Departmental results): DRF에서 보고할 때 사용되는 용어

목표(Target): 기관, 사업 혹은 이니셔티브가 특정 기간동안에 달성하고자 하는 측정 가능한 성과 혹은 성공적인 수준. 목표는 정량적(quantitative)일수도 있고 정성적(qualitative)일 수도 있다.

2017년 8월 기준 총 2,871개의 성과정보가 업로드 되어 있다. 사업별·기관별 성과정보계획에서 확인 가능한 정보는 다음과 같다.

- 책임 기관
- 주요 책임(Core responsibility)
- 사업과 하부사업, 하부-하부사업
- 결과명
- 지표 이름
- 자료 유형
- 정량적-최소 목표
- 정량적-최대 목표
- 정성적 목표
- 정책 기간

2) 성과보고서

보고는 범정부적 관점(whole-of-government)에서 연방 정부의 예산 운용 내역을 제공하는 '정부 지출 및 성과 개괄(Overview of Government Spending and Performance)'과 구체적인 세부 사항을 확인할 수 있는 부처별 결과보고서(Departmental Results Report: DRR)로 구분되어 있다. 부처별 결과보고서 역시 2016-17년까지 부처별 성과보고서(Department Performance Report)였다가

2017년 변경되었다.

'정부 지출 및 성과 개괄'은 2001년부터 발표되기 시작한 '캐나다의 성과(Canada's Performance)'를 2011년부터 대체한 보고서이다. 경제, 사회, 국제, 정부 영역으로 나누어 재무적·비재무적 결과 정보의 지도를 제공한다. 현재 2011년부터 2014년까지 3개년의 정부 지출과 성과 개괄을 정책분야별·결과분야별로 xml, xhtml, csv 형태의 파일로 제공하고 있다.

DRR은 가장 최근 완료된 회계연도 내에서 성과계획과 정책우선순위, 기대치를 충족시켰는지에 대한 각 부처별·기관별 실제 성과 보고서이다. DRR은 의회와 캐나다 국민에게 정부 기관이 어떤 정책 결과를 성취하였는지 보여주는 역할을 한다. 나아가 추경예산안에서는 본 세출예산안 내에 충분히 공급받지 못했거나 특정 정책 내에서 추가적으로 요구되는 자원을 적시한다.

'결과기반정책'하에서 성과계획서와 성과보고서의 작성 및 보고 시기는 2008년과 비교하여 크게 달라지지 않았을 것이라 추측된다.

<table>
<tr><th>월</th><th>4</th><th>5</th><th>6</th><th>7</th><th>8</th><th>9</th><th>10</th><th>11</th><th>12</th><th>1</th><th>2</th><th>3</th></tr>
<tr><td rowspan="3">계획연도</td><td colspan="12">1차 회계연도</td></tr>
<tr><td colspan="6" rowspan="2"></td><td colspan="3" rowspan="2">경제적 재정적 보완</td><td colspan="2">예산</td><td>부처 성과 계획서</td></tr>
<tr><td colspan="2">세출안</td><td>검토</td></tr>
<tr><td rowspan="2">집행연도</td><td colspan="12">2차 회계 연도</td></tr>
<tr><td colspan="4">임시공급</td><td colspan="2">본격적 공급</td><td></td><td colspan="2">추가 세입 세출안 A</td><td colspan="3">추가 세입 세출안 B</td></tr>
<tr><td rowspan="3">보고연도</td><td colspan="12">3차 회계 연도</td></tr>
<tr><td colspan="7" rowspan="2"></td><td rowspan="2">공공회계</td><td>부처 성과 보고서</td><td></td><td colspan="2" rowspan="2"></td></tr>
<tr><td colspan="2">범정부 성과 보고서</td></tr>
</table>

* 출처: Treasury Board Secretariat(2008), 윤수재 외(2008)에서 재구성

3. 성과정보 공개 및 활용

그림 6-8 성과정보 체계

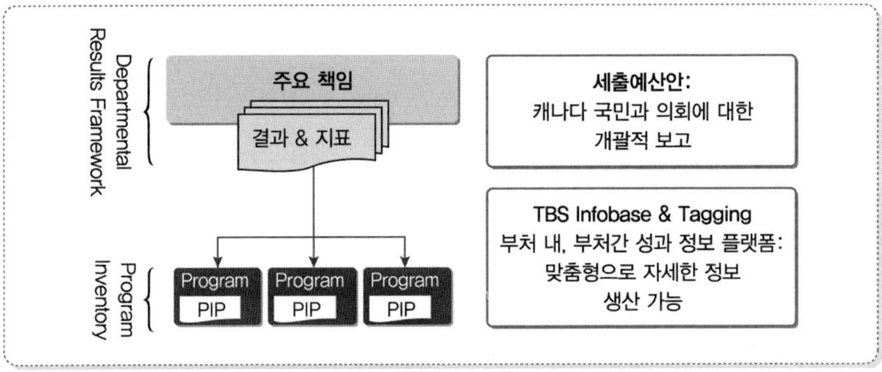

* 출처: Pagan(2016), A Results and Delivery Culture in the Government of Canada(2016)에서 재구성

캐나다 정부업무평가의 성과정보 공개 및 활용은 크게 의회에 보고되는 지출계획(Estimates) 및 세출예산안과 TBS Infobase로 나누어 볼 수 있다. 지출계획은 캐나다 국민과 의회에 대한 개괄적 보고로서, DRF 수준의 성과 정보를 제공한다. TBS Infobase는 인터넷 웹사이트의 형태이고 보다 상세한 성과 정보를 제공하기 위해서 구축되었다. 단순 정보제공을 넘어서 사용자가 원하는 사업별, 주제별, 기관별 등 여러 기준에 적합하게 맞춤형 정보를 제공한다.

1) 지출계획과 세출예산안

지출계획은 주요 책임(Core responsibilities)에 기반하여 부처가 무엇을 계획하고 있는지, 그들이 어떤 성과를 거두었는지, 이를 위해 소요되는 자원이 무엇인지에 대해 명시하고 있다. 지출계획은 해마다 바뀌는 부처의 예산 배분과 이전지출을 요약하여 제공하는 보고서로서, 'Part Ⅰ'에 해당한다. 전체 지출 계획 중 캐나다 연방정부가 세운 정책 아젠다에 부합하는 내용을 추출하여 강조(highlights)한 자료이다.

'Part Ⅱ'는 세출예산안으로 캐나다 재무위원회 홈페이지에서 PDF 형태로 다운받을 수 있다. 세출예산안에 연계된 자료로서 'Statutory Forecast', '기준 목표에 부합하는 예산지출(Budgetary Expenditures by Standard Objects)', '프로그램 및 목적에 따라 분류한 예산 지출(Expenditures by Program or Purpose)', '프로그램 기반으로 의결에 부쳐지는 파일럿 프로젝트(Pilot Project on a Program-based Vote Structure)'가 있다.

세출예산안에 연계된 자료 중 'Statutory Forecast'는 기관별로 법안에 명시된 의무에 대한 전년도 지출과 당해연도 예산 지출액을 표시한 문서이다. '기준 목표에 부합하는 예산지출'은 기준 목표에 부합하는 예산의 지출을 요구되는 재화와 서비스 및 이전지출을 기준으로 표시한 문서이다. '프로그램 및 목적에 따라 분류한 예산 지출'은 각 기관의 프로그램과 목적에 맞추어 이전 2개연도의 지출과 당해연도의 예산 지출액을 표시한 문서이다. 이상의 문서는 엑셀 파일 형태로 다운로드가 가능하다.

'프로그램 기반으로 의결에 부쳐지는 파일럿 프로젝트'는 기존에 의회에서 부처 단위로 이루어졌던 예산 의결의 문제점으로서 세부 사업에 대한 성찰이 부족하였다는 반성 하에 캐나다 교통부를 시범 기관으로 이루어지는 프로젝트이다. 교통부의 주요 사업을 '게이트웨이와 항로', '교통 인프라', '기타'의 3가지로 나누어 각기 의결에 부친다.

2) TBS Infobase

TBS Infobase는 2013년 만들어진 캐나다의 성과관리정보 플랫폼이다. 국민이 성과정보에 본인의 관심사에 맞추어 보다 편리하게 접근하도록 하고 인적·재정적 정보 역시 시각화하여 제공한다. 제공하는 정보는 다음과 같다.

- 정부 지출과 정부 인력 현황을 인포그래픽으로 설명하는 '정부 한 눈에 보기'
- 정부 재정과 정부 인력 현황을 사업별·기관별·'Tag'별로 보여주는

'정책 주제별 탐험하기'

- 주제별 검색을 통해 맞춤형 '대쉬보드 만들기'
- 데이터 분류 및 필터링을 통해 맞춤형으로 연구 가능한 데이터를 만들어주는 '보고서 만들기'

그림 6-9 성과정보의 제공(1) – 정부 한눈에 보기

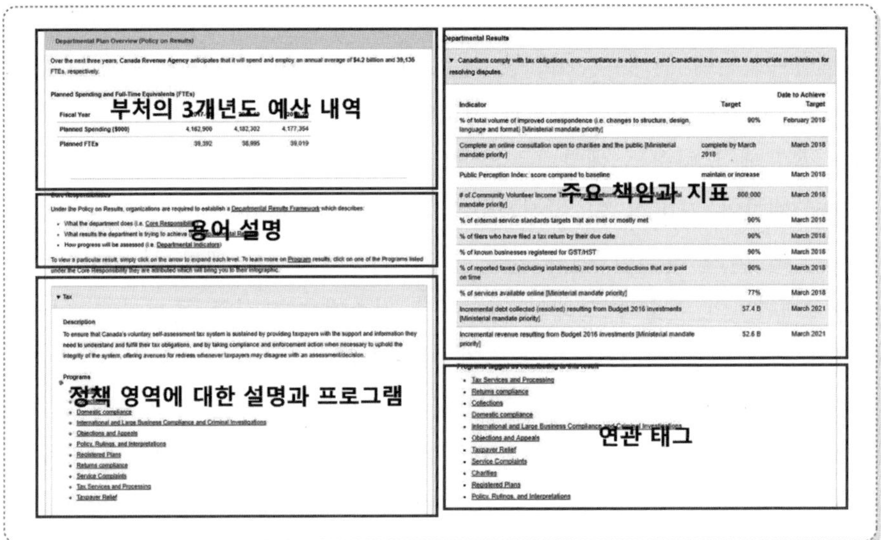

* 출처: TBS InfoBase 홈페이지, '정부 한눈에 보기'

'정부 한눈에 보기'는 정부, 재무상태, 인력상태, 결과(Results) 등의 주제로 인포그래픽을 제공한다. 현재 정부가 지출하고 있는 예산과 고용하고 있는 인력에 대해서 간단한 표와 차트를 볼 수 있다. 결과 부분은 '결과기반정책'의 용어를 사용하여 성과 정보를 제공하고 있다. 사용자는 '결과기반정책'의 각 용어가 무엇을 의미하는지 링크를 타고 들어가 살펴볼 수 있다. 각 기관의 이름을 클릭하면 해당 기관의 3개 연도 지출 내역 및 계획을 알 수 있으며, 주요 책임과 프로그램이 정책 영역별로 나타난다. 2017년 8월 현재 26개의 주요 책임, 75개의 프로그램, 130개의 결과, 302개의 지표가 링크되어 있다. 성과정보를 태그를 활용하여 제공하고 있다. 태그는 캐나다 연방정부

가 어떤 정책 결과를 생산하고자 하는지 부처 간의 수평적인 연계성을 제공하는 역할을 한다. 주요 책임과 성과 지표의 하단에 관련 정책 태그가 링크되어 있다.

그림 6-10 성과정보의 제공(2) – 정책 주제별 탐험하기

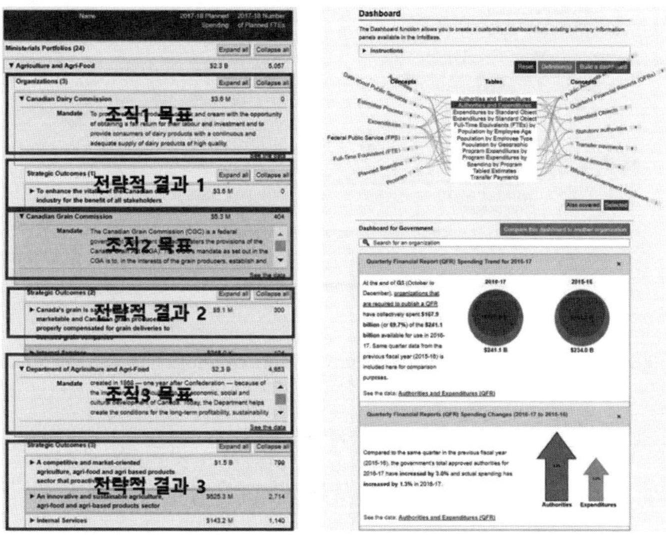

* 출처: TBS InfoBase 홈페이지, '정책 주제별 탐험하기', '대쉬보드 만들기'

'정책 주제별 탐험하기'는 기관별로 하부 조직의 목표와 각 조직의 전략적 결과를 기술하고 있다. 이는 아직 '결과기반정책'이 반영되지 않고 기존의 MRRS 체제에 맞춘 설정으로 보인다.

'대쉬보드 만들기'는 정부 인력 현황, 재정상태, 연방정부가 제공하는 공공서비스, 계획된 지출, 프로그램 등에 대하여 기준 목표에 따른 지출, 프로그램에 따른 지출, 이전지출 등을 그래픽을 활용한 대쉬보드로 만들어주는 기능을 하고 있다.

그림 6-11 성과정보의 제공(3) – 대쉬보드 만들기

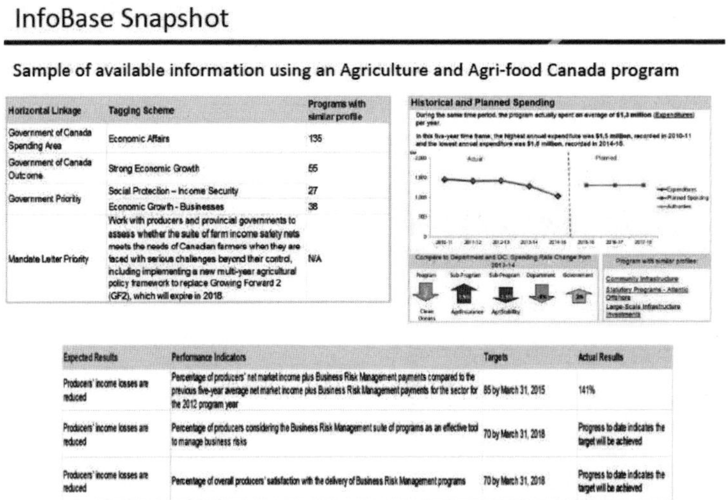

* 출처: Pagan(2016), A Results and Delivery Culture in the Government of Canada(2016)에서 재구성

'보고서 만들기'는 '대쉬보드 만들기'와 비슷한 항목을 대상으로 보다 자세한 정보에 대해 접근이 가능하다. 사용자는 '요약 정보 제공'과 '자세한 정보 제공' 중에서 선택할 수 있다. 각 기관 혹은 연방 정부 내의 전체 기관에 대하여 2011년부터 2016년까지 6개 연도의 주제별 성과정보를 제공한다. 성과 정보를 알고 싶은 정책의 기대결과, 성과지표, 목표, 실제 결과 등을 표와 그래프를 활용하여 제공하는 기능을 하고 있다.

제3절 정부업무평가제도

1. 평가제도 소개

캐나다 정부업무평가제도는 크게 결과기반정책(Policy on Results)을 기반으로 하여 성과관리 과정에서 성과지표와 목표치가 설정된 프로그램에 대해

평가하는 성과평가와 관리책임프레임워크(Management Accountability Framework: MAF)를 기반으로 하여 조직과 기관을 대상으로 이루어지는 기관평가로 나누어 살펴볼 수 있다.

1) 성과평가

결과기반정책(Policy on Results)의 목표는 캐나다 연방정부의 성과정보 및 평가의 책임성을 강화하는 것을 목표로 한다. 결과기반정책은 기존 하퍼 내각에서 수행했던 평가에 관한 정책(Policy on Evaluation, 2009)을 대체하며, 결과기반정책 시행령(Directive on Results)은 평가 기능에 관한 지침(Directive on the Evaluation, 2009)과 평가에 관한 기준(Standard on the Evaluation for the Government of Canada, 2009)을 대체한다.

결과기반정책 시행령 제4장은 부기관장, 성과측정과 평가위원회, 성과측정관리자, 평가관리자, 프로그램관리자가 성과관리와 연계된 성과평가 과정에서 담당해야 할 역할을 구체적으로 적시하고 있으며, 이는 앞서 성과관리 거버넌스 구조에서 다룬 바 있다. 결과기반정책 시행령에는 A~E에 이르는 다섯 장의 부록이 첨부되어 있다. 이 중 부록B는 평가를 위한 의무절차(Mandatory Procedures for Evaluation)를, 부록C는 평가의 기준(Standard on Evaluation)을 다루고 있다.

2) 기관평가

관리책임프레임워크(MAF)는 매년 전 정부 조직을 대상으로 재무위원회와 공공서비스 인적자원 관리기관(Public Service Human Resources Management Agency of Canada)이 함께 발간하는 평가 보고이다. MAF는 현대 공공 서비스 관리의 비전을 현실로 변환하는 것을 목표로 한다.[8] MAF의 관리체계는 성과관리 운영 체계에서 자세히 다루었으므로 성과평가 파트에서는 MAF의 평가모형, 평가방법, 평가결과에 대하여 구체적으로 살펴보기로 한다.

---

8) http://international.gc.ca/gac-amc/publications/maf_crg.aspx?lang=eng

2. 성과평가제도

1) 평가주체

성과평가제도에서의 평가주체는 성과관리파트의 부처 내 거버넌스 구조와 크게 다르지 않다. 평가부서(Evaluation Directorate), 성과측정과 평가위원회, 성과측정담당자, 평가담당자, 프로그램 관리자에 더하여 자료 관리자, 사무총장, 결과와 딜리버리 최고관리자(Chief Results and Delivery Officer: CRDO)가 각각의 역할을 분담한다. 결과기반정책은 2017년 11월까지 각 부처에게 기존의 성과관리체제를 대체할 기간을 준 바 있다. 그러나 6월부터 고용개발부(Department of Employment and Social Development Canada: ESDC), 문화유산부(Department of Canadian Heritage) 등 일부 부처가 결과기반정책에 기초하여 부처 평가 계획서(Departmental Evaluation Plan)를 발간하였다. 아직 완전한 평가의 윤곽이 잡히지 않아 부처마다 평가 계획의 윤곽이 조금씩 상이하다. 캐나다 정부에서 네 번째로 큰 고용개발부의 부처 평가 계획서를 토대로 살펴본 결과기반정책의 평가주체는 다음과 같다. 성과관리 파트에서 살펴보지 않았던 주체들인 평가부서(Evaluation Directorate)와 결과와 딜리버리 최고 관리자(CRDO)을 중심으로 기술하도록 하겠다.

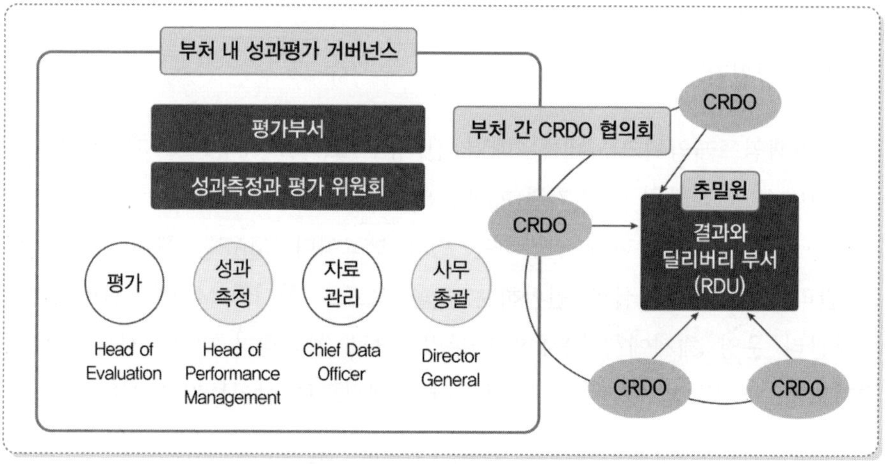

(1) 결과와 딜리버리 최고관리자(Chief Results and Delivery Officer, CRDO)

CRDO는 추밀원의 결과와 딜리버리 부서(Reuults and Delivery Unit: RDU)와 소통을 담당한다. 정책 결과의 정확한 측정・추적・전달에 중요한 역할을 한다. 정부 전반적인 결과 아젠다에 각 부처의 정책 목표가 부합하는지 살피며, 필요한 경우 다른 부처와의 협업을 관장한다. 부처 간 CRDO 협의회(interdepartmental Chief Results and Delivery Officer committee)가 존재한다.

각 부처는 재량으로 CRDO 보직을 줄 수 있으며, 고용개발부의 경우, 전략서비스정책부서(Strategic and Service Policy Branch)의 수석부차관보(Senior Assistant Deputy minister)가 담당하고 있다. CRDO는 평가담당자, 성과측정담당자, 자료담당자, 사무총장과 협력하도록 되어있다.

(2) 평가부서(Evaluation Directorate)

평가부서는 평가의 질을 높이고 해당 부처가 성과 중심의 문화를 구축할 수 있도록 도와주는 역할을 한다. 각 부처의 평가부서는 일괄적으로 규정되어 있지 않다. 고용개발부의 경우, 평가부서의 위치는 내부서비스를 담당하는 다섯 개의 부서 중 전략과 서비스 정책 부서(Strategic and Service Policy Branch: SSPB) 안에 있다. SSPB는 고용개발부 내의 전략운용을 전반적으로 담당하고 있는 부서로서, 중앙부처가 의무적으로 행해야 하는 경제적사회적 서비스를 제공할 때 전략적으로 접근할 수 있도록 돕는다.

전문가들로 구성되어 있는 평가부서는 결과기반정책을 이행하는 데 핵심적인 역할을 수행하고 있다. 과거 평가에 관한 정책(Policy on Evaluation)과 같은 5년 주기의 사업 평가를 이어서 하되, 그 평가의 범위와 질을 훨씬 높이고자 하는 것이 결과기반정책의 의도이기 때문이다. 고용개발부의 경우 과거 2년간 13개의 사업에 대한 평가를 시행했으나, 이제 2016-17년에 걸쳐 36개의 사업에 대한 평가를 시행하게 되었다. 평가부서는 지표를 개발하고 평가 모형을 구축하는 역할을 담당한다. 모범사례(Best Practice)를 부처 내 공무원 및 타 부처와 교류할 수 있도록 하는데, 고용개발부의 경우 고용서비스와 교육훈련에 대한 모범사례를 공유한 바 있다.

평가 부서는 55명의 직원으로 구성되어 있으며 법무실, 평가측정실, 사무총장실의 3개의 실로 나눠져 있다. 평가부서는 때로 외부전문가를 기용하기도 하며, 계약직 및 컨설턴트를 활용하는 데 적극적이다.

2) 평가모형

결과기반정책에 기초한 평가모형은 각 프로그램의 목표치를 설계하고 이를 달성했는지 여부를 평가하는 데 중점을 둔다. 기존 성과평가모형이었던 사업편성구조(PAA) 하에서의 지표는 다음과 같으며, 결과기반정책에 기초한 평가 계획을 예측하는 데 참고할 수 있다.

기대결과	성과지표	목표	실제 결과
캐나다 농업과 농업식품 분야가 시장의 기회와 위험에 대해 적절한 반응을 보임	전체 농업과 수산물을 포함한 농업식품 분야의 수출 증가분	2017년 12월 31일 기준으로 5030억 캐나다 달러	2015년 기준 6160억 캐나다 달러, 2014년에 비해 9.1% 증가함.

* 출처: 2016 농무부 부처 성과 보고서(DPR)

결과기반정책 시행령 부록C는 평가의 기준에 대하여 규정하고 있다. 평가는 평가담당자가 총괄하며 평가 사용자의 요구에 부합해야 한다(Directive on Results C.2.2.1.2.). 평가의 대상이 되는 정책, 사업, 우선순위, 단위, 주제의 위험성과 복잡성을 반영하여(C.2.2.1.4.) 적절성, 효과성, 효율성을 주요 평가주제로 고려하여(C.2.2.1.5) 계획되어야 한다.

결과기반정책은 평가 모형을 설립하는 데 있어서 외부 전문가를 적극적으로 활용하고자 한다. 그러나 결과기반정책 시행령은 외부 평가자와의 계약에 있어 부정부패의 소지를 차단하는 규정을 여럿 두고 있다. 외부 평가자와의 계약은 평가에 대한 의무절차를 준수하여야 하며 실제 혹은 감지된 이익의 충돌로부터 자유로워야 하고, 이러한 점들이 계약 사항에 반영되어야 한다. 또한, 평가와 관련하여 실제 또는 감지된 이익의 충돌이 발생하면 즉시 보고되어 평가의 과정과 결과를 타협할 수 없도록 만들어야 한다(C.2.2.3-5).

3) 평가방법

기존 성과평가모형이었던 사업편성구조(PAA)에서의 평가방법을 토대로 예측해 볼 수 있다. 2016년 농무부 부처성과보고서를 보면, 농무부의 성과지표는 사업 수준에 대하여 최소 1개부터 최대 10개까지 다양한 성과 지표를 규정하고 있다. 성과지표는 대부분 비율 척도의 성격을 지니지만, 사업의 성격에 따라 수출 증가분, 순 부가가치와 같은 절대적 수량 척도를 사용하기도 한다. 목표 달성 기간은 1년부터 10년이 넘는 기간까지 사업의 성격에 따라 다양하게 지정하고 있다. 예를 들어 산업역량의 잉여현금흐름과 같은 장기적 목표에 대해서는 2028년까지 약 13년의 목표달성 기간을 두고 있다. 목표 달성 기간이 도달하지 않은 경우 실제 결과가 나타나지 않은 경우가 존재한다. 예를 들어 사업 리스크 관리의 생산자 만족도의 경우 생산자 설문조사가 아직 실시되지 않아서 실제 결과를 공표하지 않았다. 2015년 캐나다 농무부는 대부분의 성과지표를 초과 달성하였다.

결과기반정책 시행령 부록C는 평가의 기준에 대하여 규정하고 있다. 결과와 결론에 대하여 입체적인 질적, 양적인 증거를 포함하여야 한다는 규정(Directive on Results, C.2.2.1.1.)에 비추어 보아 질적인 지표를 지속적으로 사용할 것으로 보인다. 또한 평가의 질을 보장하기 위해 다면평가제를 시행할 가능성을 암시하고 있으며(C.2.2.1.1.3.), 평가의 적절한 타이밍을 중시하고 있다(C.2.2.1.1.4).

4) 평가결과

결과기반정책 시행령의 평가 보고서에 대한 규정에 따르면, 평가 보고서는 문서로 작성되어야 하며 명료하고 간결하게 표명되어야 한다(Directive on Results, C.2.2.6). 평가의 대상이 되는 정책, 사업, 우선순위, 단위 혹은 주제

(policy, program, priority, unit or theme)에 대해서, 그리고 평가 그 자체에 대해서 독자에게 적절한 맥락을 제공하는 형태로 예측할 수 있다.

5) 결과 활용

결과기반정책에 근거한 성과평가는 평가 후 설문(post-evaluation questionnaire)을 거치게 된다. 평가의 질과 서비스에 대해서 각 프로그램 담당자들이 설문에 답하게 된다. 고용개발부의 경우, 결과기반정책의 본격적인 시행에 앞서 기존 평가에 대하여 설문한 결과, 92%의 응답자가 성과평가의 결과물을 활용할 의사가 있다고 밝혔다. 또한 실시간 성과정보에 대한 접근성을 강화해달라고 요구하였다. 해당 요구사항에 대해서 평가부서는 정보의 확산을 우선순위에 두고, 기술적인 보고서를 더 자주 발간하여 프로그램 담당자에게 제공하기로 하였다. 평가과정에서의 정보 공유가 중요하다는 쌍방의 인식이 있었기 때문이다.

3. 기관평가제도

1) 평가주체

관리책임프레임워크(MAF) 평가는 앞서 소개한 재무위원회 사무국을 주체로 한다. 재무위원회 사무국 정책센터의 주제별 전문가들이 선제공한 AoM별 방법론을 토대로 각 기관에서 설문과 요청자료를 온라인 MAF Potal로 제출하고, 다시 전문가들이 이를 검토하여 각 기관에 평가 초안을 제공한다. 한 달의 논의과정 이후 재무위원회 사무국이 최종평가결과를 각 기관에 송부하고, 재무위원회 위원장과 각 기관의 부기관장이 함께 성과에 대해 논의한다. 평가결과에는 기대성과가 달성된 부분과 향상될 여지가 있는 부분 등에 대한 재무위원회의 의견이 포함된다. 재무위원회는 각 기관이 보다 포괄적이고 범정부적 맥락에서 성공적인 다른 조직의 성과를 본받을 수 있도록 도와준다.

2) 평가모형

MAF 평가모형은 7개 AoM 별로 각 부처에게 설문한 문항들로 구성된다. 주요 영역별 설문 구성은 다음과 같다.

재무관리	· 외부 재무 리포팅 · 자원관리 · 내부 통제 관리 · 이전 지출 · 재무관리 시스템 조직관리 · 재무 커뮤니티의 역량
인적관리	· 인력, 조직문화, 조직공간 · 성과관리, 교육훈련과 발전 · 서비스 기준
정보관리	· 정보관리 시스템 조직관리 · 정보관리 프로그램과 서비스 · IT관리 시스템 조직관리 · IT관리 프로그램과 서비스 · 산업 우선순위 편성 · 정보/IT관리 리더십과 역량 · 서비스 성과
위험, 기획, 성과관리	· 성과정보의 질 · 의사결정에 있어서 성과정보의 활용 · 대내외적 성과 리포팅
특정 서비스와 자원관리	· 기획관리 프로젝트에 대한 투자 · 조달 · 부동산 및 물자 · 조달 및 물자 관리와 부동산 커뮤니티
안보관리	· 효율적이고 통합적인 기관의 안보관리 · 캐나다 정부 자원의 보호와 프로그램과 서비스 전달의 지속성 · 안보 우선순위 편성
서비스관리	· 서비스관리 · 산업 편성 · 고객 중심 서비스

각각의 설문 소분야는 목표 결과를 한 문장으로 정리하여 제시한다(Outcome statement). 또한 설문의 정당성을 제시한다. 예를 들어 재무관리의 '외부 재무 리포팅(External financial reporting)'의 설문은 다음과 같이 구성된다.

Outcome statement

재정관리 영역의 연간 MAF평가는 캐나다정부의 재정관리 분야의 전략목표의 지원뿐만 아니라 부처 내에서의 감독과 관리 사례들의 개선을 목표로 한다. 재무관리, 인적관리, 정보관리 등 7개의 주요 영역들(AoM)은 부처별 재정관리 성과를 근본적으로 측정한다.

설문의 구성

지표와 계산 방법	기대 결과	정책의 근거 규정	증거 자료와 문서의 한도	분 류
2015-16년에 걸친 마감 후에 접수된 항목의 수, 수정되지 않은 잘못된 회계 정보의 수, 캐나다 공공회계 작성 이후에 발견된 오류의 수.	기관들은 해당 지표들을 0으로 수렴하도록 만들도록 노력해야함	재무행정법 65조(Financial Administration Act, 65)	TBS-OCG는 현존하는 데이터를 활용하여 중앙 기관에 대응할 것임(RG와 OAG 리포트)	관리 성과 - 성과 지표
2. 감사원(Office of the Comptroller General: OCG)과 재무 담당 부기관장이 소통한 결과물을 3월 31에 만료되는 재무연도의 목표에 포함시켰습니까? 그렇다 □ 아니다 □	재무연도의 목표는 OCG와 소통한 결과에 순응해야 함.	N/A	TBS-OCG는 현존하는 데이터를 활용하여 중앙 기관에 대응할 것임	관리 실행 - 실행

3) 평가방법

재무위원회 사무국은 각 연도별로 범정부적 보고서(Management Accountability Framework government-wide report)를 발간한다. 보고서는 각 영역별로 구성되며, 앞서 논의한 평가모형의 결과에 기초하여 '맥락', '전체적 트렌드', '주요 성과 정보' 순서로 논의된다. '맥락'과 '전체적 트렌드'를 재정관리 분야를 예시로 들면 다음과 같다.

맥락(Context)

재무관리 영역의 MAF 보고서는 캐나다 정부의 전략적 방향을 설정하고 부처별 관리 역량을 향상시키는 데 목표를 두고 있다.

전체적 트렌드(Overall Trends)

무엇을 잘하였는가?(What is working well?)

- 대부분의 기관은 다년도에 걸친 재무적 불확실성을 선제적으로 관리하고 있다고 답하였다.
- 94%의 기관은 위험에 기초한 모니터링 프로그램을 도입하여 재무 관리 리포팅에 대한 그들의 내부 통제 효과성을 강화시켰다.
- 기관들은 총 공급물품의 98%에 대해 제 시간에 대금을 지불하였다.
- 중앙 부처들은 부채를 회수하려는 노력을 증가시켰고, 회수하기 힘든 부채에 대해서는 탕감하는 전략을 취하였다.

어떤 개선점이 요구되는가?(What requires improvement?)

- 37개 대부처 중 9개 부처는 내부 재무관리 시스템의 가장 말단 직원에게 예산을 배분하는 데 30일보다 더 많은 시간이 소요되었다.
- 관리자들이 의사결정을 내릴 때 필요한 임금 정보가 중앙정부의 것과 일치하지 않았다.

'주요성과정보'는 모든 설문 분야를 다루지 않고 그 중 주요한 정보를 포괄하는 두세 개의 분야를 집중적으로 다룬다. 예를 들어 2016-17 MAF 보고서의 재무 관리 분야의 경우 '자원관리'와 '내부통제관리', '이전지출'에 대해서 다루었다. 필요한 경우 그래프 등 시각적 자료를 활용한다. '주요성과정보'는 각 성과정보별 우수한 성과를 거둔 대부처와 소부처의 비율을 명시하며, 해당 성과정보를 측정한 근거와 기대 결과를 요약하여 보여준다. 예를 들어 '이전 지출' 분야에서 MAF 보고서는 다음과 같이 기술하고 있다.

"평균적으로 73%의 대부처들이 서비스 기준 목표를 달성하였다. 더하여, 76%의 서비스 기준 성과 결과는 공공 웹사이트에서 찾아볼 수 있다. 22개 중 17개 부처가 서비스 기준 목표를 달성하였으나 4개의 부처는 어떤 서비스 기준 성과 결과도 온라인에 게시하지 않았다. 1개 부처는 50%만을 볼 수 있었다"

4) 평가결과

MAF 평가는 개별기관들에 재무위원회 사무국의 평가를 제공한다. 특정 성과지표에 관하여 예상된 기대를 달성한 부분과 향상될 여지가 있는 부분에 관한 정보는 부기관장과 재무위원회 사무국 모두에게 유용하다. 무엇보다도 부기관장과 부서의 관리자들은 기관 내부의 잠재적인 관리 역량과 변화가 필요한 부분을 인식하기 위해 MAF 평가를 이용한다. 또한 MAF 평가는 부기관장이 벤치마킹할 수 있도록 다른 부처나 기관의 모범사례에 대한 정보를 제공한다.

재무위원회 사무국은 MAF 결과로 얻은 관리 사례에 대한 폭넓은 시점을 범정부차원에 적용하며, 정부 간 정책 협조와 이행을 감독하는 데 활용한다. MAF 결과는 기관들이 지속적으로 관리 역량, 효과성, 효율성을 향상시키도록 도움을 준다.

제4절 결론

캐나다 성과관리제도는 예산제도를 기반으로 한 EMS를 유지하고 부처별 종합평가 체계인 MAF 또한 유지하되, 자체평가인 MRRS는 결과기반정책(Policy on results)으로 이행하였다. 이는 기존 자체평가 체계를 보다 범정부적인 차원까지 포괄하는 범위로 확장시키는 변화라고 볼 수 있다. 변화의 방향을 기존 정책인 MRRS와 비교적으로 접근하여 보면 한국에서의 시사점 또한 발견할 수 있다. 먼저 변화 방향을 요약 정리하면 다음 <표 6-2>와 같다.

표 6-2 결과기반정책으로의 변화 방향

관리 · 자원 · 결과 · 구조 정책	결과기반정책
사업정렬구조(PAA) 부처가 어떻게 관리되고 있는지를 충실하게 반영하지 못하는 사업정렬구조(PAA)	부처 결과프레임워크(DRF)와 프로그램 인벤토리(PI) 부처가 어떻게 조직되는지 그리고 TBS와 어떻게 연계되는지를 충실하게 반영하는 유연한 부처 결과프레임워크(DRF)와 프로그램 인벤토리(PI)
부처별 성과(Departmental outcomes) 범정부 차원의 우선순위에 명확하게 기여하지 못하던 부처별 성과(outcomes)	부처별 결과(Departmental results) 범정부적인 우선순위에 충실하게 기여할 수 있도록, 태그를 활용한 종합적으로 보고되는 부처별 결과(results)
모든 차원에서의 성과정보 보고 부처가 PAA의 모든 단계에서 성과정보를 TBS에 보고하도록 함	국민들에게 중요한 상위 수준의 결과 재정적, 인적 정보에 엄밀하게 기반한 국민들에게 중요한 상위 수준의 결과에 집중함
종합적인 평가 범위	필요성, 위험, 우선순위에 따른 **확실하고 반응적인 평가 범위**
성과측정의 불분명한 책임소재 양질의 성과측정에 대해 부처 내에서 분산되고 불분명한 책임	성과관리 및 평가 책임자에 대한 지정 성과정보와 평가를 감독하고 조언하기 위한 기관장 주재의 성과측정 및 평가 위원회 설립 및, TB Submission의 성과정보에 대한 기관장 인증

* 출처: Pagan(2016), A Results and Delivery Culture in the Government of Canada. p.10 재구성

캐나다 성과관리체계의 변화는 한국 정부업무평가에 세 가지 차원에서 시사점을 준다. 첫째, 성과목표체계의 정교화 필요성이다. 과거 캐나다는 MRRS 체제 하에서 PAA 구조를 통해 성과목표를 체계화 하였다. 이는 피라미드 구조 형식으로 부처 차원에서 수행하고 있는 정책들의 체계를 파악할 수 있다는 점에서는 강점이 있었다. 하지만 모든 목표를 망라하기 때문에 그 중요도를 판단하기 어려웠다. 그래서 결과기반정책에서는 국가 단위(또는 정치적 필요성)에서 집중해야하는 분야를 구분하도록 명시하고, 성과목표체계를 상위체계(부처 결과프레임워크: DRF)와 하위체계(프로그램 인벤토리: PI)로 분리하여 상위체계를 보다 체계적으로 관리하는 방향으로 초점을 이동하였다.

한국도 성과목표체계는 피라미드형으로 하위목표가 상위목표를 지지하도록 구성되어 있다. 하지만 한국도 MRRS 체제 하 캐나다와 마찬가지로 성과목표체계에서 우선순위를 구분하기 힘들고, 전략목표-성과목표 수준에서의 성과관리가 충실하게 이루어지지 않는다는 비판에 직면해 있는 것이 현실이다. 이런 문제점을 개선하기 위해서 캐나다의 성과관리제도는 시사점을 가질 수 있다.

둘째, 성과목표체계의 연계성 강화이다. 캐나다는 이원화된 성과목표체계를 따로 관리하는 것이 아니라, 부처에서 상위목표와 하위목표를 나누어 관리하되, 그 두 가지가 인과성을 가질 수 있도록 딜리버리 체인(Delivery Chain)을 검토하도록 하였다. 하위 차원에서의 사업들이 거시적인 목표를 달성할 수 있도록 구축되는 것으로 초점을 바꾼 것이다.

한국에서는 상술한 바와 같이 성과목표 및 전략목표 수준에서의 성과관리가 체계적으로 이루어지지 못한다는 비판에 직면해 있다. 실질적으로는 관리과제수준에서의 관리 및 평가가 이루어지기 때문에, 거시적인 목표체계의 관리는 거의 이루어지지 않는 것으로 알려져 있다. 관리과제수준의 평가는 각 과제별로 강한 통제력을 발휘할 수 있다는 장점이 있지만, 그것이 국민이 진실로 원하는 것들과 연관이 되어있느냐는 한계를 노출할 수밖에 없다. 실제 국민의 생활과 연관이 되어있고, 정책기조에 부합하는 정책을 체계적으로 관리할 수 있도록 목표 간 연계성을 강화할 필요가 있다. 이에 캐나다 사례는 전범이 된다.

셋째, 평가 주체의 전문성 확보 및 권한 강화이다. 캐나다에서는 성과관리는 부처에서 담당하되, 실질적으로 잘 수행되고 있는지에 대한 문제, 즉 목표체계의 연계 문제는 총리를 위원장으로 하는 위원회에서 담당하도록 하였다. 정책의 실질적인 효과를 관리하겠다는 차원으로 받아들여진다. 이 뿐만 아니라, 상위 차원의 성과는 각 부처 성과측정 관리자 및 평가 관리자를 지정하고 관리하도록 하며, 프로그램 관리자는 사업을 관리하도록 하여 권한을 법안에 명시하였다. 또한 성과와 관련한 위원회를 부처의 고위관료가 참여하도록 함으로써 그 권한을 강화하기도 하였다.

한국에서는 정부업무평가제도를 시행하고 있으나, 체계적으로 관리할 수 있는 내부인력과 재원 그리고 시간 또한 부족한 것으로 알려져 있다. 또한 평가를 위한 평가라는 비판이 제기되면서 평가의 활용도 문제가 제기되고 있는 실정이다. 이에 따라 평가의 중요도에도 불구하고 평가 주체의 권한이 다소 축소되고 있는 듯하다. 캐나다 사례에서는 성과관리 차원에서 평가제도가 충실하게 운영될 수 있도록, 총리의 관심과 명확한 평가주체를 선정하고 권한을 부여함으로써 제도의 원활한 운영을 담보하고 있다는 점에서 한국에서 평가제도 운영의 기반에 관한 시사점을 발견할 수 있을 것이다.

참고문헌

강은숙. (2007). 선진 주요국의 성과평가제도 고찰. 한국정책지식센터.

공동성 · 박중훈 · 이정욱. (2011). 정부업무 성과관리제도 발전방안 연구. 국무총리실 연구보고서.

김주환. (2013). 정부업무평가제도의 운영변화에 관한 연구. 한국정책연구, 13(3), 45-67.

박노욱. (2009). 재정성과관리제도의 국제적 동향과 시사점: 주요쟁점을 중심으로. 재정포럼 (2009, 7), 8-10.

박노욱. (2012). [조세재정브리프] 재정성과관리제도 현황과 추진방향. 한국조세재정연구원.

박노욱. (2015). 출장보고서-OECD 고위 예산당국자 네트워크 성과관리 분과 회의 참석. 한국조세재정연구원.

손병권 · 이옥연. (2004). 미국과 캐나다의 연방제도 비교 연구. 국제정치논총, 44(4), 319-339.

윤수재 · 이광희 · 홍재환. (2008). 성과관리제도에 대한 해외사례 비교분석-영국, 캐나다, 뉴질랜드-. 한국행정연구원.

이광희 · 윤수재. (2012). 성과관리와 평가체계의 관계에 대한 비교 연구: 캐나다와 한국 사례를 중심으로. 행정논총, 50(1), 37-65.

이광희 · 이석민. (2014). 정부업무평가제도의 성과정보 활용, 활용에 미치는 영향요인, 그리고 제도신뢰 요인 연구. 한국행정학보, 48(3), 205-226.

이광희. (2014). 행정관리역량평가 제도 개선방안. 한국정책학회 동계학술발표논문집, 2014(단일호), 329-348.

이옥연. (2006). 일반 논문: 연방제를 통한 통합과 분권의 구현: 캐나다의 경험을 중심으로. 세계지역연구논총, 24(1): 245-273.

이윤식 · 제갈돈 · 김주환 · 김흥률 · 윤기석 · 심광호 · 박재신. (2004). <외국 평가 실태조사보고서-미국, 캐나다, 영국, 프랑스, 호주, 일본->, (사)한국정책학회.

이윤식 · 서영빈. (2015). 평가의 타당성 측면에서 본 정부업무평가제도에 관한 연구. 정책분석평가학회보, 25, 171-197.

이환성 · 양홍석. (2015). 정부업무평가 기본법제 개선방안. 한국행정연구원.

조찬수. (2017). 연방제, 복지개혁, 그리고 분리주의. 한국정치학회보, 51(2), 93-113.

제갈돈 · 제갈욱. (2008). 새로운 정부업무평가제도의 발전을 위한 개선방안 모색. 정책분석평가학회보, 18, 65-99.

한국조세연구원. (2011). 주요국의 성과관리제도. 한국조세연구원 연구보고서.

황혜신. (2013). 해외사례 비교, 분석을 통한 한국 정부업무평가제도의 개선방안 연구. KIPA 연구보고서 2013-13.

허만형 · 김주환 · 이석환 (2008). 정부업무평가 기본방향과 제도운영에 대한 실태분석. 한국정책과학학회보, 12(1), 1-18.

Brian Pagan. (2016). A Results and Delivery Culture. Twentieth Annual PPX Symposium.

___________. (2016). Treaury Board of Canada Policy on Results Program Performance and Benchmarking. Presentation for the 28th International Colloquium on Financial Management.

___________. (2016). A Results and Delivery Culture in the Government of Canada. Financial Management Institute_PD week.

David Johnson. (2006). *Thinking Government: Public Sector Management in Canada*. Peterborough: Broadview Press.

Hague, Harrop & Harrop, Martin. (2011). 비교정부와 정치. 옮긴이: 김계동 외. 서울: 명인문화사.

Hague, Harrop & Harrop, Martin. (2007). 현대비교정치론. 옮긴이: 김계동 외. 서울: 명인문화사.

Luc Bernier, Evan H. Potter. (2001). *Business Planning in Canadian Public Administration*. Toronto: IPAC.

Directive on the Evaluation Function.

Financial Administration Act.

Federal Accountability Act.

Government Performance and Results Act.

Policy on Evaluation.

Policy on Management, Resources and Results Structures.

Standard on Evaluation for the Government of Canada.
Policy on Results.
Directive on Results.
Policy on Reporting of Federal Institutions and Corporate Interests to Treasury Board of Canada Secretariat (2007).

주한 캐나다 대사관 홈페이지:
http://www.canadainternational.gc.ca/korea-coree/about-a_propos/organization-organisation.aspx?lang=kor (검색일 2017.12.12.)
캐나다 재무위원회 홈페이지:
http://www.tbs-sct.gc.ca/psm-fpfm/learning-apprentissage/ptm-grt/mran-eng.asp (검색일 2018.12.12.)
http://www.tbs-sct.gc.ca/hgw-cgf/oversight-surveillance/maf-crg/index-eng.asp (검색일 2017.12.12.)
https://www.tbs-sct.gc.ca/pubs_pol/opepubs/tb_h/exmapr-eng.asp (검색일 2017.12.12.)
캐나다 상무부 홈페이지:
http://www.fin.gc.ca/pub/dpr-rmr/2016/dpr-rmr-16-eng.asp (검색일 2017.12.12.)
캐나다 농무부 홈페이지:
http://www.agr.gc.ca/eng/about-us/planning-and-reporting/departmental-performance-reports/2015-16-departmental-performance-report/?id=1472063318995 (검색일 2017.12.12.)
캐나다 의회 홈페이지:
http://www.lop.parl.gc.ca/content/lop/researchpublications/prb0523-e.htm(검색일 2017.12.12.)
캐나다 평가 학회 홈페이지:
https://evaluationcanada.ca/results-and-delivery-culture-overview-policy-results (검색일 2017.12.12.)
http://evaluationcanada.ca/sites/default/files/150515_new_ces_bg_brochure_e.pdf (검색일 2017.12.12.)
http://canadiangovernmentexecutive.ca/ (검색일 2018.12.12.)
http://evaluationcanada.ca/news/7084 (검색일 2017.12.12.)

http://evaluationcanada.ca/news/6976 (검색일 2017.12.12.)
http://canadiangovernmentexecutive.ca/dig/22_08/index.html#12
(검색일 2017.12.12.)
http://international.gc.ca/gac-amc/publications/maf_crg.aspx?lang=eng
(검색일 2017.12.12.)

제7장

호주의 정부업무 성과관리 및 평가제도

제7장

호주의 정부업무 성과관리 및 평가제도

제1절 개요

1. 정치행정 환경

호주는 내각제(상・하양원) 국가이면서 연방제 형태를 취하고 있기 때문에 대통령제 국가이면서 단방제 국가인 우리나라와 정치체제 면에서 큰 차이를 보인다. 대통령-의회간 대립형 국가와 달리 호주 연방정부의 수반인 수상(Prime Minister)은 하원의 다수당 당수로 집권행정부는 의회 다수당의 강력한 지지를 얻기 때문에 의회와 행정부간 협조가 매우 원활하다.

내각제 국가인 호주에서는 선거에 의해 당선된 의원들 중 각 행정부처를 관할 할 Minister가 선임되고 각 부처별로는 자신의 업무성과를 각 Minister에게 책임지도록 되어 있기 때문에 중앙부처의 업무실적을 평가해 서열화할 필요성이 그다지 높지 않다. 대통령 한사람이 다수의 행정부처를 책임지는 우리나라와 달리 자기 부처를 담당하도록 되어 있는 의원이 행정부처를 책임지기 때문이다. 각 부처는 의원인 상(Minister)이 책임지고 운영하기 때문에 각 부처별로 조직운영의 독립성과 책임성이 강하게 확보된다.

우리나라는 대통령제 국가로 국민에 의해 선출된 대통령 한사람이 모든 행정부처를 통할하고 행정부처의 장관을 직접 선임한다. 따라서 대통령은 공약 이행을 위해 전 부처를 상대로 집권화 된 정부업무평가를 실시하고 장관과 각 부처에 대한 서열화 된 평가를 실시할 필요성이 높다. 국민이 선출한 대통령의 공약이행과 정부운영에 대한 책임성 확보가 필요하기 때문이다. 따라서 호주 정부와 우리나라의 정부업무평가・성과관리를 1:1로 비교하는 데는 한계가 있다.

2. 연혁

호주의 정부업무평가는 우리나라와 달리 각 부처의 성과관리를 중심으로 발전했다. 우리나라는 한 명의 대통령이 행정부의 수반이면서 각 부처의 장관을 임명해 대통령의 공약을 추진토록 하지만, 내각제 국가인 호주는 각료로 임명된 의원이 자신이 관할하는 행정부처에 대한 책임을 지기 때문에 각 행정부처를 평가해 서열화하기 어려운 구조를 가지고 있다.

호주 정부는 각 부처를 몇 가지 기준으로 통합적으로 평가하기보다는 각 부처가 목표를 얼마나 달성하고 있는지를 평가해 이를 예산에 반영하는 성과관리 중심의 개별 부처 성과평가제도가 발전했다. 다만 최근에는 행정규제개혁의 중요성이 특히 부각되면서 수상실(PM&C)을 중심으로 규제개혁 성과에 대한 전체 부처의 성과평가를 실시하고 있다.

호주는 1970~80년대 각종 규제와 낮은 저축, 장기침체와 고실업 등으로 인해 경제상황이 매우 악화되었다. 위기를 타개하기 위해 1980년대 중반 이후 재정개혁을 결행하기 시작했는데, 특히 1983년 노동당이 집권하면서 취임한 Hawke 수상은 정부의 성과를 획기적으로 개선하는 것을 목적으로 하는 공공부문 개혁을 진행하였다. 이를 위해 각 부처의 자율권을 보장하는 권한위임을 통해 각 부처가 권한과 책임을 동시에 지도록 함으로써 개혁의 기반을 마련했다.

그 시작은 1987년부터 시작된 프로그램 관리예산 제도(Program Management and Budgeting)였으며, 이를 통해 효율성과 효과성 관점에서 정부의 재정사업과 운영 결과에 대한 평가를 시작하였다. 이 과정에서 평가와 성과정보 개념이 도입되어 결과 중심의 예산에 초점이 가기 시작했다. 이 시기의 성과관리는 재무부(Department of Finance: DoF)에 의해 비교적 집권적으로 추진되었으며, 재무부는 평가의 전반적인 조정자의 역할을, 각 기관은 평가계획을 작성해 제출하고 계획에 맞추어 평가를 실행하는 역할을 담당했다.

1996년 집권한 보수당은 재무부에서 집권적으로 진행하던 성과관리 방식을 부처별로 자율적인 평가를 실시하고 결과에 책임을 지는 방식으로 개편했고, 1997년 12월에 "발생주의 방식에 의한 예산 및 회계제도"를 도입했다. 발생주의 방식은 1999년부터 실행되었는데 결과와 산출체계로서 성관관리체제가 성과지표중심의 모니터링 체제로 변화된 것이다(공동성 외, 2013). 특히 성과사정(performance assessment) 과정에서는 성과모니터링, 프로그램 평가, 성과평가가 하나의 틀에서 진행되도록 하였다.

이 시기의 성과관리는 Financial Management and Accountability Act 1997(FMA Act), Commonwealth Authorities and Companies Act 1997(CAC Act), Public Service Act 1999(PSA Act)등 법률을 근거로 운영되었는데, 가장 중요한 FMA Act 1997에 의해 과거 각 부처가 재무부에 제출하던 기관평가계획 제출 의무가 폐지되었다. 대신 DoFA(Department of Finance and Administration)에서 성과관리지침을 작성해 배포하면 각 부처가 자율적으로 성과관리를 실시하도록 변경되었다. 그 결과 부처에 의해 진행되던 자체평가가 양적·질적으로 간소화 되었다.

2007년 노동당이 집권하면서 DoFA를 Department of Finance and Deregulation(DoFD)으로 개편하였고, 성과관리도 과거 부처 자율적인 성과관리의 질적인 보완을 위해 DoFA 주도의 성과관리 표준화 시도가 이루어졌다. 특히 DoFA는 개별부처의 성과보고서 작성시 필요한 지원을 제공하도록 하였다. 과거 성과보고서 및 예산서가 품질확보가 어렵고 투명성이 낮다는 비판을 의식해 2007년 집권한 노동당에서는 정부예산과 재정관리의 투명성을 개선하는 목적을 설정하고 제도개선을 단행했다. 특히 1997년 이후 성과관리의 근간이 되었던 결과-산출체계를 개선하여 산출-사업(프로그램)보고 프레임(outcomes and programmes reporting framework)을 제시하였는데, 이 산출-사업보고 프레임은 결국 과거 투명성과 객관성(증거)이 확보되지 못했던 성과관리체계와 성과정보의 품질향상을 위한 건전하고 투명한 성과정보 생산에 초점을 둔 개선이라고 할 수 있으며, 자원의 투입에 의한 결과와 효과(영향력) 간의 인과관계를 보다 분명하게 파악하는 것을 목적으로 하였다. 또한 부처예산서의 예산보고는 프로그램(사업) 기반으로 작성되어야 하는데, 이는 1999년 폐지되었던 사업예산 방식의 부활을 의미하였다.

그림 7-1 호주 정부의 Outcomes-Programmes Framework

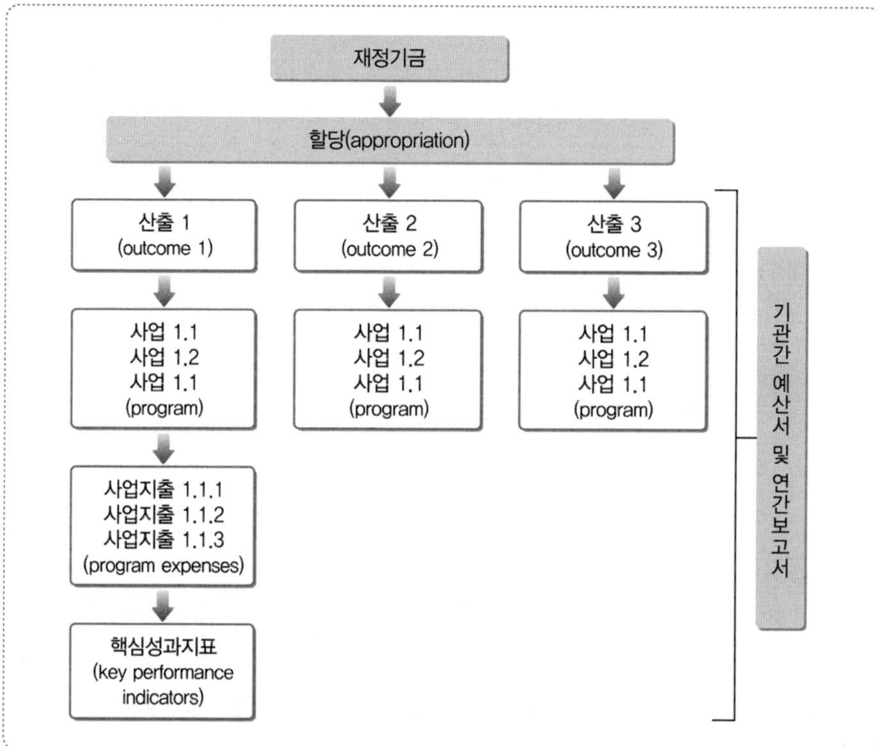

* 출처: http://www.ncoa.gov.au/report/appendix-vol-3/2-4-accountability-performance.html

2013년 호주는 다수의 법에 산재하던 성과관리제도를 Public Governance, Performance and Accountability Act 2013(PGPA 2013)이라는 단일 체계로 통합했다. PGP Act 2013은 Financial Management and Accountability Act 1997(FMA Act), Commonwealth Authorities and Companies Act 1997(CAC Act) 등이 정하고 있는 성과관리의 내용을 통합했으며 그 결과 FMA Act

1997과 CAC Act 1997은 폐지되었다.

PGPA 2013의 제정을 통한 2013년 이후(실제 적용은 2015년부터) 호주의 성과관리 제도의 특징은 다음과 같다. 첫째, PGPA는 호주 연방정부 재정관리 모델로 FMA와 CAC 체제를 하나로 통합하여 제시하고 있다. 그 결과 PGPA에서는 호주 연방정부를 구성하는 모든 기관(Commonwealth entities)으로 연방부처, 청, 공기업 등에서 일관된 운영이 필요하며, 전 연방기관에 의해 관리되는 모든 자원에 동일한 형태의 성과관리 의무가 부여되도록 하였다. 둘째, 재무적 성과뿐 아니라 개별부처가 추진하는 규제개혁 성과관리시스템을 구축해 특정 영역에 대한 정부업무평가를 가능케 했다. 셋째, 모든 연방기관이 동일한 형태의 성과관리를 수행할 수 있도록 성과관리의 적용체제를 구축한 것이다. 이를 위해 PGPA 2013에서 도입한 것이 사업계획서(Corporate plan)와 연간성과보고서(Annual performance statements) 이다.

3. 관련 법령

1) Public Governance Performance and Accountability Act 2013 (PGPA 2013)

호주 정부에서 국가재정법의 지위를 가지는 PGPA 2013은 호주 재무부(DoF)가 관장하고 있는 법률로 예산, 성과관리, 재정관리 및 정부회계에 대해 규율하고 있다. 법률은 4장 총 112개 조문으로 구성되며 성과관리는 제2장에서 규율된다. PGPA 2013의 적용대상은 전체 부처, 의회기관, 공기업 등 공공부문의 대부분 조직이 해당되지만, 특히 성과관리는 연방정부의 전 행정부처에 적용된다.

법 제2조에 규정된 법의 목적은 크게 세 가지로 나뉜다. 첫째, 연방정부 전체가 일관되게 적용할 수 있는 국정운영과 정부의 책임성 확보를 목적으로 한다. 둘째, 연방정부 전체에 적용할 성과체계(performance framework)를 수립하는 것을 목적으로 한다. 셋째, 연방정부기관이 높은 성과와 책임을 확보하고 의회와 국민에게 유의미한 정보를 제공하는 것을 목적으로 하고 있다. 이러한 목적을 통해서 볼 때 호주 연방정부의 성과관리는 연방정부기관에 대한 서열화 된 평가를 목적으로 하기보다는 계획과 예산, 정부지출, 성과평가, 차기년도 사업계획에 환류라는 정부의 공적 자원관리 구조의 한 구성요소에 위치한다.

성과관리에 대한 중요한 사항은 제2장 제2절과 제3절에 규정되었다. 우선 PGPA 법 제2장 제2절은 기획과 예산(Planning and Budgeting)을 정하고 있다. 법 제35조와 36조에 따르면 연방정부의 모든 기관이 매년 사업계획(corporate plan)과 예산 추계를 해야 하고 그 결과를 각 부처를 담당하고 있는 의회의 Minister와 Finance Minister에게 보고하는 것에서 성과관리가 시작된다. 이 때 사업계획과 예산추계의 범위에는 각 연방기관이 운영하는 보조금(subsidiaries)을 포함해 보고해야 한다.

PGPA 2013 제3절 연방정부의 성과는 총 4개 조문으로 구성되어 있으며, 제37조는 연방정부의 성과에 대한 기록, 제38조는 연방정부의 성과측정(measurement)과 사정(assessment), 제39조는 연간 성과보고(annual performance statement), 제40조는 연간 성과보고에 대한 감사(audit)를 내용으로 하고 있다.

제37조는 모든 연방정부기관에게 기관의 목표를 달성하는 과정에서 필요한 성과를 적절하게 도출해 이를 기록하고 이에 대해 설명할 의무를 부여하고 있으며(제1항), 성과기록에 대한 구체적인 사항은 하위법령(rule)에 위임해 두었다(제2항). 또한 각 기관을 관장하는 Minister와 Finance Minister는 이들 성과정보에 대한 자유로운 접근권한이 있어 각 기관의 성과관리 과정을 지도할 권한이 있다.

제38조는 연방정부기관에게 목표달성 과정에서 발생하는 성과(performance)를 측정하고 평가할 의무를 부여하고 있으며, 구체적인 사항은 하위법령(rule)에 위임했다. 제39조는 연간성과보고서(annual performance statements)의 작성과 관련된 것으로, 각 기관은 매 보고기간이 종료된 직후부터 성과보고서를 준비하도록 했으며, 기관의 의회보고서에도 이를 포함하도록 하였다(법 제46조 제1항 단서).[1] 성과보고서에는 각 기관이 조직목표를 달성하는 과정에서

성취한 조직의 성과정보를 제공할 수 있어야 하며, 성과보고서의 구체적인 사항은 하위법령에 위임되어있다.

법 제40조는 각 부처가 작성한 성과보고서의 심사(examination)를 감사원에서 할 수 있도록 하고 있다. 심사는 각 기관을 관장하는 Minister와 Finance Minister의 신청과 감사원장(Auditor-General)의 직권에 의해 진행할 수 있으며, 신청에 의해 심사가 이루어진 경우 감사원장은 신청한 Minister에게 그 결과의 사본을 보고해야 하며, 의회에 대한 성과보고서 제출시 감사결과서 사본을 함께 제출토록 하였다. 감사원장은 Minister의 요청 없이도 언제든 임의로 성과보고서를 검사할 수 있다(제40조 제1항 단서).

연방정부 행정기관의 재정성과(financial performance)에 대해서는 제4절 재정보고와 감사에서 재정보고의 일부로 다루고 있다. 법 제42조 제2항 (b)에서 연방정부 행정기관은 조직의 재정상황, 재정성과, 현금의 흐름을 담은 연간 재정보고서(annual financial statements)를 제출토록 하였다.

2) Public Governance, Performance and Accountability Rule 2014

PGPA 2013을 구체화하는 하위법령이 2014년에 제정된 Public Governance, Performance and Accountability Rule 2014이다. 시행령 중 성과관리와 관련된 내용은 제2장 계획, 성과, 책임성 절에 규율되어 있다. 우선 계획과 예산에 대한 절에서 연방정부 행정기관의 사업계획서(corporate plan) 작성에 대해 규정하고 있는데(16E), 여기에는 사업계획서 작성시 포함되어야 할 항목들이 비교적 상세하게 제시되어 있다.

시행령 제16E조가 제시하는 사업계획서의 작성항목은 서론, 조직의 목표, 조직의 환경, 성과, 목표달성 가능성, 조직의 위험요인이다. 이 중 성과 항목에 포함되어야 하는 내용은 ① 조직의 목표를 어떻게 달성할 것인가, ② 보조금을 운영할 경우 보조금이 조직의 목표달성에 어떻게 기여하는가, ③ 조

---

1) 의회에 제출하는 보고서에는 성과보고서 이외에도 재정성과가 포함된 재정보고서(financial report) 등이 포함된다.

직 목표달성을 위한 성과의 측정과 평가 방법이다.

시행령 제16F조는 성과관리에서 연방정부 행정기관이 작성해서 보고해야 하는 연간성과보고서(annual performance statements)의 작성에 대해 규정하고 있다. 특히 성과보고서 작성과정에서 연방정부의 행정기관은 수립된 사업계획서(corporation plan)와 포트폴리오 예산보고서(portfolio budget statement)에서 제시하고 있는 성과를 측정하고 평가해야 한다. 시행령은 연간성과보고서를 개요(statements), 결과(results), 분석(analysis)의 세 가지 항목으로 구성하도록 하였다.

3) 성과관리 관련 재무부 지침(Guideline)

호주 연방재무부는 PGPA 2013을 시행하기 위해 다양한 지침을 제정해 운영하고 있다. 연방재무부가 제정하는 지침은 자원관리지침(Resource Management Guideline)이라는 명칭으로 제정되며 특히 성과관리와 관련된 지침들로는 RMG-130(Overview of the enhanced Commonwealth performance framework), RMG-131(Developing good performance information), RMG-132(Corporate plan for Commonwealth entities), RMG-134(Annual performance statements for Commonwealth entities) 등이 있다.

RMG-130은 호주 연방행정기관의 성과관리 프레임에 대한 지침이다. 이 지침에는 PGPA 2013과 PGPA Rule 2014에서 정하고 있는 사업계획, 연간성과보고서 등이 갖추어야 할 내용을 보다 상세하게 제시하고 있으며, RMG-131부터 137에 걸쳐 공통적으로 다루고 있는 사항을 포괄적으로 제시하고 있다. RMG-131은 성과관리를 위한 바람직한 성과정보가 무엇인가를 소개하기 위한 지침이다. 특히 비재무적 성과(non financial performance)에 대한 의회와 시민들의 이해를 돕는 성과정보 등에 대한 내용이 포함되어 있다. RMG-132는 사업계획서 작성을 위한 지침으로 성과에 대한 사항과 성과측정 및 평가에 대한 내용이 포함되어 있으며, RMG-134에는 연간 성과보고서에 대한 상세한 사항이 규정되어 있다.

재무부가 수립한 성과관리 관련 지침은 호주 연방정부 행정기관이 자신의 성과관리를 위해 참고할 수 있는 표준화된 기준으로, 개별 부처는 관련 법령의 범위 내에서 이 지침을 토대로 자신에게 적합한 성과관리의 내용을 자율적으로 개발·운영할 수 있다.

제2절 정부업무 성과관리제도

1. 성과관리 체계 및 운영

1) 성과관리 운영체계

호주 정부는 2014년 7월 시행된 PGPA 2013이라는 단일 법제를 통해 호주 정부의 성과, 책임성을 확보하기 위한 기반을 조성하였다. 이 법을 기반으로 호주 연방정부의 성과관리체계(commonwealth performance framework)를 새로이 구축하였다. 개선된 성과관리체계의 핵심은 각 부처 내 사업의 관리자와 책임 있는 기관, 각료, 의회와 공중(the public)이 정부자원의 사용 결과로 얻어진 성과를 명확하게 연계한 성과정보를 사용할 수 있도록 하는 데 있다.

새로운 성과관리 프레임 하에서 의회와 국민에게 사업과 성과정보를 보고하기 위해 의무적으로 도입하도록 한 것이 사업계획(corporate plan)과 포트폴리오 예산서(portfolio budget statement)이다. 사업계획(corporate plan)은 조직내 최고 수준의 계획으로서 각 기관별로 작성된다.

호주 연방정부 성과관리체계의 세 가지 요소인 사업계획서, 예산보고서, 연간성과보고서가 사업과 예산, 성과를 연계시키고, 조직의 운영성과를 의회와 국민에게 보고하도록 하는 순환체계를 구성해 성과를 관리하고 있다.

그림 7-2 연방기관 성과관리체계의 개선

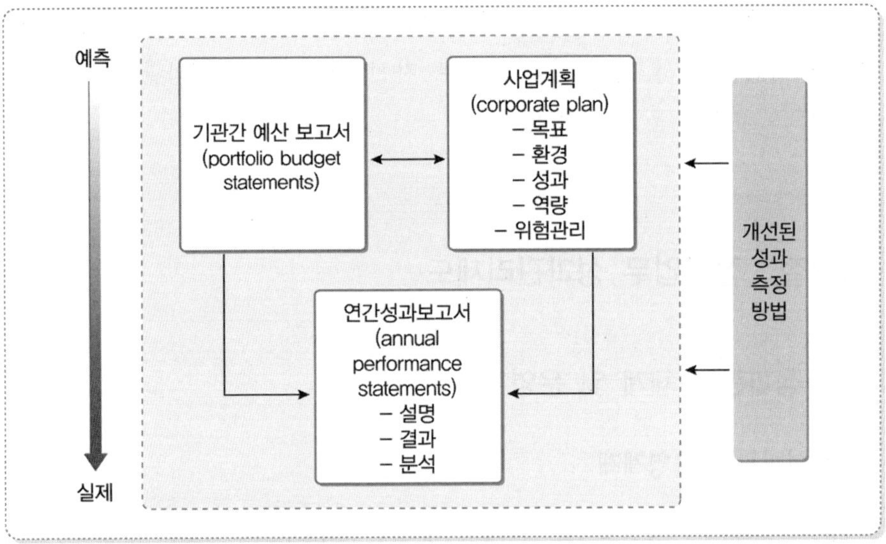

* 출처: DoF(2015: 9)

(1) 사업계획서(corporate plan)

호주 연방정부의 성과보고 체계의 출발은 사업계획서이다. PGPA 2013 제35조 제1항에 따라 모든 연방기관이 정부의 매 기간별로 적어도 1회 이상을 작성하여 보고하도록 되어 있는 것이 사업계획서이다. 시행령인 PGPA Rule 2014 16E는 작성된 사업계획서를 각 기관을 관장하는 Minister와 Minister of Finance에게 제출한 후, 보고기간 두 번째 달의 마지막 날 사업계획을 각 기관의 웹사이트에 게시토록 하였다. 이는 사업계획서가 작성되는 궁극적인 목적이 시민들에 대한 정부기관의 사업계획 보고라는 것을 분명히 하고 있다는 것을 보여준다.

사업계획서의 작성을 위해 재무부가 수립한 RMG No. 132 지침에 따르면 사업계획서가 다루는 계획은 정부조직의 목표에서 조직원 개인들이 담당해야 하는 성과지표에까지 이르는 하향식(top-down)의 접근이지만, 사업계획서의 구조는 개인수준의 개인성과 부터 각 부서가 담당하는 업무계획, 전략수준의 기능별 계획이 모두 구조화되어 공개되는 결과물이다. 그 결과 보고되는 사업계획서는 조직 전체의 사업의 흐름이 보고되면서, 그 내용에는 조직원 개인의 지표, 부서의 사업계획, 각 그룹별 계획들이 명시적이지는 않지만 포함된다고 할 수 있다.

그림 7-3 통상적인 조직 계획의 위계

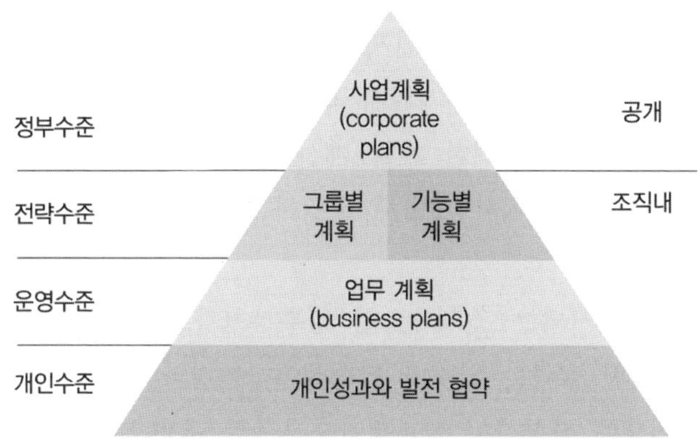

* 출처: DoF(2015: 12)

사업계획서는 조직의 우선적인 계획이 될 수 있도록 그 내용으로 세 가지가 분명히 제시되어야 한다. 첫째, 조직 전체의 목표가 무엇인가. 둘째, 조직의 목표를 달성하기 위해 무엇을 해야 하는가. 셋째, 조직의 목표달성 사실을 어떻게 알 수 있는가. 사업계획서의 내용은 이 세 가지 요구사항에 대한 각 부처의 답변으로 구성된다고 할 수 있다.

각 조직별로 작성되는 사업계획서의 다섯 가지 구성요소는 ① 조직의 목표, ② 조직이 기능을 수행해야 하는 환경 상황, ③ 계획된 성과(여기에는 성과를 측정하고 평가할 수 있는 구체적인 방법론, 필요한 자료와 정보가 포함되어야 함), ④ 목표 달성을 위해 조직이 보유한 역량, ⑤ 조직의 위기 감시와 관리체계 이다. 구체적으로는 조직의 운영 이전에 미리 정한 것으로, 조직의 목적, 산출, 비전, 가치, 실행목표, 이해관계자, 우선순위, 조직환경에 대한 소개와 함께 각 조직이 한 해 동안 결정한 실행목표(objectives)별로 성과수단,

성공을 위한 지표, 핵심활동 등이다.

사업계획서에 포함되어야 하는 조직의 성과(performance)는 조직의 목표 달성을 위해 달성해야 할 조직의 성과이다. 사업계획에서 포함되는 성과에는 조직의 성과관리의 방식까지 포함되어야 하는바, 여기에는 성과지표뿐 아니라 지표의 목표값(targets), 성과측정과 평가의 방법론, 필요한 정보와 데이터의 상세한 사항까지 제시하도록 하고 있다. 또한 이 사업계획서는 보고기간이 끝나는 시점에서 발간하는 예산서와 함께 연간성과보고서에 포함되도록 하고 있는바, 이는 조직의 사업계획서 작성단계에서부터 조직의 성과관리를 고려하고 있기 때문이다. 이러한 기획-예산-성과-환류의 보고체계를 가능케 하는 기술적 기반이 DoF에서 개발해 운영하는 아키텍처 모델, 특히 성과관리 아키텍처 모델이다.

사업계획서에 제시되는 '성과'는 한 정부부처가 자신의 연간 운영목표를 달성하기 위해 어떤 성과를 얼마나 달성해야하는지와 관련된 정보생성에 대한 계획이며, 이후에 작성하는 성과평가보고서의 내용과 매칭된다. 사업계획서에 제시된 성과정보는 의회와 시민이 정부 행정기관의 책임성을 확보하도록 하는 데 활용할 뿐 아니라 조직내 관리자와 고위관리자, 책임 있는 기관이 자신이 책임을 지는 활동이 어떤 결과를 초래할 것인지를 이해하고 더 좋은 운영성과를 내도록 유도하는 수단으로도 활용된다.

연방 재무부의 RMG No.132는 좋은 사업계획서가 되기 위해 성과관리의 내용으로 구성 되어야 할 세 가지 질문을 제시하였다. 첫째, 우리 조직은 무엇을 얼마나 했는가(What did we do and how much). 둘째, 이를 위해 우리는 어떻게 일을 했는가(How well did w do it). 셋째, 누가 더 잘했고 그 이유는 무엇인가(Who was better off and why). 사업계획서에 보고할 성과관리의 내용은 각 부처별로 자율적으로 정할 수 있지만, DoF 가이드 132가 제안하는 사업계획서에 포함될 계획된 성과정보의 틀을 참조하도록 하였다.

사업계획서의 성과정보를 생성하는 것은 목표달성과 관련 있는 활동(activity)을 확인하고 관련된 정보를 제시하는 과정이다. 활동(activity)은 목표를 달성하기 위해 필요한 분절화 된 각 부분의 행동들을 말하는 것으로, 특정한 결과(목표달성)를 발생하기 위해 조직이 기울여야 하는 노력으로 정의된다. 사업계획서상 성과관리 정보를 구성하는 것은 목표달성을 초래하는 활동을 체계화하는 것으로, 계획된 성과정보(planned performance information)는 '의도된 결과(intended results), 실행전략(delivery strategy), 자원(resourcing), 성과측정과 평가(performance measurement and assessment)' 네 가지로 구성된다.

그림 7-4 성과정보를 제시하기 위한 구조적 접근

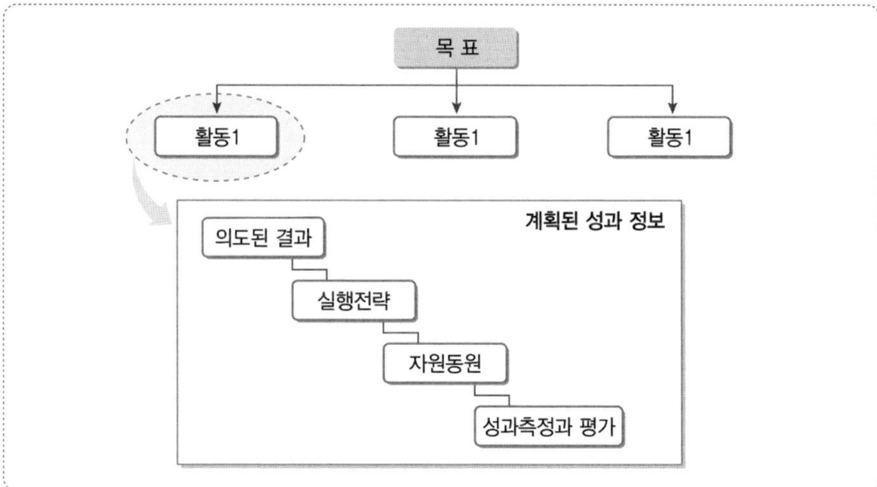

* 출처: DoF(2015: 25)

사업계획서의 성과정보를 구성하는 활동으로 의도된 결과(intended results)는 각 활동을 수행한 결과 얻게 되는 중요한 결과물이다. 사업계획서를 작성하는 모든 조직은 의도된 결과를 제시하도록 하고 있다. 의도된 결과는 다음의 네 가지 물음에 대한 답을 줄 수 있는 것이어야 한다.

첫째, 그 활동을 위해서 어떤 이슈, 필요한 영역, 목표나 의도가 확인되었는가?

둘째, 이슈와 필요한 영역, 목표나 의도에 대해 무엇이 알려져 있는가?

셋째, 이슈와 필요한 영역, 목표나 의도의 범위(scope)는 무엇인가?

넷째, 그 활동은 어떻게 의도된 결과를 달성할 수 있는가?

실행전략(delivery strategy)은 각 활동을 위해 의도된 결과를 달성하기 위한 전략이다. 여기에는 관련된 중요 사업(project)과 계획(initiative)이 포함되어야 한다. 또한 전략이 활동과 어떻게 연계되어 있으며 궁극적으로 조직의 목표달성에 기여하고 있는지를 설명해 주어야 한다.

실행전략을 수립하는 과정에서는 각 활동이 의도된 결과를 초래하는 데 고려해야 할 시간의 범위(timeframe)를 포함시켜야 한다. 5년의 중기라는 시간 범위가 필요할 경우 이 전략은 5년의 시간 범위를 고려해야 한다는 점을 분명히 밝혀야 한다. 또한 실행전략을 제시할 때 이 전략이 달성될 경우 조직이 얻게 될 변화와 계획된 발전상을 제시하는 것이 보다 바람직한 실행전략이다.

표 7-1 호주 연방 국방부의 사업계획서 중 성과 작성 예시

활동 (Activities)	의도된 결과 (Intended Results)	성과기준 (Performance Criteria)	시기 (When)
* 국방부의 작전역량이 정부의 지침을 충족시킬 수 있을 것	정부의 정책목표를 지지할 수 있는 방위역량을 보유하는 것	성과수단(Measure): 방위 대비태세 수준이 정부의 요구를 충족할 것 목표(Target): 방위 대비태세의 수준이 정부와 협의한 수준에 도달할 것	계속 (Ongoing)
* 정부에 의해 지시된 대로 협동 작전을 수행할 수 있을 것	(생략)	(생략)	(생략)

* 출처: DoF(2015: 31)

다음은 성과활동으로서 자원동원(resourcing)에 대한 부분이다. 각 조직은 의도된 결과를 내기 위한 활동에 자신이 가진 특정한 자원을 배정해야 한다. 사업계획서에 각 부처가 어떤 방식으로 의도된 결과를 내기 위해 자원을 동원할 것인지는 자율적으로 정하도록 되어 있다. 그러나 공공책임성의 핵심이 동원된 자원을 활용해 어떤 결과를 도출했는지를 보는 것이기 때문에 사업계획서 수립시 성과를 내기 위한 자원동원 항목을 보다 적실성 있게 작성하는

것 또한 사업계획서를 작성해야 하는 개별 부처가 확보해야 하는 것이다.

활동(activity)과 관련해 요구되는 마지막 정보는 성과측정과 평가(performance measurement and assessment)이다. 성과의 측정은 활동의 결과를 모니터링하고 증명하는 방법이다. 모든 중요한 활동의 성과들의 합은 조직이 목표를 얼마나 달성하고 있는지를 증명하기 때문에 잘 계획된 성과 기준이 있어야 성과보고서를 접하는 사람들이 조직이 어떤 점에서 성공했는지를 분명히 이해할 수 있다. 또한 달성된 결과가 어떻게 평가되었는가에 대한 정보가 있어야 한다. DoF는 성과측정과 평가를 위한 지침을 제시하기 위해 RMG No. 131을 수립해 좋은 성과정보의 개발을 위한 지침을 제시하였다.

RMG No. 132는 좋은 성과 측정과 활동의 사례로 2016-2017년 국방부의 사업계획을 사례로 소개하고 있다. 여기에는 성과의 측정과 방법, 시기가 잘 표현되어 있으며, 측정 주기, 보고주기가 구분되어 있고, 측정 방법이 비교적 분명히 제시되어 있다.

표 7-2 호주 연방국방부의 목표 수준과 성과측정 예시

목표로 설정된 대비 수준이 달성 되었는가 (Required preparedness levels are achieved)		2016년-2020년
측정과 보고 (Measured and reported)	매3년 측정, 연간 보고 (Measured tri-annually, Reported annually)	
방법 (Methodology)	대응 방위력 대비 국방부의 대비태세 수준 평가 (Assessment of preparedness against the Chief of the Defense Force Preparedness Directive).	

* 출처: DoF(2015: 30)

모든 정부부처가 제시하는 성과기준(performance criteria)에는 각 기준별로 다음의 정보가 포함되어 있어야 한다.

기준설명(description): 무엇이 측정될 것인지와 관련된 가능한 분명하고 간결한 설명

시기(when): 언제, 어느 기간(over what term)을 대상으로 측정이 이루어

질 것인가에 대한 설명

방법(method): 측정을 위해 사용될 방법 설명

논리(rationale): 어떻게 측정이 성과활동을 평가할 것인가에 대한 설명과 왜 그 방법이 그 활동을 평가하는데 적합한 것으로 선정되었는가에 대한 설명

목표(target): 그 활동으로 인해 달성될 것으로 기대되는 것은 무엇이고 기준이 어떻게 목표를 달성했는지를 확인할 수 있는가에 대한 설명

기존의 결과(previous result): 종단면적인 관점과 현재 설정된 목표 수준의 맥락을 이해하는 데 도움을 주는 과거의 산출물에 대한 상세한 설명

관련된 사업(related programmes): 그 활동이 기여하고 있는 포트폴리오 예산의 프로그램과 관련된 상세한 설명

사업계획서에 포함되는 성과정보는 부처별로 자율적으로 정해 작성하도록 되어 있다. 호주 연방 행정기구의 산하기관인 연금관리공단(CSC)이 작성한 성과정보의 사례가 아래에 제시되어 있다. DoF가 제시한 사업계획서에 비교적 충실하게 작성되어 있으며, 수익성을 중시하는 공공기관에 적합하게 구체적인 계량적인 성과기준과 목표치가 부여되어 있는 것을 확인할 수 있다. 또한 CSC의 성과정보는 매우 논리적(rational)으로 제시되어 있는 것으로 평가된다(RMG, no.132, 32).

사업계획보고서가 작성되면 사업계획을 집행하기 위한 예산배정, 실행계획 등을 수립하고, 조직을 운영한 뒤 성과결과를 분석하여 사업계획을 현실

표 7-3 호주 연금관리공단(CSC)의 성과정보 예시

산출(outcome)	활동(activity)	성과기준 (performance criteria)	목표(target) 2016-17, 2017-18, 2018-19, 2019-20
가입자들의 퇴직과 보험 수혜	기금의 관리와 투자	1. 3년간 운영한 결과 최초 적립기금으로부터 발생한 CSC의 투자 성과	> 운영된 3년간 실제 수익률이 연간 3.5% 이상 될 것

* 출처: DoF(2015: 32)

화하는 단계로 나아간다.

(2) 포트폴리오 예산보고서(portfolio budget statements)

포트폴리오 예산보고서(portfolio budget statements)는 부처단위의 성과를 구성하는 중앙부처와 소속기관 및 공기업 등 관련부처가 예산을 기준으로 종합적으로 예산, 성과, 전략, 성과지표 및 연관된 성과지표 등이 제시되어 있는 예산보고서로 특정 분야의 성과를 종합적으로 이해하기 위해 필요한 다양한 정보가 수록된 보고서이다.

그림 7-5 성과정보와 조직간 예산내역서 및 협력계획과의 관계

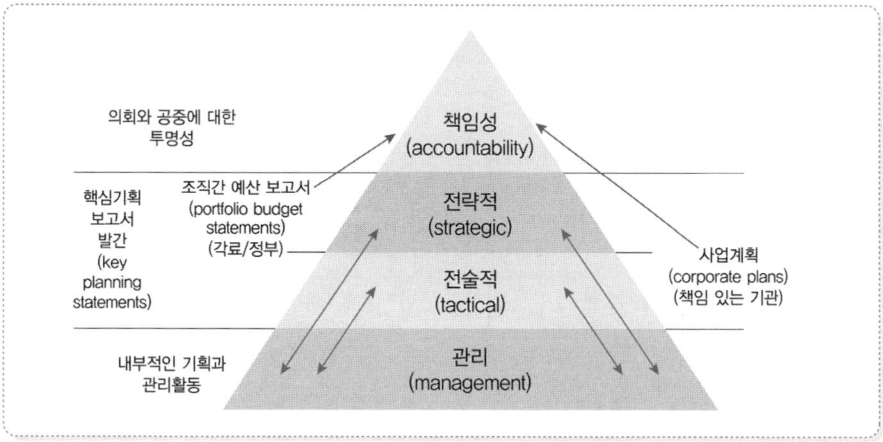

* 출처: DoF(2015: 8)

포트폴리오 예산보고서는 특정분야의 성과를 구성하는 전체 관련기관의 예산과 산출결과 성과지표 정보가 체계적으로 제시되어 있기 때문에 사업계획서와 함께 의회와 국민에 대한 부처의 책임성을 보장해 주는 수단이 되며 성과와 관련된 정보를 제공함으로써 투명성을 확보해 주는 장치이다.

예컨대 농림부(Department of Agriculture and Water Resource)의 포트폴리오 예산보고서(agriculture portfolio)는 관련 조직의 범위에 '농업부, 호주 포도와 와인청, 호주 농약 및 가축약품청, 방직연구개발연구원, 수산연구개발연구

그림 7-6 호주 농림부의 포트폴리오 예산의 구조와 산출물(Agriculture portfolio structure and outcome)

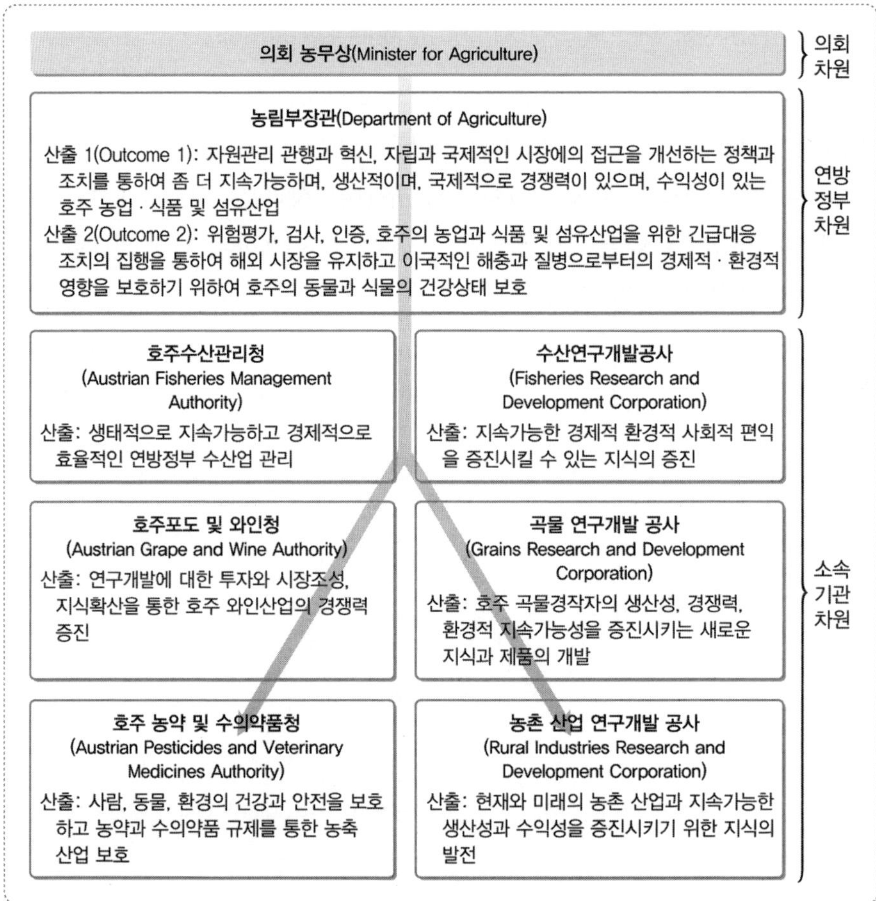

* 출처: D.A(2015: 4)

원, 곡물연구개발원, 농촌산업연구개발원, 호주 어업관리청'의 예산, 산출, 성과, 전략, 성과지표, 관련기관의 성과지표가 제시되어 있다.

(3) 연간성과보고서

PGPA 2013 제39조를 통해 도입된 새로운 성과관리체계에서는 정부부처와 연방공기업들에게 연간 사업계획을 수립하도록 의무화하였고, 연방 정부 부처에게 매년 발행하는 연차보고서에 연간성과보고서(performance statements)를 발간하도록 의무화하였다. 특히 2016년 개선된 성과관리프레임 하에서는 연간성과보고서를 최종 산출물로, 예산서와 사업계획서를 연계하는 체계를 강화시켰다. 이 프레임에 의해 연방 행정기관이 연간성과보고서를 작성토록 한 목적은 의회와 국민들에게 정부의 운영성과와 관련된 의미있는 정보를 제공하기 위함이다.

연간성과보고서를 작성하는 것은 각 부처의 의무사항이지만 어떤 형태로 작성할 것인가는 각 부처가 자율적으로 정할 수 있다. 그러나 개별부처의 자율성을 존중하면서도 성과보고서의 최소한의 품질을 보장하고 양질의 성과정보를 생산토록 하기 위해서 RMG No. 134는 최소한의 공통적인 요구사항을 제시하였으며, 사업계획(corporate plan)과 성과보고서(performance statement)가 공통적으로 다루어야 할 최소한의 요건을 규정하였다. 이는 사업계획과 성과보고를 논리적으로 연동시켜 정부의 활동에 대한 보다 명확하고 일관된 정보를 제공할 의도였다.

그림 7-7 연간성과보고서의 구조(사업계획-예산-성과의 흐름)

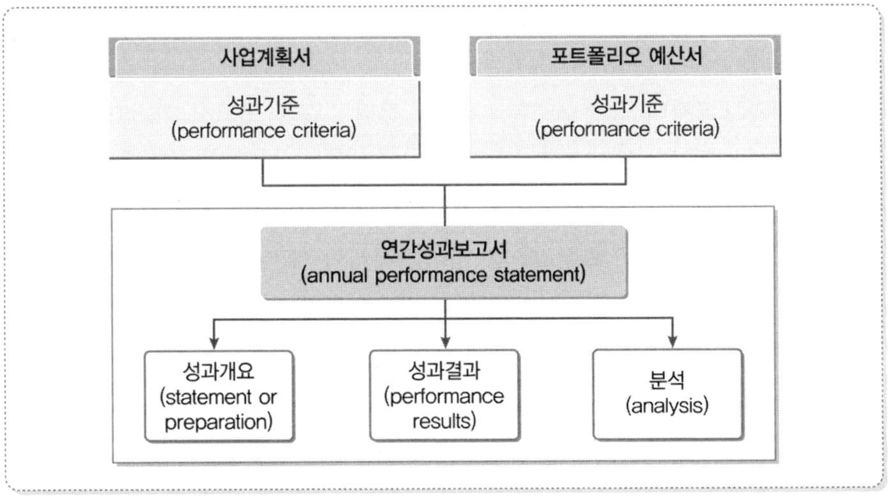

* 출처: DoF(2015: 10)

PGPA 2013은 각 부처가 작성하고 제출해야 할 연간성과보고서를 각 부처가 의회에 제출할 연간보고서에 포함되도록 하였으며, 연간성과보고서의 내용에 평가기간 개시 전에 수립한 사업계획서(corporate plan)와 포트폴리오 예산서(portfolio budget statements)가 포함되도록 하고 있기 때문에 호주 연방정부의 성과관리는 각 부처가 작성하는 연간 성과보고서로 집약된다. 연간성과보고서를 구성하는 중요한 세 보고서의 목표는 다음과 같다.

* **사업계획서**(corporate plan): 부처 활동 보고체계(reporting cycle)의 시작으로 조직의 목표를 제시하고 어떻게 목표를 달성할 수 있을 것인가를 설정한 보고서
* **포트폴리오 예산서**(portfolio budget statements): 조직의 예산으로 어떻게 예산집행의 영향을 평가할 수 있는지가 제시됨
* **연간성과보고서**(annual performance statements): 의회에 제출하는 각 부처 보고서의 구성부분으로 각 부처가 당초에 제시된 목표를 달성했는지 여부를 평가하는 정보를 제공함

각 부처가 제출하는 연간성과보고서의 체계는 다음과 같다. 우선 사업계획서와 포트폴리오 예산서가 제시된 후 연간성과보고서가 작성되는데, 연간성과보고서는 성과에 대한 일반적인 개요보고(Statements), 성과결과(performance results), 분석(analysis)으로 구성된다.

연간성과보고서의 표준구조는 다음과 같다. 우선 보고서 개요이다. 여기에는 보고서 제출의 근거조문, 보고서를 작성하는 기관의 사명제시와 같은 내용이 포함되어 있다. 가장 중요한 내용은 결과 부분이다. 결과에는 성과를 판단하는 기준요소, 이 기준요소가 사업계획서와 포트폴리오 예산서의 어느 부분에 제시되어 있는지와 관련된 출처제시, 실세 성과에 대한 평가결과가 제시되어 있다. 끝으로 이러한 성과결과에 대한 간략한 분석을 통해 차기년도의 계획에 아이디어를 주는 부분으로 구성된다. 각 부처는 보고서의 형식과 내용을 자율적으로 정할 수 있으나 표준구조가 제시하는 항목을 반드시 포함해야 한다.

그림 7-8 연간성과보고서의 표준 구조

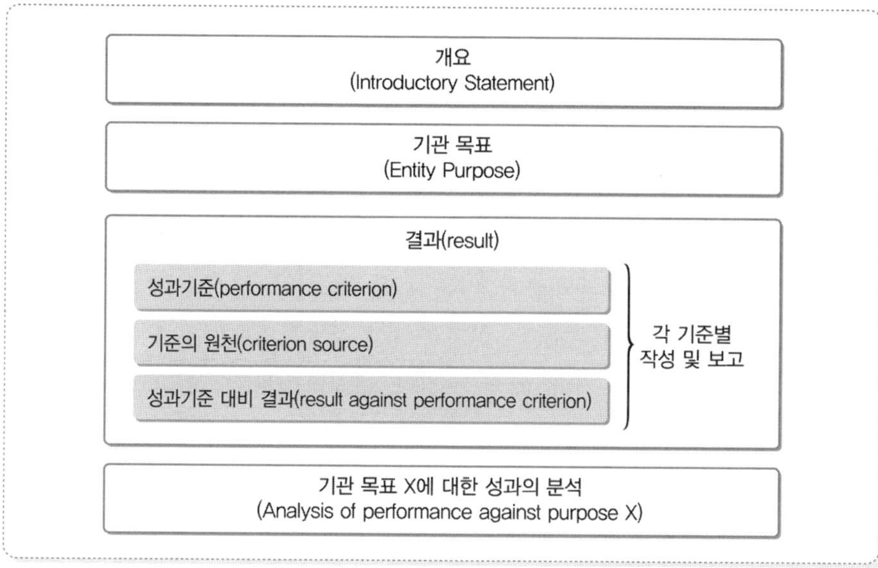

* 출처: DoF(2015: 32)

(4) 각 부처 성과관리의 기술적 기반: 성과참조모형(PRM)

① 아키텍처의 개요

DoF는 전체 연방정부의 효과적인 정보자원 관리를 위한 공통의 정보자원관리모형으로 아키텍처를 개발해 발전시키고 있다. 정보시스템을 통해 운영되는 호주 연방정부의 성과관리시스템은 표준화된 전사적 아키텍처 프로그램(Enterprise Architecture Program)을 참조해 개발·운영되고 있으며, DoF가 이를 개발하는 과정에서 미국 OMB의 성과관리시스템을 많이 참조하였다(AGIMO, 2011).

2011년 호주 DoF에 의해 개발된 Australian Government Architecture Reference Model에는 연방정부 기관들이 조직의 정보자산을 활용해 업무에 사용할 프로그램을 개발할 때 참조할 수 있는 다양한 참조모형이 개발되어 제시되었다. 이 참조모형은 상호간에 매우 긴밀하게 연계되어 있는 다음의 다섯 가지 모형으로 구분된다.

* 성과참조모형(Performance Reference Model: PRM)
* 사업참조모형(Business Reference Model: BRM)
* 서비스참조모형(Service Reference Model: SRM)
* 데이터참조모형(Date Reference Model: DRM)
* 기술참조모형(Technical Reference Model: TRM)

다섯 가지 참조모형 중 성과참조모형(PRM)은 호주의 연방정부 부처가 정보시스템을 통해 성과를 관리하기 위한 자체 성과관리시스템 구축에서 활용할 수 있는 준거모형이다. DoF는 산출중심의 성과참조모형을 통해 사업방침과 각 부처의 전략, 산출간에 매우 강력한 연계를 가능케 하고, 사업수행의 효율성과 효과성을 확보하며, 정부의 투명성과 책임성을 향상시킬 수 있도록 하였다. PRM은 정부 기관들이 효과적인 사업평가시스템과 성과 아키텍처를 설계하고 구축하는 데 각 정부부처가 활용할 수 있도록 개발된 산출중심(outcome-focused)의 측정 프레임이다.

모든 연방정부가 성과관리시스템을 구축할 때 DoF가 제시한 참조모형을 반드시 따르도록 강제되지는 않았지만, 개발된 아키텍처 모형은 개별 부처의 사정에 맞추어 기획, 관리, 평가 활동을 지원할 수 있을 정도로 유연하게 개발되었다는 특징을 가진다.

② PRM의 구조와 구성요소

개별 조직은 성과관리시스템을 구축할 때 자원의 투입과 사업, 의도한 산출을 연계시키는 측정프레임을 구축해야 한다. 측정시스템은 관련된 업무처리 과정의 효과성과 효율성, 산출물의 품질, 특정한 고객의 수준별로 산출의 활용 등이 포함되어 있어야 한다. 이를 위해서는 PRM을 통해 제시된 표준구조를 따라 성과영역을 정하고 지표를 개발해 시스템을 구축해야 한다.

DoF가 개발한 PRM은 투입(input), 과정(process), 활동(activity), 산출(outcome), 활용(usage)이라는 다섯 개의 측정 도메인을 구성요소로 한다. 다섯 개의 도메인은 다시 14개의 하위유형의 측정도메인으로 나뉜다. 이들 영

그림 7-9 PRM의 구조

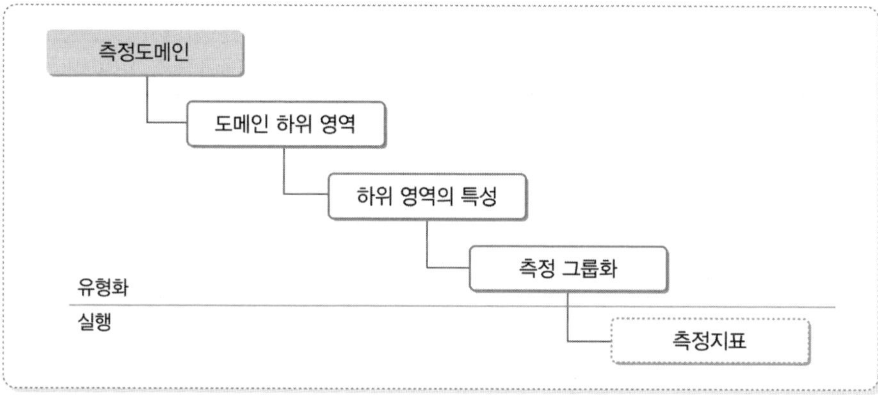

* 출처: AGIMO(2011: 13)

그림 7-10 PRM 분류 프레임

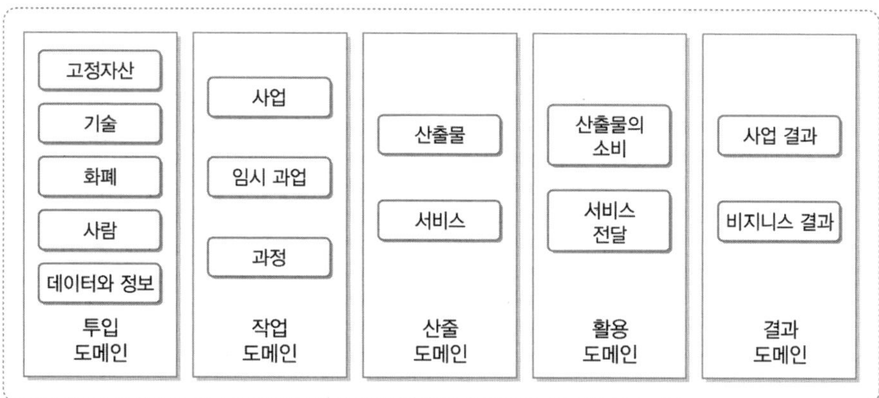

* 출처: AGIMO(2011: 14)

역은 시민을 위한 사업참조모형(BRM)과 연계된다.

* **투입 도메인의 하위영역**: 고정자산(fixed assets), 기술(technology), 사람(people), 자료와 정보(data and information), 재정(finance)
* **작업 도메인의 하위영역**: 임시과업(ad hoc tasks), 사업(projects), 과정(process)
* **산출 도메인의 하위영역**: 산출물(product), 서비스(service)

* **활용 도메인의 하위영역**: 산출물의 소비(production consumption), 서비스의 전달(service delivery)
* **결과 도메인의 하위영역**: 프로그램 산출(program outcome), 비지니스 산출(business outcome)

다섯 가지 분류 도메인의 하위 도메인으로 14개 도메인이 분류되며, 각 도메인별로 대응하는 하위 유형의 특성이 정해지고, 성과관리를 위한 측정 그룹핑이 이루어진다.

PRM을 통해 도출되는 측정지표는 다양한 형태로 개발될 수 있지만, AGIMO(2011)는 일차척도(First order indicator), 이차척도(Second order indicator),

표 7-4 PRM 도메인을 구성하는 척도유형

	일차척도(First order)	이차척도(Second order)	고차척도(High order)
정의	- 척도는 단일 척도 도메인에서 도출됨 - 일차원적 - 단일단위 척도 - 의도가 반영되지 않은 척도	- 두 척도 도메인으로부터 도출된 복수의 지표 - 이차원적 - 둘 이상의 일차척도 - 측정 단위의 조합 - 의도를 가진 척도	- 둘 이상의 척도 도메인으로부터 도출된 지표들 - 다차원적 대표지표 - 복수의 일차 및 이차척도들의 지표들 - 측정단위가 의도적임
데이터 유형	양적자료(Quantitative)	양적자료(Quantitative)	질적자료(Qualitative)
해당 도메인	투입, 산출 도메인	작업, 활용, 투입, 산출 도메인	투입, 산출, 작업, 활용, 결과 도메인
예시	- 가격 - 지속기간 - 부피	- 절차적 효율성 - 프로그램 효과성 - 기관 효능감	- SWOT 서열 - 위험 평가 - 프로젝트 건전성 - 수단의 적절성 - 절차적 융통성 - 등급
단위	- 달러 - 시간 - 톤	- 성공률 - 달러대비 산출 - 초당 회전수 - 단위당 중량	- 균형성과(0 또는 1) - 높음, 낮음, 중간

* 출처: AGIMO(2011: 95)

고차척도(Higher order indicator)로 구분하였다. 일차척도는 기본척도라고도 하는데 PRM의 단일 도메인의 단일 특성에 해당하는 기초적인 계량지표로 구성된다. 이차척도는 복수의 PRM 도메인이나 단일 PRM의 복수의 일차척도로 구성되는 복잡한 계량지표로 구성된다. 고차척도는 복수의 단일척도와 이차척도의 조합을 통해 도출된 질적이고 주관적 척도를 말한다. 각 차원의 척도별 특징은 아래와 같다.

2) 성과관리 거버넌스 구조

호주 연방정부의 성과관리 주체는 각 부처이다. 주정부는 각각의 성과관리를 운영하고 있다. 연방정부를 구성하는 각 중앙행정기관은 의회(각료: Minister)에 예산을 확보하는 과정에서 수립된 성과지표에 대한 성과계약을 체결하고, 이를 회계연도 종료와 함께 자체적으로 평가한다. 자체 성과보고서가 작성되면 이를 국립회계감사원에 보고하여 보고서의 정확성에 대해 평가(assessment) 받는다.

그림 7-11 호주 정부 성과관리 주체별 역할과 관계

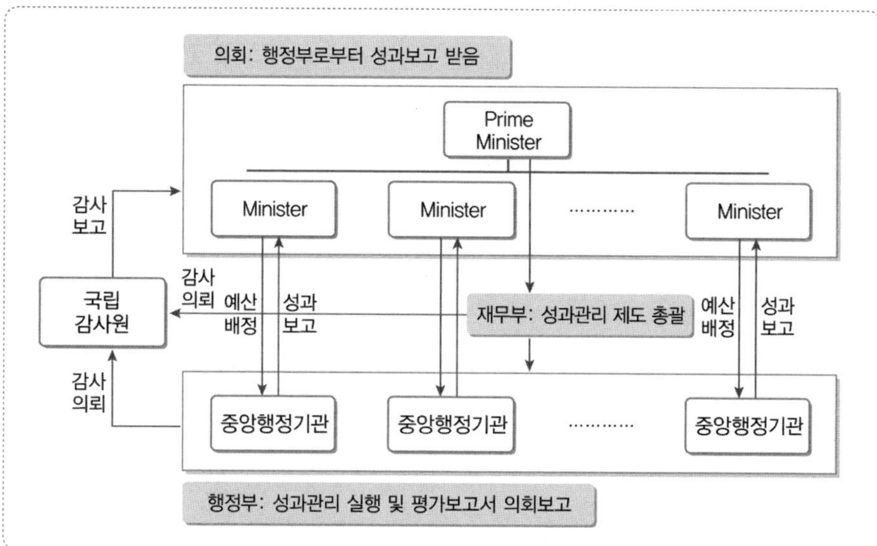

이러한 호주 연방정부의 성과관리 구조는 내각제 국가에서 각 중앙행정기관을 의회차원에서 감독하고 관장하는 의회의 내각 담당 각료(Minister)에 대한 책임을 지고 있는 구조이기 때문에 가능하다. 따라서 재무부가 있어 연방정부의 성과관리를 관장하고 제도를 관리하지만 각 부처의 성과관리에 관여하지 않으며, 총리실에서도 각 행정기관의 성과관리에 개입하지 않는다. 호주 정부의 성과관리 주체와 역할을 구조화하면 다음과 같다.

(1) Department of Finance

호주 정부의 성과관리제도의 주무부서는 연방재무부이다. 예산과 연계된 결과중심의 성과관리가 이루어지고 있기 때문에 정부의 예산을 주관하는 부서가 성과관리를 주도하고 있는 것이다. 다만 예산을 심의·의결하는 의회의 역할을 보조하기 위해 감사원(austrial national audit office) 또한 재무부와 함께 중요한 역할을 담당하고 있다. 재무부는 성과관리의 근거법인 Public Governance, Performance and Accountability Act 2013을 관장하고 있으며 이법을 시행하기 위한 다양한 지침을 제정해 운영하고 있다.

PGPA법에 의하면 재무상(Minister of Finance)은 각 부처를 담당하는 Minister와 별도로 각 부처가 작성한 성과보고서를 의회 내 독립기구인 국립감사원(Australian National Audit Office: ANAO)에 검사의뢰 할 수 있으며, 예산과 성과관리를 위해 구축한 CBMS(Central Budget Management System)을 운영하고 있으며, 각 부처의 산출(outcome) 목록에 대한 변경 승인권을 보유하고 있다. 재무부 내에서 성과관리를 담당하는 부서는 공공관리개혁(Public Management Reform) 아젠다(agenda)를 정책적으로 추진하는 부서 내에 있으며 자원관리(Resource Management) 부서에서 담당하고 있다.

(2) 연방행정기관(commonwealth entities)

PGPA 2013 하에서 성과관리의 대상이 되는 기관은 모든 연방정부의 행정기관이다. PGPA는 제37조에 호주 정부의 모든 책임 있는 기관으로 하여 조직 전체의 성과에 대한 기록을 관리하도록 하고 있으며, 제38조에 각 조직의 성과를 측정(measuring)하고 평가결과를 사정(assessing)하도록 의무화하였다.

성과평가를 실시해야 하는 조직은 PGPA 제2장의 연방정부기관(commonwealth entities)을 정의내리고 있는 제10조에 규정되어 있다. 제10조에는 연방정부기관으로 ① 연방정부의 행정부처, ② 의회의 부처, ③ 법률과 정부에 의해 설치된 법인체, ④ 등록된 기관(listed entity)으로 구분된다. 등록된 기관(listed entity)은 법령에 의해 지정된 단체(법인체를 제외), 사람, 조직(정부부처의 소속이 아님)을 말한다. 이들 유형의 조직은 모두 PGPA가 정하고 있는 결과중심의 예산제도와 성과관리제도를 운영하도록 되어 있다.

PGPA 2013이 정하고 있는 성과관리의 내용은 법 제10조가 정하는 기관의 성격에 따라 차이가 있다. 특히 PGPA Rule 2014를 통해 구체적으로 역할이 부여되는 연방정부기관은 모든 연방기관, 연방정부기관, 연방기업 등으로 구분되어 적용범위에 차이가 발생한다.

PGPA 2013의 적용을 받는 모든 연방기관은 PGPA Act와 PGPA Rule이 정하고 있는 사업계획서(corporate plan), 포트폴리오 예산서(portfolio budget statement)를 사업시행 전에 작성해 의회에 보고해야 하며, 성과연도가 끝난 후 연간성과보고서(annual performance statements)를 의회에 보고하고 시민들에게 공개해야 한다. 특히 각 연방 행정기관은 각 기관을 담당하는 Minister나 재무상(Minister of Finance)의 청구 또는 감사원장의 직권에 의해 사업계획서에 포함될 핵심성과지표와 성과보고서에 포함될 성과평가 결과를 감사원에 평가받도록 되어 있다.

(3) 호주 국립감사원(Australian National Audit Office: ANAO)

PGPA 2013은 독립기구인 호주 국립감사원에게 재무부로부터 성과감사를 의뢰받은 기관의 성과보고서를 검토하는 권한을 부여했다. 국립감사원이 성과보고서를 검토하도록 하는 가장 중요한 이유는 정부 운영의 책임성을 확보하기 위해 의회내 설치된 국립감사원이 보고서를 검토하고 검토결과를 의회

그림 7-12 호주 국립감사원의 핵심 기능과 산출물

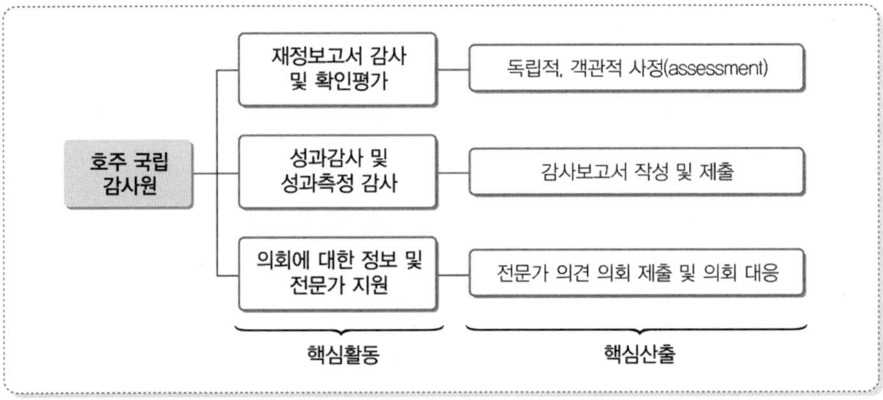

* 출처: ANAO(2015: 7)

에 보고할 수 있도록 하는 체계를 구축하기 위함이다.

또한 성과관리의 중립성을 확보하기 위해 재무부가 성과보고서에 대한 검토를 실시하는 대신 의회 산하로 설치된 감사원이 중립적이고 공정하게 각 부처가 작성한 성과보고서를 평가하고 이를 외부기관에 공정하고 객관적으로 공표하는 목적 또한 가진다.

그림 7-13 ANAO의 성과감사(performance audit) 구조

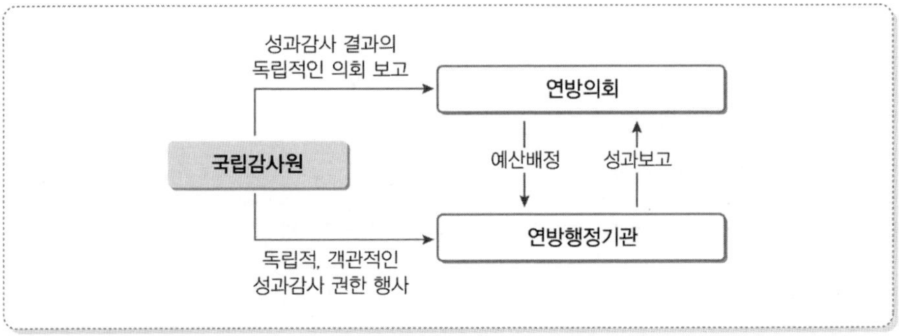

* 출처: ANAO(2015: 6)

3) 성과지표

(1) 성과목표치의 부여

호주 연방정부의 성과목표체계는 예산(budget) 수립과정을 기반으로 하는 사업계획(Corporate plan)을 근간으로 한다. 성과목표 체계를 구성하기 위해서는 우선 각 부처의 예산이 제시되어야 하며, 예산을 구성하는 각 사업(program)이 예산서에 명기된다.

표 7-5 호주 농림부 예산-산출중심 성과지표 체계 예시 (단위: 천달러)

산출1: 자원관리 관행과 혁신, 자립과 국제적인 시장에의 접근을 개선하는 정책과 조치를 통하여 좀 더 지속가능하며, 생산적이며, 국제적으로 경쟁력이 있으며, 수익성이 있는 호주 농업·식품 및 섬유산업	2014-2015년도 실제 계산된 지출액	2014-2015년도 추정된 지출예산
성공적인 주력산업의 구축전략		
사업 1.10: 농업 자원		
·농업부문 경쟁력 확보: 농어촌지역 연구개발을 통한 농장 생산성 증진	19,291	29,295
·농업부문 경쟁력 확보: 농축산 화학물질에 대한 접근성 증진	350	1,718
·농축산 화학물질의 저감사용 사업	142	143

* 출처: D.A(2015: 26)

예산이 책정되는 과정에서 각 사업의 예산을 투자한 결과 얻어지는 산출(outcome)과 산출을 내기 위한 계획된 성과(planned performance)가 제시되는데 이 산출을 기준으로 성과지표가 제시된다.

각 부처의 성과관리는 '비전-산출(산출을 위한 전략이 포함됨)-사업(사업명과 목표)-성과지표(사업별로 제시)'로 구조화 되어 있다. 이러한 체계는 사업계획(corporate plan)과 포트폴리오 예산서(portfolio budget statement)에 잘 제시되어 있다. 각 기관은 사업계획(corporate plan)에 제시되 기관의 비전을 달성하기 위해 필요한 다수의 '산출(outcome)'이 구분되어 정의되어 있으며, 각 산출물을 내기 위해 필요한 전략을 설명하고 있다.

각 산출(outcome)은 다수의 사업(program)들로 구성되어 있으며, 하나의 사업을 얼마나 잘 달성하고 있는지를 확인할 수 있는 핵심성과지표(key performance indicator)들이 개발되어 구조화 되어 있다. 거꾸로 이들 핵심성과지표를 달성하는 데 소요되는 재원규모가 어느 정도인지가 도출되면 하나의 프로그램을 완수하는 데 소요되는 예산규모가 추정되고, 프로그램들의 예산규모가 추정되면 산출(outcome)의 예산규모가 산출되는 방식으로 결과중심의 예산안이 수립되는 것이다.

재무부는 연방정부 차원에서 성과지표 개발을 위한 지침(Resource Management Guide No.131: Developing good performance information)을 제정해 이 지침에 따라 각 부처가 유사한 수준의 성과지표를 개발할 수 있도록 유도하고 있다. 이 지침에는 성과지표 개발의 모형으로 논리모형(logic model)을 제안하고 있으며(RMG no.131. p.17), 이에 따라 상위수준의 목표차원의 논리(purpose level logic)와 하위의 지표수준에서 관리되는 활동차원의 논리(activity level logic)로 구분하여 조직의 운영 목표와 구체적인 활동을 연계하는 성과지표의 개발을 유도하고 있다.

그림 7-14 논리모형(logic model)에 의한 성과지표 개발 구조

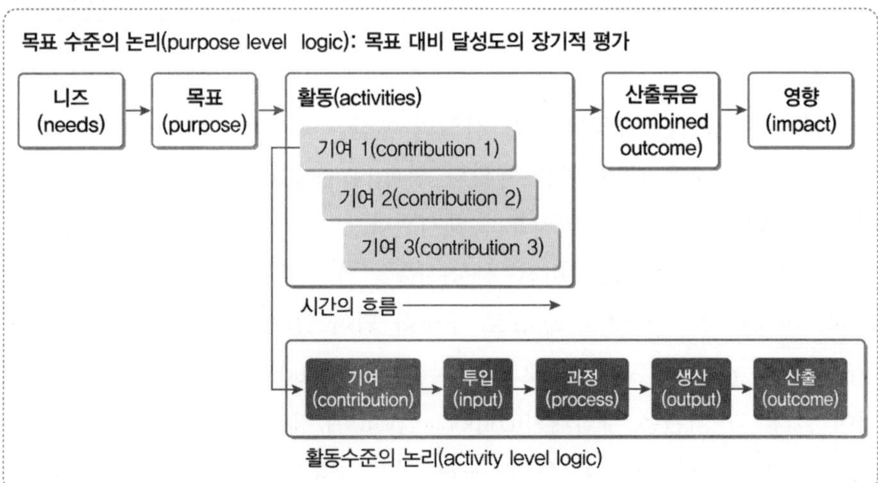

* 출처: DoF(2015: 18)

(2) 재무부(Department of Finance)의 성과지표 체계 사례

재무부의 성과지표체계는 조직의 목표에서 출발하여 목표 달성을 위한 기본적인 전략방향 하에 목표를 구성하는 세 가지의 산출(outcome), 각 산출을 구성하는 다수의 사업(program)들, 각 사업을 구성하는 지표들로 구조화되어 있다.

그림 7-15 재무부의 성과지표 체계

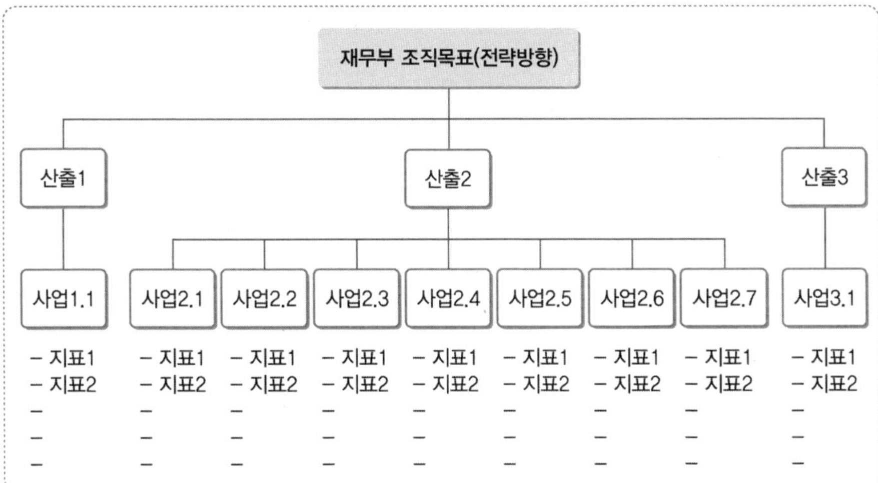

① 전략방향(Strategic Direction Statement)

호주 재무부(Department of Finance)의 주요 목적은 책임 있는 지출과 감시를 통해 호주 정부의 정책 목표와 공공부문의 개선을 지원하는 것이다. 호주 연방정부의 주요 기관의 하나인 재무부는 고품질의 정책조언과 거버넌스 구성, 그리고 전문적인 서비스 제공을 통하여 호주 정부의 정책을 형성하며 집행한다. 재무부는 이러한 정책목표를 더욱 잘 반영하기 위하여 2015-2016 회계연도의 산출 기술서와 전략을 검토한다.

산출(Outcome) 1
: 예산의 효과적이고 효율적인 사용을 위하여 정부부처에 고품질의 정책자문과 운영지원을 제공하여 호주 정부의 지속가능한 재정 지원

이러한 산출(Outcome) 1을 위하여 재무부는

- 예산과 재무제표(Budget and the government's financial statement)를 통하여 정부의 재정정책과 경제정책을 지원한다.
- 예산의 효과적이고 효율적인 사용을 개선하는 노력을 통하여 정부의 개혁 조치에 기여한다.

산출(Outcome) 2
: 시스템, 작동체제, 정책, 자문, 서비스 전달체계 등을 포함하는 공공부문 거버넌스의 지속적인 개선을 실시하는 연방정부에 리더십 제공을 통하여 효율적이고 고성과를 산출하는 공공부문 지원

이러한 산출(Outcome) 2를 위하여 재무부는

- 공공자원 관리 체제, 조달, 보조금 정책을 포괄하는 공공부문 거버넌스와 책임성에 있어서 선도적인 실천과, 공기업과 기타 상업기관의 감독에 기여한다.
- 공공부문 자원관리에 있어서 선도적인 실천과 계속적인 개선을 위하여 연방정부 토지, 근로자와 자산관리, 광고와 정보통신기술(ICT)의 사용과 관련된 주요 정부의 정책을 개발하고 관리한다.
- 효율적이고 효과적인 정부자원 관리를 위하여 주요 Capital Works 프로젝트를 포함한 호주의 비국방(non-defence) 자산 포트폴리오, 위험관리와 보험계약(Comcover), 주요 호주 연방정부의 사무기기와 문구와 같은 물품의 구매계약 등에 대한 전문적인 서비스를 제공한다.
- 효율적이고 효과적인 정부자원 관리를 위하여 정부 투자 펀드에 대한 조언을 하고, 공무원 · 정치인 · 판사에 대한 퇴직연금제도를 관리한다.

산출(Outcome) 3
: 재정지원혜택의 제공과 자문을 통하여 의원과 기타 직원 등을 지원

이러한 산출(Outcome) 3을 위하여 재무부는

- 재정지원혜택, 자문, 서비스를 장관, 공무원, 상원의원, 하원의원, 기타 직원 등에게 제공한다.

② 성과지표(예시)

□ **산출과 산출전략**

산출(Outcome) 1
: 예산의 효과적이고 효율적인 사용을 위하여 정부부처에 고품질의 정책자문과 운영지원을 제공하여 호주 정부의 지속가능한 재정 지원

이러한 산출(Outcome) 1을 위한 산출전략(outcome strategy)

- 예산과 재무제표(Budget and the government's financial statement)를 통하여 정부의 재정정책과 경제정책을 지원한다.
- 예산의 효과적이고 효율적인 사용을 개선하는 노력을 통하여 정부의 개혁 조치에 기여한다.

□ **산출을 구성하는 사업들**(programmes that supports outcome)

사업(programme) 1.1
: 예산과 재정관리(budget and financial management)

사업 1.1 '예산과 재정관리'의 목표

- 사업 1.1은 재정정책과 경제정책, 그리고 관련 정책에 대하여 재무부장관과 내각의 지출검토위원회(Expenditure Review Committee: ERC)에 자문을 해서 그들이 자원배분 결정을 잘할 수 있도록 하여 산출에 기여한다.

- 사업 1.1은 PGPA 법과 1998년의 Charter of Budget Honesty 법, 그리고 연간 세출예산법(appropriation act) 아래에서 재정보고 회의를 책임지는 재무부장관을 지원하여 산출에 기여한다.
- 사업 1.1은 예산집행을 지원하여 산출에 기여한다.

□ **성과지표**

산출 1을 위한 사업 1.1의 주요 성과지표는 다음과 같다.

표 7-6 호주 재무부의 성과지표(사업 1.1)

산출구분	사업(programme)	성과지표	
산출 1	사업 1.1 예산과 재정관리	예산	· 분석, 자문과 비용정보는 적절하고 정확하고 증거기반이며 적시성이 있음 · 자문은 객관적이며 호주 연방정부 전체적인 관점에서 완전히 이해할만한 이슈들에 기반해야 함 · 정확한 예산 추계가 다음과 같은 경제 파라미터의 변화에 따라 이루어져야 함 · 앞으로 1년간의 추계 비용과 최종 산출 사이에 2.0%의 차이 · 예산 추계 비용과 최종 산출 사이에 1.5%의 차이 · MYEFO와 FBO의 수정된 추계 비용 사이에 1.0%의 차이
		재정관리	· 정부의 현금 수요가 매일 충족되어야 함 · 파생 기본 현금잔액은 회계연도 종료 후 5일 이내에 정부에 제공되어야 함 · 정부의 재무제표는 정확해야 하며, 법률에 규정되거나 합의된 기간 내에 다음과 같이 전달되어야 함 · FBO에 전달 · FBO에 전달 후 평균적으로 월말 21일 이내에 월별 재무제표 전달 · 통합재무제표 전달

* 출처: DoF(2015: 28-29)

2. 성과관리의 과정

성과관리는 일차적으로 각 부서에서 실시하고 있으며, 각 부서의 자체적인 성과결과에 대해 재무부가 국립감사원에 검토의뢰를 할 수 있도록 해 평가를 모니터링하고 있다. 감사원의 성과보고서 평가결과는 의회에 감사보고서로 제출된다.

성과관리는 4년의 시간범주를 가지고 이루어지며 당해 연도 성과관리를 준비하기 위해 회계연도 개시 전에 사업계획서가 수립되어야 한다. 현행 가이드라인에는 보고기간의 두 번째달 마지막 날까지 사업계획서를 작성토록 되어 있으며(2016년 기준 매 8월 마지막 날이다) 당해 연도 사업계획서에 이후 3개년도 사업계획(성과계획이 포함된)이 포함되어 있기 때문에 단기 성과관리와 중기성과관리가 비교적 잘 연동되고 있다. 사업계획서는 당해 연도와 향후 3년 계획을 기준으로 작성되며, 사업계획서를 기반으로 포트폴리오 예산서가 수립되어 의회의 승인을 받은 후 회계연도가 개시된다.

그림 7-16 연차별 성과관리 보고의 흐름

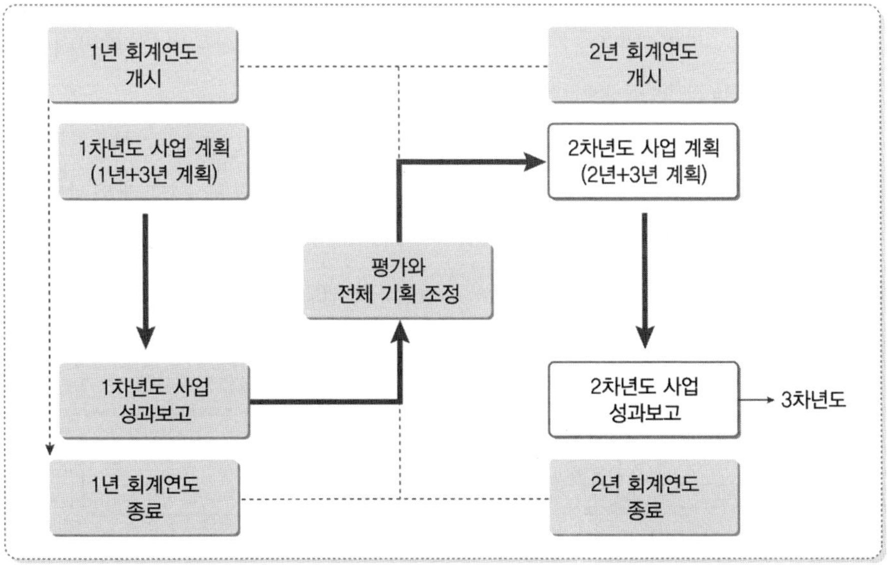

* 출처: DoF(2015: 10)

회계연도가 종료되면 1차년도 사업 성과보고서가 작성되고 보고서는 의회에 제출되며 시민에게 공개된다. 의회에서는 성과보고를 토대로 차년도 예산안 수립에 활용하여 2차회계연도 사업계획에 반영된다.

성과평가보고가 이루어지는 시기는 사업이 종료된 후 의회에 연간 성과보고서를 작성하는 과정에서 이루어지며, 성과평가는 각 부처별로 구축된 성과관리시스템에 의해 각 성과지표별로 평가 시기가 부여된 바대로 일간, 주간, 월간, 분기별로 평가가 진행되며, 보고서를 작성하도록 되어 있는 시기에 각 부처별 성과관리 시스템에 의해 수집되어 평가된다.

3. 성과정보 공개 및 활용

분권화된 성과관리에서 핵심은 성과정보(performance Information)의 생성과 보고에 있다. 각 부처는 연차보고서를 작성하게 되는데, 연차보고서가 담고 있는 주요 내용은 각각의 개별 부처가 작성하는 포트폴리오 예산서(Portfolio Budget Statement), 사업계획서, 연간성과보고서로 구성된다. 각 부처가 작성하는 예산서는 의회에 보고를 위한 성과 관점의 사업정보를 담고 있는데 DoF의 성과정보는 개별 부처에 의존하게 되기 때문에 성과관리에서 각 부처의 자율적 관리권이 강화되었다고 할 수 있다.

각 부처의 성과정보는 의회에 제출하는 연간성과보고서에 포함돼 있으며, 성과평가의 기준이라고 할 수 있는 성과지표와 평가방법은 사업계획서에 포

그림 7-17 결과-산출(outcomes and outputs) 체계에서 성과정보의 흐름

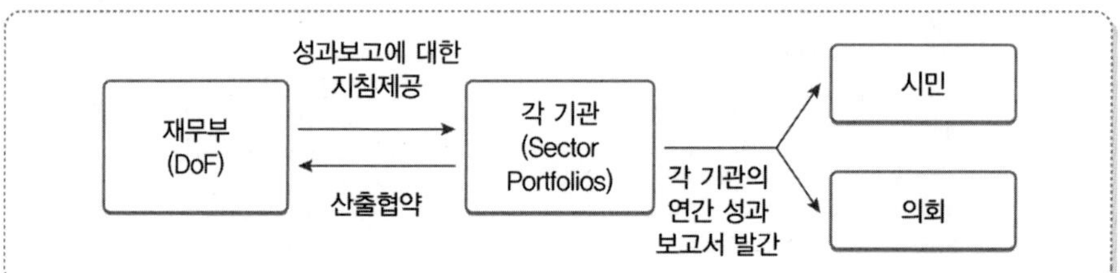

* 출처: Mackay(2011)

그림 7-18 호주 연방정부의 성과보고서 공개 사이트

Program 1.1 - Services to the Community - Social Security and Welfare	
Criterion	Achievement of customer satisfaction standards.
Target	**≥85%** of survey respondents are satisfied overall with their most recent interaction. The description of the target has been updated since the 2015-16 Corporate Plan.
Source	2015-16 Corporate Plan, p.16 2015-16 Portfolio Budget Statements, p.34
Result	**66.8%** of customers were satisfied. Customer satisfaction is calculated using an ongoing independent survey of a random sample of recent customer interactions with the department. The highest scores were provided regarding 'Staff treated you with respect' and 'Staff treated you fairly', suggesting the most satisfaction with these aspects of service delivery. Customers provided the lowest scores regarding 'Time to receive service' and 'Ease of service access', suggesting the least satisfaction with these.

함되어 있다. 현재 호주 연방정부의 성과평가 결과를 종합적으로 제시하는 플랫폼이나 범정부 성과관리 포털은 운영되고 있지 않은 것으로 파악된다. 그러나 호주 정부 공식 웹사이트(http://www.australia.gov.au/about-government/publications/annual-reports)는 각 부처의 성과관리보고서를 링크시켜 한 곳에서 볼 수 있도록 연계시켜 놓고 있다. 다만 이 웹사이트는 포털의 기능을 수행하고 있지 않고 있으며, 실제 성과관리보고서는 각 부처의 웹사이트에 게시되어 공개된다.

4. 성과관리 가이드

1) Enhanced Commonwealth Performance Framework(RMG No.130)

RMG-130은 호주 연방행정기관의 성과관리의 전반적인 체계를 제시하는 지침이다. 이 지침에는 PGPA 2013과 PGPA Rule 2014에서 정하고 있는 사업계획, 연간성과보고서 등이 갖추어야 할 내용을 보다 상세하게 제시하고 있으며, RMG-131부터 137에 걸쳐 공통적으로 다루고 있는 사항을 포괄적으로 제시하고 있다.

지침을 구성하는 내용은 다음과 같다. 우선, 개선된 호주 연방정부의 성과관리 체계에 대한 소개이다. 성과관리 체계는 포트폴리오 예산서, 사업계획서, 연간 성과보고서, 연간보고서로 구성되어 있으며, 각 보고서의 내용에 성과관리가 포함되어 계획-예산-성과평가-환류의 체계가 연방정부 성과관리 체계의 근간임을 분명히 제시하고 있다. 또한 사업계획서와 포트폴리오 예산서의 관계, 연간 성과평가보고서와 포트폴리오 예산서간의 연계 등을 비교적 상세하고 소개하고 있다. 그리고, 개선된 성과측정과 보고체계에 대해 제시하고 있으며, 끝으로 연간성과보고의 흐름을, 끝으로 통합적인 가이드라인에 대해 소개하고 있다.

2) Developing Good Performance Information(RMG No.131)

RMG-131은 성과관리를 위한 바람직한 성과정보가 무엇인가를 소개하기 위한 지침이다. 특히 비재무적 성과(non financial performance)에 대한 의회와 시민들의 이해를 돕는 성과정보 등에 대한 내용이 포함되어 있다.

지침은 가장 먼저 좋은 성과지표란 무엇인가를 제시한다. 좋은 성과지표는 조직 목표달성을 위해 필요한 활동의 중간 산물들로 구성되어야 하며, 좋은 성과정보가 가진 기능으로서 성과정보의 활용에 대하여 규정하였다.

특히 조직의 좋은 성과정보가 반영해야 하는 조직의 목표와 목표달성을 위한 조직의 활동(activity)에 기반 해 성과 정보를 만들기 위한 이론적인 모형들을 소개하고 있는데, 논리모형, 목적 수준 논리, 활동 수준 논리모형이 소개되었고, 성과정보를 생성하는 과정에서 시간 요소를 반드시 고려해야 함을 제시하였다.

좋은 성과정보를 만들어내기 위해서는 필요한 성과정보가 무엇인가를 확인하는 것이 필요하다는 점을 제시하면서, 성과정보의 유형으로서 계량화된 정보 뿐 아니라 비계량화된 정보의 중요성을 제시하였으며, 측정의 대상으로서 효과성(effectiveness), 측정 방식으로서 효율성, 투입 대비 산출 등의 소개하였다.

좋은 성과정보가 되기 위해서는 좋은 데이터를 수집해 활용해야 한다. 따라서 좋은 성과정보를 지지할 수 있는 데이터 수집방법을 제시하였고, 데이터에 내재된 편의(bias)에 대한 이슈를 제시했다. 또한 데이터의 정리방식으로 마이닝, 서베이, 상호평가 등의 방식이 포함되어 있다.

3) Corporate Plans for Commonwealth Entities(RMG No.132)

RMG-130에서는 성과관리의 출발이 각 부처가 작성하는 사업계획서(corporate plan)라는 것을 제시하였다. RMG-132는 성과관리의 출발점인 사업계획서 작성을 위한 지침으로 사업계획서의 구성요소와 작성방식에 대한 가이드를 제시하고 있다.

지침의 주요 내용으로는 성과관리체계에서 사업계획서의 역할을 제시하면서 사업계획서와 포트폴리오 예산서의 관계를 설명했다. 사업계획서와 예산서가 연계되는 것이 성과와 관련된 항목으로 사업계획서와 예산서는 조직이 장래 달성해야 하는 성과를 다르게 표현하고 있음을 밝혔다.

사업계획서의 내용을 구체적으로 밝히는 부분에서는 사업계획서가 무엇이며, 사업계획서가 전체의 기획 과정에서 어떻게 체계화되는지를 제시하였다. 또한 사업계획서의 작성 방식은 각 부처의 자율로 되어 있지만, 모든 부처가 공통적으로 작성해야 하는 최소 통합요소를 제시하였다.

각 부처에서 필수적으로 작성되어야 하는 사업계획서의 공통부분은 개요, 배경, 성과로서 계획된 성과정보, 기관의 역량, 위험감시와 관리 등으로 구성되어 있다. 지침은 각 구성요소를 별도의 장으로 비교적 상세하게 소개하고 있다.

4) Annual Performance Statements for Commonwealth Entities (RMG No.134)

RMG-134에는 연간성과보고서에 대한 상세한 내용이 규정되어 있다. 이에 따르면 각 부처가 자체적으로 성과평가를 실시한 결과가 연간성과보고서로 작성되고 회계감사원의 감사를 거쳐 의회에 보고되면 1년 단위의 성과관리가 완료된다.

연간성과보고서의 작성에 대한 가이드에서는 가장 중요한 것으로 연간성과보고서로 각 부처가 필수적이고 공통적으로 작성해야 하는 사항에 대한 규율이다. 최소 공통 작성요소로는 개요, 결과, 활동에 대한 설명, 성과측정 방법론, 목표와 척도, 성취된 결과, 분석이다. 가이드에서는 예시를 통해 각 요소가 어떻게 작성되어야 하는지를 비교적 상세하게 설명하고 있다.

최소 공통 작성요소 이외에 지침은 성과보고서의 작성과 관련된 다양한 주의 사항을 다음과 같이 제시하고 있다. 우선 민감한 정보의 포함여부이다. 모든 정부기관의 성과보고서는 의회에 보고되며 웹사이트를 통해 대중에 공개된다. 따라서 민감한 정보를 성과보고서에 수록할 것인지가 매우 중요하다. 민감 정보는 안보와 관련된 정보, 국가기밀, 법집행과 관련된 정보로 이들 정보는 성과보고서에서 제외 된다. 또한 연간성과보고서의 검사로 회계검사원의 성과보고서 사정(assessment)에 대해 상세히 정하였다.

제3절 정부업무평가제도

1. 평가제도 소개

호주 연방정부는 우리나라의 정부업무평가기본법과 같은 법제화된 정부업무평가제도를 운영하고 있지는 않다. 대신 각 정부가 성과관리 과정에서 개인, 부서에 대한 평가를 기반으로 사업에 대한 성과평가를 진행한다. 앞서 지적한 대로 대통령제가 아닌 의원이 내각을 책임지는 내각제 국가의 특성을 반영한 것이다. 따라서 호주 연방정부의 정부업무평가는 각 부처가 자체적으로 진행하는 성과평가가 중심이 된다.

성과평가 이외에 우리나라 기관평가에 해당하는 것이 규제개혁 성과평가이다. 성과평가가 각 부처가 자체적으로 진행하는 데 반해 규제개혁 성과평가는 각 부처가 자체적으로 실시하는 규제개혁성과에 대해 수상실이 관여하는 특정한 영역의 기관평가 성격을 띤다.

1) 성과평가

연방 정부의 성과평가는 성과관리의 핵심 과정이다. 성과평가는 회계연도 초반에 수립된 사업계획과 예산서에 대한 이행결과를 측정하는 과정에서 이루어지며 각 연방행정기관이 작성하는 연간성과보고서는 각 부처의 성과평가 결과이다. 연방의 각 행정기관이 작성하는 연간성과보고서에 제시되어야 할 성과평가의 내용은 크게 성과개요(statement), 성과결과(performance results), 분석(analysis)이다.

(1) 평가의 개요(Statement)

PGPA 2013에 의해 의무화된 성과보고서는 각 조직의 운영 실태에 대한 평가결과이다. 분권화된 성과평가 제도 하에서 각 부처가 자체적으로 평가를 실시하도록 하였기 때문에 자체 평가기관의 책임성을 확보하는 것이 무엇보다 중요하다. 성과보고서상 성과평가에 있어 각 부처의 성과가 정확하게 평가되어 있음을 명확히 할 필요가 있기 때문에, 성과보고서에서는 개요를 통해 이 보고서가 각 부처의 책임 하에 정확하고 적절하게 작성되었음을 스스로 표명하도록 하였다.

개요에는 조직 목표를 달성하는 과정에서 필요한 조직성과에 대한 정보를 제시하도록 되어 있으며, 이 과정에서 PGPA Rule을 따라 작성하였다는 점을 분명히 기술하도록 의무화 하였다.

(2) 성과평가 결과(Performance results)

연간성과보고서에서 제시된 성과결과는 조직의 성과평가 결과를 의미한다. 호주 연방정부가 성과평가를 의무적으로 실시해야 한다는 것은 바로 성과결과를 작성해 보고해야 함을 의미한다. 성과결과의 핵심은 조직이 주어진 기간 내에 조직의 목표를 달성했는지 여부이다. 따라서 성과보고서상의 결과(result)는 정해진 기간 동안 조직이 이룩한 성과가 목표를 얼마나 달성하고 있는가를 증명하는 가장 중요한 결과물이며 이를 증명하는 과정에서 평가가 진행된다.

성과관리 과정에서 진행되는 성과평가는 각 행정기관이 사업연도 개시 이전에 작성한 사업계획서에 제시한 성과지표와 평가방법에 따라 진행되도록 하였다. 따라서 성과보고서는 평가대상으로서 평가지표가 어떤 사업계획서와 예산서 상의 어떤 핵심성과지표에 해당하는지를 분명히 밝혀야 하며, 평가가 계획수립시 제시된 방법에 따라 정확하게 진행되었음을 명확히 제시해야 한다.

성과보고서에 제시되는 성과결과는 성과기준(performance criterion), 기준 출처(criterion source), 성과기준에 비추어 본 결과(result against performance criterion)로 구성 된다. 이는 계획과 성과를 논리적으로 연계하는 것이 평가라는 것을 보여주는 것이다.

우선 사업계획과 포트폴리오 예산서에 제시된 모든 성과기준(performance criterion)은 연간성과보고서에 제시된 조직의 목표에 기여하는 것이어야 한다. 이를 위해 성과보고서에 제시되는 모든 성과기준은 출처가 제시되어 있어야 한다. 즉, 성과기준의 출처는 모두 사업계획서(corporate plan) 또는 예산서에 제시된 것이어야 하며, 보고서에 이 사항이 분명하게 표시되어야 한다. 아래 호주회계감사국(ANAO)의 2015-16년 연간 성과보고서의 사례를 보면 성과기준이 제시되어 있으며, 바로 아래 출처(sourcr)가 「ANAO 2015-19 Corporate Plan, p.13」으로 표현되어 있는데, 이렇게 함으로써 사업계획과 성과보고를 자연스럽게 연계해 준다.

표 7-7 ANAO의 성과보고서 중 성과기준(performance criterion) 사례(일부)

기준 15(criterion 15)	회계감사국의 감사 서비스에 추가된 가치를 알고 있는 감사위원회 위원의 비율
출처(source)	▶ ANAO 2015-19 사업계획서(Corporate Plan), p.13.
결과(result)	목표로 설정한 90%에 대비해 75% 달성함

* 출처: ANAO(2016: 45)

표 7-8 호주 민간항공안전국(CASA)의 연간성과보고서 상 성과기준 예시

<table>
<tr><td rowspan="3">포트폴리오 예산서
(Portfolio Budget Statement)</td><td colspan="3">산출1(outcome 1)
규제제도, 상세한 안전기준 기술, 광범위한 항공산업 감독, 위험분석, 산업체 컨설팅, 교육 및 훈련을 통해 항공안전을 극대화 함</td></tr>
<tr><td colspan="3">사업 1.1 민간항공안전국(Program 1.1 Civil Aviation Safety Authority)
목표(Objective): 효과적인 진입규제, 감시, 교육과 강제, 민간항공안전 증진을 통해 품질안전규제 프레임과 감독 지속적으로 발전시킴
핵심성과지표(key performance indicators)
- 산업 부문에서 시간당 항공 사고의 수가 감소됨
- 산업 부문에서 시간당 항공 규정 위반 건수가 감소됨
- 효과적이고 효율적으로 항공규제의 지속적인 개선을 위해 항공산업을 참여시킴</td></tr>
<tr><td colspan="3">포트폴리오가 연계된 사업목표(Portfolio deliverables/Corporate Goals)</td></tr>
<tr><td rowspan="2">사업계획
(Corporate Plan)</td><td>공정하고 효과적이고 효율적인 항공안전 규제시스템의 유지와 개선</td><td>적극적인 안전문화를 증진시키고 유지하기 위한 광범위한 항공 공동체의 관여</td><td>조직 성과의 지속적인 개선</td></tr>
<tr><td>핵심성과영역:
항공안전규제와 서비스 전달
핵심성과지표
> 국제 기준에서 볼 때 CASA가 효과적인 항공안전규제자일 것
> CASA는 피규제자의 효과적인 사업수행에 불필요하게 개입하지 않음</td><td>핵심성과영역:
이해관계자의 관여
핵심성과지표
> CASA는 피규제자와 이해관계자를 대할 때 투명하게 대함
> 피규제자, 이해관계자와 CASA의 의사소통의 투명성, 명확성, 효율성 확보</td><td>핵심성과영역:
조정과 조직의 효과성
핵심성과지표
> CASA의 조정구조와 위험관리가 연방의 우수사례에 해당하기</td></tr>
</table>

* 출처: DoF(2015: 17)

경우에 따라서는 사업계획서에 표현된 활동(activity)과 사업, 성과지표를 통해 성과기준을 제시할 수 있도록 하였다. 호주 연방 민간항공안전국(The Civil Aviation Safety Authority: CASA)은 2015-16년 연간성과보고서에서 사업계획서와 포트폴리오 예산서를 결합해 성과기준을 제시한 바 있다. 이를 통해 목표달성 활동과 관련된 성과를 체계적으로 운영하고 이를 토대로 성과평가를 실시하고 있음을 보여준다.

성과기준이 제시되면 성과보고서에 성과측정방법, 목표, 척도, 성과평가 결과를 제시토록 되어 있다. 우선 성과평가에 사용된 성과측정방법이 간략하게 제시되어 있어야 한다. 통상적으로는 연간성과보고서에 제시되는 성과측정 방법과 사업시작 전에 작성되는 사업계획서(계획된 성과정보)상의 성과평가 방법이 일치한다. 그러나 다른 경우에는 그 이유를 설명해야 한다.

표 7-9 호주 정부 의회사무국의 2015-16년 성과보고서에 제시된 평가방법 예시

방문자의 수와 유형	2013-14 결과	2014-15 결과	2015-16 결과
방문자 수	677,932	759,483	725,992
사이버 방문자 수	3,500,000	3,979,949	4,706,404

방법(Methodology)

과거에는 의회의 로비를 통해서 들어오는 통행증 보유자가 방문자 수에 포함되었다. 그러나 2015-16년에는 보다 정확한 산정을 위해 통행증 보유 방문자의 수를 제외하는 방법이 채택됨.

* 출처: DoF(2015: 18)

성과보고서상에 확인된 핵심 활동별로 목표와 척도 등이 추가되어야 한다. 추가된 척도에 대한 성과평가 결과가 동시에 제시되면 성과평가가 종료되고 이를 반영한 성과결과서 작성이 완료된다. 호주 연방 보건복지부의 2015-16년 성과보고서에는 성과기준, 성과결과 등이 매우 잘 제시되어 있다. 특히 성과기준의 출처가 매우 다양하게 제시되고 있어 이 성과결과가 사업과 예산의 어느 활동과 관련되고 있는지를 보고서를 활용하는 주체가 용이하게 확인할 수 있다.

표 7-10 2015-16년 호주 연방 보건복지부의 성과보고서 중 결과보고 파트 예시

기준(Criterion)	지불통합기준의 달성(Achievement of payment integrity standards): * 의료보험(Medicare): 고객의 규정 준수 사례
목표(Target)	2300건의 의료보험 고객 사례의 완료
출처(Source)	· 2015-16 사업계획서, p.25. · 2015-16 포트폴리오 예산서, p.39. · 2015-16 포트폴리오 추경예산서, p.34.
결과(result)	1557건의 의료보험 고객 사례가 완료됨. (결과에 대한 설명은 생략)

* 출처: DoF(2015: 20)

(3) 성과평가 결과에 대한 분석(Analysis)

PGPA Rule 2014 section 16F에서는 각 부처가 연간성과보고서를 작성할 때 성과평가 결과에 대한 분석을 포함하도록 하였다. 이 분석을 추가하도록 한 이유는 성과관리 기간 동안 부처가 성과 결과를 낼 수 있었던 맥락(context)에 대한 정보를 제공하기 위해서이다. 분석은 조직의 전체 목표달성을 위한 전반적인 성과에 대한 분석 뿐 아니라 특정한 분야의 특정한 성과에 대한 분석일 수도 있다.

조직의 성과관리가 이루어지는 중간에 목표가 변하거나 조직의 역량에 변화가 발생하거나 중요한 환경요인이 변동된 경우 이러한 변화가 조직의 성과에 어떤 영향을 끼쳤는지를 분석적으로 제시하는 것이 대표적인 분석의 사례이다. 특히 조직의 성과에 영향을 미치는 조직 외적 영향요인들에 대한 분석 또한 연간성과보고서에 제시된 성과와 결과를 이해하는 데 큰 도움을 주기 때문에 분석에 포함되는 경우가 많다.

2) 특정영역 평가: 규제개혁 성과평가

우리나라의 특정사업에 대한 기관평가와 유사한 평가가 호주 총리실(PM&C)이 중심이 되어 진행하는 규제개혁 성과평가이다. 호주 연방 행정기구의 규제개혁 성과관리는 각 기관별로 이루어진다. 정부의 활동이 재무적

성과에만 국한되는 것이 아님에도 불구하고 그간 성과관리가 지나치게 재정성과에 치우쳤다는 반성위에 다양한 측면의 정부성과를 성과관리에 반영하고자 시도한 것이다.

이 제도는 2014년부터 도입되어 운영되고 있는 호주 정부의 규제개혁 성과관리시스템을 기반으로 운영되고 있다. 규제개혁 성과관리는 총리실(PM&C)에 의해서 주도되고 있는데, PM&C가 규제개혁 성과관리를 위해 수립한 'Regulator Performance Framework'에 의하면 PM&C가 주도하는 규제성과관리체제에서도 PGPA 2013이 정하는 바에 따라 연방부처는 자기평가 결과에 대한 내부 회계부서의 인증을 받아야 하며, 매3년마다 특정영역에 대한 외부평가를 실시하고 그 결과에 대한 보고서를 출판하도록 하고 있다.

그러나 호주 정부의 규제개혁 성과평가는 우리나라의 서열화 된 기관평가와 차이가 있다. 내각제 국가의 정치행정체제의 특징으로 인해 각 행정부처의 규제개혁을 책임지는 각 Minister에 대한 규제개혁 책임의 일환으로 특히 행정부처가 규제개혁 성과를 평가하는 것이 규제개혁 성과평가이기 때문에 규제개혁의 성과평가 결과를 통해 각 행정부처를 서열화하지 않는다.

2. 성과평가제도

1) 평가의 주체와 방법

내각제라는 정치행정시스템 하에서 각 행정부처로 분권화된 성과관리를 근간으로 하는 호주 연방정부의 성과평가 주체는 각 행정기관이다. 각 행정기관이 자신의 부처를 관할하는 Minister에 대한 일차적인 책임의 확보를 위해 Minister가 승인한 사업계획과 예산의 지출이 당초 목표를 얼마나 달성했는지를 평가하는 데 성과평가의 목적이 있기 때문에 각 부처가 성과평가를 자체적으로 실시한다.

성과평가의 방법은 각 부처가 사업시작 전에 수립해 Minister에게 보고하는 사업계획서에 따라 평가를 실시하도록 되어 있다. 평가는 PRM을 기반으로 각 행정부처가 자체적으로 수립한 성과관리시스템을 통해 전산관리 된다.

평가기법은 각 부처가 정하도록 되어 있으며, 계량적방법 뿐 아니라 질적 방법을 모두 활용할 수 있도록 아키텍처가 개발되어 있다. 평가결과는 각 내각과 의회가 차기년도 부처의 예산수립에 반영되고 있으며, 각 부처의 서열화를 위한 평가는 아니다.

2) 평가성 사정: 국립회계원의 성과보고서 평가(assessment)

각 부처가 자체적으로 실시한 성과평가가 잘 이루어졌는지를 사정하기 위한 모니터링을 담당하는 기관은 호주국립회계원(ANAO)이다. 국립회계원은 재무상(Minister of Finance)와 각 부처를 관할하는 Minister의 요청 또는 원장의 직권으로 성과평가 결과에 대한 모니터링을 실시하고 그 결과를 의회에 보고하도록 되어있다.

3) 평가도구로서 PRM의 활용

호주 재무부에 의해 개발된 성과관리 아키텍처 중 성과참조모형(PRM)은 어떤 형태의 사업 프로세스와 산출물도 평가하는 데 활용할 수 있는 모형이다. PRM은 각 팀단위의 운영 수준에서부터 부처간 수준, 중요한 정부 프로그램 수준까지 효과적으로 적용될 수 있다.

PRM은 정부 산출물을 계량화하고 산출과 활동을 연계시키도록 유도함으로써 정부 사업을 정의하는데 도움을 주는데, 특히 정부의 목표를 달성하기 위한 프로그램을 정의내린 후 정의된 프로그램을 부처간에 적용시키고, 실국, 현장사무소, 팀에 이르기까지 정의를 내려 사업계획 수립을 지원함으로써 핵심성과지표를 내려 보내고, 반대로 팀, 현장사무소, 실국, 부처, 조직전체, 정부 차원의 집합적인 산출(group outcome)을 측정하도록 해 정부업무 전반에 걸친 평가를 가능케 하는 틀로 활용될 수 있다.

3. 사업평가제도: 규제개혁 성과평가

호주 연방정부의 중요한 정책 아젠다 중 하나인 규제개혁을 성과중심으로 관리하기 위해 규제개혁 성과관리 체계가 수상실을 중심으로 운영되고 있다. 전체 연방 행정기구에 적용되는 규제개혁 제도의 운영은 수상실(내각부)이 책임지고 있지만 규제개혁의 성과관리는 일반적인 성과관리와 마찬가지로 분권화되어 있으며, 각 Minister가 관할하는 개별 부처 중심으로 운영된다. 따라서 규제개혁 성과지표의 수립부터 성과평가에 이르는 일련의 과정은 모두 각 행정기관이 자체적으로 운영한다.

PGPA 2013 하에서 각 부처에게 적용되는 성과관리와 마찬가지로 연방정부의 규제개혁 성과관리 또한 규제개혁이라고 하는 특정영역에 대한 각 기관의 자체평가를 중심으로 진행되기 때문에 우리나라의 특정평가와 1:1로 비교하기는 어렵다. 다만 호주는 국가경쟁력 확보에 영향을 미치는 핵심요인이

그림 7-19 호주 연방정부 규제개혁 체제도

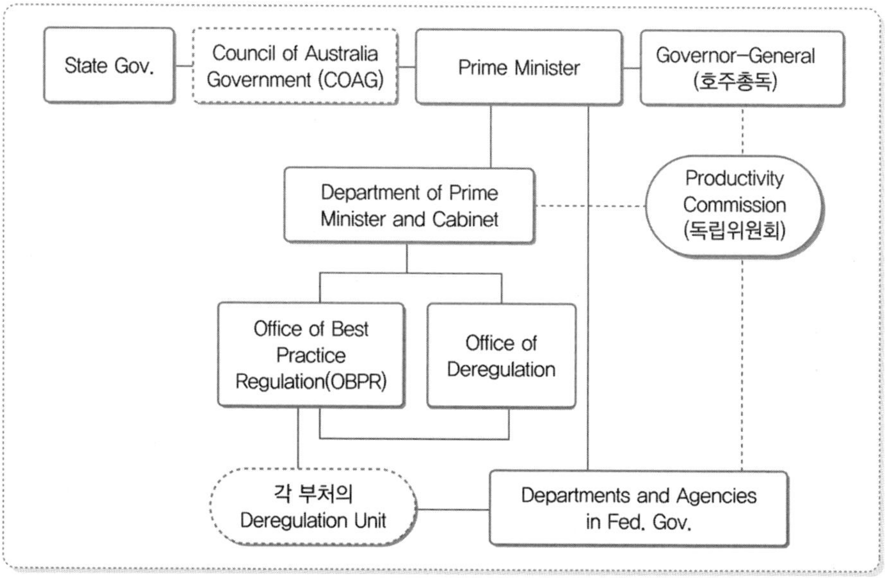

* 출처: 서재호(2014: 59)

정부의 행정규제라는 점에 착안해 규제를 보유하고 있는 전 부처에 규제개혁을 담당하는 부서를 설정하고 규제개혁 성과관리를 실시하는 것이다.

성과평가에 있어서 개별부처 주도의 평가가 이루어지기 때문에 규제를 운영하는 전부처의 규제개혁 성과에 대한 서열화는 이루어지지 않고 있다. 따라서 규제개혁 성과평가 결과는 각 부처가 책임지는 의회와 이해관계자에 대한 책임성 확보와 관련되며, 부처의 성과평가 결과에 따라 예산상 인센티브 여부가 정해질 수 있다.

규제개혁 성과평가는 각 부처가 규제개혁 성과관리 프레임워크를 기반으로 수립한 규제개혁 성과지표에 대한 목표달성도를 자체적으로 평가(self-assessment)하는 데서 출발한다. 다만 자체평가와 함께 이의 적절성을 확보하기 위한 외부평가(external reviews)도 진행된다. 자체평가는 일반적인 성과평가와 동일한 방식으로 운영된다.

규제개혁은 국가의 경제영역에 직접적인 영향을 주고 있다는 점을 고려해 매년 자체평가서에 대한 제3자인 외부의 확인을 포함한다. 특히 자체평가의 한계를 보완하기 위해 특정한 규제자에 대한 외부평가를 3년 주기로 실시하도록 하였다. 또한 특정한 분야에 있어서는 정부가 외부패널을 구성해 매년 규제개혁 평가를 실시하도록 하였는데 그 결과 매우 강력한 규제개혁 평가 시스템이 운영되고 있다.[2] 또한 규제개혁 성과보고서는 각 부처가 작성하는 연간성과보고서와 마찬가지로 출간되어 의회와 국민에게 공개토록 하였다.

규제개혁 성과관리를 실시하는 부처는 규제개혁 성과평가를 조직의 성과관리와 연계해 운영할 수 있다. 연간성과보고서와 마찬가지로 규제개혁성과 보고서 또한 PGPA Act에 따라 국립회계감사원이 평가성 사정을 할 수 있으며, 사정결과 및 평가결과는 각 부처를 담당하는 Minister와 수상, 내각자문위원회와 이해관계자 자문 메커니즘에 제공해야 한다.

규제개혁 성과평가의 객관성과 외적 타당성을 확보하기 위한 절차가 외부평가이다. 외부평가는 매 3년마다 진행되는 특정 외부평가와 매년 중요한

2) 호주 정부의 규제개혁 성과평가의 상세한 내용은 수상실이 수립한 지침인 Regulator Performance Framework에 소개되어 있다.

그림 7-20 규제개혁 성과관리의 평가 시기, 유형, 대상

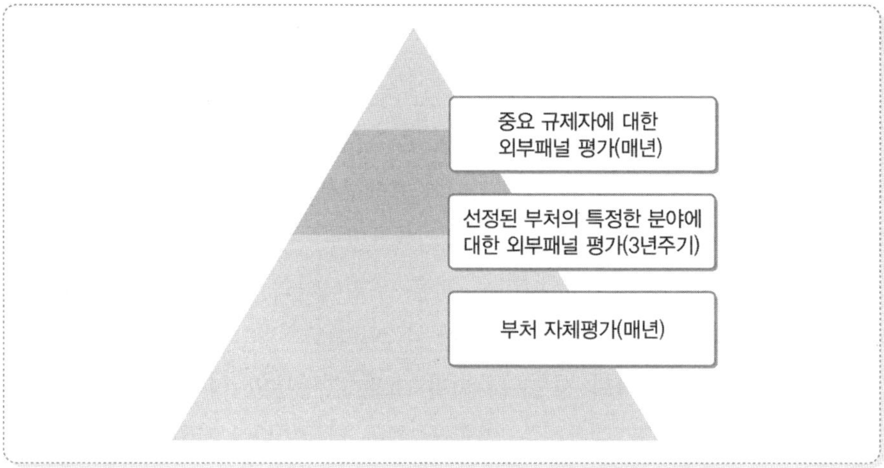

* 출처: Draft of Regulator Performance Framework(2014)

규제자를 대상으로 실시하는 연간 외부평가로 나뉘는데 외부평가 대상기관은 수상부(PM&C)와 각 부처의 규제개혁부(Deregulation units)의 협의 하에 선정되며 각 외부평가 방식별로 선정기준은 다음과 같다.

표 7-11 규제개혁 외부평가 대상기관 선정기준

평가 구분	3년주기 외부평가	연간 외부평가
대상기관 선정기준	* 산업위험이 확인되었거나 부각되는 분야 * 현재 정부가 우선순위로 삼고 있는 분야 * 책임 있는 각료 또는 각료위원회에 의해 제안된 분야 * 규제자에 대한 불만이 제기된 경우가 있는 분야	* 규제부담의 가치 * 경제적 가치 * 규제되는 공동체와 산업 규모 * 확인된 산업 위험 또는 현재 정부의 우선순위 * 자체평가와 외부평가의 결과 * 전체 고용자 또는 예산규모를 기준으로 규모가 큰 기관

* 출처: PM&C(2014a: 9-10)

제4절 결론

연방제 국가이면서 내각제를 채택한 호주는 철저히 개별부처의 자체평가 중심의 성과관리를 진행하고 있다. 호주 연방정부에서 평가의 개념은 성과에 대한 관리를 의미하며, 평가결과는 각 부처별로 책임을 지는 의회의 담당 Minister에게 직접 보고된다. 이러한 점은 우리나라와 같은 대통령제 국가와 달리 내각제국가가 가진 특징이라고 할 수 있다.

우리나라의 경우 의회 상임위원회가 소관 행정부의 성과에 책임지지 않으며, 소관 행정부처를 감독하는 역할을 주로 담당한다. 그러나 내각제 국가인 호주 연방정부의 경우 각 행정부처에 대응하는 상(Minister)이 의회에 임명되어 있으며, 수상(Prime Minister)은 여러 명의 상(Minister)의 장의 역할을 수행한다. 따라서 각 행정부처는 일차적으로 의회 내 수상에 의해 임명된 자기 부처의 상(Minister)에게 일차적인 성과의 책임을 지게 된다. 의회와 집행부가 상호 책임을 지고 있기 때문에 우리나라처럼 총리실이 주관이 되어 정부업무평가를 실시하지 않고 각 행정부처가 자체평가를 실시하고 이를 해당 부처를 담당하는 내각에 보고하고 관리를 받는 체제가 구축되어 운영되고 있다.

호주 연방정부에서는 각 부처가 자체적으로 평가한 보고서에 대한 객관성과 신뢰성을 확보하고 국민에 대한 책임을 지도록 하기 위해 국립감사원을 활용하고 있다. 자체성과보고서가 작성되면 각 행정부처는 이를 담당 내각에게 보고하는 동시에 이를 국립감사원에 보내 평가의 객관성과 신뢰성을 확인하는 평가사정(assessment)을 진행하게 된다. 재무부는 자체평가보고서가 문제가 있다고 판단될 때 이를 국립감사원에 감사의뢰 할 수 있는 권한을 가지고 있다.

호주 국립감사원은 정부부처 기관이 아니다. 독립된 기관으로서 중립적으로 운영되며, 의회의 다양한 회계감사 요청에 응하고 의회 활동을 자문하는 역할을 담당한다. 호주 국립감사원 또한 성과관리를 해야 하는 대상기관이긴 하지만, 다른 일반 행정부처와 별도로 독립되어 운영되고 있기 때문에 각 부처와 소속 및 산하기관, 공기업 등이 작성한 자체평가보고서에 대한 검증작업을 중립적으로 수행할 수 있게 된다. 국립감사원의 검증이 완료되면 이를 의회와 국민에게 공개하도록 되어 있으며 이는 호주 정부의 성과관리가 국민에 대해 책임을 지는 결과중심의 행정임을 강조하는 것이라고 하겠다.

각 부처 자체평가 중심으로 진행되는 호주 연방정부의 성과관리의 운영은 우리나라와 큰 차이가 없다. 정량지표와 정성지표를 활용해 회계연도 개시 전에 예산배정을 받으면서 제시한 성과지표를 얼마나 달성했는지를 연말에 측정하고 성과목표 달성 여부를 평가하게 된다.

다만 우리나라와 달리 철저히 예산과 사업 성과관리가 연계되어 있으며, 성과에 따라 사업의 존폐 여부를 검토하고 성과평가 결과를 바로 예산에 반영할 수 있는 체제로 이루어져 있다. 즉 결과중심의 행정개혁이 예산구조에 반영되어 있는데 이를 매개해 주는 수단이 성과관리인 것이다. 종합하면 성과관리를 잘 운영하면 예산의 효율성이 확보되며 이는 곧 조직의 목표달성으로 이어지는 방식으로 성과관리의 전체 틀이 운영되고 있다.

또한 호주 연방정부는 개별부처 중심의 성과관리와 성과관리 과정에서 이루어지는 성과평가 이외에 국정과제 평가 또는 정상화과제평가 등의 특수한 평가영역이 존재하지 않다. 규제개혁이라는 특정영역의 성과관리가 내각수상실 주도로 진행되지만 이 또한 개별부처 중심의 자체평가가 근간을 이루고 있으며, 우리나라와 같은 국무조정실 중심의 평가가 아닌 재정사업평가 중심으로 성과관리가 이루어지고 있기 때문에 평가의 중복이나 평가로 인한 업무 부담이 크지 않다.

우리나라는 정부에 대한 평가가 대단히 많고 복잡하다. 기본적으로 호주와 같이 자체평가보고서를 기반으로 운영되지만 평가의 주체는 외부에 있는 정부위원회이다. 국회는 국회 나름대로 예산심의와 국정감사를 통해 사업에 대한 평가를 실시하고 있으나 각 행정부처와 거리가 떨어져 있으며, 엄밀한 의미의 평가라고 하기 어렵다. 그 결과 업무 효과성을 제고하고 효율성을 높이기 위한 평가가 생산성을 저해한다는 지적이 제기되는 것이다. 호주 정부의 비교적 단순하고 체계화된 성과관리방식을 참고하여 활용한다면 우리나라의 다양한 평가제도 운영이 가진 한계를 극복하는 데 큰 도움이 될 것이다.

참고문헌

공동성 외. (2013). 성과관리: 외국제도편. 서울: 대영문화사.

서재호. (2014). 주요국의 규제개혁 사례연구. 국무조정실 정책연구보고서.

AGIMO. (2011). *Australian Government Architecture Reference Models*. AGIMO.

ANAO. (2015). *ANAO 2015-2019 Corporate Plan*. ANAO.

ANAO. (2016). *The Auditor-General Annual Report 2015-16*. ANAO.

DoA. (2015). *Department of Agriculture: Portfolio Budget Statements 2015-16*. DoA.

DoF. (2015). Annual Performance Statements for Commonwealth Entities. *Resource Management Guide* No.134. DoF.

DoF. (2015). Corporate Plans for Commonwealth Entities. *Resource Management Guide* No.132. DoF.

DoF. (2015). *Department of Finance: Portfolio Budget Statements 2015-16*. DoF.

DoF. (2015). Developing Good Performance Information. *Resource Management Guide* No.131. DoF.

DoF. (2015). "Overview of the Enhanced commonwealth performance framework." *Resource Management Guide* No.130. DoF.

Mackay, K. (2011). "The Performance Framework of the Australian Government." OECD Journal on Budgeting. vol.2011/3.

PM&C. (2014(a)). *Regulator Performance Framework*. PM&C.

PM&C. (2014(b)). *The Draft Regulator Performance Framework: overview and submissions process*. PM&C.

Public Governance, Performance and Accountability Amendment Act 2013.

Public Governance, Performance and Accountability Amendment Rule 2014.

http://www.ncoa.gov.au/report/appendix-vol-3/2-4-accountability-performance.html

제 8 장

뉴질랜드의 정부업무 성과관리 및 평가제도

제8장

뉴질랜드의 정부업무 성과관리 및 평가제도

제1절 개요

1. 정치행정 환경

뉴질랜드는 인구 469만 명(2016년 기준)으로 구성된 태평양 남서부에 위치한 섬나라로 인구의 대다수는 유럽출신이며 가장 큰 소수 민족으로는 마오리족이 있다. 1931년 영연방 정식회원국이 된 이후로 국가원수는 영국여왕이 임명한 총독이 상징적인 권한을 가지지만 실질적으로는 의원내각제 형태로 운영되고 있다. 연방국가가 아닌 단방제 국가로서 주정부가 없고 중앙정부-지방정부의 2계층제로 운영되고 있으며, 의회는 내각제이면서도 단원제로 구성되어 있는 것이 특징이다. 뉴질랜드의 의원내각제는 중앙집권화의 형태가 높으며 지방정부의 역할이 상대적으로 작은 중앙집권적 정부 형태가 특징이다(Boston et al., 1996; Pollitt and Bouckaert, 2004).

총선은 3년마다 실시되는데 의회(Parliament)의 다수당의 당수가 총리(Prime Minster)가 되고, 총리가 임명한 의원이 내각(Cabinet)의 구성원이 된다. 대부분의 장관(Ministers)은 정부의 주요 의사결정기구인 내각(Cabinet)의 일원이 된다. 뉴질랜드는 다당제를 인정하는 국가로 다수의 정당을 가지고 있지만 전통적으로 지배적인 정당은 국민당(National party, centre-right)과 노동당(Labour party, centre-left)이다. 2017년 9월에 열린 총선에서 노동당은 2위를 차지했으나 뉴질랜드우선(New Zealand First), 녹색당과의 연정을 통해 정권을 차지하여 Jacinda Ardern이 이끄는 여섯 번째 노동당정부가 들어섰다 (Wiki백과[1]).

뉴질랜드에서 장관(Ministers)은 주로 정치적 의사결정을 하게 되고, 실질적인 행정은 계약에 의해 임명된 사무차관(Chief Executives: CE)이 담당하게 된다. 사무차관은 매년 부처의 장관과 성과계약을 체결하고 국가서비스위원회(State Service Commission)에 의해서 임용된다. 1990년대의 NPM(New Public Management)시대의 뉴질랜드 모델(New Zealand Model)에서는 바로 장관(ministers)은 결과(outcomes)에 책임을 지고 사무차관은 산출(output)에 책임을 지는 체재였다. 장관과 사무차관(Chief Executive)은 매년 추구할 산출(output)에 대해서 협정(agreement)을 맺고, 성과계약에 대해서 매년 회계연도 말에 국가서비스위원회(State Services Commissioner)에 의해서 평가를 받게 된다 (Scott, R. J. , 2016).

그림 8-1 뉴질랜드의 정치행정체계

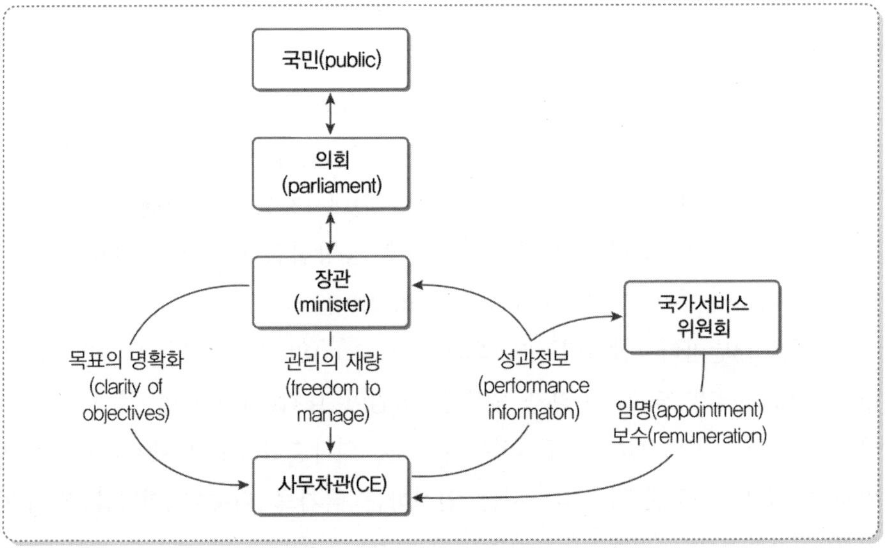

* 출처: Scott(2016)

1) 검색일 2017. 12. 17일

2. 연혁

뉴질랜드 성과관리는 1984년 집권한 랑이(Lange) 노동당 정부의 정부부문 개혁의 일환으로 이뤄졌다. 랑이(Lange) 수상의 노동당 정부는 기존 국민당정부에서 급증한 정부부채와 경제위기를 극복하기 위해 과감한 정부개혁을 수행하였다. 정부개혁은 정부조직의 축소를 기반으로 한 민영화, 장관과 성과협약을 체결하고 계약제로 임용되는 사무차관(chief executive)제도의 도입, 발생주의 회계제도의 도입과 같이 다소 급진적으로 추진되었다. 성과평가는 1987년에 발표된 공공관리의 5가지 핵심원칙 중 하나인 "정부 성과의 효과적인 평가(Effective Assessment of Performance)"[2)]를 달성하기 위해서 주로 산출(output)을 중심으로 평가되었다. 이는 결과(outcome) 지표와 같이 부처 노력 이외의 다른 외부 영향에 따른 결과를 통제하기 위함이었다. 즉, 부처의 노력정도에 대한 '공정한 평가'에 초점을 두게 되면서 목표의 달성정도를 고려한 결과지표가 아닌 산출(output)지표에 초점을 두게 된 것이다.

1996년 Schick에 의해서 정부개혁을 위한 1차 연구가 수행되었고 그 결과가 The Schick Report(Schick 1996)로 제출되었다. 이 보고서는 중앙의 지시 및 협업적 역량(Collaborative capacity)의 필요성을 중요하게 제시하고 있다. 이 보고서 뿐만 아니라 다른 연구들(Boston 1999; Petrie and Webber 2001; SSC, 1999; Scott, 2001)에서도 공공부문에서의 산출(output)에 대한 강조는 전체적인 관점에서 보면 실제 기대한 것보다 낮은 성과를 가져왔다고 보고하고 있다. 이러한 이유로 1999년의 정부서비스위원회 위원장(State Services Commissioner)이 제출한 '노동당 연립정부에 대한 선거후 보고서'에서 공공서비스는 '결과(result)'에 더 관심을 기울여야 한다는 점을 강조하였다(SSC, 1999). 즉, 효율성을 강조하는 것은 각 기관이 자신 기관의 역할에만 한정되어 일하기 때문에 전체 정부 수준에서의 그들 행동의 효과에 대해서 고려하지 못하기 때문이라는 것이다.

---

2) 정부 성과의 효과적인 평가는 성과목표를 달성할 때 관리자가 통제하지 못하는 외부요인, 즉 제3의 요인이 있는지를 명확히 구분하여 성과를 평가할 수 있도록 해야 함을 의미한다.

이러한 비판으로 인해 정부는 '국가 성과향상(Improving State Sector Performance)'으로 불린 프로젝트를 시작하고, 프로젝트의 수행그룹인 부처 자문단그룹(Ministerial Advisory Group)이 2001년 11월에 '중앙정부의 검토(Review of the Centre)'를 발표하였다(MAG 2001). 이 보고서는 보다 '통합된 서비스 제공(integrated service delivery)', '조직 분절화(fragmentation)의 재고(rethinking)', '사람과 조직 문화에 대한 강조'의 필요성을 담고 있다. 이러한 변화의 중심에는 "분절화(fragmentation)"에서 협업을 강조하는 "전체로서의 정부(whole of government)"로 이행의 필요성이 담겨져 있다. 이 보고서의 제출 한 달 뒤에 내각은 "결과를 위한 관리(Managing for Outcomes)"에 서명을 하게 된다. 이는 뉴질랜드 모델에 있어 2단계의 개혁(second stage of reform)으로 불리고 있다. 이 개혁은 1984년부터 2000년까지의 관리주의(managerialism)와 산출(output) 중심으로부터 리더십(leadership)과 결과(outcomes) 중심으로의 변화를 의미한다(Mallard, 2003).

Ryan(2003)은 이러한 2단계 개혁의 특징을 다음과 같이 네 가지로 요약하고 있다. 첫째, '결과에 초점을 둠(focusing on results)', 즉 결과를 관리함(managing for outcomes), 둘째, '시민과 커뮤니티 중심적이 됨(Becoming more citizen and community centered)', 셋째, '조정능력 향상 및 네트워크를 통한 업무의 향상(Improving coordination and working through networks)', 넷째, '사람, 문화 리더십의 강화(Strengthening people, culture and leadership)'이다. 여기에서 특징은 바로 1차 정부개혁의 모델이 부처 간 평가의 공정성을 중시하여 산출(output)을 중심으로 평가를 한데 반해서 2차 정부개혁에서는 결과(outcomes)를 중심으로 변화되었다는 점이다. 결과에 초점을 둔다는 것은 바로 "결과를 위한 관리(Management for Outcomes: MfO)" 체제를 의미한다. MfO는 2002년부터 2003년 이후 전 부처에 걸쳐 확대되어 왔으며 모든 공공서비스 기관과 의회에서 활용하고 있다(윤수재 외, 2008; 213). 결과에 대한 관리인 MfO에 따라서 각 부처는 성과계획서라고 할 수 있는 SOIs(Statement of Intent)를 작성하여야 한다.

그러나 점차 각 부처별로 이뤄지고 있던 결과(outcomes)중심의 성과관리로는 국가전체의 성과 달성을 위한 우선순위 설정과 부처간 협업을 위한 노력을 가져오기 어렵다는 비판이 제기되었다. 이에 2011년 정부는 서비스 향상의 목표를 가지고 더 나은 공공서비스 자문단(Better Public Service Advisory Group)을 설립하였으며, 이 그룹에서 정부부처와 기관들이 각각 자신들의 목표를 추구하는 것을 넘어 우선순위 성과(priority outcomes)에 초점을 둔 관리를 중시하게 되었다(State Service Commission, 2011). 이에 더 나은 공공서비스 프로그램(Better Public Service Programme)은 10개의 측정 가능한 결과(result)를 제시하고, 10개의 결과를 달성하는데 있어 정부부처간의 경계를 뛰어넘는 협업을 강조하고, 결과의 달성정도에 대한 보고서를 제출하도록 하고 있다. 더 나은 공공서비스 프로그램은 부처 간의 협업에 대한 강조뿐만 아니라 기능적 리더십(functional leadership)을 통한 효율성을 강조하고 있다. 예를 들면 ICT, 구매, 자산, 인사 관리 등을 각 개별 부처의 차원에서 중복적으로 처리하는 것이 아닌 정부전체의 차원에서 처리하여 효율화를 이끌어낸다는 것이다.

3. 관련법령

뉴질랜드 성과관리 개혁의 주요 내용은 공공부문법(State Sector Act, 1988)과 공공재정법(Public Finance Act, 1989)에 법제화되게 된다. 공공부문법의 제1장에는 정부서비스 위원회 위원장(State Service Commissioner[3])에 대한 사항을 규정하고 있다. 위원장 수행 기능으로 기관, 부문 그리고 정부전체의 성과를 향상시킬 수 있는 조언의 역할을 수행하기 위해 공공부문에 대한 검토(review)의견을 제시하도록 하고 있다. 그리고 각 부처와 기관의 성과를 검토와 사무차관에 대한 고용 및 성과 평가 역할을 제시하고 있다. 특히 공공부문법은 주로 정부서비스 위원회 및 공공서비스, 사무차관에 대한 내용과 일반 인사관리에 대한 내용을 싣고 있다. 과거에는 부처의 성과보고서에 대한 내용이 공공부문법에 있었으나 2004년 공공재정법(Public Finance Act)에 포

3) 제4조에는 정부서비스 위원회 위원장(state service commissioner)은 정부서비스위원회(state service commission)의 사무차관(chief executive)으로 규정하고 있다.

함[4]되면서 삭제되었다.

공공재정법은 우리나라의 국가재정법과 같이 정부의 주요 재정관련 사항을 담고 있는 법규이다. 공공재정법 제19조는 성과보고 책임자인 각 부처, 부처 소속기관, 의회사무처, 책임운영기관의 예산성과정보 제출절차 및 기한에 대해 규정하고 있다. 또한 제38조에서 제41조는 전략지향(strategic intentions)에 대한 보고책임에 대해 규정하고 있다. 그리고 제43조에서 제45조는 성과보고서(annual report)[5] 및 재무제표의 보고에 대해 규정하고 있다.

제2절 정부업무 성과관리제도

1. 성과관리 체계 및 운영

1) 성과관리 운영 체계

뉴질랜드의 성과관리 제도는 '전략지향(strategic intentions)', 4년 계획(Four year plans), 전략과 계획에 대한 지원(supporting strategies and plans), 연간계획(annual planning), 예산(estimates), 연간성과보고서(annual report)로 구성되어 있으며 상호간에는 유기적인 연결 관계를 형성하고 있다.

4년 계획은 각 부처의 장기 비전 맥락에서 부처의 중기관점(medium-term perspective)의 계획(planning)과 달성방법을 제시한다. 4년 계획은 the Better Public Services(BPS)[6]의 10개 결과(results)지표와 우선순위, PIF 4년 최고지평(Four-year Excellence Horizon),[7] 연차보고와 같은 우선순위 및 성과정보를

4) 현재 공공재정법 제43조에 성과보고서의 내용이 포함되어 있다.
5) 연간보고서로 번역하는 것이 정확하지만 뉴질랜드의 경우에는 성과보고서의 성격이 강하기 때문에 번영을 성과보고서로 번역하였다.
6) 우리나라의 국정과제와 유사하나 국가의 우선순위 지향으로 10개의 결과지표를 제시하고 있다. 자세한 내용은 후술한다.
7) 이는 기관평가와 유사한 제도로서 계획을 달성하는 주요 이슈를 제공하고 있다. 자세한 내용은 후술한다.

투입요소로 하여 작성하도록 하고 있다. 4년 계획(Four Year Plans)은 기관이 그들의 자원을 어떤 서비스 제공에 활용할 것인지, 관리되어야 할 중요한 위기 또는 기회는 무엇인지와 같은 전략적인 목표를 구체화한다. 이러한 전략적 목표는 전략지향(strategic intentions)을 제시하도록 하고 있는데 각 부처는 4년 계획 또는 성과보고서에 전략지향을 포함할 수도 있으며, 독립적인 성과계획(statements of intent: SOIs)의 형식으로 발표할 수도 있으나 장관은 의회에 보고 책임이 있다. 전략지향의 발표 형식은 자유롭지만 부처의 전략적 기획과 현재 전략이 목표달성에 적절한지 여부를 자체적으로 평가한 정보를 포함하고 있어야 한다(Public Finance Act: Strategic Intentions Guidance, 2015). 이러한 전략지향은 중장기 관점에서 부처가 달성하고자 하는 목표를 제시하고, 이러한 목표가 정부의 중기에 걸친 우선순위(Government's priorities) 설정에 어떤 기여를 하는지 보여주어야 하고 의회와 대중이 이해할 수 있게 공표되어야 한다. 또한 전략지향은 연간성과보고서에 달성정도를 보고하도록 하고 있다.

그림 8-2 뉴질랜드 성과관리제도 개관

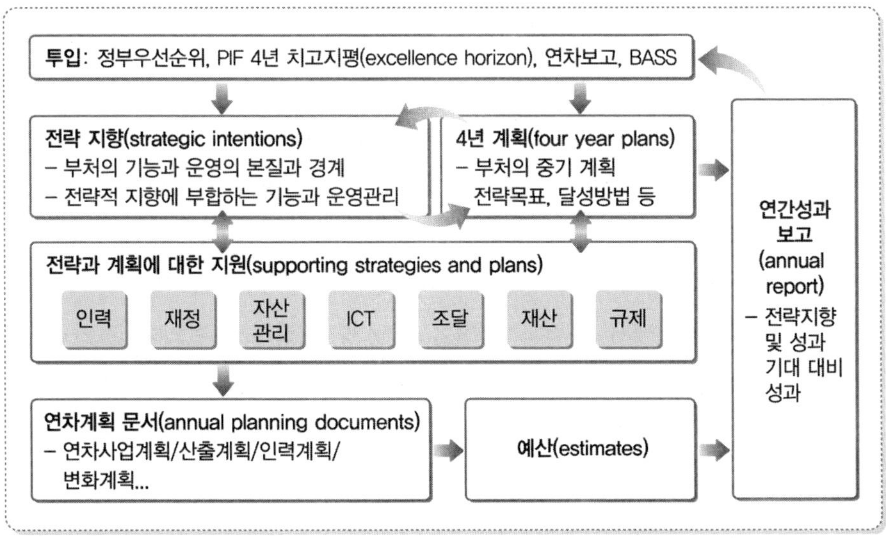

* 출처: State Service Commission(2016)

성과계획(statements of intent: SOIs)에는 전략과 계획에 대한 지원계획으로서 인력, 재정, 자산관리, ICT, 조달, 재산, 규제 등에 대해 제시하도록 하고 있으며, 이는 연차계획으로 작성되고 최종적으로 예산에 반영된다. 그리고 전략지향과 4개년 계획, 예산집행과 관련해서는 연간성과보고(Annual Report)에 자세히 기술하도록 하고 있다.

이상의 뉴질랜드의 성과관리제도를 요약하면 [그림 8-2]와 같다.

(1) 4년 계획

4년 계획(Four Year Plans)은 기관이 '우리 기관의 자원을 어떤 서비스 제공에 활용할 것인지?', '우리 기관의 관리되어야 할 중요한 위기 또는 기회는 무엇인지?'와 같은 전략적 방향(strategic direction)을 구체화 하는 것을 목적으로 한다. 4년 계획의 전략적 방향 설정에서 뉴질랜드 정부 전체의 정책 우선순위와 해당 부처 프로그램간의 연계성을 검토한다. 즉, 각 부처의 성과목표가 정부의 정책우선순위와 연계되어 도출되도록 하고 있다고 볼 수 있다. 따라서 부처의 전략적 중기계획의 시간에 따른 스냅 샷을 제공하고 최소 4년 동안 부처가 어떻게 보일 것인지를 제시한다.

부처의 중기계획에서 답해야 하는 핵심 질문은 "부처가 사용할 수 있는 자금과 재무상태(balance sheet)로 중기에 걸쳐 고객과 뉴질랜드의 가치 증대를 창출할 수 있는가?"이다. 4년 계획에 포함되어야 하는 핵심요소는 첫째, "부처의 전략적 목표(왜 이 부처가 존재하는가)는 무엇인가?", 둘째, "부처의 전략적 목표를 달성하기 위해서 향후 4년 동안 부처는 어떠한 개입(산출, 서비스, 자금 조달, 자산 규정 및 규제)을 계획하고 있는가?", 셋째, "부처는 이러한 개입을 성취하기 위해서 사람과 자원을 어떻게 조직하고 관리할 것인가?"이다. 또한 4년 계획에는 효율성, 서비스 공급의 향상, 전문성과 역량의 개발, 지속성을 보장하기 위한 기능과 부문 간의 협업(collaboration)을 포함하도록 하고 있다.

표 8-1 4년 계획의 목차 예시[8)]

1. 전략적 방향(strategic direction)
   1.1 도입
   1.2 전략적 방향-정부의 우선순위와 기대의 제시
2. 우리 조직의 원리(Our organising principles)
   2.1 운영모델(operating model)
   2.2 결과체계(outcome framework)
   2.3 재정요약(Financial summary)
3. 지원정보(supporting information)
   3.1 조직 역량 및 인력(organisational capability and workforce)
   3.2 재정적 영향(financial impacts)
   3.3 정부 ICT 전략(Government ICT strategy)
   3.4 포트폴리오 우선순위(Portfolio priorities)
   3.5 정부 우선순위(government priorities)
   3.6 전략적 위기(strategic risks)

부록

[그림 8-3]은 경영, 혁신, 고용부의 전략적 방향에서 제시하고 있는 목표와 성과지표를 보여주고 있다. 부처의 목표(target)는 뉴질랜드인의 가계소득을 2025년까지 40% 증가시키는 것으로 하위 목표로 더 경쟁적인 비즈니스, 모두에게 직업기회부여, 적절한 주거공급이 있으며 하위목표 달성을 위한 계량적 성과지표 및 매개성과를 제시하고 있다.

4년 계획은 부처조직 내에서는 사무차관(Chief Executive)이 조직을 효과적으로 이끌 수 있도록 관리책무(stewardship[9)] obligations)의 이행을 돕는데 우선적인 목적이 있다. 그리고 정부의 지속가능성(sustainability)[10)] 및 지속가능성의 위기에 대한 확신(assurance), 자금 조달과 재무상태(balance sheet)를 제시한다. 4년 계획은 지출 및 자원으로 산출된 가치를 보여줌으로써 정부 의사결정(예산의사결정을 포함)과 자원배분에 대한 정보를 제공해주고, 정부가

8) 경영, 혁신, 고용부(Ministry of Business, innovation & employment, 2014a)의 4년 계획을 참조로 구성하였다.

9) State Sector Act 1988하에서 stewardship은 중-장기 이익에 대한 적극적인 계획과 관리를 의미한다.

10) Under the Public Finance Act 1989 Chief Executives are responsible for the financial sustainability of their department.

그림 8-3 경영, 혁신, 고용부의 목표(objectives) 체계

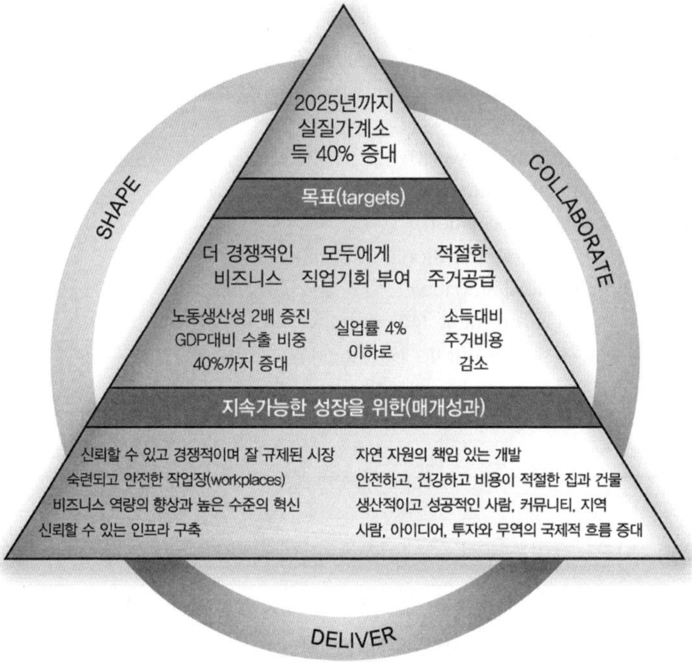

직면하고 있는 전략적인 선택과 거래(trade-offs)를 식별해준다. 4년 계획은 또한 시스템 전체의 기회, 긴장과 위험을 식별 가능하도록 도와준다.

4년 계획은 부처조직 내에서의 활용 이외에도 장관과 중앙정부에 의해서 활용된다. 우선, 장관(Ministers)은 자신의 부처가 전략을 명확히 하고, 정부의 우선순위 목표를 달성하기 위한 기본자금 활용계획을 잘 이해하고 있는지 확인할 수 있다. 또한 부처의 우선순위, 성과(performance), 부처의 압력(pressures)과 위험(risks)을 검토하도록 하며, 전략적인 선택과 장관의 발전기회를 제공한다. 중앙정부(central department)는 4년 계획을 통해 부처의 중기 계획과정에서의 숙고와 의사결정의 품질에 대해 통찰 할 수 있으며, 정부의 우선순위와 목표 달성을 위해 부처가 개별・집단적으로 수행할 일에 대해 이해를 높일 수 있게 된다. 또한 장관에게 전략적 이슈의 선택, 운영과 자본 지속가능

성, 거래(trade-offs), 우선순위에 대한 전체 정부 관점에서(whole-of-government perspective)의 정보를 제공한다. 그리고 어떻게 사무차관(Chief Executives)이 그들의 관리 책임을 충족하고 있는지와 이를 사무차관의 성과에 투입으로 넣고 있는지에 대한 이해를 발전시키는데 활용된다. 부서의 4개년 계획의 품질은 사무차관의 성과관리에서 투입자료로 활용될 것이기 때문에 일관성이 중요하며, 또한 4개년 계획은 투자 확신평가(investor confidence rating)의 일부로 활용되고 장관에게 보고된다.

4년 계획은 부서의 성과보고서(annual report)와 분명한 연계가 있어야 한다. 4년 계획은 자원을 어디에 투자할 지에 대한 계획 과정과 의사결정에 대한 정보를 제공하기 위해서 연차보고서의 데이터와 증거자료를 활용해야 한다. 4년 계획은 부처가 전체 체계 내에서 적합한지 그리고 정부 우선순위에 반응하고 있는지를 보여주는 포괄적인 정보와 사실에 근거하여 작성되어야 한다. 또한 4년 계획을 발전시킬 때는 성과향상체계(Performance Improvement Framework: PIF) 검토에 대한 대응을 포함하여야 한다. 이는 사무차관과 고위직들이 다음 4년 동안 부처의 성과를 향상시키기 위해서 필요한 가장 중요한 이슈에 대해서 명확히 하게 하기 위해서이다. 전략적 지향이 변하지 않는다면 4개년 계획을 수정할 필요는 없으며, 이를 확증하는 요약과 도표를 보여주면 된다. 그러나 전략적 지향이 수정되게 되면, 공공재정법(Public Finance Act)의 요구사항에 적합하도록 4개년 계획을 수정해야 한다.

(2) 전략지향(strategic intention)[11]

전략지향은 성과계획[12](Statements of Intent)의 형태로 발표될 수도 있고, 다른 보고서에 함께 발표될 수도 있으나 공통된 설명을 위해 성과계획(Statements of Intent: SOIs)을 기초로 살펴본다. 부처의 성과계획(SOIs)은 부처

11) 성과지향은 성과계획(Statements of Intent)로 발표될 수도 있고 그렇지 않을 수도 있으나 공통된 설명을 위해 성과의도를 기초로 살펴본다.

12) Statements of Intent는 의도에 대한 성명서로 직역할 수 있으나 그 내용이 성과계획을 주로 담고 있으며, 기존 연구들에서도 성과계획으로 번역하고 있어 본 연구에서도 성과계획으로 번역한다.

의 예산과정에서의 전략적 의도를 나타낸다. 이것은 뉴질랜드의 새로운 형식의 보고서로서 목표(goals and objectives), 전략(strategies), 부처가 달성하고자 하는 정책목표와 산출물(output)간의 연계성을 보여준다. 성과계획(SOIs)은 공공재정법(Public Finance Act) 34조(s.34A)에서 요구되는 연간보고(annual statement)를 포함하는데 이는 감사기관의 연간 재정보고의 기초로 활용된다. 2002년의 가이드는 어떻게 매년 성과보고서(annual report)에서 성과계획(SOIs)에 대해 보고해야 하는지를 명시하였다(Ryan, 2003).

공공재정법(Public Finance Act 1989, PFA)과 책임운영기관법(Crown Entities Act 2004, CEA)의 2013년 개정은 기관에게 무엇이 가장 의미 있고 유용한 외부보고(external reporting)인지에 초점을 두도록 요구하고 있다. 이 가이드에 따르면, 외부 보고는 기관이 의회에 예산안 및 보충적 예산안에 대한 정보를 제공하는 것을 의미하며, 이러한 정보는 부처의 성과계획(SOIs)과 책임운영기관(Crown entity)의 성과기대성명(statements of performance expectations)이다. 2013년도 개정에서 앞에서 설명한 전략적 의도(for strategic intentions)를 제시하도록 하고 있다. 즉, 각 기관의 성과계획(SOIs)은 기관이 최소 4년 이상의 기간 동안에 “달성하거나 공헌하고자하는 의향이 있는” 전략적 목표를 제시하여야 한다. 또한 지출관련 조항도 추가되었는데, 공공재정법이나 책임운영기관법 또는 책임운영기관법의 예외조항에 제시되지 않는다면, 기관들은 다음의 지출을 통해서 “무엇이 달성되기를 의도하는 것인지?”에 대한 간결한 설명을 제시해야 한다. 즉, “무엇이 달성되기를 의도하는지?” “어떻게 성과가 측정될 것인지?” 사이의 연계를 분명히 해야 한다. 이러한 관계가 자명한 기관이 아니라면 이러한 관계를 확실히 보여주어야 한다. 무엇이 달성되기를 의도 하는가에 대한 설명은 “납세자에게 전략(strategy) 또는 지출(expenditure)로부터 이익이 되는 것이 무엇인지”에 대한 분명한 정보를 의회와 다른 기관들에게 제공해야 한다. 기관은 가장 의미 있는 방식으로 그들의 의도를 표현해야 하고 그 설명은 간결하고 일관되어야 한다.

성과계획(SOIs)은 부처의 전반적인 전략 방향 및 우선순위에 대한 정보를 제공한다. 이러한 성과계획은 특히 전체 정부의 정책 및 성과기대와 일치되

표 8-2 성과계획(Statements of Intent) 목차 예시[13)]

1. 장관 서문(Ministers' foreword)
2. 장관 책임선언(Ministerial statement of responsibility)
3. 사무차관 서문(Chief Executive's foreword)
4. 사무차관 책임선언(Chief Executive's statement of responsibility)
5, 전략 방향(Strategic direction)
6. 운영 의도(Operating intentions)
7. 우리의 매개성과(Our intermediate outcomes)
8. 변화하는 환경의 관리(Managing in a changing environment)
9. 조직의 건강과 역량(Organisational health and capability)
10. 장관과 포트폴리오(Ministers and portfolios)
11. 조직구조(Organisational structure)
12. 자산관리와 성과(Asset management and performance)
13. 부록(Appendix): 성과를 위한 협업(Collaborating for outcomes)

어야 한다. 성과계획(SOIs)에 대한 책임은 사무차관에 있음을 SOIs의 책임성 선언을 살펴보면 알 수 있다.[14)] 구체적으로 성과계획(SOIs)에는 각 부처가 나가야할 전략 방향, 운영의도, 매개성과, 조직의 건강과 역량을 제시한다.

전략 방향(Strategic direction)은 부처가 처한 환경 변화에 따른 도전과 기회, 부처가 달성하고자 하는 목적(Purpose), 부처의 책임 범위와 달성 방법, 정부의 전략적 우선순위와 부처의 전략적 우선순위 등의 내용을 담고 있다. 운영 의도(Operating intentions)에는 부처의 목적(purpose), 핵심목표(primary target), 지지목표(supporting target), 운영모델(operating model), 핵심목표 및 지지목표에 대한 성과지표(performance indicator)를 제시하고 있다. 매개성과(Our intermediate outcomes)에서는 각각의 매개 성과 프로그램에 대한 포트폴리

13) 경영, 혁신, 고용부(Ministry of Business, innovation & employment, 2014b)의 2014-2018 statements of intent의 내용을 토대로 구성하였다.

14) 경영, 혁신, 고용부(Ministry of Business, Innovation and Employment) 장관의 책임선언을 살펴보면 "나는 나의 부처에 의해서 제시된 전략적 의도(strategic intentions)에 대한 정보에 대해 만족한다. 이 의도에 대한 선언(statement of intent)은 정부의 정책과 성과 기대와 일치하는 것이다."와 같이 제시되어 있다. 반면 사무차관의 책임선언을 살펴보면 "이 선언에 사인함에 있어, 나는 Ministry of Business, Innovation and Employment 의 전략적 의도(strategic intentions)에 대한 정보에 책임이 있음을 인정한다. 이 정보는 Public Finance Act 1989의 38, 40조항에 일치하도록 작성되었다"

표 8-3 성과지표의 제시 예시

(GROW NEW ZEALAND FOR ALL)		
성과지표(PERFORMANE INDICATOR)	BASELINE (기준선)	LATEST DATA (최신데이터)
2025년까지 실질 가구 소득을 주당 약 1,300$에서 1,800$로 50% 증가시킴	2012: $1,300	2013: $1,358
자료: New Zealand Survey and consumer price index, Statistics New Zealand		
2025년까지 노동생산성을 매년 2% 정도의 향상으로 배가시킴	2012년 3월 31일: 매년 약 1%	2013년 3월까지: 2.0%
자료: Productivity statistics, Statistics New Zealand		
2025년까지 GDP의 40%로 재화와 용역의 수출 가치를 높임	2011/12: GDP의 33.1%	2013년 12월 GDP의 32.7%
자료: Gross domestic product release, Statistics New Zealand		
2025년까지 실업률을 4%이하로 만들어 모든 사람들에게 직업 기회를 제공	2012년 6월: 6.8%	2013년 12월: 6.0%
자료: Household Labour Force Survey, Statistics New Zealand		
적절한 주거공급 세후 소득중 주택가격을 지불한 후의 잔여재산으로 측정예정	기준선은 제시될 예정	신규지표

* 출처: Ministry of Business, innovation & employment(2014b)

오, 우선순위, 성과지표를 제시하고 있다. 조직의 건강과 역량(Organisational health and capability)에서는 조직의 외부 이해관계자 및 해당 책임운영기관의 관리, 직원 관점에서 조직 건전성을 진단하기 위한 성과지표들을 제시하고 있다. 마지막으로 부록에 있는 결과에 대한 협업(collaborating for outcomes) 부문에서는 각 매개성과별로 관련 부처 및 책임운영기관 등에 대해서 제시하고 있다.

(3) 성과보고(Annual Report)

성과보고(Annual Report)는 성과계획(SOIs)과 같은 표명된 지향(stated intentions)에 대한 실제 결과를 검토하는 지속적 관리 사이클(continuous management cycle)중 한 부분이다. 성과보고서는 사무차관의 서언으로 시작하는데 한해 동안 어떠한 일들을 하였고, 그 성과는 무엇이며, 달성하는데 있어 어려움은 없었는지 등에 대해 논의하고 있다. 흥미로운 것은 성과계획에서 제시한 성과지표의 달성정도를 보여주고 있을 뿐만 아니라 2012년 정부의 나가야 할 길을 10가지로 제시한 더나은 공공서비스(the Better Public Service)의 결과에 대해서도 자세하게 그 성과를 작성하고 있다는 점이다.

표 8-4 주요 성과지표 달성결과(예시)

측 정	목표된 방향 (Desired Trend)	결과(Result)	
2025년까지 실질 가구 소득을 주당 약 1,300$에서 1,800$로 50% 증가시킴	↑	2012/13	$1,300
		2013/14	$1,358
		2014/15	$1,389
자료: New Zealand Survey and consumer price index, Statistics New Zealand			
2025년까지 노동생산성을 매년 2%정도의 향상으로 배가시킴	↑	2012	1%
		2013	2.1%
		2014	1.4%
자료: Productivity statistics, Statistics New Zealand			
2025년까지 GDP의 40%로 재화와 용역의 수출가치를 높임	↑	June-14	30.4%
		Dec-14	28.9%
		Mar-15	29.2%
자료: Gross domestic product release, Statistics New Zealand			
2025년까지 실업률을 4%이하로 만들어 모든 사람들에게 직업 기회를 제공	↓	June-13	6.5%
		June-14	5.7%
		June-15	5.9%
자료: Household Labour Force Survey, Statistics New Zealand			
적절한 주거공급 세후 소득중 주택가격을 지불한 후의 잔여재산으로 측정예정	↑	신규지표	$1,389

* 출처: Ministry of Business, innovation & employment(2014c)

공공재정법(PFA)의 45조(Section 45)에 규정된 성과보고의 규정사항은 ① 부처의 운영(operation)에 대한 평가, ② 전략지향(strategic intentions)과 관련된 부처의 진전에 대한 평가, ③ 부처의 조직 건강과 역량에 대한 정보, ④ 부처의 지출과 자본지출 내용, ⑤ 연간재정 상태, ⑥ 책임성의 선언, ⑦ 기타 부처의 운영에 영향을 주는 사항 등을 규정하도록 하고 있다.

표 8-5 성과보고(Annual Report)의 예시[15]

1. 사무차관의 서언
2. 올해의 조명(Highlights from our year)
3. 무엇을 했는가?
4. 핵심성과지표(key indicators)
5. 더 나은 공공서비스(Better public service)
6. 기관 간 협업(Cross-agency collaboration)
7. 매개 성과(intermediate outcomes)
8. 조직환경(organisational environment)
   - 변화하는 환경, 건강과 역량
9. 관리책임성 선언
10. 독립감사의 보고(independent auditor's report)
11. 목표와 서비스 성과의 선언
12. 재정 상태(financial statement)
13. 공유재산신뢰계정(residential tenancies trust account)
14. 부록

성과보고서에는 또한 기관간의 협업(Cross-agency collaboration)을 중요한 챕터로 할당하고 있다. 이 부분에서는 해당 부처가 협업해야 하는 파트너(타부처 포함), 이해관계자 등을 적시하고 있다. 실제 상공부의 성과보고서에는 법무부와 공동으로 서비스 공급을 향상시킨 사례를 보여주고 있다. 협업에 대한 평가는 성과보고서뿐만 아니라 성과향상체계(Performance Improvement Framework: PIF)에도 정부우선순위의 공급(Delivery of government priories)에서 국정목표에 대한 해당부서의 성과달성과 협업노력을 평가하고 있다. 다

15) 경영, 혁신, 고용부(Ministry of Business, innovation & employment)의 2014/15년 성과보고서를 참고하였다.

만, 성과보고와 달리 성과향상체계(PIF)는 결과의 향상뿐만 아니라, 조직의 향상모델을 제시하는 것으로 조직의 현재와 미래의 목적 적합성을 검토하는 것이라는 점에서 차이가 있다.

(4) 더 나은 공공서비스 결과(the Better Public Service results)

뉴질랜드 정부는 2011년부터 국가 전체의 성과를 향상시키고, 뉴질랜드인의 삶을 향상시키기 위한 10개의 결과지표(results)를 도출하였다. 이는 과거 각 부처 및 부문이 자신들의 성과지표 달성을 위해 노력하면서 협업이 잘 이뤄지지 않았던 점에 대한 반성으로부터 시작되었다. 과거에는 주로 정보공유와 몇몇 정책적인 협업에 관심을 둔 반면 목표(purpose)의 제시에는 부족하였다(State Service Commission, 2011). 따라서 여러 부처 간 협업을 통해 달성할 수 있는 결과지표를 제시하도록 한 것이다. 이 10가지 결과지표는 2012년에서 2017년까지 5년 동안을 목표로 설정되었다. 이러한 목표는 중요하면서도 오랜 기간동안 문제가 제기되어 왔지만 잘 해결되지 않았으며 다수 조직 간의 협업을 필요로 하는 도전적인 목표이기 때문에 선정되었다(Scott and Boyd, 2016). 이러한 결과접근은 그동안 파편화, 우선순위 고려의 부족, 문제해결의 협업장애 등과 같은 약점을 보완하기 위한 것이다.

더 나은 공공서비스의 지표는 장관-관련부서-국가서비스위원회(SSC), 재무부, 내각부의 심도 있는 토론을 통해 생산되게 된다. 결과지표(results)에 대해 국가서비스위원회(SSC)는 6달에 한번씩 4점(녹색, 노랑, 주황, 빨강)으로 평가한 스냅샷(Snapshot)을 제공한다. 특히 이러한 결과는 언론에 주목을 받게 된다(Kirk, 2015). 이러한 결과는 중앙기관인 국가서비스위원회(SSC), 재무부(Treasury), 내각부(Prime Minister and Cabinet)뿐만 아니라 부처의 사무차관도 책임을 진다. 10개의 지표들은 2012년도의 기준을 토대로 트랜드를 살펴보게 된다. 목표를 일찍 달성한 일부 지표들에 대해서는 목표치를 상향하기도 하였다(Scott and Boyd, 2016). 이와 같은 6개월 주기의 성과의 발표는 부처들이 눈에 보이는 진전을 확인할 수 있도록 하고 이러한 성공은 더 나은 성과를 위한 헌신과 협업을 자극한다(Scott et al, 2016).

표 8-6 더 나은 공공서비스 결과

결과 분야(Result area)	결과(Result)	목표(Targets)
장기 복지의존성 감소 (Reducting long-term welfare dependence	1. 생산가능 연령인구 중 12개월 이상 복지수혜를 받고 있는 수의 감소	12개월 이상 복지수혜를 받고 있는 생산가능 인구를 30%까지 감소
취약계층 아동의 지원 (supporting vulnerable children)	2. 조기 아동교육에 참여 증가	학교교육을 시작하는 아동의 98%가 조기아동교육에 참가하도록 함
	3. 아동예방주사의 증가로 인한 류마티스 감염 감소	8개월 신생아의 95%가 AND 예방접종을 받음 류마티스 감염을 2/3 수준으로 감소시킴
	4. 아동 학대의 수 감소	10년 동안의 아동에 대해 발생한 신체적 학대가 중단되고 숫자가 5%까지 감소됨
기술의 증대와 고용 (Boosting skills and employment)	5. NCEA level2 또는 동등한 자격을 갖춘 18세의 비율의 증대 6. 25-34세의 교역자격조건의 학위를 가진 비율의 증대	18세의 85%가 NCEA level2 또는 동등한 자격을 갖춤 25-34세의 55%가 level 4 또는 이상의 자격을 갖춤
범죄의 감소 (Reducing crime)	7. 전체 범죄율, 폭력 범죄와 유소년 범죄의 감소 8. 재범의 감소	범죄율을 15%까지 줄이고, 폭력범은 20%까지 감소시키고 소년범은 15%까지 감소시킴 재범률을 25%까지 감소시킴
정부와의 관계 향상 (improving interaction with government)	9. 뉴질랜드 사업자에게 정부의 자문·지원을 위한 원스톱 온라인 상점을 제공 10. 디지털 환경에서 쉽게 정부와 관계를 가질 수 있도록 함	정부와의 거래로부터 발생하는 사업비용을 25%까지 감소시킴 정부와의 일반적인 거래의 70%는 디지털환경에서 완성될 수 있도록 함(현재 기준 29.9%)

* 출처: State Service Commission, "Better Public Service".
http://www.ssc.govt.nz/bps-results-for-nzers

2) 성과관리 거버넌스 구조

뉴질랜드 성과 관리는 각 부처가 중심이 되어 이뤄지고 있다고 볼 수 있다. 다만 성과계획 및 성과보고서의 작성에 대한 프레임을 제시하고, 성과보고서에 담아야 할 성과정보를 제시하는 등 중앙기관인 재무부(Treasury)와 국가서비스위원회(State Service Commission), 수상실 내각사무국(Department of the Prime Minister and Cabinet)의 역할이 존재한다. 각각의 기관은 재정(finance), 사무차관의 성과관리, 정부 전체에서 발생하는 이슈에 대한 감시에 초점을 두는지에 따라서 각기 다른 강조점과 전문성을 지닌다. 그러나 세 기관은 정부전체 기관에 대한 효과적인 지지를 위해서 함께 일한다. 2013년에는 Treasury와 SSC는 중앙정부의 성과에 대한 큰 그림을 그리고 또한 유지할 책임이 있는 연합 정책분석 팀(joint team of policy analysts)을 구성하였다.

보다 구체적으로 살펴보면, 수상내각부(Department of the Prime Minister and Cabinet)는 내각의 결정을 전파하고 정부의 이슈 및 우선순위에 대한 조정을 담당한다. 따라서 수상 내각부는 정부의 주요 정책에 대한 평가를 담당한다.

재무부(Treasury)는 기본적으로 정부의 예산 및 거시경제정책에 대한 역할을 담당한다. 공공재정법(PFA)에 따른 평가 업무 및 성과계획서(SOIs)의 가이드를 제시하고 각 부처의 성과계획서를 점검하는 역할을 수행한다. 또한 4년계획에 대한 검토를 재무부의 기업센터팀(Corporate Centre Team)에서 담당한다.

국가서비스위원회(SSC)는 각 기관의 업무성과에 대한 평가 및 사무차관의 성과관리에 책임을 진다. 국가서비스위원회(State Services Commission)의 위원장은 ① 기관, 부문, 시스템 전체의 성과를 향상시킬 수 있도록 조언하기 위해 공공부문의 시스템을 점검, ② 기능과 권한의 배분 및 이전, 서비스의 응집력 있는 전달, 기관의 설립, 합병, 해체를 위해 정부 전체의 구조와 거버넌스 검토, ③ 정부 부처와 부처 기관의 성과를 검토, ④ 부처와 부처기관의 사무차관(Chief Executives)을 고용하고 성과를 평가, ⑤ 부처와 기관의 역량과 리더십을 촉진, ⑥ 공무원의 역량과 능력의 증진을 위한 전략과 실행, ⑦

공공부문에서 좋은 고용주의 책무를 증진, ⑧ 공공서비스의 통합과 실행의 표준을 강화, ⑨ 공공서비스의 투명성과 책임성을 증진, ⑩ 총리의 지시에 따른 공공서비스의 관리와 경영에 대한 기능을 수행(State Sector Amendment 2013, section 6)한다. 최근 국가서비스위원회(SSC)의 성과평가가 사후적인 성과보고는 경시하고, 외부의 이해관계자(Stakeholders)의 환류를 중시하는 경향이 있다는 비판이 있다(Lodge and Gill, 2011).

마지막으로 감사원은 각 부처의 성과보고서에 대한 검토의 과정을 거치게 된다. 과거에는 국가서비스위원회(SSC)에서 산출(output)에 대한 평가를 하였으나 2000년대 초반에 공공감사법(Public Audit Act)의 통과에 따라 감사원(office of the Auditor-General)에서 산출(output)리스트에 대한 평가를 하게 되면서 국가서비스위원회(SSC)는 산출에 대한 평가를 그만하게 되었다. 또한 감사원은 성과보고서의 재정상태(financial statement)에 대한 검토, 부처의 성과평가의 결과인 성과정보의 정확성에 대한 검토 등을 수행한다(Scott, 2016).

3) 성과지표 및 측정

뉴질랜드의 성과지표는 시대에 따라 다른 양상을 보여 왔다. 우선 1980년대 후반과 1990년대 초반의 NPM개혁의 이전단계에서는 투입중심 성과측정(input)이 중심이었다(Boston et al. 1996), 즉, 돈과 시간을 어디에 소비하고 있는지에 관심을 기울이고 있었으며, 이는 과도하게 관료주의적이었으며 과정 중심적이었다.

NPM개혁 시기에는 민간부문의 관리개념을 도입하면서 산출(output) 중의 지표를 활용하였다. 이 당시에 부처들은 재화와 서비스의 제공을 계획하고 그 달성정도를 의회에 보고하도록 하고 있었다(Scott, 2001). 이는 정부 서비스의 반응성과 효율성을 향상시키는 것으로 보였으나 산출(output) 중심은 제공된 서비스가 실제 효과적으로 목표를 달성했는지를 보여주지는 못하였다.

성과관리(Managing for Outcomes) 개혁은 부처들이 산출한 산출(output)이 성과프레임(outcomes framework)이나 개입논리(intervention logic)를 통해 실제

성과(outcome)에 어떠한 기여를 했는지를 설명할 것이 요구되었다. 따라서 부처들은 2002년부터 성과계획(Statements of Intent)을 작성하기 시작하였다. 즉, 산출(output)이 생산하는 이면의 의도(intent)를 부처들은 설명해야 했다. 이러한 성과(outcomes)지표는 단일부처에서 성과의 책임이 있는 경우에는 효과적 이었다(State Service Commission, 2011). 반면 단일부처의 경계를 넘어서는 다부처가 관련되는 경우에는 공유된 성과의 관리(Managing for Shared Outcomes) 아래 각 부서들이 서로 협력을 하도록 권장되었다. 그러나 이는 성공적이지 않았다. 기관(agencies)들은 부문(sectors)으로 그룹 지워졌고 이들 사이에 협업을 권장했으나 결국 초점과 방향을 잃고 실패하게 된다(State Service Commission, 2011).

2011년에 정부는 정부의 성과를 향상시키는 방법에 대한 조언을 제공할 BPS(the Better Public Service results) 자문그룹(Advisory Group)을 만들었다. BPS 개혁은 결과적으로 뉴질랜드 인의 삶을 향상시키기 위한 10개의 결과(results)를 도출하였다. 이는 구체적인 사회적 영향(Impact)을 달성하기 위한 여러 부서간의 집합적 책임성(accountability)이 있었다. 결과 중심적 접근(results Approach)은 성과에 대한 협업(collaborating for outcomes)으로 묘사되었다.

그림 8-4 뉴질랜드 성과관리(지표)의 흐름

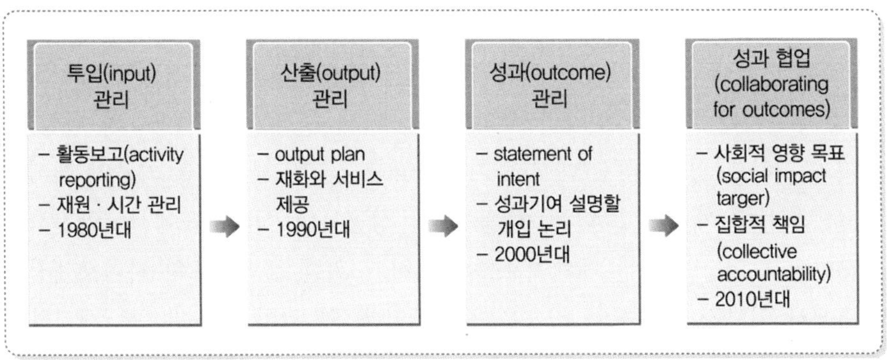

* 출처: Scott and Boyd(2016)

뉴질랜드의 10가지 결과는 2012년에서 2017년까지 5년 동안 수행되도록 계획되었다. 결과접근법은 현재의 공공관리 시스템이 가지고 있는 협업의 장애와 우선순위 설정의 부족함, 파편화(fragmentation)와 같은 취약함을 다루는데 강점을 보유하고 있다.

결과중심접근(results approach)은 5개의 특징을 가지고 있다. 첫째, 기관이 성과(outcomes)를 관리, 둘째, 소수의 결과에 초점을 둠, 셋째, 관리할 수 있는 수준에서 성과(outcomes)를 구체화함, 넷째, 리더를 지명하고 리더가 결과를 달성하는데 책임을 질 수 있도록 함, 다섯째, 사업(action)을 수행하는데 성과정보와 데이터를 활용하는 것이다. 결과(result)는 기관과 부서의 업무범위를 넘어서게 되는데, 성과(outcomes)를 달성하는데 초점을 두기 위해 기관들은 함께 일하고 역량과 자원을 결합하는 방법을 찾아야 한다. 선택된 10가지의 결과(results)들은 그들이 중요하고 오랫동안 지속되는 문제이고 기존에 변화에 대한 저항이 있었기 때문에 선정되었다. 결과중심접근이 기존의 접근과 다른 의미 있는 진전은 다부서 조직간의 협업을 고려한다는 것이다.

살펴본 것처럼 뉴질랜드의 성과관리는 단년도 중심이 아닌 중기적 관점에서 운영되고 있는 것이 특징이라고 할 수 있다. 4년 계획인 중기성과계획이 작성되고 이를 근거로 매년도의 성과계획서가 작성되지만 성과계획서 역시도 단년도의 지표를 제시하기 보다는 “2020년까지 매년 % 달성”과 같이 중기적 관점의 성과지표를 제시하고 있는 것이 특징이다.

뉴질랜드의 성과지표는 대체로 정량지표를 중심으로 하고 있다. 정성지표는 일부 협업에 대한 평가에 대한 부분에서 활용되고 있다. 정량지표의 경우에도, 부처마다 차이가 있지만 우리나라와 달리 성과목표를 “25%의 달성”과 같이 제시하고 있지 않다. 대신에 기준선(Baseline)을 제시하고 최근의 데이터(latest data)를 제시하고 있다. 예를 들면 상공부의 성과지표에서 “안전하고 전문화된 작업장”이라는 매개지표를 달성하기 위한 성과지표의 하나로 “전문직군에서 일하는 근로자의 비율을 증가시킨다.”와 같이 성과지표를 제시하고 기준점을 2011년 12월로 설정하고 당시에 전문직군에 종사하는 근로자 58.8%, 최근의 데이터는 2013년 6월 59.7%로 제시하고 있다. 보다 구체적으로 목표를 제시한 경우에도 "2025년도까지 노동생산성을 매년 2%정도까지 증가시킨다."로 제시하고 기준점을 2012년 3월 31일부터 1년간의 생산성 증가율 1%, 최근데이터 2013년 3월부터 1년간 2.0%와 같이 제시하고 있다. 성과보고서는 기준점, 최근데이터를 보여주고 해당년도의 실적을 보여주는 것이 특징이다.

2. 성과관리의 과정

각 부처는 성과계획(Statement of Intent), 산출계획(Output Plan)을 작성하고 정부와 구매계약을 체결하고, 회계연도 말에 연차보고서와 성과보고서를 의회에 제출한다.

성과보고서는 회계연도가 끝나는 6월 30일로부터 두 달 안(8월 31일까지)에 감사원에 제출되어야 한다. 감사원은 회계연도말로부터 세 달 안(9월 30일까지)에 감사보고서를 부처에 제출하여야 한다. 감사보고서가 제공된 이후 15일 내 또는 의회의 회기가 개시되자마자 장관은 의회에 성과보고서를 제출해야 한다. 부처는 의회에 보고한 후에 성과보고서를 국민에게 공표하여야 한다. 성과보고서의 공표는 늦어도 회계연도말로부터 4개월 안에 함으로써 신속한 성과보고가 될 수 있도록 하고 있다.

표 8-7 성과보고의 의회제출 및 공표 기간

성과보고자	의회 제출 기간	공표기간
정부부처/부처의 하부기관	감사보고서가 제공된 이후 15일 이내. 의회가 회기중 아닌 경우 의회 회기개시 직후 제출	의회 보고 후 가능한 빨리 또는 감사보고서를 받은 날로부터 15일 이내
책임운영기관	감사보고서가 제공된 이후 15일 이내. 의회가 회기중 아닌 경우 의회 회기개시 직후 제출	의회 보고 후 가능한 빨리 또는 감사보고서를 받은 날로부터 15일 이내
예산장관	회계 년도 말로부터 4개월 이내	의회 보고 후 가능한 빨리 또는 회계년도 말로부터 4개월 이내

* 출처: Treasury(2017)

연말에 성과보고서와 예산에 대한 연말 성과정보를 제출해야 하지만, 부처들은 더 이상 정부서비스 성과 성명(statement of service performance)을 생산하지 않아도 된다. 이것은 예산에 대한 연말 성과정보 보고로 대체되었다.

3. 성과정보 공개 및 활용

부처의 예산에 대한 성과보고서(Annual report)는 부처가 의회와 대중에게 책임성을 부담하는 가장 중요한 수단이다. 뉴질랜드의 성과관리에서는 우리나라와 같은 서열화된 평정결과를 도출하는 것을 찾아볼 수 없다. 다만 자체 성과보고서와 PIF review에는 각 부처의 성과지표와 그 결과를 자세하게 제시하고 있으며, 협업성과와 같은 부분에서는 그 성과를 정성적으로 자세하게 기술하고 있는 것이 특징이다. 뉴질랜드의 성과보고서는 사무차관과의 성과계약 체결에 매우 중요한 자료로 활용되며, 투자 확신평가(investor confidence rating)에서도 성과정보가 활용된다. 무엇보다도 중요한 것은 의회에 성과보고서가 제출된다는 점이고, 국민들에게 모두 공개된다는 점이다.

부처의 성과보고서에는 지표로서 이해관계자 및 파트너에 대한 만족도 지표가 존재한다. 지표에 대한 만족도 조사보다는 부처에 대한 국민들의 신뢰도와 같은 지표를 활용한다. 특히 지표선정의 과정에 국민을 참여시키는 방식보다는 성과보고서를 국민들에게 있는 그대로 공표한다는 점에서 수요자 관점의 성과관리라고 볼 수 있다.

성과보고서는 기관의 맥락(어디에 있었으며 지금은 어디에 있는지)에 대한 전체 성과 내용을 분명하게 보여줄 수 있도록 보고 해야 한다. 성과보고서에는 부처의 운영에 대한 조사(an assessment of the department's operations), 부처의 전략적 의도와 관련된 진전에 대한 조사(an assessment of the department's progress in relation to its strategic intentions), 부처의 조직건강과 능력에 대한 관리 정보(information about the department's management of its organizational health and capability), 부처의 자본지출과 비용에 대한 설명(statements of expenses and capital expenditure for the department), 부처의 연간재정보고

(annual financial statements for the department), 책임성 선언(a statement of responsibility), 기타 부처의 운영에 연관된 것 또는 보고하고자 원하는 사항을 포함하도록 하고 있다(Treasury, 2017).

최근의 성과보고서에 대한 개정으로 "무엇이 달성되기를 지향하는가, 어떻게 성과는 측정되는가, 성과에 대해서 누가 보고할 것인가, 어디에 성과정보가 보고될 것인가"에 대해서 보다 구체화되었다. 또한 제공되는 정보(information)가 무엇이며, 연말에 어디에 누구에게 보고되어야 하는지에 대한 유연성(flexibility)이 증가되었다. 이러한 변화의 결과로서, 부처들은 서비스 성과보고서(statement of service performance)를 만들지 않아도 되고, 재무부는 비부처(non-departmental)예산안에 관한 장관 보고서 개요를 요구하지 않게 되었다. 또한 연간 성과보고에 포함되었던 책임성 선언(statement of Responsibility)은 예산에 대한 연말 성과정보의 관점에서 사무차관의 책임성을 반영하는 것으로 개선되었다. 사무차관은 책임성의 선언(statement of responsibility)에 사인하도록 되어 있으며, PFA(Public Finance Act)의 19A, 19C 조항에 의하여 사무차관은 그들의 부처 예산에 관련된 모든 성과보고 정보를 확실히 하는 책임이 있다.

4. 성과관리 가이드

성과관리에 대한 전반적인 가이드를 제공하고 있는 것은 재무부(Treasury)의 "연말보고서: 부처의 연간 보고서와 예산에 대한 연말 성과정보" 가이드(이하 성과가이드) 이다.[16)]

이 보고서는 책임성과 성과관리 체계에 대해 다음의 [그림 8-5]와 같이 전략개발(strategy development)-기획(planning)-집행, 모니터링과 관리(Implementation, Monitoring and Management)-보고와 검토(reporting and review)로

16) 성과관리에 대한 가이드는 재무부의 홈페이지를 통해 확인할 수 있다. http://www.treasury.govt.nz/publications/guidance/reporting/yearend/ar-guidance-yearend.pdf

제시하고 있다.

성과가이드는 그해에 달라진 성과보고서 작성방법에 대해서 제시하고 있다. 이 성과가이드는 2014/15년에 주요한 변화들이 있었는데 첫째는 예산에 대한 연말 성과정도를 포함하도록 한 것이다. 이는 부처들이 더 이상 서비스 성과 성명(statement of service performance)을 작성하지 않아도 되고 대신 연말 성과정보를 제시하는 것으로 대체되었다. 둘째는 비용과 자본지출의 성명이 재정성명으로부터 분리되어 연말 성과보고서에 작성되도록 한 것이다. 이 외에도 책임성 성명이 개선된 것, 정부부문 PBE 회계 기준에 적합하도록 회계 보고하도록 하는 것이 포함되었다.

그림 8-5 책임성, 성과관리 체계

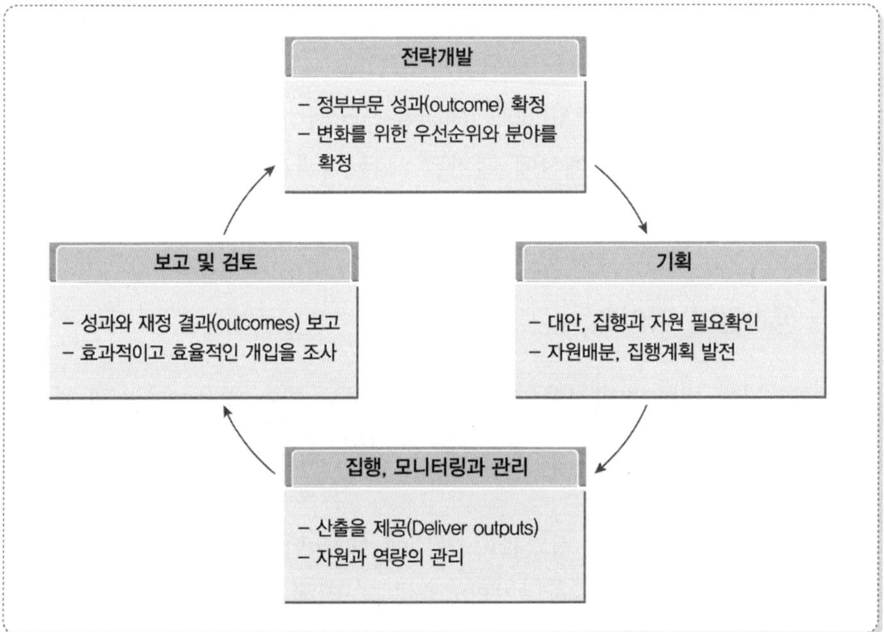

* 출처: Treasury(2017: 2)

성과가이드는 부처와 부처기관의 연간 성과보고(Annual reports of departments and departmental agencies)와 예산에 대한 연말 성과정보(End-of Year Performance

Information on Appropriations) 두 가지 주요 요소들을 포함하도록 하고 있다. 연간 성과보고는 부처와 부처기관에 대한 재정적 비재정적 성과 스토리(performance story)를 보고하도록 하는 것이다. 즉 재정적인 보고 외에도 전략지향(strategic intention), 성과지표, 조직의 건강과 능력 등에 대한 진전 내용을 보고하도록 하고 있다. 예산에 대한 연말 성과정보는 각 예산이 의도한바대로 집행되고 의도한 목표를 달성하였는지를 보고하는 것을 목적으로 한다.

성과가이드에는 이외에도 좋은 성과정보의 특징, 장관과 사무차관, CFO, 회계감사원(auditor), 재무부(Treasury)의 역할 및 책임성에 대해 규정하고 있으며, 성과보고와 관련한 주요 법률의 규정사항, 성과보고서의 범위와 내용, 예산에 대한 연간 성과정보 등의 내용에 대한 자세한 가이드를 제공하고 있다.

이외에도 4년 계획(Four year plan) 가이드,[17] 전략적 지향가이드(Strategic Intentions Guidance)[18] 등의 가이드가 성과관리와 관련한 사항들을 제시하고 있다.

제3절 정부업무평가제도

1. 평가제도 소개

1) 성과평가

뉴질랜드의 성과관리는 중기성과계획(4년 계획)에 명확한 부처의 목적, 목표, 중간매개지표, 성과지표를 제시하고 있으며, 성과계획(Statements of Intent)에서 매년의 성과지표를 구체화 하고 있다. 이러한 성과지표에 대한 달성정도는 부처가 자체 성과보고서를 통해 검토하고 있다. 다만 감사원은 각 부처의 성과보고서에 기록된 재정 상태와 성과정보(주로 output 지표)의 정확성에

17) http://www.ssc.govt.nz/sites/all/files/Four%20Year%20Plan%20Guide%20-%202018.pdf
18) http://www.treasury.govt.nz/publications/guidance/strategy/pfa-si/pfa-si.pdf

대해서 평가를 하게 된다. 뉴질랜드에서는 평가(evaluation)보다는 PIF Review와 같이 검토(review)라는 표현을 사용하는데 평가라는 단어가 활용된 곳은 감사원의 성과보고서에 대한 평가부문에서이다.

2) 기관평가

뉴질랜드에서의 성과관리에 있어 우리나라의 기관평가와 비슷한 역할을 하는 것이 성과향상체계(Performance Improvement Framework: PIF)라고 할 수 있다. 이는 외부 검토자들에 의해서 수행되기 때문이며, 다만 우리의 평가와 다른 점은 부처가 검토자들과 함께 참여하여 논쟁(discussion)의 과정을 거친다는 것이다. PIF에서는 기관의 결과부문 뿐만 아니라 기관의 역량에 대한 검토도 동시에 수행된다.

3) 사업평가

뉴질랜드의 사업평가는 중앙정부에 의한 평가가 아닌 부처가 자체적으로 평가하여 성과보고서에 포함하도록 하고 있다. 중앙부처에 의한 획일적인 평가가 아닌 각 부처가 자신의 성과계획과 그 목표달성 정도를 성과보고서에 포함하고 있는 것이 특징이다. 자세한 내용은 정부업무 성과관리 제도의 내용에 제시되어 있다.

2. 성과평가제도

뉴질랜드의 성과평가는 평가대상의 수준이 관리과제의 중심으로 되어 있지 않고 국가전체의 목표에서부터 각 부처의 성과지표에 이르기까지 체계적으로 관리되고 평가되는 점이 특징이다. 또한 우리나라와 같이 다양한 평가제도가 산재하는 것이 아니라 체계적인 성과관리의 과정에서 생산된 성과보고서에서 대부분의 평가내용을 포괄하고 있다는 점이 특징이다. 즉, 자체평가가 평가제도의 근간을 형성하고 있다고 볼 수 있다.

뉴질랜드 성과평가에서 주목할 점은 2012년도부터 도입된 더 나은 공공서비스 프로그램(Better Public Service Programme)이다. 이 프로그램은 국가전체가 추구하는 10가지의 결과(results) 과제를 제시하고 있다. 우리나라에서의 국정과제와 비슷하지만 백화점식 나열이 아닌 10개의 핵심적인 목표를 제시하고 있다는 점에서 차이가 있다. 각 부처는 10가지의 국정목표 중에서 주도할 책임이 있는 성과지표가 있고, 다른 부처가 주도하지만 함께 노력해야 하는(즉, 협업해야 하는) 지표도 동시에 가지고 있다.

예를 들면 뉴질랜드의 경영, 혁신, 고용부(Ministry of Business, innovation & employment)는 "기업하기 좋게 만들기(making it easier for business)"라는 1개의 국정목표(results)에 대한 책임이 있으며, "디지털 환경(Digital Environmental)", "류마티스열의 발병의 감소(reducing the incidence of Rheumatic fever)", "25-34세의 교역자격조건의 학위를 가진 비율의 증대(increasing the proportion of 25 to 34 year olds with advanced trade qualifications, diplomas and degrees(at level 4 or above))"와 같은 3개의 국정목표 달성에 주관부처와 함께 기여해야 할 책임이 있다. 성과보고서(Annual Report)에는 아래의 그림과 같이 핵심 국정성과지표에 대해서는 달성정도를 표기하고, 기여해야 하는 3개의 국정목표에는 어떻게 기여했으며 주도하는 부처와 어떠한 협업을 했는지에 대해서 기록하고 있다. 이러한 더 나은 공공서비스 프로그램이 한국에서의 국정과제평가와 유사한 점이 있으나 부처 스스로 평가하도록 하고 있다는 점이 차이가 있다.[19]

이와 같이 뉴질랜드 성과평가에서 또한 흥미로운 점은 기관간의 협업(Cross-agency collaboration)을 성과보고서의 중요한 챕터로 할당하고 있다는 점이다. 이 부분에서는 해당 부처가 협업해야 하는 파트너(타 부처 포함), 이해관계자 등을 적시하고 있다. 실제 상공부의 성과보고서에는 법무부와 공동으로 서비스 공급을 향상시킨 사례를 보여주고 있다. 행정관리 역량에 대한 평가는 각 부처의 성과보고서의 조직과 조직의 건강에 대한 보고에 일부 포

---

19) 물론 더 나은 공공서비스 프로그램(the better public service programme)에 대해서는 PIF review에서 10개의 results에 대해서 상세한 리뷰가 되고 있다는 점에서 기관평가의 성격도 가진다. 자세한 내용은 후술할 것이다.

그림 8-6 뉴질랜드의 성과보고서(10 results평가)

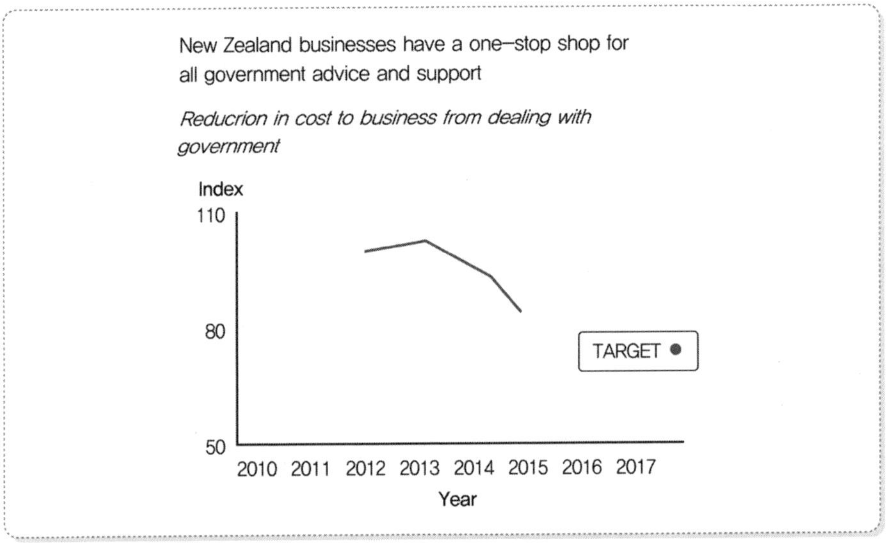

* 출처: Ministry of Business, innovation & employment(2014c)

함되어 있으며, PIF 검토의 조직관리(organizational management) 부문에서 검토 되고 있다.

3. 기관평가제도

최근에 뉴질랜드에서 성과관리와 관련되어 새롭게 도입된 제도는 성과향상체계(Performance Improvement Framework: PIF)[20]이다. 성과향상체계는 뉴질랜드의 공공기관에 대해 매 4년마다 조사되는 평가와 독립적인 외부에 의한 기관의 역량 평가이다. 성과향상체계는 부처의 자체평가와 리드리뷰어(Lead Reviewer)의 평가로 이어진다. 성과보고서에 대해서 감사원에서는 성과평가에 활용된 정보의 정확성 여부를 평가한다. 다만 성과보고서는 의회에 제출되고, 국민들에게 공개된다는 점에서 결국 성과평가의 주체는 의회와 국민이라고 할 수 있을 것이다.

20) PIF는 성과향상체계로서 실제적인 검토(an actual review)로 불려진다.

리뷰어는 기관의 자체평가와 자체적으로 수집한 정보를 기초로 하여 기관을 평가한다. 평가결과에 대해 중앙기관의 검토의견(central agencies' overview)과 사무차관 의견을 제시할 수 있는 기회를 주는 것이 특징이다. 성과향상체계는 국가서비스위원회(State Service Commission), 재무부(Treasury), 내각수상부(Department of the Prime Minister and Cabinet)가 공동으로 검토를 수행하고 결과를 발표한다는 점이 특징이다. 성과향상체계(PIF)는 기관의 조직관리와 핵심사업 수행에 대한 역량을 측정하고 평가하며, 기관의 성과향상을 위한 기관평가 성격을 지닌다.

성과향상체계(PIF)는 적용 능력의 부재를 극복하고 의미 있는 결과를 가져오기 위한 성과측정프레임워크의 제시를 하고 있다. 즉, 성과향상체계(PIF)는 성과정보 활용의 질과 이용가능성이 낮다는 문제점을 극복하기 위해 도입되었다고 할 수 있다. 성과향상체계는 PIF Review를 일컫는 것뿐만 아니라 조직의 향상모델(an organizational improvement model)을 포괄한다. 그것은 기관의 현재와 미래의 목적 적합성(fitness-for-purpose)을 검토하는 것이다.

성과향상체계는 향상을 가져오는 기초로서 성과를 정의하고 측정하며, 조직관리와 그들의 핵심적인 업무 영역의 실행에 초점을 두고 있다. 성과향상체계(PIF)는 기관들이 다수의 기준을 가지고 평가될 수 있는 일관된 프레임워크를 제공한다.

성과향상체계의 PIF Review[21)]는 기관의 역량(capability), 성과, 정부 우선순위(government priority)를 공급하는 능력, 핵심사업(core business), 조직관리 요소(a range of organizational management elements)에 대한 독립적인 리드 리뷰어(lead reviewer)[22)]에 의해서 수행된 검토를 의미한다. 기관모델(Agency Model)[23)]

---

21) 보통의 성과향상체계(PIF)라고 할 때는 PIF Review를 의미하지만 이외에도 PIF Follow-up Review와 PIF Self-review가 있다. PIF Follow-up Review는 기관이 검토할 수 있는 기회를 보장하고, 가장 최근 검토의 이점을 실현하고 미래를 잘 다루도록 하기 위함이다. 반면 PIF Self-review는 몇몇 기관(특히 Crown entities)은 Agency Model을 그들 기관의 성과를 측정하고 향상시키기 위한 자기 검토(self-review)의 틀로서 활용한다.

22) Lead Reviewer는 PIF Reviews와 PIF Follow-up Reviews를 담당하는 사람들이다. 이들은 PIF 프로그램의 중요한 부문으로 단순비평가나 학문적 코멘터가 아니고 공공과 민간부문에서 둘 다 중요한 변화를 이끌어온 권위가 있고 신뢰할 수 있는 사람들 구성된 작은 그

을 활용해서, 기관이 무엇을 잘 하고 있으며, 미래에 더 효과적으로 일하기 위해서는 어떤 이슈가 필요한지에 대해서 조사한 것이다. 기관은 제기된 어떠한 문제에 대해서도 대응해야 하고 미래의 도전에 직면해서 무엇을 할 것인지에 대해서 보여줘야 한다. PIF Review는 개별기관의 현재 상태와 가까운 미래(medium term future)에 그들이 직면할 이슈와 그들이 어떻게 잘 대처할 수 있는지를 보여준다(Tekawa & Guerin, 2012). 더욱이 PIF Review의 이점은 공공부문의 투명성을 증진시키고 공공의 인식(public's perceptions)을 향상시키는 것이다. 또한 PIF Review는 최근에 무엇이 뉴질랜드 공공서비스에서 잘 수행되었으며 무엇이 향상될 수 있는지에 대한 체계적인 관점을 제공해 준다는 점에서 혁신적이라고 할 수 있다.

그림 8-7 성과향상체계

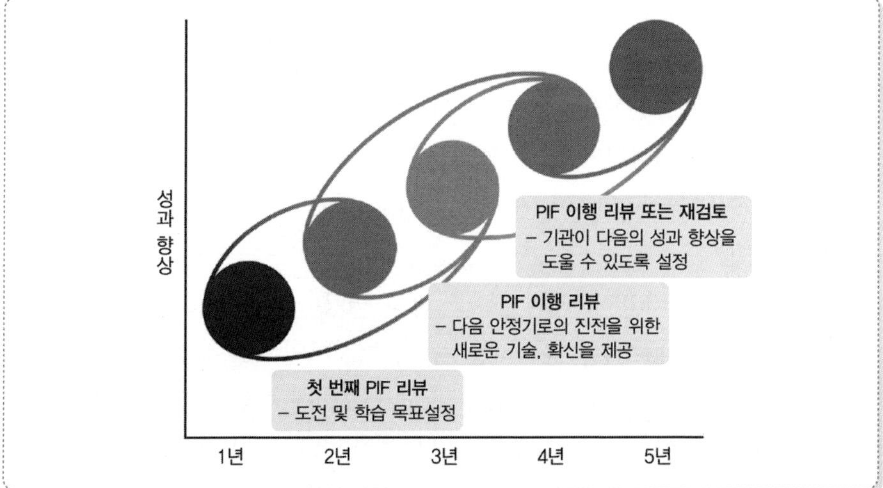

* 출처: State Service Commission(2015)

롭이다.

23) 리뷰의 모델은 Agency Model과 Cluster Model로 구분된다. Agency Model은 기관(Agency)의 능력, 성과 그리고 정부의 우선순위를 공급하는 능력, 핵심 사업 그리고 조직 관리 요소의 범위에 대한 프레임워크를 제시한다. Cluster Model은 부문(sector)의 능력, 성과 그리고 정부 우선순위의 공급 능력에 대한 프레임워크를 제공한다.

성과향상체계(PIF) 기관모델은 2009년부터 실행되었는데 2011년에는 4년 최고지표(Four-year Excellence Horizon)가 포함되었으며, 2012년에 전략적 재정관리가 포함되었다. 그리고 2014년에 더 나은 정부서비스(the Better Public Service)가 포함되었다.

성과향상체계(PIF)는 많은 차원을 가지고 있다. 기관은 기관모델(Agency Model)에 대한 그들 스스로의 평가를 하는 Self-review를 수행하는데, 이것은 PIF Review에 대한 선행적 과정이다. 기관은 공식적으로 검토된 이후에 이행 검토(follow-up review)를 받는다. 보통은 12~18개월 이후에 받는데 이것은 PIF Review이후에 변화된 진전사항을 검토하는 것이다.

성과향상체계(PIF)는 결과(results)와 조직관리(organizational management)의 두 가지 주요한 요소로 구성되어 있다. 결과 부분은 정부 우선순위의 공급

그림 8-8 성과향상체계의 주요 구성요소

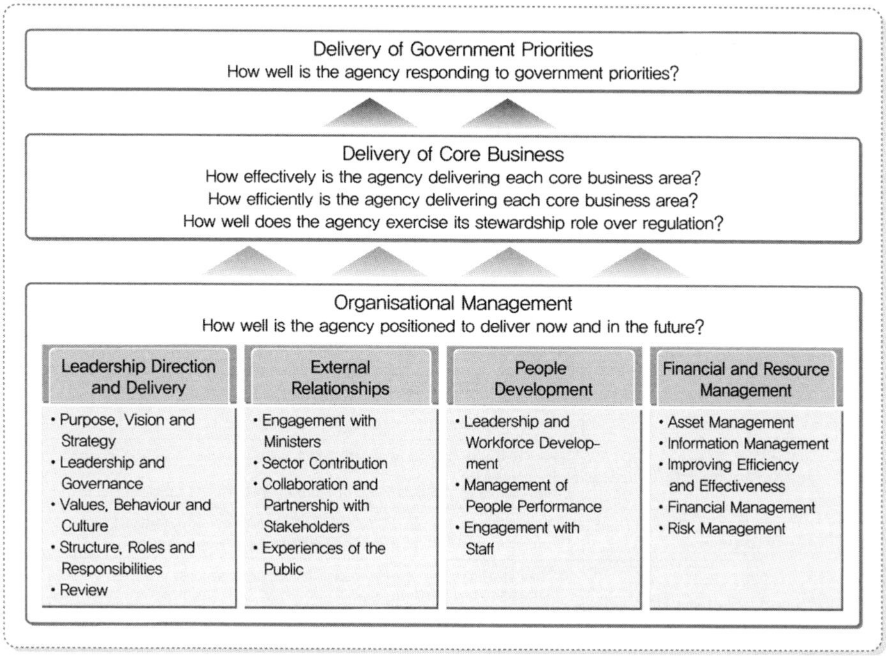

* 출처: State Service Commission(2015)

그림 8-9 성과향상체계의 주요측정 부문과 질문

External Relationships	Engagement with Ministers	13. How well does the agency provide advice and services to Ministers?
	sector contribution	14. How effectively does the agency work across the sector?
	Collaboration and Partnerships with stakeholders	15. How well does the agency generate common ownership and genuine collaboration on strategy and service delivery with stakeholders and the public?
	Experiences of the Public	16, How well does the agency understand customers and citizens 'satisfaction?
People Development	Leadership and Workforce Development	17. How well does the agency develop its workforce (including its leadership)? 18. How well does the agency anticipate and respond to future capability requirements?
	Management of people Performance	19. How well does the agency encourage high performance and continuous improvement among its workforce? 20. How well does the agency deal with poor or inadequate performance?
	Engagement with Staff	21. How well does the agency manage its employee relations? 22. How well does the agency develop and maintain a diverse, highly committed and engaged workforce?
Financial and Resource Management	Asset Management	23. How well does the agency manage agency and Crown assets, and the agency balance sheet, to support delivery and drive performance improvement over time?
	Information Management	24. How well does the agency manage and use information as a strategic asset?
	Improving Efficiency and Effectiveness	25. How robust are the processes in place to identify and make efficiency Improvements? 26. How well does the agency evaluate service delivery options?
	Financial Management	27. How well does the agency plan, direct and control financial resources to drive efficient and effective output delivery?
	Risk Management	28. How well does the agency identify and manage agency and Crown risk?

Results

Critical Area	Lead Questions
Government Priorities	1. How well is the agency responding to government priorities?
Core Business	2. How effectively is the agency delivering each core business area? 3. How efficiently Is the agency delivering each core business area? 4. How well does the agency exercise its stewardship role over regulation?

Organisational Management

Critical Area	Element	Lead Questions
Leadership, Direction and Delivery	Purpose, vision and	5. How well has the agency articulated its purpose, vision and strategy to its staff and stakeholders? 6. How well does the agency consider and plan for possible changes in its purpose or role In the foreseeable future?
	Leadership and Governance	7. How well does the senior team provide collective leadership and direction to the agency? 8. How well does the Board lead the Crown entity? (For Crown entities only)
	Values, Behaviour and Culture	9. How well does the agency develop and promote the organisational values, behaviours and culture it needs to support its strategic directon?
	Structure, Roles and Responsibilities	10. How well does the agency ensure that its organisational planning, systems, structures and practices support delivery of government priorities and core business? 11. How well does the agency ensure that It has clear responsibilitles and accountabilities throughout the agency and sector?
	Review	12. How well does the agency encourage use evaluative activity?

그림 8-10 성과향상체계의 평가등급체계

Rating Scale

Rating	Judgement	What it means
	Strong (Excellent)	Best practice/excellent • High level of capability and sustained and consistently high levels of performance • Systems in place to monitor and build capability to meet future demands • Organisational learning and external benchmarking used to continuously evaluate and improve performance.
	Well placed	Capable • Delivering to expectations with examples of high levels of performance • Evidence of attention given to assessing future demands and capability needs • Comprehensive and consistently good organisational practices and systems in place to support effective management.
	Needing development	Developing • Adequate current performance – concerns about future performance • Beginning to focus on processes, repeatability, evaluation and improvement and management beyond and across units • Areas of underperformance or lack of capability are recognised by the agency • Strategies or action plans to lift performance or capability, or remedy deficiencies are in place and being implemented.
	Weak	Unaware or limited capability • Significant area(s) of critical weakness or concern in terms of delivery and/or capability • Management focuses on tasks and actions rather than results and impacts • Agency has limited or no awareness of critical weaknesses or concerns • Strategies or plans to respond to areas of weakness are either not in place or not likely to have sufficient impact.
	Unable to rate/not rated	There is either: • No evidence upon which a judgement can be made; or • The evidence available does not allow a credible judgement to be made.

* 출처: State Service Commission(2015)

(delivery of government priority)과 핵심 사업의 공급(delivery of core business)의 두 가지 주요한 분야로 구성되고, 조직관리 부분은 17개의 요소로 구성된 네 가지 주요한 분야로 구성되어 있다. 성과향상체계(PIF) 모델의 구조적인 디자인 외에 모델을 이해하는 중요한 핵심은 93개의 라인질문(Lines of Enquiry)으로 구성된 28개의 리드질문(lead questions)이다.

PIF Review에서의 점부부여(rating)는 일반적으로 '교통신호등'체계 형태로 부여된다. Agency Model에서 수집된 정보들을 기초로 해서 각 요소들에 대한 리드 리뷰어(Lead Reviewer)에 의해서 판단된 평가이다. 녹색이 기관이 미래를 잘 대비하고 있다는 것을 보여주는 반면에 붉은색은 더 많은 일을 해야 함을 의미한다.

최근에는 성과향상체계(PIF)에 4년 최고지평(Four-year Excellence Horizon)이 도입되었다. 이는 기관이 4년의 시간 동안에 성공적인 성과를 달성하는데 있어서 중요한 변화의 핵심요인을 추출하고자 하는 필요에서 도입되었다. 즉, 기관의 관리와 직원에게 그들의 성과를 높이기 위해서 필요한 가장 중요한 이슈를 명확히 하도록 하는 것이다. 또한 만일 그들이 그것을 이룬다면 어떠한 모습일지에 대해서 청사진을 보여준다.

PIF review는 그 자체가 장기적으로 부처가 어떠한 상태에 있을 것인지에 대한 평가를 위주로 수행하기 때문에 장기적 관점을 지닌다고 볼 수 있다. 그러나 Scott(2016a)는 성과향상체계(PIF)의 기관 역량(capability)평가 결과가 기관의 현재 성과와 관련되어 있을 뿐 미래의 성과를 예측하는 데는 실패하였다고 비판적으로 보기도 한다.

제4절 결론

뉴질랜드는 1990년대 NPM 개혁을 도입하면서 일찍이 정부부문의 성과관리에 관심을 두고 제도를 변화시켜 왔다. 초기의 성과관리는 산출(output)위주의 성과지표 체계를 두고 효율적인 정부 운영을 추구해 왔다면 이러한 효율성의 추구가 가져오는 문제점에 직면하게 되면서 제도들을 변화시켜 왔다. 각 부처가 자신들이 목표로 했던 산출(output)을 가져왔음에도 불구하고 실제 정부의 전략적 방향과 목표를 달성하지 못하는 문제에 직면하면서 산출 중심에서 성과(outcome) 또는 결과(results) 중심으로 성과관리가 변화되었다. 그러나 이러한 성과(outcome) 중심으로의 변화도 국가전체의 전략적 방향과 연계되지 못하고 개별 부처의 단기적인 성과추구의 한계에 봉착하게 되었다.

이러한 이유로 최근의 뉴질랜드 정부는 전략적 방향(strategic intention)과 중기계획을 강조하고, 국가전체의 목표 우선순위에 적합한 부처의 성과지표를 개발하고자 더 나은 공공서비스(better Public Service)를 위한 10가지 결과(results)를 제시하였다. 전체 정부의 10가지 목표는 각 정부 부처에 주관부처와 협업부처로서의 역할을 부여하였고, 각 부처는 자신의 주관지표 외에 협업지표에 대해서도 평가를 받게 되었다. 그리고 이러한 협업지표에 대해서는 성과향상체계(Performance Improvement Framework: PIF)를 통해 그 달성정도에 대해서 평가를 받게 하고 있다.

뉴질랜드의 성과관리는 전국가적으로 체계적으로 관리되고 있으며, 성과평가와 밀접하게 연관되어 있다는 점이 특징이다. 우리나라의 각종 평가는 성과관리와 분리되어 있으며 평가를 위한 평가라는 오명과 평가부담을 가중시킨다는 비판에 직면해 있다. 뉴질랜드의 평가는 부처가 자체적으로 작성하는 성과보고서를 기초로 운영되고 있다. 따라서 성과보고서에는 대부분의 평가지표에 대한 성과를 제시하도록 하고 있다. 다만 성과보고서의 성과정보 및 산출(Output)정보에 대해서는 감사원에서 평가・조사를 하고 있다. 뉴질랜드에서 부처를 대상으로 외부기관에 의해서 수행되는 평가는 성과향상체계가 거의 유일하다고 볼 수 있다. 성과향상체계는 외부의 리뷰어(reviewer)에 의해서 평가되지만 평가의 기초자료로 부처의 자체평가 결과가 활용되고, 리뷰어(reviewer)의 평가에 대해 부처의 검토의견과 사무차관의 의견을 반영하도록 하고 있으며, 평가의 주요 목적이 부처의 성과향상에 있다는 점에서 우리나라의 기관평가와는 큰 차이가 있다고 볼 수 있다.

뉴질랜드의 제도가 우리나라의 성과관리 및 평가제도에 주는 시사점은 첫째로 성과관리와 평가의 연계 방안에 대한 정책적 함의를 제공해 주고 있다는 점이다. 둘째로 성과관리 및 평가의 목적은 부처를 줄세우기 위함이 아닌 각 부처와 기관의 성과향상에 있다는 점을 보여 주고 있다. 셋째로 부처간의 협업이 잘 이뤄지고 있지 않는 우리나라에 더 나은 공공서비스(Better Public Service) 제도는 큰 정책적 함의를 제공하고 있다. 넷째로 평가는 결국 부처 스스로 해야 하는 것이며, 외부기관에 의해서 수행하는 것은 한계가 있다는 것이다. 다만, 부처의 평가에 대해서 성과향상체계와 같이 외부 기관에 의한 검토의견과 감사원의 성과지표(output)에 대한 확인절차 등은 필요할 것이다.

참고문헌

윤수재 · 이광희 · 홍재환. (2008). 성과관리제도에 대한 해외사례 비교분석-영국, 캐나다, 뉴질랜드. 기본연구과제, 2008, 1-354.

Boston J. (1999). "The New Zealand Model of Public Management: A Brief Assessment." paper presented at the summit on Processes of governance and the role and place of the individual, community and markets, Wellington, 31 May 1999.

Boston, J. (1996). *Public management: the New Zealand model*. Oxford University Press, USA.

Boston, J., Martin, J., Pallot, J., & Walsh, P. (1996). *Public management: the New Zealand model*. Oxford University Press, Auckland

Lodge, M., & Gill, D. (2011). "Toward a new era of administrative reform? The myth of post NPM in New Zealand." *Governance*, 24(1), 141-166.

MAG(Ministerial Advisory Group). (2001). "Report for the Advisory Group on the Review of the Centre." presented to the Minister for State Services and the Minister of Finance, November, Wellington.

Mallard T. Hon(Minister for State Service). (2003). "The New Zealand Story: Public Management Reform and Ethics, Values and Standards." paper presented on a visit to Santiago, Republic of Chile, April.

Ministry of Business, innovation & employment. (2014a). Four year plan. http://www.treasury.govt.nz/downloads/pdfs/b14-info/b14-2810640.pdf

Ministry of Business, innovation & employment. (2014b). Statements of Intent. 2014-2018. http://www.mbie.govt.nz/publications-research/publications/mbie-corporate/statement-of-intent-2014-2018.pdf

Ministry of Business, innovation & employment. (2014c). Annual Report 2014/15. http://www.mbie.govt.nz/publications-research/publications/mbie-corporate/MBIE%20Annual%20Report%202014-15.pdf

Petrie, M., & Webber, D. (2001). *Review of evidence on broad outcome of public sector management regime* (No. 01/06). New Zealand Treasury.

Pollitt, C., & Bouckaert, G. (2011). *Public Management Reform: a comparative analysis: new public management, governance and the neo-weberian state*. Oxford University Press, Oxford.

Public Finance Act 1989.
http://www.legislation.govt.nz/act/public/1989/0044/latest/DLM160809.html

Public Finance Act: Strategic Intentions Guidance. (2015).
http://www.treasury.govt.nz/publications/guidance/strategy/pfa-si

Ryan.B. (2003). "Managing for Outcomes in Australia." *The International Public Management Review* 4(2).

Schick, A. (1996). "The Spirit of reform: managing the New Zealand State Sector in a time of change." State Service Commission of New Zealand, Wellington.

Scott, G. C. (2001). *Public sector management in New Zealand: Lessons and challenges*. Centre for Law and Economics, Australian National University.

Scott, R. J. (2016). The performance relationship between department chief executives and the State Services Commission in New Zealand.

Scott, R. J. (2016a). "Do capability reviews improve agency performance? A quantitative summative assessment of the New Zealand Performance Improvement Framework." In Public Management Research Conference.

Scott, R. J., Cavana, R. Y., & Cameron, D. (2016). "Mechanisms for understanding mental model change in group model building." *Systems Research and Behavioral Science*, 33(1), 100-118.

Scott, R., & Boyd, R. (2016). "Results, targets and measures to drive collaboration: Lessons from the New Zealand Better Public Services reforms." *The Three Sector Solution: Delivering Public Policy in Collaboration with Not-for-profits and Business*, 235-257.

State Sector Act 1988.
http://www.legislation.govt.nz/act/public/1988/0020/latest/DLM129110.html

State Service Commission. (1999). "Briefing for the Minister of State Services." 10 December 1999, Wellington.

State Service Commission. (2011). "Better Public Services Advisory Group Report. Wellington: State Services Commission." available https://www.ssc.govt.nz/

sites/all/files/bps-report-nov2011_0.pdf(2017. 12월 20일 접속)

State Service Commission. (2015). "Performance Improvement Framework Guide." http://www.ssc.govt.nz/sites/all/files/pif-core-guide-1-dec2015_0.pdf

State Service Commission.(2016). "2017 Four Year plan Guide." http://www.ssc.govt.nz/sites/all/files/2017-four-year-plan-guide-v2.pdf

Te Kawa, D., & Guerin, K. (2012). "Provoking Debate and Learning Lessons." *Policy quarterly*, 5(4), 28-36.

Treasury(2015). Public Finance Act: Strategic Intentions Guidance. http://www.treasury.govt.nz/publications/guidance/strategy/pfa-si/pfa-si.pdf

Treasury(2017). Year End Reporting: Departmental Annual Reports and End-of-Year Performance Information on Appropriations. http://www.treasury.govt.nz/publications/guidance/reporting/yearend/ar-guidance-yearend.pdf

찾아보기

ㄱ

기타

집 필 진

■ 연구책임자

윤수재 선임연구위원 (한국행정연구원)

이광희 선임연구위원 (한국행정연구원)

■ 공동연구자(가나다순)

도명록 초청연구위원(한국행정연구원)

서재호 교수(부경대학교)

손영우 연구원(서울시립대학교 EU센터)

이광훈 교수(강원대학교)

이창길 교수(인천대학교)

이현국 교수(대전대학교)

주요국 정부업무평가 및 성과관리 제도 연구

2017년 12월 26일 초판 인쇄

2017년 12월 31일 초판 1쇄 발행

편 저 윤 수 재 · 이 광 희

발행인 배 효 선

발행처 도서출판 法 文 社

주 소 10881 경기도 파주시 회동길 37-29

등 록 1957년 12월 12일/제2-76호(윤)

전 화 (031)955-6500~6 FAX (031)955-6525

E-mail (영업) bms@bobmunsa.co.kr

(편집) edit66@bobmunsa.co.kr

홈페이지 http://www.bobmunsa.co.kr

조 판 법 문 사 전 산 실

정가 27,000원 ISBN 978-89-18-02481-3